｜光明社科文库｜

滋养心灵的阅读

杨国辉◎编著

光明日报出版社

图书在版编目（CIP）数据

滋养心灵的阅读 ／ 杨国辉编著 . -- 北京：光明日
报出版社，2020. 2（2022. 4 重印）

ISBN 978－7－5194－5609－2

Ⅰ . ①滋… Ⅱ . ①杨… Ⅲ . ①阅读—研究 Ⅳ .
①G792

中国版本图书馆 CIP 数据核字（2020）第 023143 号

滋养心灵的阅读
ZIYANG XINLING DE YUEDU

编　　著：杨国辉

责任编辑：宋　悦　　　　　　责任校对：董小花

封面设计：中联学林　　　　　责任印制：曹　净

出版发行：光明日报出版社

地　　址：北京市西城区永安路 106 号，100050

电　　话：010-63139890（咨询），63131930（邮购）

传　　真：010－63131930

网　　址：http：// book. gmw. cn

E － mail：gmrbcbs@ gmw. cn

法律顾问：北京市兰台律师事务所龚柳方律师

印　　刷：三河市华东印刷有限公司

装　　订：三河市华东印刷有限公司

本书如有破损、缺页、装订错误，请与本社联系调换，电话：010－63131930

开　　本：170mm×240mm

字　　数：332 千字　　　　　印　　张：18. 5

版　　次：2020 年 2 月第 1 版　　印　　次：2022 年 4 月第 2 次印刷

书　　号：ISBN 978－7－5194－5609－2

定　　价：98. 00 元

自 序

　　本人出生在一个典型的农民家庭，自幼勤奋读书，在房县一中接受了良好的中学教育。大学英语系毕业后，分别从事过中学英语和大学英语的教学工作。2001 年 5 月调入湖北汽车工业学院图书馆工作至今。在图书馆界勤恳工作 20 年中，分别在采访、图书阅览室、流通部、书库、电子阅览室、信息共享中心读者上机指导答疑等岗位工作。有着切身的工作经历和丰富的实际工作经验，熟悉整个图书馆业务流程。

　　2004 年 12 月获得图书馆馆员任职资格。在 2009 到 2019 这十年期间，连续参加了十次湖北省图书资料系列副研究馆员的职称申报与评审工作，经受了十年的失败与考验。在这不断努力、不断进取，却累累遭受挫折打击的十年期间，湖北省图书资料系列的专业水平能力考试我竟然考了 4 次，最终一无所获。正是这些坎坷和磨难磨炼了我坚忍不拔的奋斗品质，在危机与压力的双重驱使下，我在图书馆清贫的环境中默默地坚守着自己的学术耕耘。无偿地、任劳任怨地、自我激励、自我进取地一边按部就班地履行图书馆日常管理与服务的本职工作，一边利用业余时间耗费全部的精力和心血，独守清贫，甘于淡泊，远离名利，潜心于图书馆学的学术研究。基本上是一年一篇地写了不少研究论文。其中已经见刊的论文如下：

　　1. 2006 年写了《关于高校图书馆员职业困惑的一点思考》，于 2007 年 9 月中旬参加了中科院《图书情报工作》杂志在合肥举办的第 19 次图书馆学情报学学术研讨会，获国家级优秀奖。该文发表在《图书情报工作》2007 年增刊第二期上。

　　2. 2007 年春根据工作实际写了《馆员的个人修养与服务》，于 2008 年 7 月发表在国家级管理类期刊《管理观察》第 335 期(上旬)上。

　　3. 2007 年冬，根据参加北京师大硕士研究生考试心得，写了《十七大精神赋予图书馆新任务》，于 2008 年 7 月发表在《管理观察》第 335 期(下句）上。

4. 2008 年学习科学发展观，结合本职工作写出《用"科学发展观"探讨我馆当前发展的瓶颈及其对策》，刊登在江苏南京《新世纪图书馆》2009 年 12 期上。

5. 2009 年写了论文《高校图书馆管理层领导力的研究》，2010 年 2 月发表在中央政府机关杂志《管理观察》总 388 期上。

6. 2010 年度湖北省图工委科研课题立项论文《谈网络环境下图书馆信息服务》，刊登在《科技创新导报》2010 年 9 月第 26 期上。

7. 2011 年以在书库上书管理的经历，写了论文《以孔子的处世仪态从事图书馆书架管理工作》，发表在《科技情报开发与经济》2012 年 8 第 15 期上。

8. 2012 年暑假响应中南六省区高校图书馆年会征文，写了《大学生需要什么样的阅读推广》一文并在年会上获三等奖。2013 年参加中国图书馆学会年会征文，获得大会三等奖。该文于 2015 年 3 月发表在《河南图书馆学刊》2015 年第 3 期上。

9. 2014 年 9 月参与中石油教育学会课题项目研究，研究成果以 2 篇论文形式发表。其中《基于网络环境通过中文利用外文信息资源研究》发表在《办公室业务》2014 年第 9 期上。

10. 第二篇《基于网络环境通过中文利用外文信息资源技术方法研究》刊登在 2014 年第 9 期的《数字化用户》杂志上。

11. 2014 年根据几年来连续参加副高职称申报工作的亲身经历，结合当前学术评议的实际情况，写了《当前地方高校图书馆学术评议优化研究》一文，经过长达 5 年的投稿，在挫折中反复修改，最后终于在 2019 年 11 月刊登在国家级教育期刊《教育现代化》上。

12. 2015 年 7 月参加中南六省区高校图书馆学会在广西桂林召开的 2015 年度学术会议，我提交的论文《基于"无用阅读有用性"概念研究图书馆非专业阅读的潜在价值》获正式论文奖。后来经过种种艰难曲折，于 2019 年 9 月发表在《卷宗》期刊上。

13. 2019 年 4 月开始从事档案工作，在高校基建档案的整理与管理过程中，根据工作实践，写了《高校基建档案的收集管理和开发利用工作分析》一文。该文刊登在《办公室业务》2020 年第 2 期上。

14. 2019年7月根据我多年在图书馆信息共享中心工作的实际经历，写了《高校图书馆电子阅览室阅读功能的探讨》一文，发表在《中外企业家》2019年第12期上。

尽管这么多年来我不辞劳苦地从东到西、从南到北地轮流投稿、无数次遭遇退稿，反复投稿又被反复退稿，不断地反复修改，虽说我不屈不挠地把全国图书馆学核心期刊和部分人文社科核心期刊都轮流投了一圈，最终这些拙作没有一篇被当前的这些南大北大核心期刊采用，却也在朴实、平凡之中闪烁着草根知识分子的智慧之光，为单位和学院赢得了些许社会影响。而我自己所收获的只是我呕心沥血十几年深刻领悟到当前市场经济主导下论文发表市场潜规则的切身感受和我在奋斗过程中的艰辛与反思。毕竟每篇文章都是自己辛勤研究的成果，都是心血与汗水的结晶。对我这个清贫学者来说，其意义与价值与那些用金钱买来脸上贴金的所谓的核心文章不可同日而语。虽然我努力了、奋斗了，没有奢求到任何精神上或物质上的回报，但对一个像我这样的草根学者来说，经过艰难曲折一篇篇论文最终能够有刊物发表也算是一件值得记忆的幸事了！

除此之外，我还参加了合著的编写工作，2017年8月由吉林美术出版社出版的书籍《高校图书馆创新艺术与服务》，本人参与编写了3万字；2018年4月由电子科技大学出版社出版的合著《现代图书馆学》，本人参与编写了10万字。在2017到2019年期间我的独著《滋养心灵的阅读》这部书即将由光明日报出版社出版。这部书差不多30万字。

2017年7月，我在修改我的论文《基于"无用阅读有用性"概念研究图书馆非专业阅读的潜在价值》时，我读到这句话"阅读的本质，其实就是思想之间的交流。从"有求"的读书上升到"无求"的阅读，重新思考阅读的"有用"与"无用"，是我们每一个人，也是一个民族必须思考的问题。"引发我的思考，我开始计划写《滋养心灵的阅读》这部书。因为从小学到中学再到大学，我们一路走来阅读了许许多多的有关阅读的文章。阅读，应该说是最熟悉的话题了。小学入门时在老师引领下全班同学看着黑板，伸出手指头，整齐划一地比画着"点""横""树""撇""拉"的吟唱式入门阅读，至今那清脆的童音还回响在耳边，那整齐划一的比划手指头的群体形象经常在脑海中闪现。这恐怕就是我最初的阅读记忆了！随后摇头摆尾地背诵儿歌、背诵古诗词的情景仍然历历在目。到了初中老师教给我们寻章摘句式地抄写那些描写风景、刻画人物形象的美文绝句,教导我们如何记叙事件、如何描写人物。到了高中,老师大段大段地、甚至整篇地分析名家名篇。告诉我们作者为什么这样写,而为什么不那样写。后来有了写作基础,每每上课学习一篇新文章,老师总要问我们如果我面对这个题目,该怎样写。思考之后再看看作者是怎样写这个题目的。现在想来觉得阅读真是一件快乐的事情。因此我最初的构思定名为《阅读是件幸福的事儿》。三稿四稿之后,觉得"阅读是件幸福的事儿"是不是感情色彩太浓了,很容易让读者误解为是散文集呢。如果是学术研究,就不可能有那么多"幸福的事儿"。毕竟学术研究是讲究实事求是的,是枯燥乏味的分析论证。大量而高强度的阅读往往让人头昏脑涨、眼花心烦,亦不再是幸福不幸福的事了。就改名为《阅读的艺术》,随着写作的进展,觉得"艺术"这个词太宽泛,太抽象,很难驾御。五稿六稿后,我又改名为《阅读概论》。到了七稿八稿之后,又觉得"阅读概论"像教材。而写一部教材,必须有完整的结构体系、严密的逻辑关系。而我一个人势单力薄,身边既没有人支持,也没有研究团队。既缺乏足够的专业知识储备,又缺乏专业大师的指导,更缺乏编著教材的专业素材。所以要把本书写成教材,估计还欠功力和火候。而且我在写作过程中时不时闪现出很多与阅读有关的零散思想。这些思想有对阅读人生的辛酸体会、有工作中遭遇挫折的辛酸反思、还有很多对莘莘学子有借鉴、启发意义的教诲,于是我想到无论是什么形式、什么内容的阅读,最终都是对读者心灵的启迪与滋养,因此这部书最终定名为《滋养心灵的阅读》。

本书从阅读的自然属性、社会属性谈起,先从阅读行为的文本方面着笔,详细阐述阅读的目的、作用、内容及方法。继而论述阅读行为的主体——读者的境界、层次与品位。然后论述阅读在图书馆、媒体传播、教育等行业的具体应用体现。最后阐述阅读与实践的关系问题。阅读是图书馆工作的主旋律,是媒体传播的主要方式,是教育的灵魂,是实践的引领。无论阅读什么、阅读多少,离开实际工作生活的实践,阅读的作用和效果都是有限的。只有二者结合,学以致用,才能让阅读变成实际生产力。

其次,在本书的编排上,有读者疑问,文字、纸张、印刷术是阅读的构成要素,怎么是阅读的自然属性呢?因为阅读的构成要素除了这三者外还有人——读者自己,但是"人"这个要素从古到今研究的太多了,内涵既丰富又宽泛,学问太深,不是一章一节所能阐述清楚的。因此第一章定义为阅读的自然属性更精确一些。而且与第二章阅读的首要能力、善读可以治愚、阅读是幸福成长的力量、阅读改变命运等这些社会属性相比，第一章定义为阅读的自然属性，从语义连贯和对称角度看，与第二章阅读的社会属性相呼应。再者，研究阅读绕不开"读书无用论"，无论你把阅读论述得如何精彩，为什么"读书无用"的论调和观念在社会上一直流行不断呢？所以第三章讨论读书无用论。从"读书无用论"的历史渊源到"文革"时期的"读书无用、造反不用读书"的论调，再到改革开放时期的读书无用论，以及当今市场经济意识对阅读行为的冲击。后来根据有关专家学者的意见删除了"文革"时期和改革开放时期的章节。从第四章到第八章，分别是阅读的目的与动力，阅读的作用与意义，阅读的内容、方法、阅读的境界，这些是属于阅读的内在品质方面的问题。第九章论述读者层次与阅读品位，涉及阅读行为的主体——读者自身素质与阅读效益的关系。第十至十二章，讨论阅读在图书馆界、新闻媒体界、教育界等行业中的应用体现。一句话，阅读是塑造自我、涵养精气神的源泉，既是获取幸福的首要能力，又是幸福成长的力量。坚持不懈地阅读可以改变人生轨迹，让平淡的人生走向辉煌。但是，阅读获得的经验尽管宝贵，实质仍只是知识的积累，终归是间接经验。如果不与实践结合，缺乏实践的经验和知识终归是坐而论道、纸上谈兵。所以最后一章落笔在阅读是实践的引领，阅读的最终目的是学以致用。毕竟纸上得来终觉浅，真正的智慧源于生活的实践。而阅读社会，游览名山大川、拜访名胜古迹，了解人情练达，把阅读与实践融为一体，化为文章，解决现实问题。这就是人们常说的把书读活，活学活用，就是阅读的出发点和落脚点。尽管谈论读书、阅读的文章、谈话多如牛毛，但目前市场上以散文的笔调专门论述阅读的书籍却很少见。本书的出版可以弥补这一欠缺。但愿本书能够对广大的中青年朋友、在校大中小学生有益。

再次，有学者疑问，阅读是图书馆工作的主旋律，研究阅读为什么话题扯到图书馆之外的范围呢。从本书的编排上可以看出，图书馆阅读只是阅读的一个缩影。阅读遍及生活的各个角落，无处不在、无时不发生。笔者从阅读的发展脉络谈起，在自己的知识储备范围内，尽可能地给阅读一个清晰而宏大的刻画。把与阅读有关的要素、特点，或者行业、或者工作，串缀在一起，共同勾勒出"滋养心灵"的画面场景。而不只是局限在图书馆这一隅一角。相信今后会有专家学者写出《图书馆阅读》的。

　　我是一个有抱负、有追求、有担当、有创造力的人。生活上我谦逊、随和、塌实、低调。工作上我恪尽职守、任劳任怨。既能独当一面,好学上进;又能甘当绿叶,默默陪衬。经过这么多年岁月的煎熬和磨炼,"良禽"已被环境摔打得满是创伤,磨掉了锐气,丧失了"择木"的羽翼,即便是荒野戈壁,也不得不"栖生"在此了。我在欣慰自身创造出这些成果的同时,我也热切期待着正直盛年的我能够迎来物换星移的春天,期盼着春华秋实的新收获和新生机!

2019 年 10 月 7 日

作者写于家里

卷首语

常言说"书山有路勤为径,学海无涯苦作舟"。在攀登"书山"、跋涉"学海"的路上,这些被阅读过的文字思想,这些被感动过的辛酸历程,这些令人受益终身的至真至诚的教诲,常常给读者的阅读思想以熏陶、以提升。这些文字是跋涉者的脚印,这些思想是奋进开拓者的感悟结晶。如果书山有路,他们攀登过了,踩下可行走的路径。这些路径就是成功者的阶梯和路标,指引着你继续开拓前进。如果学海无涯,他们习得了水性,能够在学海里畅游。这些阅读思想就是你的"航标",就是阅读者的"救生衣",对你有所借鉴,引导你在"横渡学海"的征程中规避恶浪旋涡。对个人而言,书籍是我们生命的云梯,它让我们的梦想青云直上。我们的生命将随着它的延伸得到提升和辉煌。对家国情怀而言,改革开放几十年,社会经济取得了巨大成就,中国一跃成为世界第二大经济体。现在飞船对接了、航母起航了,但精神文明建设却没有跟上经济发展的步伐。在这新旧交替的过渡时刻,某些享受着改革开放的丰富成果一跃成为富贵巨贾阶层的人们,却并不清楚自己真正需要什么。物质生活的丰富与内在精神生活的贫瘠与苍白,形成了显明的对比与落差,很容易让他们的人生观、价值观偏离作为社会"人"本身应有的价值取向,而扭曲为本能性的对金钱物质的疯狂追求。以至于传统的作为社会"人"的忠恕之道、仁爱孝悌之心、公平、正义之理念蜕变为赤裸裸的商品交易关系。人们除了醉心于"挣钱"之外,好像就没有值得追求的了。环顾四周,人与物的关系在亲近,而人与人的关系却在疏远。人们对金钱财富的亲近与热情程度超过了对人的关心与友爱程度。人们非常看重事实判断、轻视价值判断,以消极与否定的眼光看待传统道德文化。在这种心理支配下,那些传统的神圣的东西在贬值,而及时享乐、活在当下、无需考虑明天、追求钱财等能够立即变现的价值观念很受吹捧。人们普遍缺乏共同语言,没有共同语言就没有共同的道德观和价值观。人们缺乏共同语言在某种程度上是普遍缺乏阅读的结果,特别是缺乏经典阅读,导致一些人不知道爱什么、恨什么，该做什么、不该做什么。更重要的是如果阅读缺失，必然导致精神信仰的缺失；精神信仰的缺失就会出现上述道德观、价值观的扭曲。从人类视角而言，恰如高尔基的名言"书籍是人类进步的阶梯"。无数的个人因阅读而获得知识的进步，将促进人类社会的共同进步。而广大青少年是我们国家的未来，所以"能热爱读书并能懂得怎样读书，对于一个孩子真是最大的财富"。作家肖复兴的这句话正好契合本书作者的愿望。当你认真地阅读过这本书，掩卷之后，梳理思绪，你会豁然开朗。他山之石可以攻玉，通向书山的路，就在脚下。关于阅读，最重要的不是读过什么书，而是知道如何读书。书中很多文化名人的阅读体验和成功经验，为我们提供了阅读的榜样，告诉我们为什么阅读，阅读是什么，如何阅读以及阅读的乐趣等。我们确信阅读是获取幸福的首要力量，阅读能够改变人生的轨迹，阅读可以让我们跨越求生路上无数的艰难险阻、探求到适合自己人生的幸福。基于这些观点，笔者汇集自己多年来艰苦磨砺的心路感悟和众家优秀的阅读经验，编著了这本书。希望它对广大正砥砺前行在人生追求路上的中青年朋友们有所裨益。

作者：杨国辉

2018. 8. 1

目 录
CONTENTS

一、阅读的自然属性

什么是阅读？翻开字典，"阅"的意思是"看"，而"看"的最基本意义是"主动使视线接触客观事物"。这里的"客观事物"意义非常广泛，不只是"文字、信息"，也包括世界上存在的人的视力能够接触的所有事物。"读"的基本意思是"看着文字并念出声来"，稍稍深入一点的意思是"看着文字并理解其意义"。因此"阅读"最基本意义是"看着文字并理解其意义"。为了更准确，笔者查阅了几本词典。《教育大词典》说："阅读是从书面语言获取文化科学知识的方法，是信息交流的桥梁和手段。"这是从"阅读"的作用上定义的。《阅读学原理》说："阅读是读者从写的或印刷的书面材料中获取意义或情感信息的过程。"这是从"阅读"的本质属性上定义的。《中国大百科全书》说："阅读是一种从印的或写的语言符号中取得意义的心理过程。阅读也是一种基本的智力技能。这种技能是取得学业成功的先决条件，它是一系列的过程和行为构成的综合。"这是从"阅读"的本质属性、功能作用上定义的，是比较全面的一种解释。

这些阐述虽然不尽相同，但共同指出了阅读是获取知识信息的一种主要手段，是读者与文本发生"视线交流"关系，从而建构读者本身的知识体系、塑造读者精神世界的过程。总之，"阅读"是读者通过视觉活动获取信息、将别人的"言"内化为自己思想的过程，是读者汲取知识、获取智慧的基本方法，是读者与文本产生碰撞、整合、内化以实现知识积累和满足身心愉悦的建构过程。这里的"言"既可以指"有形的文字材料、听得见的声音"，也包括"无声的无形的思想、信息"。

从行为角度看，阅读是一种主动的行为，是读者根据不同的阅读目的，主动调节、控制自己的思维视角，达到获取知识信息、陶冶情操、提升自我修养的阅读效果。因此，阅读也是一种理解、领悟、吸收、鉴赏、评价和探究客观事物的思维活动。

在长期的思想文化发展中，阅读已经成为人类进行认知活动的重要途径。社会进化到现在，阅读已经不知不觉地融进人们的学习、工作和生活中。现代社会的人际活动几乎都离不开阅读。通过阅读，人类不仅可以获得未知的文献知识信息的内容，而且也为人类思想文化的传承与延续提供了途径。阅读正是通过对文献知识信息的获取,在过程中陶冶情操达到提高自我认知的目的。这种通过视觉感知文本(包括声音、视频、感觉、知觉)信息,同时思考体会信息内涵的阅读形式是人类进步及在过程中实现思维与情感交流活动的见证。

在所有的阅读活动中,除了学校课堂阅读是在老师引导下有目的、有计划、有步骤地开展以学科内容为主题的科技知识阅读外,图书馆无疑是进行深入系统的阅读、完整全面掌握所读知识的最好场所。因为这里具有完备的文献资源保障体系,能为读者提供全面系统的文献阅读服务。只有在图书馆阅读,才能领略到完整的科学知识体系和全部的人类文化遗产,能够站在巨人的肩膀上观察整个世界。而高校图书馆的职能是为高校各专业师生提供教学、科研所需要的文献知识信息服务,这是高校图书馆存在的理由和依据。因此高校图书馆的阅读就是服务于教学科研的文献信息阅读。无论是文本信息的采购、编辑加工、查找、传递、反馈、推广,阅读行为和阅读活动始终贯穿在这些工作的全部过程中,因此可以说阅读是图书馆工作的主旋律。从阅读本质上看,阅读是在读者与文本之间展开,涉及二者关系。因此研究阅读不能仅仅研究"文本"这一面,更要研究读者本身。正是读者的主观能动作用,才把静态的阅读行为引向了丰富多彩的动态思维活动中,同时把读者带入浩瀚的思想文化境界。读者通过阅读丰富多彩的思想文化自身得以完善和提高,继而进一步推动阅读活动的发展,让阅读质量和层次一代深入一代、一代高过一代。这样人类的思想文化才能得以绵延不断地传承和深入发展。本书正是基于这个观察点,力求深入全面地探讨图书馆阅读艺术的话题。

(一)阅读源于求知

——求知是人类区别于低级动物的根本特征

人类阅读源于自身的需要,孔子在《礼记》里讲:"饮食、男女,人之大欲存焉。"对饮食和美色的追求虽然是人类两大本能的欲望,但这是世界上所有的哺乳类动物都有的共性欲望,是他们在大自然中生存、发展,并使自己的物种繁衍、壮大的进化结果。此外,荀子在《性恶》中也说:"(人)生而有耳目之欲,有好声色焉。"荀子的"耳目之欲"与孔子的"食欲性欲"如出一辙,只不过从不同的角度阐述而已。"耳目"是食欲性欲的外在表象和窗口。通过耳朵听其声、眼睛观察颜色,唤起内心的食欲、性欲。"耳目之欲"是有耳目的动物共同的本能属性。但是人类除了这本能欲望之外,最根本的特征在于,人类还有因好奇心而引发的"求知欲"等高级思维活动。正是好奇心、求知欲等高级思维活动促使人类利用并发展了耳目的功能,进而衍生出利用耳目"求知"的阅读活动。所以阅读活动使人成为有别于低级动物的人。

人类的"求知阅读"源于人类的劳动。小时候在历史课上,我们知道"人类的劳动促进了人类社会的发展"。在生物课上,我们又知道蜜蜂、蚂蚁也会劳动,而且还有社会分工。现在想来,为什么蜜蜂、蚂蚁都没有像人类那样进化成高级动物呢?其关键因素在于它们没有求知欲等高级思维能力。没有这些高级思维能力就不可能有劳动经验的积累;没有劳动经验的积累,就不可能把劳动经验提升到"理论知识"的高度。它们的劳动只是动物的本能使然,而人类不仅能够劳动,还会使用工具。使用工具的实质就是在利用知识,因为工具的制作和改进都是基于知识的积累。人类在使用、改进工具的过程中,能够将已得知识逐渐积累并整理、深化,使之系统化、经验化,并通过语言传承给后代、用文字形式保存给后世。这就是书籍的雏形。随着社会的发展,社会分工逐步细化,社会上分化出一些专门从事生产、整理和传播知识的知识分子。知识分子的出现,让读书、阅读成了自然而然的事情。人们除了用耳朵听声音、听故事、听信息外,眼睛无疑是获取知识信息的最重要的器官,读书、阅读便成为获取新知识、新信息的最主要方式和最重要的途径。

(二)书籍存在的三个必要条件:文字、纸张、印刷术

在人类文明的不同阶段,什么时候产生文字、发明纸张、印刷术?它们分别与阅读有什么关系?各个时代的阅读特点如何?纸质时代、数字阅读时,书与阅读的关系如何?这些时代的阅读特点如何?阅读的传统对象是书籍,书籍是由什么构成的?书籍是由文字、纸张、印刷术构成的。这三样东西的出现和演变代表了人类文明发展的不同阶段。人类文明史每前进一个阶段,书籍和阅读都发生着与之相应的变化。

1. 文字是阅读的主体

中国汉字是由刻画符号逐渐演变过来的,距今五六千年的半坡、姜寨、大汶口遗址出土陶器上的刻画符号是文字的雏形。当时的阅读对象主要是刻画于岩壁、墙壁、石面及一些家用陶器表面上以动植物图案、山水风景图绘为主题的写意文字。例如,半坡人的鱼纹彩陶盆,鱼儿有单有双,鱼嘴有张有合,好像正在清澈河水中游动。到了商代,产生了刻于甲骨、兽骨上用于记载占卜狩猎情况的图形文字——甲骨文。甲骨文从文字结构和造字方法看,已经经历了相当长时间的演变过程,是人类有史以来发现的最早记述事件的一种比较成熟的上古文字。其造字法和字形结构与我们今天的汉字一脉相承。从河南安阳小屯村的商代都城废墟

中出土了刻有大量文字的甲骨、青铜器、陶器、玉器等器皿,证明商朝是我国历史上第一个有出土文字证实的王朝。

到了东汉时期,文字学家许慎搜集、整理、归纳了许多在用的文字符号,编写了一部《说文解字》,并总结出了汉字构成和使用的六种方法。其中的象形、指事、会意、形声在甲骨文中都已齐备。他还发明了部首,通过部首能够把成千上万纷繁复杂的汉字编排整齐。今天只要按部首就可以方便快捷地查找所需要的单字。汉字的形声表意能使生活在不同地区使用不同方言的人们心领神会、彼此沟通,既是传情达意的工具,又是联结和维系中华民族的根,历经千年而不衰。即使在当今电脑时代,汉字仍然是既通俗又易交流、输入最为快捷的文字之一。中国汉字从最初的动植物、器物、事物的象形符号演变成有字形的小篆,到形成笔画的隶书,到有成熟字形的草书、楷书,到当今的行书,历经了几千年的演化过程,不仅昭示着阅读主体的变化过程,也昭示着不同时代阅读对象的变化,才使得不同时期的中华文化得以保存、流传。比如甲骨文中已有一至十、百、千、万13个数字,可记载10万以内的任何自然数并加以计算。还有日食月食的记载,以及有以天干地支记载的日历,出现"旬""闰"概念。甲骨文和《诗经》等文献中还保存了不少农耕知识。[①]这些记载不仅为我们今天追溯文字起源提供了依据,也为今天研究数学、天文、文学、农学的起源提供了证据。

2. 纸张是文字的载体,是阅读的舞台

有了文字人们可以表情达意、阐述事理。在文字载体——纸张出现之前,人们的阅读工具是甲骨、兽骨、陶器、玉器等有平面的能够记事的家具器物。阅读这些记事的家具器物不仅成本高、携带不方便,而且只能在有限范围内传阅。例如少数族长、决策者、记事人员,阅读方式大多数情况下还是以口耳相传为主,还谈不上真正的阅读。

到了春秋、战国和秦朝时期,人们用竹片、木片削成长条,作为书写材料,用毛笔书写。竹片称简,木片称牍或札。若干简、牍缀在一起叫策(册),使之有序,以防散乱。这就是书籍的雏形。西晋杜预说"大事书之于策,小事简牍而已"。比如《战国策》,当时就是用毛笔把战国时期的各国历史书写在成捆的竹简或木牍上,然后把它们编缀成一排排可以卷起展开的"策"或者"册",通俗的称谓叫"捆",阅读时卷开竹简或木牍从右往左读,读完卷起放置高阁。但是如果事情很多、书写很长,占用的竹简木牍就很多,拿起来阅读就很笨重,非常不方便。于是,人们就用非常轻便的绵帛等丝织品作为书写、绘画的材料,用毛笔把图文绘写在这些丝织品上。在帛上书写,根据字数多少,可以裁开,卷成一束,称一"卷",因此后代有"卷"的说法。而帛书阅读方便,传递、携带轻便,很受上层达官贵人的厚爱,不久就流行开来。早期阅读载体——纸张的演化是书籍材质的起源。

到了西汉早期，人们开始用大麻造纸，称之为大麻纸。大麻纸面较为平整光滑，质地轻便，较之绵帛等丝织品更为廉价，这样就节省了成本。当时造纸技术还在起步阶段，造出的大麻纸整体上粗糙，表面有细纤维渣，多用于墨绘地图、绘画。如果书写长篇大论的文章，容易扩散墨迹和印迹，阅读效果不是很理想，也不利于文献长久保存。到了西汉中期，造纸改用麻絮、布料、绳头等原材料，纸张的细密程度明显地好于以往。直到东汉时期，宦官蔡伦在总结前人造纸经验的基础上，采用麻头、树皮、破布、旧渔网等更为常见、更为廉价的原材料，改进了造纸术，造出了价廉物美、书写流畅的纸。改进的造纸术不仅扩大了造纸原料的范围，而且提高了纸的质量。从此，纸逐步取代了原先的竹简、木牍和绵帛，成为主要的书写材料。这种轻便、廉价、质地细密的纸张，为书籍的批量生产和流传带来了便利。有了纸张，真正意义上的书籍才算出现，这为中国文化科技的传播和繁荣提供了契机。

3. 印刷术是成书的技术条件

文字的出现、纸张的诞生，为书籍的成形奠定了基础。最原始的阅读主体是刻有动植物、山川图形的家具器物，演化为刻有文字符号的甲骨、兽骨、玉器、碑石等。文字成熟以后阅读主体进化为书写有毛笔字的竹简或木牍，随后又出现了可写毛笔字的丝绸或绵帛。西汉发明了大麻纸，随后改进为草黄纸。有了纸张，便开始盛行用毛笔抄写、制作书籍。但是手工抄写很笨拙，而且速度慢、效率低，很容易出错。抄写一本书的时间长短不一，可能需要耗时几天、几个月、甚至半年、一年。由于抄写辛苦，成书数量非常有限，能得到一本自己喜爱的手抄本非常不易，就像当今读书人得到孤本、善本书一样非常难得。这种在唐朝以前靠口传笔抄传承书籍的方式是手抄本盛行时代的主要方式，显然不能满足读书人的需要，因而变得不合时宜。唐初，人们受图章捺印、石刻捶拓等图文复制方法的启示，发明了雕版印刷术。这期间刻板和传抄并行，口传的只是秘诀之类。随着雕版印刷工艺的不断改进和日益普及，至唐中后期，市场上已有不少雕版印刷的历书、佛经、诗文集等出售。印刷术兴起，冯道才建议刻"九经"。从五代十国到北宋早期，雕版印刷技术更加成熟，市面上出现了规模较大的刻印儒家经籍的私家书坊，有很多儒家经籍出售。雕版印刷逐渐取代手工抄写，成为当时复制、传播图书的主要手段。雕版印刷使成批印制书籍成为可能，大大改进了书籍制作的速度，增加了成书的数量，方便了书籍的传送。当雕版印刷术大行其道时，"市人转相摹刻诸子百家之书，日传万纸。学者之于书，多且易致"。②雕版印刷术的出现使人类文明进入纸质时代。

但是雕版印刷的关键是需要木板制作模板，把将要印制的书稿图文在木板上反刻成凸出的字画，然后在书版上涂上墨，覆上纸，再用刷子轻匀揩拭，揭下纸，即印成正的文字、图像。由于每本书的模板图文都须手工刻字,才能批量印制书籍,不同的书须制作不同的模板,都得重新在木板上刻字,不仅非常费力耗时,而且颇费材料。到了北宋中期,毕昇在总结前人的基础上,发明了泥活字印刷。这种用有黏性的黄土烧制成的一个个泥字,不用时放入字库中备用,印书时直接从字库中选出排版,固定成模板,印制书籍;用完后字取出擦拭干净存放入库,下次再用。活字取用、存放方便灵活,排版、印书节省了以前每次印书都要重新刻字制作模板的时间和功夫。活字印刷术的发明是雕版印刷术的重大改进,加快了印书速度,提高了印制质量,极大地降低了印书成本,标志着真正意义上的书籍的诞生。从此,抄本变为印本,卷轴变为书籍,图书复制量大质高,阅读行为不再受时空环境限制,书籍传播迅速,流通便捷,加上朝廷右文崇儒,科举取士之推波助澜,对当时的儒生雅士的文风士习乃至学术与创作都有影响。活字印刷术传到中古欧洲后,引发了宗教改革,促进了文艺复兴的兴起,改变了中古欧洲的阅读环境,书价降低、知识普及,催生了创新文类,形成了商品经济,传播了更多更好的传统典籍。③

　　到了元代,王祯不仅创以木活字印刷,还发明了转轮排字盘。活字皆按音韵分类,储存在盘上,排版时不必走动,只需坐着转动轮盘,即可拣出要用的字,效率大为提高。明代时期,又相继出现了锡活字、铜活字、铅活字;近代社会又出现了铅合金活字。这些由金属材料制作的活字,使用更灵活更方便,存放更久而且耐用,进一步提高了书籍印刷的速度和质量,有利于书籍的批量生产和传播,让书籍走进平民百姓家庭、人人有书读成为可能。

　　1796年,奥地利人施纳费尔特发明了石印技术,1835年传入中国。19世纪30年代法国画家达盖尔发明了照相技术,40年代传入中国,时值清朝光绪初年。由于西方照相技术的发明,市场上出现了由石印技术和照相技术合二为一的影印技术。19世纪中后期,古籍影印经历清朝、中华民国、中华人民共和国三个发展时期。至今100多年历史,特别是在民国和中华人民共和国初期,古籍影印推动了传统学术繁荣。影印古籍比千百年来的刻印古籍,显示了前所没有的便捷性、实用性。所以清末古籍影印初具规模,奠定了后世古籍影印的基本格局,到20世纪二三十年代是高峰辉煌时期。新图书馆运动推动了馆藏建设的发展力度,到了民国时期古籍出版资源的丰厚,促进了民国学术繁荣。中华人民共和国60年,促进了古典经籍的普及和传统文化学术研究的繁荣。④

　　20世纪七八十年代到90年代中期,复印资料、刊发传单、简本书籍主要采用油墨印刷方式传播知识文化。20世纪90年代后期,由于计算机技术的广泛使用和电脑的普及,激光打印开始盛行,极大地提高了印刷速度和质量。印书出书已经不再是难能可贵的事情。

（三）不同阅读主体的演化促进了阅读行为的变化

从上述阅读主体的演变看出，人类的阅读行为是随着阅读主体的演变而变化的。在文字发明之前，原始人的阅读对象是大自然：寂静的山峦，潺潺流动的溪水，蔚蓝的天空，狂奔的野兽，欢跳的小鹿等，他们把目之所及、身之所触、体之所感的一切都当作阅读对象。许慎在《说文解字序》中说："古者疱牺氏之王天下也，仰则观象于天，俯则观法于地，观鸟兽之文与地之宜，近取诸身，远取诸物；于是始作易八卦，以垂宪象。"随后进步到阅读刻画在器物表面上的表意图形和刻于龟甲兽骨上的象形字符。文字出现以后，人们阅读写在竹简或木牍上的记事文字；由于竹简木牍笨重，出现了写有文字的轻便绵帛、丝绸。这期间，人们用文字符号靠手工把生活实践经验刻写于这些器物表面上来表情达意、传存后世，文化的传播非常有限。这是早期阅读行为的雏形。商代、西周以前可供阅读的成文典籍很少，人们的精神生活主要体现在以眼、耳、手、脚、身并用的歌舞娱乐上，尤其是宫廷乐舞盛行。宫廷乐舞后来发展出多种多样的弦乐、管乐、打击乐，像在湖北随州出土的春秋编钟就是这个时期的杰出代表。西汉丝绸之路的开通、魏晋南北朝各民族的大融合使各族的舞蹈、乐曲、乐器传入中原，促进了歌舞文化的大发展。到隋唐时期，音乐舞蹈的发展达到高潮。宋代以后音乐舞蹈多与地方戏曲结合，独立器乐演奏日益盛行，表演技艺更为精湛，不仅有琴、琵琶，还有多种组合的器乐合奏。这段时期的歌舞成为人们阅读的主流形式。

而在春秋战国时期，"诸子百家"争鸣，学术思想繁荣，主要典籍有以孔子为代表的儒家典籍《四书》《六经》；以老子李耳为代表的道家经典《道德经》《庄子》；以韩非子为代表的法家经典《韩非子》；以及《墨子》《孙子兵法》《楚辞》等。殷商的甲骨卜辞此时大概已埋进土里，口传和有文字的书是《诗》和《书》。《论语》多次提到学"诗"，《孟子》里提到读"书"（《尚书》）。《论语》说"文献不足"，说"史之阙文"，好像《尚书》还未成书。只有《述而》中一次提到"易"（"假我数年，五十以学易"），不知是不是《周易》这部书。《春秋》是孔子时才有的。古时不但书少而且多半口传，《论语》中记载，有人问孔子的儿子学什么，以为圣人可能"私其子"，另有传授（《季氏》）。从春秋到战国，书写工具有发展，书多起来了，才有"其书五车"之说，孟子才有"不如无书"之叹。书少，自然"为学"不能仅靠读书；学，靠的是经验，重口传，不重"本本"。这时期的经书典籍限于当时社会条件，大多书写在竹简、木牍上。由于其笨重庞大，书的抄写、保存、携带、拿动不便，阅读困难、费劲，知识传播很不容易。所以这一时期阅读特点很明显是书特别少，以口耳相传为主。这些典籍的阅读、流传具有很大的局限性、阶层性。

　　到了秦汉时期，简和帛并用，识字读书只局限在上层统治阶层，人数很少，大多数普通百姓依靠体力手工劳动生活，所以雕塑艺术盛行。像秦始皇的兵马俑，气势恢宏、规模庞大，极具鲜明的民族特色，观者无不震撼。其次汉代的石雕、陶俑，雄浑深厚，其中的说唱俑，造型夸张诙谐，动作体态动感十足，喜乐情绪溢于言表。还有北朝的敦煌莫高窟、云冈石窟、龙门石窟中的雕塑作品，在传统风格中融入佛教艺术。像云冈石窟中高达十多米的大佛坐像，面带微笑、体态安详，目光慈善却炯炯有神，无论你从哪个角度看，她好像都能看透你的私心杂念。飞天雕塑中飘带袅袅、云彩飘飘，整个雕像栩栩如生，活灵活现。现场"阅读"这些流传千古的雕塑作品，其震撼力在于古代工匠们投入如此庞大的财力、物力、精力和时间，甚至耗费一生的心血，靠双手的技艺创造出这些流传千古的鸿篇巨制，毫无疑问是向世人展示他们那个时代对佛教的虔诚信仰，和至真至诚追求艺术造诣的忘我精神，更重要的是把生活的希望和美好寄寓于作品中。读者稍加观察就能够从这些形态各异的雕塑中读出他们那个时代难以言说的贫瘠与孤苦、芸芸众生的悲欢与忧戚；从饱经风霜的侵蚀与风化痕迹上，昭示着人世轮回的繁荣与衰败、世事的沧桑变迁和无尽的想象与启示。也让后世的人们读出了现世社会的进步与当今生活的幸福。

　　到西汉时期，造纸术逐渐成熟，市场上有了轻便、廉价、质地细密的纸张，可供阅读的书籍真正形成。严格意义上说我们现在的书籍应该是从西汉开始出现的。有了纸张，这就为遭受残酷宫刑的司马迁忍受着身心的巨大痛苦在狱中或趴或坐写成《史记》提供了物质条件。《史记》记载了从传说中的黄帝到汉武帝年间的历史。如果不是轻便廉价的草黄纸的出现，那长达50万字被鲁迅称赞为"史家之绝唱"的鸿篇巨著，换作竹简或木牍，身体伤残的司马迁如何能够完成？所以在某种程度上，正是因为有了轻便的纸张，才使得这本凝聚司马迁心血和生命的作品流芳后世，才使《史记》成了我们今天用文学的手法记述历史的经典范本。

　　就是由于成书条件的落后，市场上成书数量少，书价昂贵，读书对平民百姓乃是一件非常奢侈的愿望。魏晋南北朝时期书法、绘画艺术的盛行正好弥补了人们精神生活的孤独寂寞。东晋被誉为"天下行书第一"的书法家王羲之最负盛名，他擅长隶、楷、行、草等各种书体，其书法博取前人之长，创造了一种清新秀丽的书法体貌，后人赞美其书法"飘若浮云，矫若惊龙"。其创作在草黄纸上的《兰亭序》流传至今，成为后世无数书法爱好者临摹的楷模。在绘画方面，东晋画家顾恺之将生活中常见事物抽象化、图案化，将文学趣味融入绘画，追求画中意境，"以形写神"，力求形神兼备。其代表作《洛神赋》，代表了当时绘画艺术的新发展。画中奔马疾驰，华盖飘扬，旌旗招展，官人侧身注视着赶来者，高大豪华的宫廷马车上，贵妇头髻高盘、神态端庄。画面线条行云流水般优美，场面栩栩如生，跃然纸上。

在文化典籍上，北朝时期，北魏农学家贾思勰总结前人经验撰写了农学名著《齐民要术》，书中记载了农林牧副渔等生产经验，对后世农业发展起了较大作用。地理学家郦道元的地学著作《水经注》，书中记载了河流经过的山川地形、城市乡镇、风俗民情、物产矿藏、人物史事等。直到北宋中期毕昇发明了泥活字印刷术以后，写书印书，尤其是印制长篇巨制，才成为可能。当时七岁听人讲《左转》，回家就能复述大概的司马光耳濡目染，特别爱好史学。成人后他深感前代史籍汗牛充栋，后人难以通读，于是他夜以继日、呕心沥血，费时19年，引证各类文献多达300余种，从众多史籍中摘取了从战国到五代十国之间1300多年中有关国家盛衰、生民休戚的史实，主持编写了《资治通鉴》，为时人提供借鉴。据说书编成后，留在洛阳的草稿纸堆满两大屋。如果时光倒回1000多年以前的竹简木牍时代，这300多万字的史学巨著简直就是不可思议、难以实现的浩大工程！《资治通鉴》被视为与《史记》并列的史学巨著。这两本彪炳史册的史学巨著标志着书籍的发展走向成熟，足以证明是阅读史上的里程碑。读书、阅读从此步入繁荣的春天。

继隋唐书法、绘画、石刻，两宋草书、行书之后，唐朝诗歌创作空前繁荣。无数优秀诗人吟诵出情景交融、气象万千的佳作，使唐诗成为中国诗史的辉煌巅峰，涌现出像诗仙李白、诗圣杜甫、王维、白居易等一大批耀眼的诗歌作家。到了两宋时期，由五言七言诗演化而来、句子长短不一，可依照特定曲调配乐演唱的一种新体诗歌，称之为宋词。宋朝词家众多，佳作迭出，宋词由此成为最具特色的文艺样式。其中的名家不伐北宋中期推进了宋词发展的柳永，稍后有意境豪放、气象恢宏的苏轼，后期有秦观、李清照等著名词人。南宋时期词坛大家辛弃疾继承了苏轼豪放派词风，在作品中表现抗金主题，寄寓奋发激越的情怀，显现金戈铁马的气势，深受后人赞叹。唐宋诗词的繁荣，创造出了许多脍炙人口的佳作。诗词可吟、可朗读、可背诵，音调抑扬顿挫，或喜或悲或怒或痛、情绪韵味无穷，背诵朗朗上口，意境幽远。为文人书生提供了难得的阅读享受。此外，从隋朝开始举行的科举考试，引发全国范围的秀才、举人积极参加考试。无论是乡试考秀才，或是殿试考举人、状元榜眼探花，考生都熬更守夜地背诵、记忆以《四书》《五经》为主考科目的众多经典书籍，这在一定程度上刺激了秀才文人阅读经典书籍的积极性，激发了全国文人读经典的阅读行为。到唐宋时期，科举考试制度已趋完善，秀才文人在对经典古籍重视的基础上推陈出新，也是唐诗宋词空前繁荣的因素之一。

元朝出现了元曲。元曲是在吸收、完善前代多种戏曲表演形式基础上，将歌舞、音乐、动作、念白融为一体，并具有完整故事情节的新艺术形式。元曲分为元散曲和元杂剧,其中元杂剧最为光彩夺目。在人才辈出的优秀剧作家中,关汉卿最负盛名。他长期与市民接触,对社会现状和民间疾苦十分了解,因而能在剧中揭露社会黑暗,对遭受压迫人民尤其是备受凌辱的妇女,寄予了深切同情。其杰出的代表作《窦娥冤》描写了孤苦无依的弱女子窦娥遭无赖诬陷,最后被昏庸贪官判处斩首的悲惨故事。

元杂剧融唱、念、白、打、舞于一体,并在舞台布景和各种乐器伴奏的烘托下演绎故事、阐述情节的艺术形式,充分调动了观众的视觉、听觉、感觉和大脑思维等多种感官系统,一改以往单一视觉阅读或单一听觉阅读的单调乏味,给受众读者耳目一新的强烈感官冲击。它激发出观众喜怒哀乐的情绪,唤醒了观众爱恨分明、悲天悯人的情怀,给观众读者以全方位的艺术享受,具有强烈的艺术感染力和震撼力,在受众读者中起到了传播正能量,引导人们积极向善的教育效果。因而流行范围广、艺术生命力长,深受各阶层人们的喜爱。⑤

在这种好看、好听、好玩的视听艺术之外,人们仍然需要那些能持久的、能够深深触及人们心灵深处的精神娱乐。明清时代逐渐繁荣的小说正好弥补了这一时期人们的心灵需求。明清小说十分兴盛,小说家们采用各种题材,以高超的技巧和生动的语言,讲述一个个情节曲折、人物鲜活的故事,反映了丰富而复杂的社会生活。这个时期优秀小说很多,其中最为优秀的是"四大名著"。元末明初的《三国演义》是我国最早的长篇章回体历史小说,全书 120 回,描写的是从东汉末年到西晋初年近 100 年期间三国时代的政治军事斗争以及各类社会矛盾渗透与转化的历史巨变过程。故事开始于东汉末年刘备、关羽、张飞桃园三结义,演绎到魏、蜀、吴三国鼎立局面的形成,结束于司马氏灭吴开晋的历史,塑造了一批叱咤风云的英雄形象,其中诸葛亮、曹操、关羽、刘备等人性格尤为突出。书中精彩激烈的战争描写、明快流畅的语言文字、人物形象的刻画深刻,给人雅俗共赏的阅读效果,深受后人喜爱。

同时期成书的《水浒传》也是 120 回,是中国历史上最早用白话文写成的一部以农民起义为背景的长篇章回小说。作者描写了北宋晚期以宋江为首的梁山泊好汉反抗官府的故事,形象地描绘了农民起义从发生、发展直至失败的全过程,深刻揭示了农民起义的社会根源是因为当时的黑暗统治,阐明了起义失败的内在历史原因。全书歌颂式地描写了起义英雄反抗斗争的过程和他们的社会理想,刻画了众多个性鲜明、栩栩如生的英雄人物,情节跌宕起伏,语言简洁生动,达到了很高的艺术成就。作者施耐庵曾是元末明初起义首领之一张士诚的部下,因为看透了张士诚的无能拂袖退隐。他的很多故旧亲朋四处寻找,可江湖再无施耐庵。他躲到一个叫白驹的地方,数十年之后,世上有了《水浒传》这本大书。据专家考证他的一生极像《水浒传》中的王进,不仅武功高强,而且《水浒传》中许多典型故事都是他亲身经历,许多人物的原型其实就是他曾经交往的人物,[⑥]因此才有书中一场场惊心动魄的打斗场景和一幕幕身临其境的冷兵器时代的战争场面。

明中期吴承恩创作的《西游记》是一部具有浪漫色彩的长篇神话小说。作者着意塑造了孙悟空这一神通广大、敢于造反的英雄形象,表达了对现实的不满和批判。书中各种故事情节、事件发生地的场景描写想象丰富,引人入胜、勾人心魄,且语言生动诙谐,具有独特的艺术感染力。

清中期120回的长篇小说《红楼梦》代表了我国古典长篇小说的最高成就。作者以贾宝玉、林黛玉的爱情悲剧为主线,叙述了显贵的贾氏大家族由盛到衰的过程,抨击了传统礼教,展示了传统等级社会日趋没落的历史命运。书中成功塑造了许多富有典型个性的艺术形象,语言优美生动,对后人产生了极大影响。小说内容异常丰富,涉及日常生活的吃、穿、用、度、医等社会各个层面,简直像是一座宝山、一座迷宫,令不同家庭背景、不同年龄、不同性别、不同职业、不同爱好、不同心理素质、不同社会经历、不同文化传统,甚至不同民族、不同国家的读者群体,读后有不同的感受和收获。年轻人读出了宝黛二人缠绵悱恻、温婉幽怨的爱情故事;中年人读出了贾府荣府宁府等家族因朝廷官场斗争引发官员或升迁或被贬或被抄家杀戮,导致家族荣辱兴衰的复杂辛酸历史;老年人读出了大观园兴盛时期的豪华与热闹和衰败时期的凄凉与孤苦。爱好文学的人欣赏书中大量诗词歌赋的描写;家庭主妇们从书中读出了大量的日常饮食、茶点、对付头痛脑热等小病小痒的保健方法;有生活阅历的人读出了权势和社会地位的不断更迭导致人情冷暖和世态炎凉的瞬间变换。

此外,还有蒲松龄的《聊斋志异》、兰陵笑笑生的《金瓶梅》、吴敬梓的《儒林外史》、曾朴的《孽海花》、李宝嘉的《官场现形记》、吴沃尧的《二十年之怪现状》、刘鹗的《老残游记》等大批描写世态人生的佳作。这些明清时期的长篇小说,其共同点是以现实生活艺术化、故事情节生活化为着墨基调,描绘出了不同时代人性复杂多变的生活画卷,成为家喻户晓的传世经典作品。作者们把生活体验、感悟、各色人态或者是亲身经历都用心融入小说中,读者在阅读过程中都能在书中看到现实生活大小人物的缩影,很容易引起读者强烈共鸣,从而给人身临其境的艺术感受。其创作的技巧、生动的语言、鲜明的人物形象使得这些小说几百年来成为无数专家学者研究、欣赏、学习的楷模,成就了是纸质时代阅读艺术的繁荣时期。

当然,随着社会的进步,科学技术的发展,在政治、经济、科学技术等各行各业都出现了许许多多专业书籍,都不同程度地促进了阅读行为向多行业多领域多层次发展的繁荣景象。

（四）古时为什么阅读不兴盛

从有历史记载的夏商西周到公元前 770 年春秋战国诸子"百家争鸣"的时期，再到公元前 118 年西汉武帝时期司马迁写成《史记》，其间经历了漫长的 2000 多年的时间，书生学者们仅仅靠阅读在历史长河中，经过岁月筛选而流传于世的《四书》《六经》《老子》《庄子》《韩非子》《墨子》《史记》等几十本屈指可数的传世著名经典，不得不让我们喟叹古人阅读的稀少、匮乏、艰难、落后。同样，从公元前 118 年西汉武帝时期到北宋神宗年间司马光编撰《资治通鉴》，这 1200 多年的时间里，可圈可点的典籍著作屈指可数。从有历史记载的夏商周到秦汉两晋南北朝，再到隋唐五代十国，直到宋辽西夏金时代，印刷术成熟、纸质书籍在社会上广泛流行为截点，在这 3000 多年漫长历史中，也许有许多珍贵的经典古籍，由于改朝换代、外族入侵、农民起义等争战导致皇室国府的藏书焚毁而消失了、失传了。像众所周知的秦始皇"焚书坑儒"，以及 700 多年以后北朝梁元帝在西魏攻破江陵城防前夕焚烧他平生所收集的 14 万卷珍贵藏书等历史事件。这些大规模的焚书行为必然是一场文化灾难。可以想见，在这些浩瀚的皇室藏书中必然有一部分是民间罕见甚至全国独一无二的珍贵典籍，这些珍品在熊熊大火中化为灰烬，对文化而言无疑是不可估量的损失。但经过历史长河的洗礼，能够幸存并传承于今世的，肯定是在文学性、思想性等方面有出类拔萃生命力的作品。这种情况足见现存于今的名典要籍之稀罕、之珍贵，也在一定程度上折射出古代文人学者能够阅读的书籍之罕、阅读数量之少。

为什么会出现阅读不兴盛甚至匮乏的状况呢？这是因为古代生产力落后，广大劳动人民还没有摆脱温饱问题的困扰。温饱问题是从动物到人类的生存要义，广大劳动人民要为温饱而奔波，无暇也没有心思坐下来读书学习，更谈不上阅读。其次，古代生产力水平低下，劳动生产多是以家庭为单位，生产方式主要以手工为主，生产技术和生产经验主要靠言传身教，口耳相传，很少有人进入专门的教育课程。而那些少数官宦、贵族阶层，他们虽然物质生活丰富，衣食无忧，但为了摆脱精神层面的空虚无聊，有部分贵族子弟追求物质生活和生理上的肉欲刺激，变得荒淫无耻、腐化堕落；有部分志虑忠纯、道德高尚人士，遵循前辈传统，学习诗书、礼乐、御射等技艺，追求上流社会的精致化、艺术化生活。如果谈读书学习，只有发生在这部分人群中。但是他们毕竟只占社会人口的少数部分，无法代表整体。其三，纸张、印刷术等承载书籍的载体笨重落后，也制约了读书、阅读行为的大众化、广泛化、兴趣化。这在技术条件上制约了阅读行为的发展。

二、阅读的社会属性

随着现代网络技术的迅猛发展,人类进入知识爆炸的信息社会,无论工作或是生活,我们每天都要看书、阅读,阅读成了现代信息社会不可缺少的需求。如同一日三餐的饭食,不吃饭就会有饥饿感,不读点书就会感到心里空落落的,有空虚感。而且无论吃什么,只要香甜可口,就能激起食欲;而阅读,无论你读什么,只要是自己所需、对自己味口,就能够在瞬间激起你专注的情绪去认真阅读和思考,就能唤醒你无限的快乐和欲望。天长日久,从前吃过的每顿饭的味道、食材,虽然现在记不清了,但饭菜的营养日积月累沉淀在你的体内、融进你的骨血,塑造成了你现在的体魄、气质和模样。而阅读知识的积累就是沉积在你体内的饭食,它让你的言谈举止、一颦一笑都蕴含着你读过的书、走过的路、爱过的人,都散发着你从书中吸收的灵气、教养、智慧和魅力。你能说阅读不是一件快乐的事儿吗?

(一)拥有阅读能力是获取幸福的首要能力

阅读能力是现代人获取幸福的首要而又最基本的能力。

首先,阅读使我们在有生之年能够获得超越生命时空的知识、智慧和身心体验。毕竟人的生命有限,而知识浩瀚无穷尽。在这短暂的生命旅途中,每个人都不可能面面俱到地感知外部世界,只能感知自己经历过的人事更迭、生活圈中的人情冷暖、悲欢离合,只能耳闻目睹自身触及的人文景观、风俗文化;更何况世事多如牛毛,不可能事事都亲力亲为。我们无论多么勤恳辛劳,也只能在小范围内经营人生。个人经验只能是九牛一毛。所以每个人所认识的世界十有八九是盲人摸象,很难有对世界进行完整认识和完整把握。其次,人生匆匆,对人生的理解微不足道,对活着的享受也微乎其微,生命看似蓬勃,实则虚晃一世。然而有了文字以后,人们用文字书写,把自己的经验通过文字保存于世,传承于后人。有阅读能力的人坐在家中读书,就能走出狭小的领域,进入无边的疆域。身居斗室,却从文字里看到了无数另样的风景。正是这种读书、这种阅读让我们突破了时间和空间的限制,超越时空接触、了解了诸多闻所未闻的领域,从而在无形中让我们获得了超越有限生命的无限可能性。藉此，我们可以上溯远古，下及未来，可以饱览现实的、也可饱览过往的奇风异俗、千古名胜。同时在阅读中反思自我、把握自我、超越自我，助力自我心智的成长，培养自我思维的力量，建立一种自我理性，获得心里的光明。这种极大拓展、延伸生命体验的幸福难道不是阅读能力获得的吗？

其次，阅读是人类谋求幸福的源泉。人们阅读是为了活得更体面、更高贵。生命的存在不仅仅是为了活着，更在于快乐地活着。随着精神文明和物质文明的发展，人们更希望有尊严地活着，甚至都愿意高质量地活着，成为一个真正意义上的活着的人。而有意无意的阅读则能水到渠成地实现人们谋求幸福活着的愿望。阅读让文字具有了永恒的价值。阅读比图像更空灵，比记忆更清晰，比冥想更深邃具体。阅读能让你站在巨人的肩膀上，让你凌驾于伟人的思考之上。因而能培养你拥有缜密的逻辑，深奥的思想，崇高的境界，伟大的灵魂。你可以视通四海，思接千古，与智者交谈，与伟人对话。通过阅读，能够过滤浸染我们的思想文化，敏锐我们的眼睛，净化我们的大脑和心灵，使我们的人生更具有抗打击性，不会轻易被艰难曲折摧毁。而且阅读是人社会化的重要途径，可把自然人转化为社会人。因为阅读能使人超越动物性，不至于沦为活动木偶，行尸走肉。阅读的意义在于，它能在超越世俗生活的层面上，建立起精神生活的世界。停止阅读就意味着切断了与心灵的沟通，与世界的沟通，人生也就进入了死循环。可以说，是阅读拯救了我们，我们要活着，就必须阅读。我们所认识的世界、人生、社会，很多都源于阅读。所以我们说一个人的心灵发育史就是他的阅读史，人们必须通过学习阅读才能抵达阅读的自由王国。做一个这样的读书人就是做一个幸福的人。

但是这样令人心驰神往的阅读能力却不是人类与生俱来的本能，因为现实世界人人拥有，而浩瀚、丰富的精神文化世界却只为拥有阅读能力的读者所独有。正是阅读让拥有阅读能力的读者有更多机会成为具有超乎个人生命体验的幸运人。而那些失去阅读能力，或阅读能力不健全的人，是多么的不幸。因为他们阅读能力的丧失，难以通过阅读弥补生活中的各种损失，难以获得人类独有的高层次精神文化享受，难以通过阅读排遣生命中的孤苦寂寞，更不可能通过阅读抚慰心灵深处的创伤。因此他们的所思所想、言谈举止与动物本能差别不大、相去不远。在世间诸多的不平等当中，无论是财富的不平等，或是权力的不平等，最终都归因于阅读能力的拥有或丧失而体现出精神层次的不平等，从而导致社会地位的不平等并造成了财富、权力的不平等。而有些苦闷、困惑或者痛苦在人的一生中，只靠说教、靠考试是无法圆满解答的，只有靠自己广泛阅读、躬身实践，才能获得克服艰难困苦的感悟和启迪。没有学会阅读，或者没有健全的阅读能力，也就无从领略阅读的妙趣，一生与书无缘。不阅读或者阅读能力丧失，就是躺在书海中也只是一个用浑浊的眼睛茫然四顾的人,而不是一个用清晰的思想来观察世界的人。这从反面说明拥有阅读能力是人类获取幸福的首要能力。

最后,阅读能让我们成为富有的人。看一本书等于在吸收一个人的智慧和财富,看十本书等于接收了十个人的智慧和财富。读书越多意味着你的智慧和财富越多,要想成为一个富有的人就需多读书。读书让你的心灵仿若秋雨中的池塘,逐渐丰盈。其情形仿若原本只有几文小钱,随着你一页一页地读书,你的仓库就一天天丰满起来,长年累月地积累,就会坐拥金山银山。更重要的是,阅读不仅拓展了我们的视野,提升了我们的思想格局,而且使我们的感触从目之所及达到了思之所及,让我们有了超越时空局限的可能。因为脚步不能丈量的地方,文字可以;眼睛看不到的地方,思想可以。只有阅读方能以有穷的生命去追求无穷的知识智慧。你能说拥有阅读能力不是一件幸福的事情?

(二)善读可以治愚

阅读对人类最大的启示在于对自己无知的认识。西汉刘向说"书犹药也,善读之可以药愚"可谓至理。人对自身欲望的约束往往因为缺乏理性,以致于平时呈现出随意状态。当自己的思想和行为即将越轨时,我们自己也许意识不到,又缺乏制止它的决心和毅力。有时候通过阅读、通过反思,幡然醒悟,再洗心革面地去弥补,虽然为时已晚,有可能已经做过的功课都因之而付诸东流、无济于事,但是总归能够让我们认识到自己的愚钝,仍不失为一种进步。人类所有区别于动物的理性、思考和情感,都源于阅读。阅读自然是人类在进化进程中的起点,原始人类正是从阅读自然开始进化为高级动物,进而演进成理智人,最终成为现代人的。这个过程就是通过阅读完成的。

人是一种复杂的矛盾体,人性是由自身禀袭的动物性和社会人格性组合而成的,而人格性恰恰在于克服或否定动物性的能力。人格性帮助人选择过道德生活,使人之所以为人,并把对道德生活的选择视为不可剥夺的尊严,而且为了这种尊严,可以牺牲在动物视角看来绝对不能放弃的一些欲望;而人自身天赋的动物性,让我们的思考往往从满足动物本能欲望的视角出发。这种选择往往遮住了我们的智慧、限制了我们的能力,而表现出动物本性中"愚"的一面。就是我们常说的"蠢如猪、笨如牛",这是人和有思维能力的动物都有的共性特征。但是,善读者可以通过阅读打开封闭我们视野的窗子,开启受到局限的思想、智慧。提升我们自身的人格性,增强人格性的理智的力量,让人身上原始的动物性抑制到最低程度,尽可能让"愚"消失或转化为人格性力量。人格的二重性决定了人在精神上需要有学习的榜样。信仰就是我们树立在思想上、心灵上的榜样。我们有了这样的榜样，精神就有了追求，生活工作就有了持续不断的内驱动力，灵魂就有了寄托和归宿。人若不相信精神层面的东西，缺乏理想、愿望、信仰的追求，那就一定会看重、甚至迷恋物质层面的东西。如果看重、并沉迷于物质追求，人性中动物性一面就会泛滥起来。因为动物性的本能就是排他性地贪图自己享受。就会依据满足自己的享受程度来评价生活，生活便会沉沦得一无所是。人的动物性也有随心所欲的一面，动物性本能欲望希望随心所欲地生活。而随心所欲的生活必然会侵害他人利益。这样的生活会让群体或个人变得浮躁、虚华、庸俗和市侩，甚至一无是处；让国家社会变得伦理纲常颠倒错乱、社会秩序混乱不堪。阅读正是增强人格性来抑制动物性、贬斥迷醉于物质层面的追求。通过阅读书籍可以加强精神层面的修养，强化精神层面的追求。

市场法则使人充斥着欲望和算计，欲望和算计是理性的变种。欲望和算计如果缺乏人格性道德的制约和训导，就会无滞碍地滑向无敬畏、无内省、无约束。[7]阅读是对那些充满着欲望和算计的灵魂开展的救赎，更是对那些可能被磨灭的天良德性进行的救赎，从而激发我们趋向正常、正派、正义的生活方式，这是我们改善、改良、改变人生的新起点。从实践理性的层面考察，即使是最好的人、甚至是伟人，也存在着趋恶的倾向。这是人的动物性为了满足动物性欲望而时常压制人格性、甚至冲破理性牢笼而泛滥的表现。与趋善的本性逆向而行，社会的失德就是这种人性中固有的弱点所致。为了克服人身上的动物性以及由此而派生出来的恶性，人必须实现超越。阅读的实质就是超越，阅读的价值就是为了超越自己。人类的阅读就是为了超越人类的动物性而采取的主动行动。人类的发展史就是一部人类不断抑制、不断引导自身趋恶的动物性，发扬、培育健康向上的社会性人格的进化史，更是一部开发阅读潜能不断促进身心成长的发展史，其间始终伴随着人类对自身愚昧、自私、贪婪等动物性本能行为的克服与超越。一部文明史可以概括为超越自身动物性的历史。阅读就是我们跨越每个艰难阶段可依赖的良伴和可使用的武器。

善读可以治愚还在于可培养人对自己内心和灵魂的反省能力、对社会和自然的感悟能力。正是具有了对内心灵魂的反省力、对社会人事的感悟力，人才常常表现出矜持、高贵、书卷气、儒雅感等品质，而且这种品质是自发的、不经意的、无意识的产物。人在广泛阅读基础上对人事感悟力增强就会有宽容之心胸。宽容是善读之果、是理性之花。具有宽容胸怀的人，品性高雅，透彻、广阔、智慧。阅读还有助于宽容这种美好德性的培育。苛刻与宽容相反，是狭隘、愚昧的表现。只会导致冤冤相报、两败俱伤的恶果。苛刻容易积聚仇恨，而仇恨是人生所有不幸的酵母，是许多人不幸的始因。宽容是爱，苛刻是恨。恨以毁灭为目的，爱以滋养为追求。这些正是善读可治"思想之愚"的表现。

（三）阅读是幸福成长的力量

阅读的过程就是个人精神成长的过程，阅读的深入与否决定个人的精神成长。朱永新教授曾说"一个人的精神发育史就是一个人的阅读史"。阅读之所以对个体的精神成长至关重要是因为每个人的精神成长并不完全依靠基因和遗传，而与后天的阅读息息相关。一个人的气质、修养、能力在很大程度上决定这个人是不是爱读书，有没有社会责任感、事业心，有没有勇于担当的气概和胸襟。德国诗人歌德说："读一本好书，就是和许多高尚的人谈话。"当你和许多高尚的人进行思想交流、灵魂碰撞之后，你的心灵就会成长，你的精神就会发育完整。通过阅读，我们不一定变得更加富有，但我们一定可以变得更加智慧。"读万卷书，行万里路"就是这个道理。阅读不一定能改变我们的长相，但一定可以赶走人们身上的愚昧和粗野，使我们在不知不觉中深化内涵，优雅谈吐，增强信心，修养气质，正所谓"腹有诗书气自华"。有些人相貌虽普普通通，但与其接触，似有"听君一席话，胜读十年书"的感觉，会令你如沐春风。毕淑敏老师在《轻轻走向完美》序言中写道："日子是一天天地走，书要一页页地读。轻风朗月水滴石穿，一年几年一辈子读下去。书就像微波，从内向外震荡着我们的心，徐徐地加热，精神分子的结构改变了，成熟了，书的效力就会凸显出来。"当通过阅读，大多数人的气质都发生改变时，一个时代的社会风气就会改变。阅读不一定能延长我们生命的长度，但一定可以改变我们生命的宽度，增加生命的厚度。阅读不一定能实现我们的人生梦想，但一定可以帮助我们更加接近我们的人生梦想。

读书给人知识，为知识阅读是为了拿文凭，为了在职业中提升自己。而为生命成长而阅读，是为了让你的心灵辽阔，给你幸福感、安全感。众所周知，阅读是快乐的源泉，阅读带给人以愉悦。愉悦是人生最美丽的境遇和欢乐。叔本华说："愉快且喜悦的人是幸福的。"如果阅读与你的人生相伴，那么你的人生就有了幸福成长的力量。因为阅读的过程就是读者的人生观、世界观和价值观潜移默化地被塑造的过程。

十四五岁是人生启蒙的青少年时期，人的身体正处在生理发育、转变的最敏感时期，身体骨骼开始变化，声音变粗，性征出现等，更重要的是他开始意识到自己身体的存在性，心理上有种无法言说、无法解答的苦闷。生理的苦闷引发人开始思考人到底是什么？人的精神在哪里？这时期人的精神向往和肉体的欲望激烈冲突。这种来自生理上的奇怪压力，促使很多青少年很自然地爱上了文学，经常在图书馆和书店里阅读小说、散文、诗歌等文学作品，从中削减一些欲望上的苦闷，并尝试从书中了解自己从何而来、要到哪里去、人是什么等疑问。对有些孩子来说，以前专心学习的平静心态被搅乱了，激起了阵阵波澜，心思、情绪起起伏伏。这自然会耽误了原来不错的功课，会有几次考试糟糕的事情发生。如果因此被学校、家庭指责成一个坏孩子，造成的无形压力会很容易让这些孩子在一夜之间自暴自弃。三年、五年、十年之后那些一心一意专心学习的同学，有的考上了最好的高中、最好的大学，有些出国留学回来成了某方面的专家学者。再回头去看看他们，发现他们过得并不一定快乐。对感情、婚姻等各方面发生的问题，他们也没有办法妥善面对。对于人性和真正的自我，他们始终无法摆脱困惑、苦恼，因为学校没有教授这些东西，考试也不会考这些内容。

我们很少思考为什么要让孩子上好的高中、考好的大学，家长们以为考上好的高中、大学是为了将来有个好工作，这至多解决了生存问题，只是一种肤浅的认识，实际上深层次的原因是在努力考上好的高中、努力考上好大学的过程中，训练出"阅读"有字之书和无字之书的能力，更在于塑造成能够幸福快乐成长的性情。结果往往是短暂的，而过程则是漫长而艰辛的。如果奋斗的过程不快乐、不幸福，即使获得了"好工作"、解决了"生存问题"，也不能保证未来工作事业的顺畅和生活的幸福。

譬如我当初从事外语教学时，我看重的是学生对语流的反应速度、语言的理解力和语音语调的模仿力。这三个因素是判断是否适合学习外语专业的关键素质。这些素质很大程度上取决于学生的天赋和后天教育条件的"阅读训练"。至于学生考试分数则是衡量学生知识掌握的程度标尺，也就是后天阅读学习的效果。用功了自然考高分，没用功自然考分低。后来从事图书馆学专业工作，我关注的是宁静致远的心态、扎实持久的学习态度和孜孜不倦的钻研精神。平静的心态、肯学的态度和善于钻研的精神不是天生的禀赋而是后天人生成长过程中多年不断阅读积累驯化而成的素质。这些素质是能否适合在图书馆工作的关键素质。如果考分很好，即使上过好的高中、读过名牌大学，文凭也高，可是耐不住图书馆的清静、寂寞，整天心思浮躁，心猿意马，心思耗在东家长西家短的是非功利上，这样的状态能不能把图书馆工作做好尚且未知，搞不好科研工作是肯定的！

实践经验证明高分学生与低分学生差别不是很大，主要原因是花在专业学习上的心思、时间、精力不同而已。考分低的学生一般情况下大多热衷于各种学生社团活动和社会交往。他们的心思多数时间耗费在了解人上，例如经常参加社团活动、结伴玩游戏、看影视剧、小说等。表面上他们没专心学业，实际上他们在与人接触中创造了很多碰触到人性各种复杂问题的机会。分数、人格、智慧三者没有必然联系，高分数被评判为好学生却不代表他有能力面对情感和伦理方面的种种问题；低分数被认为是"坏学生"，可是他对人性可能有自己很丰富的了解。所以知识不等于智慧，分数与人格无关。很多"好学生"被社会捧得高高在上、洋洋得意，从没怀疑过自己的缺陷，等走入社会面对复杂多变世界时却茫然无措。

经常在新闻中看到有些受过高等教育的年轻人，在情感挣扎中找不到出口而伤害自己或亲人，甚至一念之差跳楼，摔死在血泊里，终结了自己年轻而鲜活的生命。我们在握腕叹息的同时，在哀其不幸、怒其不争之余，不得不深思其深层原因是价值观出了问题。大家看到的这些令人错愕的行为只是"结果"，真正需要探究的是形成这个"结果"的"内在原因"。在长期"唯分数论"教育体制中，我们希望孩子们学业优秀、成绩名列前茅，成为"优秀生""好学生"。但是在道德、人格、感情的培养上，基本被忽视而实际情况可以说是零分。老师眼中所谓的"好学生""优秀生"，从小埋头在升学、考试里，专业知识分数非常高，但平常忽略了与人相处的锻炼，缺乏对人性的了解，在道德与情感处理上一片空白。一旦遭遇生活中的矛盾，无法合理、稳妥地解决，反而激化矛盾、做出傻事。轰动全国的上海复旦大学医学研究生投毒毒死同寝室同学的事件就是一个很典型的案例。平时相处为些鸡毛蒜皮的琐事发生矛盾，不会处理就利用所学的医学知识把剧毒药品悄悄投放到室友的饮水机中，同寝室同学不知情喝水中毒死亡。投毒者被判处死刑。这一案件让两个鲜活的年轻生命逝去，带给两个家庭灾难性的悲伤和痛苦。仅仅因为生活的琐事酿成人命官司，太不值得了。投毒者年轻、学习好、专业优秀，但性情孤傲，不合群。在法庭上面对法官质疑，他一脸茫然。他根本不知道自己为什么会做出了这样的蠢事，不仅毁了大好前程，而且葬送了自己和受害同学年轻的生命，让两个家庭都因失去儿子饱受痛苦而破碎。如果他们面对生活中的诸多矛盾，无法排遣，心结打不开时，如果能静下心来读读有关书籍，在阅读中寻求解决办法，化解、消融敌对情绪，也许不至于走上自我毁灭的道路。

在这个飞速发展的知识爆炸时代，个人的情感挣扎似乎更加凸显。一整天拘囿于课堂、只是面对考试的孩子，可能很难有机会碰触到人性和真正的自我，这种挣扎也许会更加无处安放。我们一直期待给青少年提供最美好的文学、历史、天文、传记、电影、音乐……就是希望提供给孩子多方面扎根生活土壤的机会，让他们碰触到一味学习、考试而没有机会接触到的人性和真实的自我，以便在未来帮助他们找到人生中靠考试无法解答的苦闷、情感挣扎等问题的解决方法，可以更加从容地安心做自己。因此，培养阅读能力，看似微不足道，实则一抵千斤。

学校千万不要变成了训练考试机器的场所，青少年千万不要被训练成考试机器。如果学校就像养鸡场、养猪场一样，其产品被锻造成一个模子一种类型的考试品种，那将让人觉得是一个巨大的悲剧。所以应该给青少年最好的体、美、劳、文学、艺术、音乐、舞蹈……教育，让其自自然然地熏陶在其中，而这些是没法考试的。⑧

（四）阅读可以改变生命轨迹

阅读不仅能创造生命奇迹，更在于阅读能改变人生。通过阅读，我们能够树立起阳光的心态，学会感恩、学会宽容、学会分享、学会放下一些消极情愫。通过阅读，我们可以在有限的生命当中欣赏无限的美景、体验人生的精彩。阅读不能改变人生的长度，但可以改变人生的宽度。阅读能让人生在有限的长度内，宽广辽远，波澜壮阔，奔腾汹涌，浩荡激越。阅读不能改变人生的物相，但可以改变人生的气象。外在的形貌基于遗传而难于改变，但人的精神可以因阅读而蓬勃葱茏、气象万千。阅读不能改变人生的起点，但可以改变人生的终点。阅读能让人生永不听任命运的摆布，把握自己，执着地走向梦想的极地。不论出身境地优裕或是贫寒，阅读可以改变人生的坐标和轨迹，奏响人生的乐章。阅读穿越时空，为人类开辟了一个遥望世界的无限星空。人类只有百年的航空航天史，然而，阅读却是人类心灵的飞翔机，是最早的"载人宇宙飞船"。它与人生同步，却可以与时间逆行，揭晓迷离的过去，抵达遥远的未来。它可以开启无数个维度空间，让思想纵横捭阖，通向伟大的心灵。所以阅读就是主动成长，要想更快更广地提升自己，就应积极主动地多阅读；要想让自己更富有、更有深度，就需广泛涉猎；要使自己更成熟、更有魅力，就要坚持不懈地阅读。

美国演说家亨利·克雷在给年轻人的一次讲座中说："我毕生的成功，都应归功于27岁那年我养成了每天阅读、朗诵一些历史和科学著作的习惯，并坚持了数年。有时在麦田里朗诵，有时在森林，有时则跑到很远的畜棚，那里的老马和公牛是我忠实的听众。我这段早年的经历不断地激励我的热情与灵感，并从此塑造了我的性格，决定了我的命运。"⑨

当你觉得自己没有任何资本，不具备任何条件创业时，到图书馆借些好书，看看那些成功的创业人士是怎样利用自己现有条件的。这些条件就在你的眼睛里、耳朵中，你的脚下，你的手中，只不过你没有眼光发现而已。在中国，我们可以找到无数个因为读书而改变命运的人。著名作家赵丽宏勤恳读书改变命运的事迹就是一例很好的例子。

童年时的赵丽宏，并没想到要当什么"家"，但是影响他最深的是书。是读书、阅读改变了他的人生轨迹。在他五六岁时,读初中的姐姐因爱好文学,经常不断地从学校借各种书回来,像《红与黑》《悲惨世界》等。这就是他最初的阅读。姐姐借回来什么书,他就读什么书。有时候他比姐姐读得还快。虽然是不加选择、囫囵吞枣、似懂非懂地阅读,但不管读不读得懂,他都把它从头读到尾。现在回想起来,这种大量的不求甚解的阅读对于一个人的成长是非常有意义的。读初中时,他开始接触诗歌和散文。当时他最喜欢两本书,一本是郑振铎翻译的泰戈尔的《飞鸟集》。得到这本书,他就被它迷住了。薄薄的一本、短短的篇幅,几十个字、几百个字,没有具体故事。却是对风景的描写,或者是心情的抒怀。有的意境很神秘,说不清它具体写什么,却拨动你的心弦、感动你的灵魂。比如"在黄昏的微光里/有那清晨的鸟儿/飞进了我沉默的鸟巢",虽然意思朦胧,却非常美妙、非常清新。那些诗,一段一段地他都能背出来。后来知道泰戈尔是印度著名作家,他找到了那些所能找的译成中文的泰戈尔的书。他的诗歌,获得诺贝尔文学奖的《吉檀迦利》、他的《沉船》、他的戏剧以及他的散文。这些书籍、这些精神食粮伴随着他青少年的成长,但影响最大的还是《飞鸟集》。这么一本薄薄的小册子,过了几十年、上百年,还能让读者阅读时发生共鸣,甚至让远在万里之外的外国读者感动,这就是书籍的魅力,这就是伟大作家的伟大之处。另一本是鲁迅的《野草》。鲁迅是中国"五四"以来的文学巨匠。提及鲁迅,人们总记得他的犀利、他的战斗性,以及他作为一个斗士是怎样在黑暗中跟敌人战斗的和他像匕首一样对准敌人心脏的杂文。其实鲁迅是个很丰富的人,人类所有情感在鲁迅的文笔中都得到了一种很好的表达。鲁迅的《野草》与《飞鸟集》相比,有异曲同工之妙,也是短短的一段段文字就能引起人的无限遐想。他在写《野草》时,正处在人生的困惑期。在漫长黑暗中他看不到光明、希望。在挣扎、在寻找、在痛苦、彷徨和寻觅中,他用奇妙的文字描述出这种心情,却带给各种各样读者不同的联想和感受。有些片段被选进了中学语文课本。我也喜欢写他童年和故乡趣事的《朝花夕拾》,书中的感情和情趣跃然纸上。读高一时,正值"文化大革命"开始,生活突然发生了变化。当时很多他迷恋过、崇拜过、喜欢过的文学艺术作品受到了批判,都不能再读了。尽管如此,他还是继续他的爱好,继续读他喜欢的书。并通过各种各样的方式寻找书。当时他经常在废品回收站的门口待着,看到有人来卖书,他就把他们拦下来,然后用很少的钱买下这些书。他还经常去上海的旧书店,浏览一些好书,因为是旧书,很便宜,有时花一毛钱就可买到一部长篇小说。

1968年他中学毕业,正赶上全国知识青年"上山下乡"到农村接受贫下中农再教育。他背着简单的行李来到崇明岛的乡下当时心情灰暗,前途未卜。面对一群没有共同语言的农民,他只有整天埋头干活、写日记,来排遣孤独。尽管当地农民很照顾他、同情他，经常送他东西吃，但善良的农民们救得了他的肉身，却救不了他的灵魂。他心灵上的需要别人是无法给予的。那时他心思消沉、苦闷，神情木然，如同一块在海上漂浮的木船，整天心思浮荡，不知未来的生路。他曾在小草屋里的油毡上写了一首诗来描述他孤独的思想困境。日子久了农民朋友们注意到他经常拿着一本书，或一张报纸，躲在角落里专注、甚至是贪婪地阅读。于是他们时常翻箱倒柜地找出家里的藏书，送给他阅读。送的这些书中有《红楼梦》《儒林外史》《初刻拍案惊奇》《二刻拍案惊奇》《孽海花》《千家诗》《福尔摩斯探案集》《官场现形记》等。只要是书，他来者不拒，照单全收。这些书，有的价值不菲。一个退休的小学校长送给他一套《昭明文选》，乾隆年的刻本，装在一个非常精致的箱子里，现在十万块钱也买不来。一位八十岁的老太太送给他一本1936年的老皇历，让他感动得落泪！

除了送书给他读外，他还意外地发现了一个书库。有个老太太来帮他生火做饭，随手扔给他一本书说："拿去生火吧。"他对书有一种本能的直觉，只要根据段落排序就能判断是政治书还是文学书。他打开一看，凭直觉判断那是一本文学书，就拿起读了起来。老太太一看就跟他说，你不用着急，这些书在学校里还很多。他找到那个学校，发现了一个非常可观的书库，从泥地到天花板堆满了书，而且每一本都是值得读的书，这真是个奇迹。从乡民那里了解到，办这个学校的校长，当年家里有很多田地，为了办教育，他卖掉所有的田地，让相邻的所有孩子都能来上学。这些乡民尽管有一些土气，但其实他们都有文化，都上过学，就是因为有这所学校。他在书库里待了整整一天，最后拿走了200多本，足足装了3麻袋，运回到他的住地。这些书对他的生活起了很大的改变作用。不管白天干活有多苦、多累，只要到了晚上，在草屋的油灯下阅读他自己喜欢的书，他就很满足。其中有本《西窗集》是20世纪30年代卞之琳翻译的外国现代派的一些作品，其中有里尔克、普鲁斯特、都德等作家。当时的卞之琳只有27岁，这本书是他在阅读原著的基础上，挑选他喜欢的作家编辑而成的。在《西窗集》中，第一部就是普鲁斯特的文章，叫《记忆和睡眠》，其实就是他的长篇小说《追忆似水年华》的第一章。这是普鲁斯特文章的第一个中译本，虽然没有译完全，但在偏僻的乡村，已经非常可贵了。

在读书之余，他做笔记和写作。当时并没有想到写东西要发表、以后要当作家之类的问题，只是用写作来排遣寂寞、抒发内心的孤独情感而已。他在笔记中写他的生活、写他周围的人和事。他用文字来给他周围的人画素描，同时也将他看到的大自然的变化描画出来，他开始用文字来描述所见所闻。有时候写一些阅读感受，为什么喜欢这本书而不喜欢那本书。这些文字，在现在看来仍然是非常真实的,当时他却从来都没想过要用这些文字换取什么、取悦什么,只是在真实地表露自己的情感。去年《读者》杂志转载了他的一篇文章《雨声》。这其实是他1969—1970年期间在草屋写的一篇日记。他把下雨屋漏的事用美妙的词语记录下来,因为漏雨睡不着,想到一些奇怪的事情而兴奋。前段时间有人花了两三千字的篇幅,来评论他这篇只有几百字的文章。这些文字时隔40年还有人喜欢,还有生命力,原因是什么? 是因为它的真实和真诚。这是他人生的第一站,如果没有这一站,也就不会有现在的他。

1977年恢复高考,由于下乡期间长时间不间断地阅读书籍的知识储备,赵丽宏顺利考入华东师范大学中文系。1981年毕业后分配到《萌芽》杂志社工作。1983年加入中国作家协会。随后散文集《诗魂》出版,荣获中国新时期优秀散文集奖。组诗《中国,我亲爱的祖国》被谱成交响曲合唱,获得中宣部"五个一"工程奖。1987年,由于作品丰硕、成就突出,他被应聘担任上海市作家协会专业作家。其丰厚的作品中,有十余篇作品收入中国大陆各地、中国香港和新加坡语文教材,是作品收入教材最多的当代作家。作品《山雨》《与象共舞》《顶碗少年》被收入人教版、沪教版的中小学语文课本,《望月》《蝈蝈》《学步》《囚蚁》等作品被收入全国各地的小学语文课本,《为你打开一扇门》《周庄水韵》《假如你想做一棵腊梅》《在急流中》《黄河船夫曲》《晨昏诺日朗》《炊烟》《青鸟》作品被收入全国各地以及香港和新加坡的中学语文课本。2013年赵丽宏获塞尔维亚国际诗歌金钥匙奖。诗集《天上的船》将由塞尔维亚著名诗人、翻译家德拉甘·德拉戈耶维奇译成塞语,出版发行塞语和汉语的双语版诗集。现为全国政协委员、上海市人民政府参事、中国作家协会全委会委员、中国散文学会副会长、上海作家协会副主席、《上海文学》杂志社社长、华东师范大学、交通大学兼职教授。中国作家协会第九届全国委员会委员。[10]赵丽宏因为酷爱读书从一个普通下乡青年成长为当代著名作家的故事真实说明,阅读能改变生命轨迹。一个人即使成不了作家,作为一个文学爱好者,或者作为一个普通人,只要你多读书、多积累,命运之神迟早会让你的生命轨迹滑向成功之路的。人生其实非常简单,你的寿命再长、精力再丰富,也只能看到这个世界的一个小小角落,也只能经历漫长历史的一个瞬间。但是阅读可以改变它。阅读可以使你活几次、活几十次、甚至可以使人活无数次,可以让你走到许多你无法了解的人生中去,可以走到一些你永远无法到达的地方。一本好书是一个智者用一生的时间去寻找、去追求、去表达的结晶。作为读者只要花几个小时或几天,就可以读完一个智者一生的追求。对读者不仅是有意识或无意识的积累,而且非常有利于形成读者的人格和思想。这就是阅读最有价值之处。

每个人的梦想无论如何产生和实现,读书都是很重要的途径,当你真正把读书看成生活一部分时,你是快乐的。通过读书,即便是世界上最贫穷的年轻人,其身上所具有的天赋和潜能也能被开发出来。埃利胡·布里特16岁时父亲去世,不得不到本村一个铁匠铺当学徒,每天在炼炉边一边拉风箱10—12小时,脑海里一边紧张地进行着算术运算。铁匠铺附近的伍斯特图书馆藏书丰富,他一有闲暇时间便去读书,成了那里的常客。在图书馆他第一次理解了荷马史诗《伊利亚特》最开始15行诗的真正内涵。这小小的收获激起了他的兴趣和热情。于是他每天忍耐着坚持看40页居维叶的《土壤论》、64页法语、几课时冶金知识。每天坚持记日记,记下自己每天的阅读成果,以便激励、督促自己上进。比如6月19日,星期二,看了60行希伯来语、30行丹麦语、10行波希米亚语、9行波兰语、15个星座的名字……终其一生,布里特掌握了32种方言,精通了18门语言,被人尊称为"学识最渊博的铁匠",并以其为人类文明做出的杰出贡献而名垂史册。这个贫贱男孩自学成材的奋斗史足以使那些拥有优越条件、拥有良好教育机会的人无地自容。如果他像其他同龄孩子一样懒散,不勤奋看书、阅读,他一生的命运就不可能离开"铁匠铺",拉风箱就会成为他一生的工作。可是他不甘于做一个"铁匠",不屈服于平凡命运的安排,而是利用自己拉风箱外的闲暇时间,利用自己年少记忆力好,利用旁边的图书馆藏书这些信手拈来的便利条件,努力读书、勤奋阅读改变了生命轨迹,成为为人类做出贡献的人。[①]

美国"钢铁大王"卡耐基13岁失学,当了一个小邮差,当地一个军队退伍上校办了一个小小的图书馆,把自己收藏的400册文学名著向穷孩子们开放。卡耐基每个周末都去借书,一开始读的就是世界名著,品位很高,从此爱上了读书。他在自传里说:我永远感激上校的充满智慧的慷慨,是他培养了我对文学的爱好和品位,这是我的最宝贵的财富,即使用人类所有的钱财来和我交换,我也不愿意。这些例子说明无论你环境条件多么艰苦,阅读都会增加你的知识、增长你的智慧,最终不仅改变了你的生命轨迹,而且还改变了你的命运。

三、读书无用论

尽管阅读是人类获取幸福的首要能力，是广大青少年成长的力量，是消除愚昧、开启智慧的灵丹妙药，更是我们改变自身命运的缰绳；但是从古到今，由于社会政治经济、生活环境的巨大差异，读书无用的论调一直绵延不绝，从没有停止过。为了更具体深入地研究阅读的属性及其规律，我们的思考不可避免地碰触到了这个无法回避的问题。究竟是什么原因让"读书无用论"一直绵延不绝？归根结底是古今中外的读书人把读书阅读赋予了太多的功利目的，让生命本能需要的读书承载了太多的社会功能而最终压折了读者理想的翅膀。

（一）"读书无用论"历史渊源

"读书无用论"最早可追溯到有历史记载的春秋战国时期。孔子的得意门徒仲由是最早认为"读书无用"的人。他曾对孔子说："有民人焉，有社稷焉，何必读书，然后为学？"（《论语．先进》）。意思是"有了人，有了土地（社）、粮食（稷），还读什么书？有饭吃就行了，书能当饭吃吗？"这话是从人做官的话题引起的，可见用意在于做官就是为学。孔子的私塾弟子孟轲也曾说"尽信书，则不如无书。吾于《武成》，取二三策而已矣"（《尽心》）。一捆竹简他才取两三条，公然说无书胜有书。诵读诗书的儒家祖师爷尚且有此论调，"绝圣弃智"的道家和"摩顶放踵"的墨家就更不用说了。

到了春秋战国时期（公元前771年—前221年），中国社会逐渐进入了青铜时代，社会生产力得到了较大的发展。一些平民百姓逐渐从体力劳动中解放出来，面对纷乱的社会状况，他们希望通过思索和钻研前人治国理政的经验，寻找到一条可以使社会安定、百姓不再流离失所的救世之路。于是产生了诸多学派学说，并撰写出无数著作，呈现出"百家争鸣"的局面。史称诸子百家。秦始皇统一六国后，为统制思想文化，他运用自己手中的权力，强制推行"大一统"的思想。公元前213年，秦始皇在咸阳宫大宴群臣。博士淳于越倡议学古法，重提恢复分封皇子功臣为诸侯的主张，认为"事不师古而能长久者，非所闻也"。代表儒家荀子学派（与韩非派法家合流)的丞相李斯欲利用手中权力压制其他学派的政治思想,因此反驳指出,儒生不师今而学古,各尊私学,诽谤朝政,惑乱民心,建议禁私学。办法是除了史官所藏秦国史记以外,别国史记一概烧毁;除了博士官所藏图书,私人所藏儒家经典和诸子书一概送官府烧毁。并建议 30 天不送所藏私书到官府,罚筑长城 4 年。聚谈诗书的人斩首,是古非今的人灭族,只有医药、占卜、农作书不禁。民间求学以吏为师。秦始皇听从李斯建议,实行了焚书法令。这就是焚书事件。公元前 211 年,方士求神仙不得,且诽谤始皇,后畏罪逃走。秦始皇大怒,在咸阳查探后,活埋术士 460 余人,其为"坑儒"。"焚书令"是非常严酷的:两人交谈《诗经》《尚书》的话题就要斩首市曹;称引古书古事以非议时政的要全家杀头;官吏知情不检举的与犯者同罪;法令颁布后超过 30 日留书不烧的,要脸上刺字罚筑长城。李斯提出这样严酷的"焚书令"绝非偶然,表面上是维护中央集权制度响应并讨好秦始皇,实际上却是以李斯为代表的法家利用手中权力压制其他学术派别的思想之争、学术之争,实质也是权力之争。

第二次大规模焚书事件是在西汉王莽末年,赤眉起义军入关,长安兵起,宫室图书,并从焚烬。第三次发生在董卓挟持汉献帝移都时,吏民扰乱,图书缣帛,皆取为帷囊。第四次出现在匈奴人刘曜、石勒覆灭京华,朝章国典,从而失坠。第五次发生在北朝时期,周师入郢,梁元帝萧绎悉焚典籍于外城。当时梁元帝"性好书",常令左右读书,昼夜不绝,虽熟睡,卷犹不释。公元 554 年(承圣三年)十一月,西魏围攻江陵,他在晚上巡城时,犹不忘读书。城陷,元帝入东阁竹殿,命亲信焚烧平生所搜集的古今图书 14 万卷,火光艳天。将自赴火,宫人左右共止之。当西魏人问他为什么焚书时,他说:"读书破万卷,犹有今日,故焚之。"城破,西魏攻入江陵,俘杀了梁元帝。梁元帝始终沉迷于书本,亡国后恼羞成怒,认为读书误事,读书毁了他一生前程、性命,因而把一腔绝望的怨气迁怒于他醉心挚爱的 14 万卷藏书。于是将书全部焚烧,着实让人可惜!

其实梁元帝萧绎是以身作则,坚信学习有益论。他深刻体会到书中知识的教益,体会到书中经验教训对治国理政的实际作用,于是按部就班地号召左右读书学习。但他过于迷恋于书本,被书中勾勒的虚幻世界搅浑了理智,没能清醒地把书卷中理论性的经验教训与现实问题结合起来分析考虑,想不出解决实际问题的办法。等事到临头,如噩梦方醒,方才觉悟。可是不亦晚矣!抱着抗争的态度,一把火把贻害自己、贻害家国的孽种——无用书籍焚烧之。自此后世少一分两汉书籍,便多一分读书人。少一分读书人,便多一分愚民。

无论什么原因,大规模的焚书都是一场文化灾难。可以想见,在一个醉心于文学、痴迷于道统的皇室的浩瀚藏书中,定然有一部分民间罕见甚至全国独一无二的珍贵典籍。这些珍品在熊熊大火中化为灰烬，对文化而言，无疑是不可估量的损失。后世有人评说其罪孽毫不逊于项羽之焚阿房宫。因为书籍是前人对先辈过往历史事实以及经验教训的记载。不管是歌功颂德，或是谴责抨击；不管是耳闻目睹，或是道听途说，都反映了编著者对过往历史的一种感情认知，或者是对未来的有目的性的教育。但书籍是个无生命的载体，无论好人坏人都可以读之、学之。夏商无书，却有鼎流传后世。书本的出现是让记载着统治阶级言行举止的历史可以流传后世。梁元帝因为痴迷于读书，导致国破家亡、城陷身死，绝望之下焚书，以销毁让自己身败名裂的罪证，这种心理与后世很多特权人物篡改不利于自己形象的历史记载、焚毁记载自己难以启齿的真实档案如出一辙。这种举动反映了统治阶级中某些权贵人物对自己丧失人性地攫取权力的卑劣行径的恐惧与自卑，害怕真实的历史记载传之后世暴露了自己真实的形象而要不厌其烦地把留存的档案毁掉，甚至把记录历史官员杀掉以绝其口。然后保存歌功颂德、美化自己的虚假记载，混淆他人之视听。所以说读书有害亦不为过。读书者毁书是由于不爱书，贪图别的东西，毁之是必然的事，书本是死的，不能保证教的东西是真实可靠，一切还得看读者自己的慧根。

1. "读书无用"不是说"书"无用，而是说书生、文人无用

"读书无用"并非说"书"没有用处，而是说读书的"书生""文人"无用。是这些"书生""文人"把书"读"歪了，不会应用所致。司马光在《资治通鉴》里记载了五代时期，后唐明宗即位时"帝目不知书。四方奏事皆令读之。重诲亦不能尽通"。安重诲乃奏称"'臣徒以忠实之心事陛下，得典枢机，今事粗能晓知，至于古事，非臣所及。愿仿前朝侍讲、侍读、近代直崇政、枢密院，选文学之臣与之共事，以备应对'。乃置端明殿学士"（卷二七五）。后来翰林学士冯道被选出来在御前作为咨询官员。他历事四朝，历来挨骂，当时却被尊重如圣人。他官大、名大，其实不过是"以备应对"、起点咨询作用的无足轻重的人。他自己也说："我书生也。当奏事而已。"后唐明宗是沙陀族人，不识汉字是不奇怪的。刘邦、项羽是汉族人，也是著名的不读书的人。

后晋一位掌权大臣说："吾不知朝廷设文官何所用。且欲澄汰，徐当尽去之。"（卷二八四）胡三省在这下面的注中大发感慨说："呜呼！此等气习自唐刘已为文宗言之……非有国者之福也。虽然，吾党亦有过焉。"（同上）他说的"吾党"就是"我辈"，指的是做官的文人。他说不必怪武人（"夫何足责？"），而怪文人自己，有点自我批评精神。

五代后汉时期，大官们曾吵过一架。一个说："安定国家在长枪大剑。安用毛锥？"另一个说："无毛锥则财赋何从可出？"（卷二八九）这后一位是管财政的。在他眼中,"毛锥(笔)"的用处也就是收税记账。他不算是"文官",所以他同样"尤不喜文臣,尝曰:此辈授之握算,不知纵横,何益于用?(同上)因此他给文官的"俸禄皆以不堪资军者给之"(同上)。俸禄大概是实物,不能军用的才给文臣,而且故意高估价值,实际是打了折扣。("吏已高其估,章更增之。")除这个"毛锥论"以外,还有个理论,后汉高祖任命的一位最高掌权大臣"素不喜书生。尝言:国家府廪实,甲兵强,乃为急务。至于文章礼乐,何足介意?"(卷二八八)这实际上是孔子早已讲过的:"足食,足兵,民信之矣。"(《论语·颜渊》)国家有了粮食(廪实),有了武器(兵强),老百姓还能不听话信从吗?所以商鞅相秦,讲求耕、战。可见所谓儒、法两家的政治主张并不是水火不相容的。

为什么武人不喜文士?为什么胡三省要文人自我反省?五代的后汉一位武官"尤恶文士。常曰:此属轻人,难耐。每谓吾辈为卒"(卷二八八)。文人瞧不起武人,当然要挨骂,可是顺从附和也不行。后梁太祖还没当上皇帝时,曾和僚佐及游客(门客之类)坐于大柳树下。忽然他说:这柳树可以做车毂。有几个游客便跟着说"宜为车毂"。这可遭殃了,这个未来皇帝"勃然厉声曰:书生辈好顺口玩人,皆此类也。车毂须用夹榆。柳木岂可为之?"他随即"顾左右曰:尚何待?"于是"左右数十人言宜为车毂者,悉扑杀之。"(卷二六五)不但武人,文人也自相攻击。有一位官员"屡举进士,竟不中第,故深恶缙绅之士"。他趁那位未来皇帝大杀朝士的时候建议:"此辈尝自谓清流。宜投之黄河,使为浊流。"(同上)被杀的都被"投尸于河"。这个建议人"见朝士皆颐指气使,旁若无人"。"时人谓之鸱枭。"(同上)也有不这样的,处境就不妙。后晋时一位大臣(节度使),"厚文士而薄武人,爱农民而严士卒,由是将士怨之"(卷二八一),结果是引起了一场兵变。还有更倒霉的,黄巢入长安建立齐朝后,"有书尚书省门为诗以嘲贼者"。结果是:"大索城中能为诗者,尽杀之。识字者执贱役。凡杀三千余人。"(卷二五四)可见读书又会作诗,不但无用,而且有害了。

不过分析起来,认为"读书无用"即认为书生无用者,也只有两派,一派是武官不喜文官,另一派是文人也不喜文人。后一派中,不仅从政治、经济等实用角度,瞧不起"舞文弄墨"的,其中还有"文人相轻"的因素。上溯到孔、孟,可发现他们和后来的不一样。孔老夫子很重视学习,《论语》一开头便是"学而时习之",以后又多次讲为"学"。不赞成读书的子路也说"何必读书,然后为学?"他否定书,并不否定学。《孟子》里有两处提到"书",一是"尽信书,则不如无书"(《尽心》),一是"颂(诵)其诗,读其书,不知其人可乎?"(《万章》)。

2. 早期"读书无用"的原因

一是书少,传播范围有限;二是书中很多寓言故事晦涩难懂,难以引起普通百姓的阅读兴趣。《孟子》中有很多故事，《万章》篇更是故事集。古书中故事多是古人的一种思想习惯，用故事讲道理，故事就是道理。这在中国古书中非常普及、盛行。因为故事多、寓言多，习惯用隐喻说话、写文，与生活实际有距离，不容易明白其中的含义，所以除了衣食无忧的书生、文人外，谁有耐心能耐烦去猜哑谜？何况汉字最少要认识一两千才能读书，还不一定懂。此时流行"读书无用论"与当时文化普及状况有关。

早期古人说"何必读书"，不尽是"信书"。后来人再提"读书无用论"重点却在一个"用"字，而且着重在读书的人无用。不识字，不读书，照样当皇帝，做大官，指挥兵马，富可敌国。识字也不过记姓名（项羽说的），记流水账（包括《春秋》记事和给皇帝编家谱）。书，既不能吃，又不能穿，读书常和挨饿相连。但有些书还有用的，刘邦攻破咸阳，萧何收集秦朝户籍图籍，知道了各地出产，按图搜刮特产、按户籍人数多少征税。这些大概是《禹贡》一类，记下"厥土"，"厥贡"，所以对于治国有用，而且是"速效"，能"立竿见影"的。不过这类"图籍"好像不算正式的书，只是档案。萧何也不是读书人。靠读书吃饭的儒生、文士，除了当"文学侍从之臣"以外，只有"设帐"收几个孩子教识字，这怎么能吸引人呢？孔、孟是大圣大贤，都没有说过"读书高"。"天子重英豪，文章教尔曹"的歪诗本身就不像是读过多少书的人作的。

五代后唐时，天下大乱，民不聊生，正是"读书无用论"盛行之时，印刷书的技术偏偏发达起来。难道是读书无用，印书有用；在朝廷上无用，在民间反倒有用吗？书是有用的，但用处不在给人读，而是在于给人读懂。古来读书人是极少数，秦始皇"焚书坑儒"却并没有烧尽天下书、杀光天下书生。"读书无用论"2000多年未绝而读书还在继续，而且随着社会发展而不断壮大。这些坚持读书的极少数人，既然知道"读书无用"为什么还继续读书呢？

3. 当前市场经济形势下的"读书有用与无用"

古人云："万般皆下品，唯有读书高。"父母都相信"再苦不能苦孩子，再穷不能穷教育"的理念，人们都认为"上大学能够改变命运"。在计划经济年代，农村学生上大学意味着户籍、工作等一系列问题迎刃而解。大学是精英教育，上大学等于有了高人一等的身份，有了衣锦还乡的荣耀。这些实实在在的"读书有用"的社会效益让广大父母和学子坚信"读书有用""知识能改变命运"。

1999年全国高校大规模扩招，带来师资力量不足，教育、就业被推向市场。学校为了适应市场竞争形势，费尽心思地搞自救、创收，提高了学费。其结局是扩招带来生源良莠混杂，教育质量下降。这种一方面是大学毕业生的就业形势恶化，另一方面是中国大学的学费急剧上涨的社会形势，使很多学生家长难以承受。

特别是农村,很多大学毕业生接受高等教育的成本与其得到的回报差异太大。前者过高,后者过低,在一定时期内,一些农村学生寒窗苦读十余年接受教育的本钱都赚不回来。父母苦心巴力供出一个大学生,理所当然地希望能有高回报。但是高等教育大众化以后,大部分农村大学生并没有如乡亲们所期待的那样出人头地。工作要自己找,收入还不见得比打工的多。在城市里找了一份普通的工作,无力反哺供应自己多年的家庭不说,买房结婚时甚至还需要年迈的父母再接济,相比之下,还不如一早就辍学出去打工的过得好。这样的结局确实让人辛酸和无奈。

4. 当今读书无用论现象

在当前现实社会中,读书无用的现象随处可见。许许多多农村出生的孩子,父母辛辛苦苦培养他们读小学、读中学、读大学,名满县乡,满指望读完大学能够回报家乡、报答地方,能够恩泽乡村,为家乡父老做一点贡献,可是大学毕业后却都留在了城市,很少有人回家乡贡献自己所学。结果广大的农村地区,考出去的大学生越多,人才输出得越多。经济改革几十年,大小城市繁华富裕,却并没见那些偏远乡村有什么变化,反而知识越普及、学问越没有、社会越空虚。每年节假日回乡,看到农村荒芜的凄凉景象,内心的震撼不用言表。城市人才过剩,农村却都是老弱病残和留守儿童,缺乏人才,经济难以发展。这不是读书无用是什么?

那些所谓的满腹经纶的饱学之士,要么眼高手低、游手好闲;要么夸夸其谈、溜须拍马;要么华而不实,缺乏踏实做事的能力和态度,实际上做不了事。女孩子们,书读多了嫁人都困难。因为一定要嫁一个比自己学问好,比自己学历高的,实际上学问好的不多!读书越多,学历越高,越难解决自己的婚姻问题。你说读书有用吗?

现今读书人功利心太重,急功近利、急于求成,把读书当作谋取高官厚禄、成为富商巨贾,以此光宗耀祖的桥梁,背离了"读书志在圣贤""报效祖国"的初衷。如果实现不了这种人生夙愿,很容易产生挫折感而悲叹"读书无用"!

读书真的没有用吗?任何人都承认,一个人如果多读点书,提高素养,那么能力会有一个质的飞跃。同样智力水平的人,也是"腹有诗书气自华"。两个人从事同样工作时,成绩一样,一旦工作变得有挑战性,读过书的人就会脱颖而出。读书依然有改变命运的力量。当然这种力量的显露需要机会,有的人也许得不到这个机会,但不读书意味着机会来了,你都无力把握。随着市场经济进一步深化,知识的力量逐渐显现,并能更快地转化为生产力,人们对"读书无用论"的讨论逐渐沉寂。

（二）市场经济意识对阅读行为的冲击

1. 当代主流阅读群体的阅读现状

数字信息技术的广泛普及,各种阅读媒体精彩纷呈,人们的阅读方式、阅读需求逐渐多样化。其求知理念、阅读思维也相应地发生了变化。大学生,作为社会文明的传承者和阅读主体,在这种纷繁复杂的求新求变的形势下,需要什么样的阅读推广、具备什么样的内在素质和知识储备,才符合新世纪人才发展的需要呢?

（1）迫切需要推广心胸、境界方面的素质阅读

当代大学生是在数字科技浪潮中成长起来的一代,从小学高年级起就有学习机、随身听、手机等电子阅读产品在书包里装着、手里拿着,回到家里还有电视、台式电脑或笔记本电脑等阅读工具。受这些电子化阅读行为的影响,他们随时随地都在看、听、说,因而大部分业余时间都被吸引在这些电子产品的阅读上了,形成人际交往少的封闭生活状态。大多数大学生又都是独生子女,在倍受宠爱的优裕环境中长大。从小在"重分数成绩、轻人品操行"的培养模式下,他们很少接受砺志教育、抱负教育,缺乏过去知识分子那种"为中华之崛起而读书"的豪情壮志。进入大学后明显地表现出学习动力不足、好高骛远、朝三暮四的心理状态,以及缺乏耐心韧劲、缺乏进取心、上进心、情绪化的精神状态,心灵成长远远滞后于他们健壮肥实的身体发育。

在思想境界上,他们的所思所想常常拘于个人的小情小调,眼界狭小,处事自私自利。特别是有些学生心思不专心于功课学业,却学会了打小报告、当眼线等社会上一些拍马屁的东西。这类学生即使步入社会也很少专心工作。他们想建功立业不是从勤勤恳恳做出业绩方面着眼,而是千方百计谄媚领导,谋取攀权附贵的径捷,以狐假虎威之势陷害异己。这种对强势领导的阿附和对弱势群体歧视、踩踏的两种面孔,折射出内心的虚伪。在满足个人欲望方面表现得精明干练。这种为人处世的功利化行为明显地流露出他们内心深处的浅薄,迫切需要开胸益智方面的阅读推广。

（2）汉语修养每况愈下,文化传承面临危机

改革开放以来,全民学英语的热潮把英语推到至高无上的地位。加上教育制度的规定,小升初、初升高、高考升大学,这一路走来的每个环节,英语都成了"决定生死"的课程。这种重要性迫使小孩儿从小学三年级就开始学英语。有些从五六岁、更早的从二三岁牙牙学语开始学英语。这样大规模地学习外语的直接后果是汉语修养一届不如一届,传统文化的修养一代不如一代。因为语言不仅仅是交

流工具,更是一种民族文化、民族思想的载体。在学习外语的过程中不知不觉在接受外语文化、外语思想的浸润和教化。久而久之,你在熟练掌握、运用这种语言的同时,你就会成为这种文化思想的传播者。你的举手投足、言谈思维都打上了这种语言文化的烙印。在你外语日渐其精的同时,本民族汉语文化思维却在萎缩,甚至枯萎。看看我们周围的许多大学生写出的文章词不达意、语不成句,字迹绵软无力,分不出男女笔迹,有些学生连说话都表述不清。网上聊天只是文字的生硬堆砌,没有标点符号,无法确切传递出内心的真实情绪,让人琢磨不定。而且中文语句中常常掺杂着英文和一些让人费解的符号。这些对汉语文字的不敬重、甚至亵渎的现象,警示我们阅读推广任重道远,既迫切又急切。

(3)校园内阅读氛围不浓厚,阅读的必要性

10年、20年前校园里书声朗朗、三五成群阅读的景象如今很少听到看到,早晚只看到个别、或几个学生在树丛间看书阅读,倒是一对对谈情说爱、亲热搂抱的情侣充斥着宁静校园的各个角落。这种现象可能是几十年前大学生阅读媒体主要是以印刷品为主,诸如书本、小说杂志、画册等,现在听觉视觉媒体大量出现,阅读方式多样化造成的。学生们不一定非要在室外阅读,除了纸质文献外,电脑网读、手机读、电视电影读、MP4、MP5等新电子媒体读等都可随时随地在任何地方进行。另一方面大部分学生因学业繁忙很少有时间进行课外阅读,即使有空余时间,可是面对今天娱乐成疯的形势,传统的专心致志阅读纸质文献的方式已无法平静他们内心的浮躁。他们越来越不看重在图书馆阅览室或教室里静静地看书,更多地可能被视觉、听觉、甚至动觉并用的立体化阅读方式所吸引。然而这种外在阅读形式的变化,对大学生内在心灵的浸润、对完美人格的塑造是否更具效果?培养出的"产品"是否更合乎现代社会所要求的用人标准?恐怕难以肯定。而且无论是专业学习,或是专业外的素质阅读,传统阅读方式目前仍是学习的主流方式。

(4)应试阅读日益普遍,不利于厚积勃发

现代大学生对自身利益考虑的功利意识强烈,除了流行"不求天长地久,只求瞬间拥有"的"快餐式爱情"外,大学生阅读也趋向"短平快"作风。很多学生对那种日积月累的"慢热型""苦读书"方式不屑一顾,而更看重马上能见分晓的实用性读书方式。这种"快餐式阅读"风气更多与各级各类业绩考试、水平考试、拿证考试有关。诸如期中期末考试、研究生考试、英语四六级考试、计算机考试、出国留学考试。还有公务员、会计师、律师、咨询师、职称等考试。考前图书馆阅览室、教室自修自习的学生一下子爆满,目的只有一个——考试过关。因而考前临时抱佛脚,集中用功看书阅读做题,考试结束即恢复散漫作风,自修室又恢复往日的冷

清。这些急功近利的阅读方式，缺乏稳定的持久的内在的学习动力，如果不是就业压力和生存压力让他们倍感危机，他们连考试前的临时阅读恐怕也难以为继。这种没有内在精神动力支撑的学习阅读，是读不出什么成就的。[12]

2. 国人追求金钱财富，阅读行为边缘化

然而随着市场经济的深化和普及，人们的财富观、消费观等价值观念的变化。在全国人民都在搞活经济的浪潮里，读书、阅读已经成为不合时宜的事情。阅读似乎只是成了课堂上学生的专利和部分学者的工作，普通百姓迫于挣钱的压力，似乎已经很难安静地坐下来读书阅读。尽管高等教育在普及、知识分子的学历等级在提高，拥有高等教育的人数比率在增加，可是泛滥的市场经济意识导致的读书无用现象，貌似正在造就出一个越来越多不再读书的庞大群体。

到全国各地的乡村、城镇走走看看就会发现，一个10000多人的小镇，麻将馆就有几十家、网吧十几家。中老年人除了吃饭就是打麻将，青年人到网吧上网，少年儿童在家守着看电视。麻将、上网、看电视几乎浓缩为农村人的娱乐生活。麻将馆和网吧成了乡镇最繁荣的娱乐业。而无论在中小城市的网吧，还是在高等院校的电脑室，一排排、一队队年轻人大多数都在玩游戏，少部分在聊天。在网上和图书馆查阅资料或读书的学生反而是少部分。学习已经变成了学者的专利，甚至很多学者也不看书……难怪有媒体报道，中国人年均读书0.7本，与韩国的人均7本，日本的40本，俄罗斯的55本相比，中国人的阅读量少得可怜。

一名印度工程师在《令人忧虑，不阅读的中国人》一文中写道：我在飞往上海的长途飞机上，我吃惊地发现，不睡觉玩iPad的，基本上都是中国人，他们基本上都是在打游戏或看电影，没见有人读书……在法兰克福机场候机时，我就注意到，德国乘客大部分是在安静地阅读或工作，中国乘客大部分人要么在穿梭购物，要么在大声谈笑和比较价格。一次我和一位法国朋友一起在虹桥火车站候车，这位第一次来中国的朋友突然问我："为什么中国人都在打电话或玩手机，没有人看书？"我一看，确实如此。

日本管理大师大前研一在他的著作《低智商社会》中说：在中国旅行时发现，城市遍街都是按摩店，而书店却寥寥无几，中国人均每天读书不足15分钟，人均阅读量只有日本的几十分之一！

从这些外国旅客的所见所闻中，我们是不是应该警醒国人们的阅读状态？记得有一位学者说过：一个人的精神发育史应该是一个人的阅读史，而一个民族的精神境界在很大程度上取决于全民族的阅读水平；一个社会到底是向上提升还是向下沉沦，就看阅读能植根多深，一个国家谁在看书看哪些书，就决定了这个国家的未来。读书不仅仅影响到个人，还影响到整个民族，整个社会。要知道一个不爱读书的民族是可怕的民族；一个不爱读书的民族是没有希望的民族。[13]

（三）中国人不爱读书的原因

中国学生为什么不爱读书？一是中小学教育知识面狭窄、教育手段单调，又用力过猛，学生没有选择的自由，只有被动地重复、机械地记忆。不但没有激发学习热情，反而挫伤了学生读书兴趣，造成学生厌学。二是，我国大学教育专业化太早，致使大家所学专业知识范围狭窄，同学们没有较多的选择余地。三是我国社会不重视学生自身的学习兴趣，不重视开发学生的阅读潜力，没能培养出对读书的热爱，这样成年后人生中就少了很多热爱读书的乐趣。无论小范围还是大范围，和其他民族比较，我们这个民族从宏观上看现在不太爱读书。有一本书叫《钢铁、细菌与大炮》，在美国卖几十万册，我向同学推荐，没有人看完不说好，但这本书在我们这儿只能卖一两万册。再举个例子，日本的地铁里，等车的所有人都拿着书看，车来了以后，上车的上车，下车的下车，很拥挤，相互把位置调整调整，从兜里拿出书报继续看，一个车厢里 80% 的人在读书，站台上 80% 的人在读书。我在北大 2 年，人大 5 年，教书 7 年来我只见到一个学生，在我教"生物学对社会科学的启示"的时候，感觉这个学生读书读到有点痴迷了。很快我读的书他差不多都读了，我们能对上话。这以后他经常从网上下载一些英美学术刊物上关于社会学与生物学交叉的新成果发过来，我很受益。我就碰到这么一个学生，非常高兴，也非常失落，这样的学生怎么就碰到一个呢？所以全国上下，包括名牌学校的学生，我看不到他们热爱读书的繁荣景象，这是最使我悲哀的事情。学生在这种太过功利的教育氛围中，没有读书兴趣，没有养成读书习惯，不仅人生中少了很多乐趣，而且也做不好学术研究工作。[14]

2016 年联合国根据 118 项国民素质的综合指标，对全球 188 个国家的国民素质进行了综合评估。国民素质是一项综合概念，包括思想、修养、礼仪、文化、政治、体能、道德、教育等。这 118 项指标包括国民的精神面貌、文化素质、道德修养、礼仪素养、全民教育、经济条件，身体素质、民族的向心力、凝聚力等。评估结果国民素质排名前 10 位的国家是日本，美国、法国、荷兰、瑞士、加拿大、澳大利亚、德国、俄罗斯、新西兰，而中国排名在 160 位以后。从排名情况分析，中国国民素质非常让人堪忧，连续几十年排名世界 160 位以后已是不争的事实。而日本国民素质连续几十年排名世界第一，也是铁板钉钉。当下中国高楼、高铁、高速公路这"三高"是世界第一、GDP 排名第二，但国民素质、文明程度却滞后，两者反差很大。近几年我们总在评"文明城市"，一直在竞争"魅力城市"，但评上的城市还有许多不文明之处。而排名前十的国家,不评什么文明城市,但每个城市都要比国内的文明城市要文明得多。⑮

正是由于整体国民素质低,多数中国人认识不到读书的重要性,不读书或读书少的情况比较普遍。2004 年 12 月 6 日,英国 10 岁女孩缇丽在印尼苏门答腊岛沙滩上玩耍时,发现海面上有小泡泡冒出来,还突然有浪打过来。缇丽突然想起地理书本上地震的知识和地理老师说过的地震引发海啸的征兆。她立即高声大喊"地震来了,大家快跑呀!"于是人们跟着她到了远处的山上。缇丽用知识的力量救出了几百游客。而在那次海啸中,有 65 万人遭受不幸。这个例子活生生地说明读书不仅挽救命运,在特殊情况下甚至挽救人们的生命。如果不读书,没有阅读习惯,没有涉猎过地震方面的知识,英国女孩缇丽很可能也在这次海啸中丧生了,怎么可能救出了几百游客呢?

1. 应试教育磨掉了青少年读书兴趣

应试教育让孩子们没有时间和精力去读课外书,导致思想狭隘,知识面窄,言行偏执,不随和。前几天,跟几位读书人一起聊天,说起自己人生最不爱读书的时候,几乎所有人不约而同提到的都是上学备考那段时间。每年高考结束,各地都会出现雪片一样飞舞的参考书。埋头苦读的学子用撕书来释放压力,人人能够理解,但当时却并没有意识到,人类本身对读书的兴趣,在应试教育的被动读书中慢慢消解掉了。

因为"用处",读书被划分为有用和无用。升学求职、研究习技、成功经验,这样的书相当"有用",常年占据着孩子的书包和书店的畅销角。"多看有用的书,少读没用的书"——从小到大,我们不断被灌输这样的理念,在堆积如山的"有用"的书中一路冲杀,却少有思考,读书到底是因为什么?驱动读书的动力究竟是什么?

从大学肄业的比尔·盖茨创造财富传奇,到北大毕业生陆步轩卖猪肉,再到大量农村学生放弃高考,类似报道总能抓住人们的眼球、引发舆论的惊叹,成为"读书无用论"的活例证。于是乎,"不读书一样赚大钱""读了书照样找不到工作","读书无用"成为一些人的口头禅,一些原本爱读书的人也不免自嘲"百无一用是书生"。

一些人说"读书无用",并非完全没有道理。一方面,昂贵的学费造成了贫困家庭的巨大负担,为孩子读书负债但孩子还债无望;另一方面,一些高校专业设置与社会需求脱节,一些学生"毕业即失业",一些学生"所学非所用,所用非所学",有时还得"拼爹""拼关系"。现实问题滋生助长功利思想,在功利思想的熏染下,一些人把赚钱视为读书的终极目的,一旦达不到"期望收益",就视读书为"失败的投资"。

视读书为"投资",视赚钱为读书之"用",显然是误判。读书是否有用,关键看"用"在何处、如何"用"。正如新闻中的那位女孩说的:"书本打开了我的眼界。只有读大学,才能让自己更有修养、更有层次。大学是对一个人综合素质的提升。"读书也许不能立刻实现人生的"逆袭",但可以健全人格、建立价值观、提高品行修养。比尔·盖茨、陆步轩都是不可复制的个例,家庭困难毕竟是暂时的,但不读书就失去了向上流动的一切可能。"风物长宜放眼量",把功利思想压一压,把眼光放长远一点,多注重精神追求和自我价值的实现。[16]

每当大学生们在校园网选课系统中进行选课时,总有不少学生问我这课有什么用?对面试和求职有帮助吗?对找工作有用的课程为啥不多开一些、不早开一些?调查学生的选课记录发现,选报音乐欣赏、艺术鉴赏、宗教与文化、国际象棋入门、国画鉴赏等人文社科类课程的学生较少,而选报汽车营销、财政与金融、景观设计等实用性强的课程的学生人数较多。主要原因并不是学生不喜欢上述这些人文课程,而是为了将来找工作多一个挣大钱的技能和机会。大学生这种不按自己能力和兴趣选课的现象,显示出大学生在功利性阅读盛行的社会环境中的无奈。

2. 好书越来越少,说明整个社会研究知识、钻研学术的人越来越少

我国的国民阅读状况与世界阅读水平还有较大差距。衡量国民阅读状况有两个重要指标:一个是18—70岁国民图书阅读率,另一个是18—70岁国民人均纸质图书阅读量。由中国新闻出版研究院组织实施的全国国民阅读调查项目显示,我国18—70岁国民图书阅读率在1999年曾高达60.4%,此后多年,与大踏步前进的经济发展状况相反,阅读状况总体上呈现出一种倒退趋势,2005年竟跌破50%,仅为48.7%。但自从2006年我国开始推广全民阅读活动之后,国民阅读状况开始改善,2009至2014年国民阅读率分别为50.1%、52.3%、53.9%、54.9%、57.8%和58.1%。我国18—70岁国民人均纸质图书阅读量为4.56本。2010为4.25本,2011年为4.35本,2012年为4.39本,2013年为4.77本,2014年为4.56本。在我国,上海人均读书量最高,为6—10本。我国人均每天读书时间不到20分钟。现在年轻人大部时间都用在网上。世界每年阅读书籍数量排名第一的是犹太人,平均每人一年读书64本,俄罗斯55本、韩国11本、德国9—18本、法国8.4本、日本8.45本、美国7本。[17]

从我国的国民阅读数据分析看,目前中国社会在文化心理上正面临一场阅读危机。阅读危机的本质是阅读信仰危机。中国人的阅读信仰危机主要表现在两方面:一是对读书持怀疑态度,觉得读书无用;二是在读书的人中,真正有阅读信仰、相信阅读价值、愿意读经典的人越来越少。过去,读书是一件很神圣的事,读书人几乎是有修养的代名词。现在有阅读能力的人越来越多,有阅读信仰的人却越来越少。许多人读书少,常以工作忙、应酬多、没时间为借口,实质是缺乏阅读信仰,觉得读书无用,而不想读书。在地铁上,大家忙着刷微博、刷消息、看八卦、浏览论坛。中老年人喜欢打麻将,青年喜欢上网,少年儿童喜欢看电视。而中小学受应试教育的影响也远离经典名著,一些学校甚至拒绝课外读物。即使是教师,其阅读现状也不容乐观。有调查显示每天读书2小时以上的仅占8.7%,1小时以下的高达70.4%,而不读书不看报的也大有人在。我们的大学,阅读状态也令人担忧。朱永新教授曾给儿子写过一封信,名为《大学是读书的天堂》,鼓励孩子好好学习,珍惜大学时光。这封信就是朱永新教授在大学读书时的阅读感受。我们的领导干部,天天忙于各种大小会议、检查、应酬。他们本应该"少点烟酒味,多点书卷气",多读些中国文化经典,以坚定对中国文化的信仰。因为阅读信仰的缺失必然导致精神信仰的缺失!精神信仰缺失,就会出现道德观、价值观扭曲。

在阅读上,人们更多选择的是功利性阅读,即什么有用读什么,什么时髦学什么、什么热学什么。如考证热、学车热。一些人太急功近利,一切向钱看,以至于徇私枉法、贪污受贿,突破法律和道德的底线,最终走上了不归路。

如今出版物浩如烟海,而现代人的阅读时间越来越少,你很难有时间和精力去检验哪些书是好还是坏。那些摆放在机场书店、火车站书店的五花八门的畅销书,不仅当误时间精力,多数看了还会让人失望。但经典不会,无论何时翻阅经典,你都会满载而归。即使时间有限精力不够,但反复阅读同一本经典作品,每次重新阅读都会有新的感受。

3. 两种极端

马云曾经说"不读书和读书太多的人,都不太会成功,所以别读太多书"。诚然事业取得了巨大成就、具有一定社会影响力的马云这样说不是没有道理,因为"纸上得来终觉浅",成功还是要靠实践。不读书在当今信息社会肯定不行,可是读书太多、死读书、读死书的人,往往容易导致人丧失行动能力。很容易成为"语言的巨人,行动的矮子"这类赵括型人物。但是在中国目前这样一个年人均读书不过四本、大众的知识文化素养和社会的文明风尚都亟待提高的国家,推销这种言论不具普遍性,有以偏概全之嫌疑。

首先,把阅读和成功用简单的因果律联系起来本身就不科学,没有什么说服力。的确,大字不识但终成大业和饱读诗书而一事无成的例子,古今中外所在皆有。中国人最熟悉的就是那位半文盲加流氓的汉高祖刘邦。但饱读诗书而终成大业、大字不识最终一事无成的例子,也同样比比皆是。读书多少和成功之间本来就没有什么直接关系,说"只有读书才能成功"和"只有不读书或少读书才能成功"一样,都是缺乏统计数据支持的臆断。

其次,读书之所以值得提倡,究其根本而言,不是因为读书有用,恰恰相反,读书最美好的一点正是它"没有用"。严格说来,出于单纯功利目的的阅读不能算是读书。为了升学就业、获取信息、掌握技能的阅读,比如学生读课本和参考书,工程师读技术资料,厨师读烹饪大全……有助于个人获取实际利益,却无助于一个人开阔胸襟和完善人格。人与动物不同的一点是人有好奇心和求知欲,对于世间万象有一种难以遏制的一探究竟的渴望。除了自己的工作和专业之外,读一点文学、历史、哲学、艺术方面的书籍,一来滋润心灵,使精神世界不至于干瘪粗糙;二来满足好奇心,"原来如此!"常常是这类阅读带来的快感。

这种看似无用的读书最大的好处是避免使人变成工具,而使人成为完整的人。这种具备一定人文素养的人一定是通过广泛阅读而造就的。即便站在纯粹功利的立场,少读书的说法也不足为训。实际上,阅读量的多与少不仅事关个人素质,也直接关系到一个国家的未来。发达国家的年人均读书量普遍在 20 本以上,浓厚的全民阅读风气所带来的不仅仅是发达的科技、繁荣的文化,更有知书识礼、平和理性的社会风气。只有提高全民阅读量,中国才有望摆脱处在国际产业链条底端的命运,中国社会才有望避免持续粗鄙化。总之,如果中国一定要跻身发达国家,那么今天的中国人应该比以往更加需要多读书,越多越好,而不是相反。

同样是富豪,同样从事科技行业的苹果公司创始人乔布斯,虽然 17 岁时主动从大学辍学,但他毕生对哲学、文学、艺术和音乐抱有强烈的热情,那本《一个瑜伽修行者的自传》,他几乎每年都要读上一遍。苹果产品中体现出的极简主义美学与乔布斯对禅宗理论等东方哲学的偏好直接相关。苹果公司的成功与乔布斯深厚的人文素养有极大关系,这一点已为业界所公认。

如果只看到了乔布斯、盖茨等人是大学肄业生,就得出"要成功就不能读太多书"的结论,这显然只看到了表象,而忽视了实质。富豪也不都是粗鄙无文的。据美国所做的一项调查,在加州富豪聚集的贝弗利山庄,平均每个家庭的图书拥有量是 199 本,而在周边康普顿和沃茨等贫困地区,平均每个家庭只拥有 0.4 到 2.7 本书。对于这样的统计数字,成功人士们又会怎样解读呢?[18]

当今大学基础理论类专业的冷清与应用类专业的火爆可见实用主义极其盛行。我曾无数次听到类似的疑问:数学研究有用吗? 哥德巴赫猜想有用吗? 要知道,没有这些基础理论的研究,就不可能有我们今天的计算机技术,一些表面看似没用的理论,建构了今天的科技。

（四）当今政府重视阅读的原因

阅读的本质是读者与作者之间的思想交流。从"有求"的读书上升到"无求"的阅读，重新思考读书的"有用"与"无用"，是我们每一个人、乃至一个民族必须思考的问题。"读书无用论"是存在的，没有读书也发横财的人也是有的。但个案不能说明问题，普遍现象才有说服力。即使用金钱衡量，知识的作用也不可忽视。不然著名跨国公司对智力因素高度重视就无法解释。只要做一个简单的统计，就会发现知识与收入成正相关关系。读书到底有没有用，关键是如何看待有用，不能只用"金钱"这一个标准。知识使人生拥有更多可能。知识决定一个人的气质、趣味、眼界、欣赏水平、价值观……这些都是影响生活质量的关键因素。这些都是知识熏陶的结果，而不是金钱交换的产物。如果你大学毕业后，能认识到还有很多更有意义的生活方式，那这个大学就没有白上。

一个崇尚读书学习的国家，才能成为强盛的国家，爱读书的民族人才辈出。世界上有两个国家的人最爱读书，一个是以色列，另一个是匈牙利。犹太人建立的以色列，国土大部分是沙漠，环境恶劣。而以色列却把自己的国土变成了绿洲，生产的粮食不但自己吃不完，还源源不断地出口到其他国家。以色列还是世界上唯一一个没有文盲的民族，就连犹太人的乞丐也是离不开书的。在犹太人眼里，爱好读书、看报不仅是一种习惯，更是人所具有的一种美德。最典型的例子是，犹太人在"安息日"都要停止所有商业和娱乐活动，商店、饭店、娱乐等场所都要关门停业，公共汽车要停运，航空公司的班机要停飞，人们只能待在家中"安息"祈祷。但有一个行业特许，那就是全国所有的书店都可以开门营业。而这一天光顾书店的人也最多，大家都在这里静悄悄地读书。当孩子稍稍懂事时，几乎每个母亲都会严肃地告诉她的孩子：书里藏着的是智慧，这要比钱或钻石贵重得多，而智慧是任何人都抢不走的。所以以色列人口稀少，但人才济济，建国虽短，诺贝尔奖获得者却有 8 个，人均每年读书 64 本。

另一个国家匈牙利，其国土面积和人口都不足中国的百分之一，但却拥有近 20000 家图书馆，平均每 500 人就有一座图书馆，而我国平均 45.9 万人才拥有一所图书馆。匈牙利也是世界上读书风气最浓的国家，常年读书的人数达 500 万以上，占人口的 1/4 还多。匈牙利诺贝尔奖得主就有 14 位，涉及物理、化学、医学、经济、文学、和平等众多领域，若按人口比例计算，匈牙利是当之无愧的"诺奖大国"。他们的发明也非常多，可谓数不胜数，有小物件，也有尖端产品。一个区区小国，因爱读书而获得智慧和力量，靠着智慧和力量，将自己变成了让人不得不服的"大国"。[19]

　　上述数据坚定地说明读书、阅读是个人成才与进步的阶梯,是国家、民族强盛的希望。开展全民阅读活动的意义就是要提高全体国民素质,提高民族精神高度,提升国家竞争力,助推中国梦的实现。积极宣传、推广全民阅读对改善国民阅读现状、解决阅读危机非常重要。一个民族的思想基础和核心价值体系的建设离不开阅读,中华民族共同的精神家园建设更离不开全民阅读。针对当今价值观评判体系的混乱情况,以习近平为核心的党中央提出了24个字的社会主义核心价值观,具有极为深刻的内涵,需要我们在不断地阅读中领会和掌握。这24个字是我们做人、做事的基本准则,而不是简单的能背诵这24个字。富强、民主、文明、和谐是我们国家的建设目标,自由、平等、公正、法治是我们期待建设的美好社会状态,爱国、敬业、诚信、友善是要求全体国民应具备的道德素养。我们只有在不断的阅读中,才能达到或者超越先人的精神丰碑,在阅读中逐步树立起正确的人生观和价值观。因此现在开展全民阅读,不仅是我们有效的建构社会主义核心价值体系的一种方式,而且能强化我们的文化认同,形成我们这个民族共同的语言和共同的精神密码。以此凝聚国家民心,振奋民族精神,提高公民素质,淳化社会风气,有利于构建社会主义核心价值观。

　　我国全民阅读活动从2006年开始,已连续开展了12年,党的十八大更从实现中国梦的战略高度,第一次历史性地把"开展全民阅读活动"写入报告当中。我国首部《全民阅读促进条例》已进入立法进程。全民阅读活动不仅已成为当今文化生活中的热词,更成为实现中华民族伟大复兴中国梦的助力器。然而我国国民阅读现状根据最新调查显示,2014年我国成年国民图书阅读率为58.0%,较2013年上升0.2个百分点,各媒介综合阅读率为78.6%,较上年上升1.9个百分点。2014年我国国民人均纸质图书阅读量为4.56本,较上年有所下降,电子书阅读量为3.22本,较2013年有提升。纸质图书阅读量远低于韩国的11本,法国的20本,日本的40本,以色列的64本。这些数据显示我国阅读现状不容乐观,我国国民图书阅读率和人均图书阅读量均落后于发达国家。[20]

　　其实,中国人一直有热爱读书的传统。匡衡凿壁偷光,李密挂书牛角,丘濬百里借书……这些耳熟能详的典故激励着人们遨游知识海洋,汲取智慧雨露。中华民族有几千年的辉煌历史,有丰富的历史文化积淀,这些都是很好的阅读资源,应该充分吸收和汲取。因为阅读的本质在于通过阅读去借鉴、吸收、掌握前人已有的知识、智慧和经验。人要明理、有本事,除了靠实践就得靠读书,正所谓"读万卷书,行万里路"。我们既要重视传统阅读,也应利用和引导好电子阅读。对中华民族来说,全民阅读正是提升国民素质的重要手段。

现在世界各国的竞争表面看是经济的竞争,本质上看是文化和科技的竞争,其实质是国家软实力的竞争。提国民阅读水平是提高国家软实力的重要方面。在知识爆炸的时代,我国每年就有超过 40 万种中文图书出版,因此,做好阅读书目的推荐是引导全民读好书的重要环节。在知识经济勃兴的今天,阅读已不仅仅关乎个人的知识积累、修身养性,更攸关一个国家的国民素质和软硬实力。习近平总书记热爱读书,他多次强调干部要带头读书,并以自己的亲身经历说明多读书的益处。最近出版的《习近平用典》一书,摘录、阐释了习近平总书记在文章与讲话中使用的典故。从诸子百家到唐诗宋词,从孔夫子到毛泽东,习近平总书记旁征博引、画龙点睛,给人以思想启迪、精神激荡,首批 30 万册上市不到一周即销售一空。2018 年两会期间,李克强总理在回答记者相关问题时提出,希望全民阅读能够形成一种无处不在的氛围。

目前国民阅读率虽然不高,但阅读力却在逐步提升。信息技术的进步,特别是移动互联网的广泛使用,为阅读提供了一个新的更方便的工具。手机阅读也是阅读,而且极大提高了阅读效能。对于一个找对了阅读方法、知识体系成型的人来说,互联网会让他的阅读"如虎添翼"。因此,我们要善于利用网络、引导好网络时代的阅读,这是提升阅读水平的重要一环。近年来,全民阅读的热情正在稳定提升。即便是过年期间,每天也有四五千人到国家图书馆来读书。国图一年开放 365 天,平均每天到馆读者 10000 人次以上;国图网站有 550 万注册用户,去年点击量达 13 亿次,这对任何一个国家来说都是天文数字。

阅读,对于社会和个人而言都是可持续发展的关键。对社会而言,阅读是社会前行与发展的重要动力。深圳十几年如一日地推动全民阅读,是对人文价值的坚守,而深圳之所以能够创造发展奇迹,与人们保持着对阅读的巨大渴求、对知识的巨大热情有很大关系。积累了丰富知识的社会一定能转换成强大的创造力。对个人而言,阅读是快乐的可持续发展的关键。当你真正把读书看成生活一部分时,你是快乐的。只有通过读书,才能真正培养人的科学精神、理性精神和人文精神。一个城市的发展不仅是筑造高楼大厦,还应通过阅读创造高品质的文明生活方式。读书的意义,最常见的就是让人眼界开阔,对自我有更清醒的认识,而不至于狂妄。人读书越多,越会意识到自己的匮乏。一个人不论从事什么行业,都应该读一些人文社科类的图书。人生中更多的阅读,是在无形当中发挥着潜移默化的影响。那些非功利的阅读,比如看似无用的阅读,无形中培养的却是看似无用实则有用的爱好,除了陶冶情操、净化心灵外,有时对你正在进行的工作和研究却有"踏破铁鞋无觅处,却在灯火阑珊处"的惊奇效果。比如,阅读与音乐创作究竟有怎样的关系?我们都知道它们二者是有关联的,但未必能够说清楚。在我寻寻觅觅的郁闷中思考创作时，无意间翻阅一本唐宋诗词书籍，阅读这些古诗词，顿时惊叹古人奇崛的想象力，瞬间产生的灵感启发了我的表达方式。不仅锤炼了我的语言，让歌词创作更有意境，而且让谱曲更深邃、悠远，几乎一气呵成。

　　古希腊哲学家苏格拉底说："知识就是美德。"英国思想家培根说："知识就是力量。"法国作家左拉说："只有知识才构成巨大的财富的源泉。"这些名言警句都说明人类的美德、力量、财富都与知识相关。知识的积累促进人类文明的发展，推动历史前进。人类社会的每一项进步无不是和人类所获得的新知识有关。

四、阅读的目的与动力

（一）阅读的人生目的

阅读的目的不在于使你多么富有、多么有成就，而在于让你知道山有多高峻、胡泊有多深邃、海洋有多广阔，更在于让你知道这世界山外有山、人外有人。你奋斗十几年自以为小有成就，可是随着认识世界的深度越来越深、广度越来越广，让你痛苦的事情越来越多，你才发现，原来自己的"小有成就"竟然是在小池塘里折腾的浪花、浩瀚沙漠中扬起的一粒沙子。在跑得飞快的"兔子"面前，自己拼尽全力也还是远远落在后面，不得不鼓足勇气直面自己只是一只"乌龟"的真实身份，面对自己尴尬的境遇不得不冷静思考最适合自己的人生设想。对于没有天赋、没有外援的人来说，只有依靠勤奋。常言说勤能补拙，即使追不上兔子，能在乌龟里做跑得最快的一个，也不失为一个彰显自我价值的途径。

阅读的第二个目的是积累间接经验，延伸前人思想。人生短暂，自身经验毕竟有限，只有阅读能了解、认知古往今来没能经历的人和事，借此拓展自己思想的深度和广度。也就是通过阅读前人的思想延伸自己，通过吸收前人的经验达到前人的高度，在此基础上超越前人。最终沿着前辈足迹，在有限的生命里达到理想的高度，这也许是现代人成就自己的捷径。

阅读的第三个目的是能够真正改变一个人的气韵和心智结构。阅读就是通过改变一个人的心智结构、增益自身修为，驱动他走向辉煌的另一番人生境界。人思想的贫瘠、见识的狭小，就像人患了贫血而呈现面黄肌瘦的病症一样，需要补充精神营养，需要增加新鲜血液。阅读的营养不在于吃了药，马上立竿见影病就好了，而在于通达，在于心领神会。不读书是一个人，阅读了很多书则会变成另一个人。不读书或读书很少，自然会落入平庸的萧瑟的凄凉的人生境地。而年长日久的阅读积累最终会化为自身成长的营养，融进骨血之中。就算最终跌入嘈杂喧闹的市井小巷，与庸俗无赖混在一起，可是洗尽铅华之后，干同样的工作却有着不一样的境界、呈现出不一样的责任和担当，处在同样的境遇却有不一样的情调，面对同样的纠纷却有不一样的素养。

阅读融进我们的血肉,拓宽了灵魂的广度和宽度,能在跌宕起伏的生活中拥有处变不惊的内心。从平常言行中可以显现你现在的气质里藏着你走过的路、读过的书、爱过的人。阅读让我们即使没有富庶的生活,却有富庶的生命。让我清贫至今也朴素至今,平凡至今也善良至今,渺小至今也强大至今,甚至日后退休,此生智慧和善念也将伴我终身。我未入过繁华之境,未听过喧嚣之声,未见过太多生灵,未有过滚烫心灵,但阅读给了我所有的智慧和情感。让我们成为一个有理智、懂情趣、有温度、会思考的人,这既是阅读的目的,也是阅读的动力。

人类的种种记忆能够得以保存的就是那些在我们身边默默无闻的书籍。你漠视它、糟践它,它宁静自若;你喜爱它、翻阅它,它一定会倾注全力关爱和帮助你,从来不会让你失望而归。阅读是一种追求,如果停止了阅读,让心灵蒙上灰尘,就是在堕落。如果半夜醒来发现自己好长时间没有读书了,却没有任何负罪感,就意味着自己在堕落了。能有阅读的意识,意味着你没有完全认同这个现世和现实,你还有追求、还在奋斗,你还有不满,还在寻求另一种可能的生活方式。

阅读的短期目的是解困消惑,获取知识,增加耐受力;阅读的中期目的,是提高境界,提升人品,让生命冲破牢笼;阅读的长期目的,是追求幸福快乐的卓越的人生。否则人生无趣,事业也不会丰收。阅读让我明白不与经典结缘,就很难成为品格高雅的人,更难成为有文化的人。

总之,人生阅读的最终目的,一是培养人生路上的情趣。人生要过得愉快、有趣味,这需用工夫去培养。而这一种培养人生情趣的工夫,莫如好读书。二是提高人生境界。我们不是总喜欢过舒服快乐的日子吗? 当知人生有了好的高的境界,他做人自会多情趣,觉得快活舒适。若我们希望达到此境界,便该好好学做人;要学做人,便得要读书。[21]

(二)阅读是塑造自我、涵养精气神的源泉

读什么样的书就会形成什么样的气质和人格。例如狼孩在狼群里长大,他看到的、听到的、触及的都是狼群生活模式。他身上的各种感官"阅读"到的知识信息都是狼性生活习性的知识信息,他的自我认同和心智结构始终就处在狼的生活习性层面。即使后来把他置于人群社会,他也无法融入人类生活,达不到成熟人性的精神气质和智力水平。同样,儿童只能读图,不能读字,因为不识字,或者理解力跟不上。如果一个儿童一直不读书,长大之后,其智力发育就不完全。就像狼孩该长脑子的时候,缺乏人性生活场景的"阅读",又没有机会和场所进行人性

的适应性训练,就会造成一生的理解力低下的缺陷。别人能通达的世界,他自己看不见,别人能通透的现象,他自己想不明白,只能不学、不思、不读、浑浑噩噩度过一生。如同猴子、灵长类大猩猩一样凭动物性本能生活,岂不悲哀?所以阅读就是自我认同的形成,是学习人类生活生产模式。

你欣赏什么样的人,读他们的书,慢慢就会凝聚成与之相应的人格和气质。比如经常阅读鲁迅的小说、散文和杂文集,耳闻目染中国百姓的自私、狭隘和冷漠,再感同身受中国官场的贪婪、尔虞我诈的争斗与龌龊的权钱交易,在你的思想深处有意无意间就会激起一股"横眉冷对千夫指"的分明爱憎和"俯首甘为孺子牛"的谦卑意识;读林语堂的书,就会被其豁达乐观的生活态度和安闲自得、乐在自我的精神气质所吸引;读经典读圣贤书,就有一种浩然正气、胸怀天下的情怀,言谈举止间时常流露出乐善好施的担当意识;读缠绵悱恻的爱情书籍,如果长久迷醉于公子佳人之间个人恩怨的缠绵情调,自然而然就会痴迷帅男靓女的情欲故事,自然而然就会成为"追星族"、成为靓女帅男的粉丝;经常阅读流行书、畅销书,就会有种追赶时尚、向往奢华的意识。那些很少读书、甚至不读书而擅长钻营附会的人,因频繁"读"人,大多流露出言行不一、华而不实的诡诈个性,一有机会骨子里那种天生的投机取巧、贪财忘义,甚至不择手段的狼性意识就暴露无遗。而书都不读,只能读图的人,不是心智尚处于低幼状态,就是浑浑噩噩的愚钝之辈。所以成为什么样的人,关键在于你读什么样的书,关键在于通过读这些书把自己塑造成了什么样的人格。如果说阅读是一场旷日持久的人生买卖,能够变现的话,那么阅读的变现就是自身日积月累的投入,量变引起质变,逐渐磨砺出脱胎换骨的高贵气质和通达智慧的意识。

(三)阅读是理解世界的钥匙

婴儿从娘胎里生下来时,对周围的世界茫然无知。甚至谁是妈妈、谁是爸爸也全然不知。他们对世界的认识最初是从认识妈妈爸爸开始的。经过一周、两周,一月、两月的身心接触、亲密,他们开始知道天天喂奶、端屎端尿的是妈妈,天天跑前跑后、照料自己的是爸爸。此时他们还不会说,但看到爸爸妈妈就会开心地笑、或者眼神或者神态对你有反应。在这种身心感官的阅读中,由父母逐渐推广到其他人,接触其他物。玩具是婴幼儿最初阅读世界的工具,婴幼儿对现实世界最初的认识是通过触摸玩具、扔、摔玩具感知事物,认识周围环境的。游戏是婴幼儿深层次阅读世界的桥梁,通过游戏,锻炼眼、耳、手、脚等感官的协调能力、反应能力,进而愉悦身心,促进大脑、身体各器官的发育成长。到了生活自理的年龄后,开始上小学、初中、高中乃至大学。无论是阅读书本,或是阅读社会;无论是读有字书或是无字书,阅读都是了解别人是如何认知、理解这个世界,并通过这种理解来构建自己对这个世界的认知。从这个意义上说,阅读是儿童进入社会的洗礼仪式,阅读是打开世界的钥匙。

实际上阅读的基本目的不在于非要记住什么东西,而在于读懂、理解周围的世界。从某种程度上说,每次阅读都是与作者的一次对话。有思想的智者讲的是关于这个世界的"总纲"。这个"总纲"不管是书,或是任何思想都可用一句话来概括和表达。读者如果能心领神会,就可藉此"纲举目张",获得打开并进入这个世界的钥匙。智慧作者的共同点是简洁,"知其要者,一言而终。不知其要,流散无穷"。读者如果不能心领神会,就是没有理解透彻。如果作者自己也不知道说了些什么,就没有钥匙可言。这种书流散无穷,毫无价值。有些书、有些句子读一遍让人难忘,如同阅人让你一见倾心一样魅力无穷。这种摄人心魄的作品,它的审美高度、它对世界的理解正好击中了你内心的软肋,让你因激发出共鸣而欣喜。而那些迎合庸俗市侩们的浅薄贫瘠作品,就像一张抹了几十层化妆品的脸,给人腻、给人脏的感觉。一旦你安身立命了,不再浅薄时,那种独特的、令人难忘的品性就出来了,你就拥有了构建自己世界的能力了。阅读的意义莫过于此。[②]

(四)文化的根本源于阅读

人有没有文化,并非类似于相亲中的硬性条件,更多体现在软件属性上。读多少书、有没有学历和有没有文化并不是简单的直线型的正比例关系。著名主持人白岩松说:"一个人有没有文化,并非看他的学历有多高。有学历的人,不一定有文化;没学历的人,不一定没文化。"读多少书,拥有多高的文凭,去过多少地方,经历多少故事,通过言谈举止,接触一两次就知道有没有文化。有文化的关键在于自身气度和修为。很多高学历的人,读书不少,却人格不健全,又哪里谈得上有文化呢?复旦投毒案、清华投毒案、两个海外留学的博士在大庭广众之下把女生头割下来等类似事件,这些人读了很多书,学历很高,能说有文化吗?

文化到底是什么?无数专家学者、圣贤名人都在探讨这个问题。作家梁晓声曾说过,文化是"根植于内心的修养;无须提醒的自觉;以约束为前提的自由;为别人着想的善良"。

笔者认为"根植于内心的修养"是有文化的最基本特质。古人曾用文质彬彬、温文尔雅形容读书人。因为古人用四书五经这些经典,教化、塑造人的人格,完全不同于现代重功用而不重修为的纯粹知识性教育。现代重功用的知识性教育,培养了一批批高学历却缺乏做人修养、缺乏健全人格的知识分子。因为人格的塑造,如同种苗、栽树,一开始就长歪了,没有扶正,那后面只会越长越歪。成型后对他人和社会的破坏性也会越来越大。教养良好的本质是和颜悦色。"悦色"是外在呈现婉容,内在气和,"和颜"则内心笃定内敛,根本不会想到去侵犯、凌辱别人。如果教养不够,则心不平、气不和。气机混乱,稍有不顺,就盛气凌人。时常有侵犯、凌辱别人的意念,如果不弄点是非、不折腾折腾别人,就浑身不舒坦。这种有学历的文化人能说有文化吗?

教养的深层特质是气度。腹有诗书气自华,真正有文化的人,他们身上散发出的那种浩然正气、器宇轩昂、卓尔不群、玉树临风的气质,不是装出来、演出来的,而是日积月累的积淀、修养出来的。现代人忽视了内在的身心修养,热衷于在外部世界做文章。时下最流行的现象是热衷于热闹场合的剪彩、讲话、参加各种名人巨贾的聚会、派对;热衷于攀比各种名车、争购名牌高档服饰、买豪宅、当超女、做跑男;还有热衷于换二奶、三奶,并频频制造一些招花惹草的花边新闻以吸引公众眼球,炮制存在感的。唯独疏于提升自己内在的精神层次,疏于放下身段心态平和地走入平民百姓中去体验并感受真正的平凡生活。他们内在的贫瘠需要外在的华丽装饰来掩饰,甚至是内心的虚无需要外在的浮躁来敷衍。其实外在的装饰越繁复,则内在的气度越廉价。看看那些穿金戴银、在各种名利场招摇显摆的跑男超女,其内在本质属性与摊贩、走夫、与修鞋的、烧烤的有什么区别?缺乏文化上的积淀,无论外在社会属性多么的显贵,也丝毫掩饰不住内在精神属性的卑劣与荒凉。正如庄子所言"其奢欲深者,其天机浅"是也。

教养的显性特征是具有关怀情怀。有关怀情怀的人胸中积淀着一团和气、正气。对人古道热肠而真挚、充满友爱,颇有古君子之风。这种情怀不仅仅是青少年时期的思想品德课教育出来的,也不仅仅是社会道德熏陶出来的,而是几十年如一日"无须提醒的自觉"修为,一代代"为别人着想的善良"传承,无数先贤前辈师长"以约束为前提的自由"思想的引领。更在于个人长期气定神闲地、静笃内敛地阅读有关书籍,修炼为民为社会造福的浩然正气。有了这一身正气,必然表现出对人对社会的关怀。

人有没有文化,就看看他有没有根植于内心的修养、有没有关怀别人的气度。这些文化要素在一个人身上的形成,如同恒星的形成。恒星始于浩瀚太空中那些多如牛毛的普通尘埃,无数不起眼的尘埃汇聚成小星星。小星星有了凝聚力就会吸引更多尘埃。尘埃越积越多,凝聚力越来越大,积淀的质量就越来越巨大,就会形成密度越来越密、体积越来越大的巨大恒星。恒星外部继续吸引越来越多的尘埃,内部引力导致压力产生热量,热量集聚上升到一定温度,突然有一天把自己点燃,亮彻太空。有文化的人,是经过几十年日积月累的修炼,身上凝聚了无数知识"尘埃",这些知识"尘埃"量变引起质变转化为无数文化因子,产生内在驱动力,像恒星一样点燃了自己。他的光芒开始照耀别人,照亮社会,给人温暖,给人帮助,让他周围的人感受到了凝聚力、向心力和暖心力。

文化的重要性能把一个普通人、平凡人,从尘埃变成恒星。其作用在于能够化庸俗为文雅、化腐朽为神奇、化浑噩为灵气、化浅薄为深邃、化窝囊为伟岸。但是文化的根本源于阅读,只有多阅读,才能把原始野蛮的人改变成社会人;只有多阅读,才能把更多的社会人塑造成有文化的人。阅读是有文化的必要前提和基础。虽说阅读不一定能够让人变成有文化的人,但有文化的人一定是阅读很多书籍的人。

在美国,很多华人让他们的小孩课外去学中文。因为这些在美国出生的小孩已经完全融入了美国社会,他们的小孩只会说英语,不会说中文了。按照美国人的文化传统,人老了都进养老院。这些美国华人担心他们的孩子长大之后完全按照美国人的思维模式,将来等他们老了把他们送进养老院。所以他们要让小孩业余时间学习中文,学习中国文化,接受中国文化传统,不忘中国文化的根本。小孩们学中文时,背诵三字经、唐诗宋词,看中国或台港地区的录像,学习中国传统的孝悌忠义、仁爱和平、敬老爱幼,学习中国世世代代传承的三代甚至四代同堂,老人有儿子、孙子照顾的传统风俗。

无独有偶,犹太人把小孩送到学校找人教古代的希伯来文。希伯来文有3000多年的历史。学习希伯来文,掌握犹太人的发展历史,所以犹太人内在生命底蕴非常深厚。你不重视自己文化根本,生命就没有底蕴、没有基础。犹太人人口很少,全世界加起来也不过2000万左右,二战时被希特勒杀掉600多万。但不能小看犹太人。历史上三个犹太人改变了世界的面貌,第一位是耶稣,耶稣出现以后,世界上只有两种人:信他的和不信他的。67亿人口,有20亿人信耶稣,占1/3。这不简单。第二个是马克思。马克思出来后,世界上只有两种人——共产主义者和反共的。第三个是爱因斯坦。为什么人口这么少的犹太人却有这么强大的创造力呢?因为他们的传统深厚,文化之根源远流长。㉓

（五）人生成功的捷径是阅读经典

在人们的印象中,北大是学术的殿堂,是精神自由的三角地,是结束肉体、让灵魂再生的地方。好像企业上市等与北大无关。但是北大青年教师俞敏洪创办了新东方,成了全国有名的企业家。北大图书馆系古典文学编目专业的李彦宏创办了引领中国网络检索潮流的百度搜索公司。北大中文系的愤怒诗人黄怒波,成为中坤集团的创始人,在冰岛购置土地。北大中文系毕业的龚海燕创办了世纪情缘婚介公司等。从知识储备来讲,英文系、图书馆系、中文系都与金融、融资、管理完全无关的专业,无论如何都不可能做企业。但是学这些专业的人怎么就成功地创建出闻名遐迩的企业了呢?只有一种可能,那就是北大给予了他们一种塑造生命的阅读信念,使得他们对知识的渴望超过了一切。这就是要阅读一流书籍、做一流人的信念。

为什么要读一流书籍?因为我们现在生活在信息的海洋里,要接收的信息太多了,必须要有选择地读书。更重要的是人生短暂,没有时间也没有必要把时间和精力浪费在那些不值得读者智力投入、不值得读者花费时间和精力的书籍上。真正值得读者阅读的书籍大概就是经典书籍。经典是人类历史上大浪淘沙的作品,其创作年代越早,价值越大。阅读这些先人用生命写下的文字能够改变读者的生活轨迹,能够引领读者的生命,能对读者审美情趣进行奇异再造。北大人离开校门后不管走到哪个领域,能比别人走得稍微远一点的保证就是不断地阅读这些一流经典。选择读一流书籍要推敲、衡量作者写这本书的目的。他是为迎合市场的需要,为经济利益而写,还是倾其鲜血、生命和经历,为世人留下宝贵经验财富而写。如果你读的不是真文字,遇到的不是真语言,那么最后见到的也一定是虚幻的、粗糙的、不切实际的世界。那些真正对读者产生作用的经典,就是千百年来一代又一代人在大浪淘沙中筛选并留传后世的书籍,而不是现在市场选择的书籍,更不是广告词推广的书籍。

为什么阅读早期先人用生命写下的经典书籍能改变我们的生命呢?因为这些有力量的文字能够开阔我们的眼界和胸襟,对我们在"真善美"的追求上有奇异的启示,有充电的感觉。所以那些人类最高的价值,真的、善的、美的东西就会融入我们的血液。一旦我们的身体血液里有这三种因子循环,在现实社会中就不会轻易被世俗的、流行的、暂时的甚至非常糟糕的价值观所扭转。读这些经典的、人类熟悉的甚至很多人因为追求时髦而不屑一读的书籍,能使我们对生命、审美、真理、语言与世界的关系有更直接的感觉。如果想寻求人生最成功的捷径,最好就用时间和生命阅读和消化这些一流的经典书籍。人读书越多,越不会被外在的环境所困扰,越不会被寂寞孤独这样可怖的东西所折服。因为书籍逐渐在人的心灵里建造了一个完全独立于外界力量的堡垒。这个被心灵完全拥有的、栖居着令人神往的古今中外丰富而伟大灵魂的堡垒,不容易被外界世俗的诱惑攻破。当一个人的心灵完全拥有这样一个精神堡垒时,他灵魂的承受能力会更坚强!他完全不需要依靠任何外力来支撑他的生命。[24]

五、阅读的作用与意义

（一）个人层面——阅读是思考的源泉

　　读书有什么用？这个问题一直困扰着我。20 世纪 80 年代曾出现"潘晓讨论"，讨论青年人的自我价值、理想信念、社会万象等问题。尽管时代更迭，今天青年们苦闷的东西似乎并无不同。在阅读社会的过程中，他们仍然在自我与社会的勾连和矛盾中彷徨迷茫。越来越多的青年人选择收起理想，急躁地进入激烈的社会竞争中，按照既定社会主流价值体系来自我修剪。被社会绑架得久了，他们和任何人都相似，却唯独不像自己。于是每每产生一些"理想与现实"的矛盾冲突、"鱼和熊掌"不兼得的苦闷。此类问题的关键在于：自我价值的认可和笃定不会出现在与他人的对比之中，只有在与所谓主流价值体系保持一定距离情况下对自我的审视与观照，这才是发现自我并尽可能谋求最大自由的先决条件。

　　幸亏我没有被世俗同化，我徘徊迷惘了一段时间后，又恢复了那憨憨傻傻的阅读旧习。是书和阅读给了我直面诘问和自问的勇气。尽管环境仍然如此、生活照旧这样，但是没有了阅读，我如同航行在黑暗的海上，突然慌乱得找不到了方向。我不知道没有了阅读我这清贫的、淡泊的学者生活还有什么乐趣！在了无生趣的没有灵魂的岁月里，我才明白我不能忽视阅读给我的力量。阅读不仅仅是我思想的源泉，更重要的是阅读让我坚强。只有在平静如水的阅读生活中，我才能感悟并领受静水深流的思想力量，我才能体会到自我的存在与价值。尽管书外世界的现实是无法忽视的，没有金钱财富是无法生活的、是万万不能的。但是闲书闲读，当你决计做一个无功利的读书人时，心地自然豁然开朗，在坦然地淡化功名利禄的心态中，就一定会有厚积薄发的时刻。

　　古人讲"修身、齐家、治国、平天下"，倘若向内思考是发现自我，是弄清楚自己想要成为什么样的人，是修身的题中要义，那么向外的思考则是搞明白这个世界是怎么运行的，捋顺自我与这个世界的关系问题，明确看世间万象的视角和眼光。这也是我一以贯之地阅读文史哲书籍，聚焦高校大学生生态，专注大学生阅读领域的研究,力图在这个纷纭复杂的网络时代体现自己的思考力量,以求对同行同路人有所裨益。

康德在谈论他的年代时说:"我们的时代特别是一个批判的时代,一切事物都必须接收批判。"当今时代的一个集体症候就是脑子犯懒,不求甚解,浅尝辄止。有质量的阅读和有质量的思考,似乎在当下已不甚流行。有些人很容易丧失思考的能力,他们会病毒式自发扩散漏洞百出的流言蜚语,会跟着舆论风头左右倒戈,还会照着标签对号入座,对所谓权威深信不疑,对官位权势顶礼膜拜,对滚滚潮流盲目追随。这一切行为都是因为不阅读,或者是缺乏深度有质量的阅读才会出现这种无主见无自主的生活现象。但人是一种逻辑动物,是要沿袭逻辑发起思考和行动的。人类的全部尊严就在于思想,思考是对自己最大的尊重。没有什么比放弃思考对一个人的伤害更大。因为阅读是思考的源泉,为了尊严为了避免伤害应该在阅读中思考、阅读后思考。法国哲学家帕斯卡尔曾说"人是一根能思想的苇草",我们笃信思想形成人的伟大,让人如一根坚韧的芦苇,被压伤却不折断。但是穿越纷乱世相保持清醒的思考心境是不容易的。前方路途艰险且漫长,我们希望在攀登险峻的学术之路过程中,与所有有追求的如我般清平的学者们一起共同思考,时刻保持清醒的头脑。

1. 阅读对个人修身养性的作用

因此,我辈只有撇开喧嚣,拨开冗务,于小屋一角仔细地阅读,品味、咀嚼书中的宁静和快乐。在寂静中体会人生的滋味,在书海中滤除浮躁的心态。淡泊名利,淡然处世,无疑是愉悦沧桑人生的美好享受。阅读最忌讳人心浮躁,读书最可憎的是"涵养之如不识字人"。读书不能"取二三诗文务求滚瓜,铭三五散句唯求烂熟。生吞活剥,断章取义。开口必曰之乎,凡言必谓者也。皮囊外曰文化人,内实盗娼之属,无非丑婆娘施了亮艳脂粉,益丑而又可怖也!"

有人说得好:浮躁的社会,心静者胜出。阅读让人归于宁静和淡泊,使生命超然物外。一个人的心灵若能得到知识的浸润,就会生出许多灵气和色彩。阅读若水,川流不息,润物无声。阅读的力量常常不是通过肉体感官体现,而是源源不断的潜移默化。书中有人,人在书里,书人合一。这"人"就是作者和读者。读《巴黎圣母院》,在道德与罪恶的较量中,一位外表丑陋而内心善良的敲钟人伽西莫多,给美的分类提供了更多的可能。读《史记》,在历史长河中闪现的各色人生,我们不免要思考生与死的大问题。读《少年维特之烦恼》,读出了纯真的青涩之恋。读《飞鸟集》,读出了博爱和仁慈。读巴金《随想录》,沉重得忧伤,在忧伤中奋进……所有的好书,都将给我们的骨骼补钙,给心脏输血,教会我们怎样靠近生活的本真。这种美,源于广袤的自然,成熟于和谐社会,浸润了思考的智慧,所以它的力量得以永恒传承。

若欲心静必先剥除心灵中的障碍,使人心胸变得空旷,让加法慢慢变成了减法,心灵因之而突显优雅、美丽,灵魂因之而纯洁。人行为的优雅是表面的,而内在的灵魂的优雅才是真正的优雅。优雅的生命源于优雅的灵魂,优雅的灵魂源于优雅的书籍。多阅读的人,情怀开阔、境界高远、心无挂碍、思无羁绊、心态平和。俗话说,腹有诗书气自华。多阅读的人,谈吐风趣、举止得体、情趣高雅,生活有品位。阅读是与高尚的灵魂沟通,与优雅的品德对话。阅读还是高雅的休闲,倘若细细品味,还可以让思想有一点余香,情绪有一点缱绻。

在思想领域,阅读让人坚定信念,增长才华。书籍是前人真知灼见的智慧结晶和积累,它教给人们许多相关的知识,让人在阅读中得到教育和启迪。人的情感和心灵在此熏陶中得到净化和升华。书籍还是文化、经验和知识的载体。书中描绘了自然界千姿百态的奇观壮景,讲述着一个个鲜活的历史故事,记载着无数宝贵的历史经验和深刻的历史教训。这些历史经验和教训抚慰我们的心灵,帮助我们摆脱悲哀和痛苦的羁绊,指引我们渡过难关。通过阅读,我们学习经验,吸取教训,明辨是非,胸有主见,不断完善自我。我们的内心世界将因阅读而广博,我们的气质会因阅读而变得更加成熟和值得信赖。我们从阅读中获得能力,我们因阅读而更会做人、更会做事,我们因阅读将在社会上会有更为广阔的发展空间和舞台。我们仿佛站在前人巨大的肩膀上,站得更高、望得更远、前进得更快。

阅读能够帮助我们走出狭小的自我,人在社会中生活,不可无礼。人生的态度可以充满激情,可以有张有弛,可以与人不睦和投缘;也可以性如烈火,不去温良恭俭让,但心中不能没有正义,不能没有是非观念。如果不阅读,对人无礼、不受社会规则制约,就会被人视为没有教养、没有文化的表现。回首历史长河,触摸时代的脉搏,投入广阔的生活。当我们在阅读与思考中,流连在每一条真理、每一个美好思想、每一幅富有震撼力的场景之中时,那正是将"小我"提升到更高层次的理想与信念之时。所以,阅读对人的影响不仅仅是增长知识,也不仅仅是"立言",还在于使人学会高尚,领略境界的高远和胸襟的开阔。坐井观天已是过去的思维,难以适应时代发展。阅读让你不甘蜷缩,把根伸向大地深处,汲取甜美的清泉,让你把生的气息呼向宇宙的漩涡,让你高昂着头、微笑着,坚信自己会开出最美的花朵。生活中总会遇到失败,然而这时阅读能坚定信念,在艰难中平添一股无所畏惧的勇气和力量,你会觉得脚还踏在土地上,血还是热的,路还没有完全断绝。闯下去、拼下去,就能取得事业的成功。所以阅读可增长生活智慧,加深对人生的理解和思考,选择和坚定自己的理想信念。人生需要不断阅读,和着生动的实践,心中的理想与信念在对实践的感悟和阅读的思考中日益丰满与完善。

　　阅读也是一种精神的跋涉,有如同最高尚的先哲们携手共游,飞越无数迷人的仙境和神奇的国土。让人既变得懂事、文明,又变得高尚、完美。又犹如让人类走出了蛮荒之地,沐浴在先贤圣哲的历史长河里饱览奇风异俗……让人任你红尘滚滚,我自清风朗月。面对芜杂世俗之事,一笑了之。阅读又是一剂良药,让人视野开阔,头脑冷静。正像深水表面,总是波澜不惊,能够做到每临大事有静气,处理问题从容不迫,举重若轻。又能有正气在身、淡泊名利、无欲则刚、无欲则静的气概。如果一个人心态平静,心有定力,就会不为进退滋扰,宠辱泰然不惊,浮躁自然会离你而去。有人说得好:"一个人的知识越多,越感到自己的无知。"也有人用圆表示过自己的知识,圆越大,与外边的接触就会越多,越觉得内心空虚,需要充实。因而书越读就越觉得读得少,越读就越觉得有读不尽的书。书籍在我们日常生活中所赋予我们的规劝和慰藉,质同金玉,价值连城。正像宋真宗赵恒所说的:"富家不用买良田,书中自有千钟粟。安居不用架高楼,书中自有黄金屋。娶妻莫恨无良媒,书中自有颜如玉。"

　　阅读有如最美丽、最优雅的思想交流,你不仅可与孔孟谈礼,同老庄论道,与韩非议法,同孙武讲兵,也可与王羲之颜鲁公赏字,与齐白石徐悲鸿品画……他们的书都是无言的老师,超越时间与空间,会给你带来教养的提升、可改变你的气质。孔孟之书,唐诗宋词,现代文学包括鲁迅、巴金、茅盾的作品等都是现代人成长不得不读的"美味佳肴"。他们的精神品质也都是从文化的书香中孕育出来的。书,记载着历史,反映着当下,思考着未来。一位先哲说过:"不阅读的人,天和地都是狭小的,他充其量只能活上一辈子。多阅读的人,天和地都是广阔的,他能活上三辈子——过去、现在和将来。"阅读之美,更多的在于未知。对于思想的穷人,阅读是一件多么奢侈的事。我们所未曾历练的神秘,给阅读构成了挑战。作者在巅峰冒险,读者在迷宫探险。如果说已知是种存在、是事实,那么未知的东西则不断地修正读者认识的偏差,反复校正前路的风景,引领人类的物质和精神走向。

　　阅读可以让人修身养性。胸无江海心难阔,腹有诗书气自华。陋室常余书卷在,清心自有墨香来。阅读,足以怡情,足以博采,足以长才,使人开茅塞,除鄙见,得新知,养性灵。因为书中有着广阔的世界,书中有着永世不朽的精神,虽然沧海桑田,物换星移,但书籍永远是新的,要像饥饿的人扑到面包上那样热爱阅读。阅读撼人心弦的高贵作品,亲炙伟大性灵的教化,吸收超越生老病死的智慧精华,让目光投向更广阔的时空,让心灵沟通过去和未来,已知和未知。有心灵的和谐,便有一份明朗的心情,一份坦荡的胸怀。在迷路的时候,有一份必胜的信念;在遭遇黑暗的时候,便有一缕明媚的阳光照射。"静以修身,俭以养德",阅读如森林氧吧和甘泉,改善人的呼吸和血液——润物无声地供给人心境中的氧气,人的神韵里平添了坦然和自信。阅读的作用近似于中医调理,于无声处给你强身健体的滋养和补充。

　　阅读是人生中的一种享受,它带给我们最隽永的乐趣、最恒久的动力,它给予我们心灵的和平、精神的慰藉。虽然有时辛酸、有时激愤、有时痛苦、有时快乐、有时我们会不知不觉地爱上了书中的人物,觉得她或他就是自己一个遥远的亲人,情不自禁地牵挂起这个现实生活中并不存在的人物。就这样亦真亦幻、似近似远地为我们的生活又增添了别样的内容,让我们不知不觉间,走进了人生情感的密林深处。在那里领略书境中的美妙与欢乐。那里有暖巢,抚慰我们烦躁的孤寂的心灵;那里有旷野,拂荡我们困狭的卷曲的胸襟,那里是无声的,却有喁喁低语,袅袅清音;有仰天长啸,惊涛拍岸;有"人籁"和"天籁"的独奏和交鸣。那里是无影的,却有旷代知己,咫尺情侣,有千种风情,万般景观,令人心神摇荡,目迷神驰。那里是无嗅的,却有青草芳菲、汤药辛辣、心香恬淡,有怡人的醉人的或醒人的气息。它使枯燥乏味的岁月化为令人愉快的时日,将各种信念注入我们的脑海,使我们的脑海充满崇高欢乐的思想,使我们入神忘情,灵魂升华。

　　人生之美,美在心灵。书香熏染的人生是完美的人生,书是生命的矿物质,她挺起了我们不屈的脊梁;书是人生的维生素,她迸发了我们无穷的力量;书是生活的美容师,她赋予了我们青春的时光;书是最好的调味酒,她滋润了我们气质的芳香。感受生命的喜怒哀乐,咀嚼生活的酸甜苦辣,品味人生的悲欢离合,搏击命运的风霜雨雪,大千世界、芸芸众生从书中得到的启迪、教诲、乐趣,是任何东西所不能替代的。

　　"书中自有颜如玉,书中自有黄金屋"。阅读不仅可以丰富人的精神世界,而且是陶冶情操的最为重要的手段和方式。读书让我们感觉到人生的旷达与况味、潇洒而坦然,让我们咀嚼生活的平凡和伟大。白鹤有白鹤的生活,狮子有狮子的生活,海豚有海豚的生活。壮阔是大海的生活,优雅是小溪的生活。阅读是理性和感性的融合,是人类的一种特殊的精神活动,阅读是精神的享受,是冲淡了人的烦恼和无奈的乐趣。阅读又是廉价的,即使我们囊中羞涩,它也不拒绝我。它反而能赐我们"千盅栗""颜如玉""黄金屋",让我们成为富有者。其实,阅读并不遥远,不必到虚无缥缈处寻求,它就在我们身边,可以随时依伴我们——在灯下、在榻上、在旅途中、在清晨的林间、在冬夜的炉旁。走进书境,我们将会拥有绚丽的世界,它将给我们以精神的愉悦和美感,放开倦怠的思绪,用平常的心去感受每一天的生活,在书境中抚慰那颗早已因旅途疲惫的灵魂。

　　总之,阅读是一种品质,阅读是一种责任,阅读更是一种情怀、一种境界。"展一卷书,神与之交,气与之合,魄附其上,而魂游其中,至掩卷仍如梦如冥,大汗淋漓,口存余香,乐至醍醐灌顶,物我两忘",阅读,不仅可以使我们摆脱愚昧,洗去心灵的尘埃,走向文明;她更加赋予人才识与智慧,给人以信念与力量,通向成功、走向快乐的阶梯,那么我们还有什么理由来懈怠自己疏远阅读之心呢?让我们静心用心阅读,提升自身的素质,净化灵魂,驱心魔,斩恶魔,戒浮躁,祛贪欲,让蓝天更蓝,让自然更绿,让社会更优,让人心更纯,让世界更美……⑤

2. 阅读延长了生命的长度、拓宽了生命的宽度

庄子曰:"吾生有涯,而知无涯。以有涯随无涯,殆已。"(《养生主》)庄子站在生命个体的立场,对人的生命极限与认知范围,做了深刻而又令人沮丧的反省。他说人的生命有限,而知识无穷。以有限的生命去追求无穷的知识就会把人搞得精疲力竭。人能有多少时间去认知外部世界?而知识的浩瀚无涯,又岂能以一己之生命所穷尽?既然知道生命有限、知识无穷,想要以有穷的生命去追求无限的知识,这本身就是危险而且愚蠢的。为了说明生命有限而知识无穷,庄子说"小知不及大知,小年不及大年。奚以知其然也? 朝菌不知晦朔,蟪蛄不知春秋,此小年也。楚之南有冥灵者,以五百岁为春,五百岁为秋;上古有大椿者,以八千岁为春,八千岁为秋。而彭祖乃今以久特闻,众人匹之,不亦悲乎?"

"冥灵""以五百岁为春,五百岁为秋",也不知它还要活多少个这样的"春秋"。而"大椿"更"以八千岁为春,八千岁为秋",亦不知它已经活了多少个这样的"春秋"。而人呢? 人的生命,永远也不可能与"冥灵""大椿"相比。即使是最老寿的彭祖,据说他"历夏经殷至周",活了"800岁",但比起"冥灵""大椿"们,仍然少得可怜。至于一般的"众人",下寿不过60,中寿不过80,上寿亦不过百岁而已,比于彭祖犹算短命,更何况比于"冥灵""大椿"! 简直不能同日而语!"大年"决定了"大知","小年"拘定了"小知",人的生命如此短促,岂能认知他的生命限度之外的事物? 这与"不知晦朔"的"朝菌"及"不知春秋"的"蟪蛄",有什么两样?

人的认知能力与认知范围不仅因为生命时间的短暂而受到限制,还受到空间的限制。"井蛙不可以语于海者,拘于虚也;夏虫不可以语于冰者,笃于时也;曲士不可以语于道者,束于教也。今尔出于崖涘,观于大海,乃知尔丑,尔将可与语大理矣。"如同"朝菌不知晦朔,蟪蛄不知春秋","夏虫不可以语于冰者",皆"笃于时"。人的生命不仅在所属时间上是短暂的,其所属空间也是极为狭小的。人类不仅只是"万物"中的一"物",而且每个生命个体又是所有人类之中的一个,无异于"毫末之在于马体",太微不足道了。以这样有限的生命个体,以求知于广漠无垠的宇宙,岂不"殆而已矣"!

人的生命在广漠的宇宙时空中,转瞬即逝,"若白驹之过隙,忽然而已",又"似豪末之在于马体",微不足道。时间如此短暂,故其所知亦极为有限,"计人之所知,不若其所不知"。而所属之空间又如此狭小,欲"以其至小求穷至大之域",岂不"迷乱而不能自得"!人如何能够认知其自身所属的时空之外的事物?"以有限之小智,求无穷之大境,而无穷之境未周,有限之智已丧,是故终身迷乱,返本无由,丧己企物而不自得也。"[26]

此外,人的认知能力和认知范围,还受到人自身从感官功能到意识理性的个体差异性的制约。《齐物论》中齧缺与王倪的问答,便是对人类感官功能之个体差异性的集中论述。其文曰:"齧缺问乎王倪曰:'子知物之所同是乎?'曰:'吾恶乎知之!''子知子之所不知邪?'曰:'吾恶乎知之!''然则物无知邪?'曰:'吾恶乎知之!虽然,尝试言之。庸讵知吾所谓知之非不知邪?庸讵知吾所谓不知之非知邪?且吾尝试问乎女:民湿寝则腰疾偏死,鰌然乎哉?木处则惴慄恂惧,猨猴然乎哉?三者孰知正处?民食刍豢,麋鹿食荐,蝍蛆甘带,鸱鸦耆鼠,四者孰知正味?猨猵狙以为雌,麋与鹿交,鰌与鱼游。毛嫱丽姬,人之所美也;鱼见之深入,鸟见之高飞,麋鹿见之决骤。四者孰知天下之正色哉?'"

人的认知本身,各人的感觉不同,其认知结果自然不一样。人在湿地里睡觉,感觉是很难受的,必然要招致腰腿偏瘫之疾。可是泥鳅永远生活在泥水中,它们会有这种毛病吗?泥水像人所感觉的那样,永远是寒冷的、对人有害的吗?人爬到树上,便感到惊恐不安,担心跌落摔伤,那猿猴整天生活在树上,它们怎么一点也不感到恐惧?难道高处也像人所感觉的那样,永远让人恐惧害怕吗?还有,人以蔬菜与肉类为食物;麋鹿以荐草为食物;蜈蚣喜欢吃蛇;乌鸦、猫头鹰喜欢腐鼠。人与动物,各有不同嗜好,你能肯定哪种嗜好是正当的,哪种嗜好是不正当的?蔬菜与肉类、荐草、蛇、腐鼠,对于人来说,它们的味道都是一样的吗?而且,毛嫱、丽姬,这些大美人,无论在谁的眼里都是美的吗?可是,鱼见了却害怕得钻到水底;鸟见了吓得远远的,只往高处窜;而麋鹿们见了却惊恐得四散而逃。可见大美人,也未必走到哪儿都会觉得她们美。

庄子强调的是人的个体差异性。以今之情,推古之实,生活于极地寒带的爱斯基摩人,可以耐受高寒,依冰而卧;而生活在热带地区的人,却又不畏酷暑,耐受高热。如果易地而居,他们的感觉会是一样的吗?生活于极地高寒地带者,视生活于热带地区者无异于非类;反之亦然。又,今之粤人食蛇、食鼠,恰与蝍蛆、鸱鸦同耆。粤人非人乎?能说这些感觉的差异是人与动物的不同么!由此可见,庄子以此极端的事象为喻,强调生命个体的感官差异性。

作为生命的个体,人不仅在感官功能上存在着巨大的个体差异性,根本就不可能达到认知的一致,而且在意识知性的层面上,也有相当的个体差异性,从而也不可能达到一致的认知结果。[27]

　　总之,人的认知能力和范围受到生命时间短暂的限制,还受到空间的限制,更受到人自身从感官功能到意识理性的个体差异性的制约。但作为万物之灵的人类绝不会屈服于这些限制,人类的发展史证明,阅读能够突破这种限制,并能够延长和拓宽生命的长度和宽度。首先,阅读让人类认识的领域不断突破传统界限,大到太阳系之外的浩瀚太空,小到肉眼看不到的微观中子、粒子等。通过阅读不断加深对人、世界和宇宙的认识,链接宽广世界,从而获得改造世界的知识,发展科技,促进生产。其次,阅读圆满人生,通达人生路径。人类借助书籍,延伸人生的长度、宽度和深度,获得多维的生存时空,呈现出立体宽阔的生存格局,使我们有更多的维度和更雄阔的胸襟去构建我们美好的现在和未来生活远景。不仅延长了人类寿命,活得更长,而且经由阅读,我们接受书本中的知识润泽、文化滋养,进而进入到创意性的人生天地。所有这些恩泽归根结底都是源于阅读所产生的力量。

　　阅读是让渺小的个人在有限的生命中与无限的时空交融的通途。"秀才不出门,便知天下事"是句流传很久的民间俗语。"秀才"何至于有如此之大的能耐呢?原因在于阅读,大量地阅读。通过博览群书,从而知古今、明事理、炼心智,造就犀利的眼光、敏锐的思维、开阔的心胸。通过阅读,把孩子引入一个神奇、美妙的图书世界,使他们生活更加丰富多彩、乐趣无穷。使孩子从书中获得人生经验。人生短暂,不可能事事都去亲身体验。书中的间接经验,将有效补充个人经历得不足,增添生活的感受。通过阅读,可读到古今中外作者的名言警句,读到天文地理各种知识,以扩大孩子的眼界,丰富孩子的知识。

3. 阅读是人生修炼的途径

　　人一生的修炼离不开阅读,阅读是使人积极向上获得正能量的精神力量。美国下议院约瑟夫·布鲁彻顿出身低微,当过工人。他做任何事情都不是为了"给他人看的",也不是为了赢得别人的赞许,而是凭自己的良心、尽自己的义务。由于他诚实、勤劳、守信和有节制,他这位生活在基层、地位卑微的小人物竟然在人们心目中留下一个诚实、正直、充满爱心的印象而声名远扬。后来他成功当选为一个地位显赫、"受人尊敬的"美国国会下议院议员。逝世后,在他的墓碑上刻着他一生的真实写照:"我的财富不在于我大量的物质财富,而在于我那点小小的精神追求。"

　　美国下议院约瑟夫·布鲁彻顿的人生修炼经历告诉我们,"值得尊敬"这样的美誉不是轻而易举就能获得的,而是要通过漫长的人生修炼,用实际行动获得普通百姓的赞许。阅读的目的就是为了获得并养成这样良好的品格。一个品行良好的穷人比一个道德败坏的富人要值得尊敬。一个地位低下默默无闻的人比一位声名狼藉有犯罪记录的无赖、混混要好得多。一个知识渊博、目标远大而又能权衡利弊的人，无论他与谁相处、无论他身在何方、也无论他做什么工作，都会比一般人有更强的责任心、事业心。阅读的最高目标就是要养成和具备这些高尚品质，使我们的良心、灵魂、智慧和气质这些构成肉体的部分尽可能得到充分发展。因此人生修炼最成功的人并不是那些获得了最多感官快乐、最多钱财、最大权力或地位、最高荣誉或名声的人，而是那些勇敢无畏、正直善良、充满爱心、勤奋工作、为事业尽职尽责的人。因为这些道德品质和智慧、热心公益的精神是一种力量，而且比金钱财富的力量要高尚、持久得多的多。发财致富使许多人"融入社会"，如果他们不具备这些良好品行，他们最多不过是一个富人而已。社会上很多人很富有，并没有赢得任何尊重。为什么呢？因为他们不过是一只只钱袋子，他们的力量只能在自己的钱柜里发生作用。人生辉煌的标志在于他是否是社会舆论的导向者和统率者。真正成功和有用的人并不一定富甲天下，而在于他博览群书所涵养的高贵品格，在于他丰富的实践经验，更在于他良好的道德品行。那些清贫的知识分子，即使物质上并不富裕，但他关心国家民族的命运发展，热心人性的改造，懂得金钱的妙用，将自己的财富和能力用在有益的事业上，这些人仍然是非常值得人们尊重的。

"家有良田千亩，一餐不过几碗白米；房有大屋百间，一夜不过三尺床榻。"这个世界虽有灯红酒绿、纸醉金迷的致命诱惑，然而占据财富的快感只是外在的、短暂的，而一个人品行、才智、志趣、节操，才是内在的、长久的。这些不是一挥而就的功夫，而是日积月累阅读修炼养成的。贫穷显示的是一种生活状态，并非生活质量，更无法反映内心的强弱与否。因此与其向人展示财富的多寡，不如昭示心境修炼的高低。心境修炼的高低除了在生活中躬身实践外，主要途径就是广泛阅读，就是"读万卷书、行万里路"。

世界上最高贵的是阅读，最廉价的也恰恰是阅读。无论你生活得多么辛苦、多么艰难，只要有一本开启心灵智慧的书，就可以减轻或化解这些困惑、痛苦，开展阅读自救。笛卡尔说："读一本好书，就是和许多高尚的人谈话。"阅读就是与作者就某一个主题进行心灵的对话。广泛阅读就是与众多先贤思哲们进行思想、智慧、灵魂的碰撞、交流、沟通。阅读的这种教化力量就是我们所说的人生修炼。它不仅使人向善，而且使人避恶。雨果说："各种蠢事在每天阅读好书的影响下，仿佛烤在火上一样渐渐熔化。"阅读的这种理疗作用就是心灵的修炼，在阅读过程中内心的积怨被消解、仇恨被熔化、烦躁的心情得以抚慰、忧郁的情绪变得开朗起来。自然而然地你的心灵就会呈现出虚怀若谷的阳光心态，让接触你的人们感觉到一个真正有学问的人往往谦逊，不会逢人就教；真正有财富的人往往低调，不会逢人就炫;真正有德行的人往往慧心,不会逢人就表;真正有智慧的人往往圆融,不会显山露水;真正有品位的人往往自然,不会矫揉造作;真正有修为的人往往安静,不会争先恐后。

人最大的魅力是有一颗阳光的包容心态。得失无忧,来去随缘。允许他人不懂自己,也允许自己不懂他人,不试图凌驾他人意志,不轻易投身他人预设的评价体系。在自由的孤独、温柔的叛逆中,营造一个宁静而淡泊、求同存异、和而不同的小世界。有这些"学问""智慧""德行",有这些"品位""修为"为"财富",自然就能磨炼出"包容的阳光心态",就能豁达乐观地看待"得失忧患",为人处世祥和、动静皆宜。

我们说阅读是人生修炼的途径,而人生的修炼在于领悟。领悟什么呢?领悟阅读的内容,领悟社会这本无字大书的世态炎凉、人情冷暖。不是所有的经历都是修行,吃一堑,就要长一智。修行,在于经验的积累、灵魂的上升、境界的突破。人在哪里,修行的道场就在哪里。善于总结,善于领悟的人,总能一叶落而知天下秋。生活给予我们的启示随处可见,但不是每一颗心都能感觉到的。例如,要用积极的心态阅读生活,及时克服消极的心态,完善自己的思想和言行。我们从小在父母的庇护和恩泽中长大,但在人的一生中,除了父母没有人有义务要对你好。因此对你好的人,你一定要珍惜、感恩。对你不好的人,你不要太介意。何况没有人是不可代替的,没有东西是必须拥有的。看透了这一点,将来就算你失去了世间最爱的一切时,也应该明白,这并不是什么大不了的事情。而且生命是短暂的,今天或许还在浪费着生命,明天就会发觉生命已经远离你。因此要愈早珍惜生命,你享受生命的日子也会愈多。与其盼望长寿,倒不如早点享受生活的美好。虽然很多有成就的人没有受过太多的教育,但并不等于不用功阅读就可以成功。你学到的知识,就是你拥有的武器。谨记人可以白手起家,但不可以手无寸铁!此外,爱情只是一种感觉,而这感觉会随时间、心境而改变。如果你所谓的最爱离开你,请你耐心地等待一下,让时间慢慢冲洗,让心灵慢慢沉淀,你的苦就会慢慢淡化。不要过分憧憬爱情的美,不要过分夸大失恋的悲。你可以要求自己守信,但无法要求别人也守信;你可以要求自己对他人好,但不能期待人家也对你好;你怎样待人,并不代表人家就会怎样待你,如果你看不透这一点,只会给你增添不必要的烦恼。

当然世间万象,繁琐复杂,男女老少各色人等,在这样一个鱼目混珠、喧嚣嘈杂、人欲横流的社会,人性的高尚情操很难脱浊流而出。只有阅读能让人远离喧嚣与凡尘,让你安静地沉浸在与圣哲先贤的思想交流中,洗尽灵魂的铅华,独享自己内心深处的宁静。在阅读中笃信、固守自己的纯朴品性,坚守淡泊名利、远离是非的心境,保持独立思考的学术操守。当你捧书在手时,阅读能慢慢抚平你整天焦灼的心神,让心灵深处根植一片绿荫。在这片绿荫的沐浴下,我们可以在忙忙碌碌中适时休憩,梳理心情、抚慰创伤、净化灵魂、找回自我,为获得新创造、新创新,铺设一片平静淡泊而又蓄势待发的心境。

4. 阅读是个人发展,工作、事业辉煌的基础

阅读培养职业能力、增强谋生手段,是事业辉煌的基础。美国组织行为学家罗宾斯(Robbins)研究发现,在学校爱阅读、学习态度比较好的学生,往后发展会比较成功。在社会上那些喜欢阅读的人通常会有较佳的前途。因为经常阅读的人更易于理解自己应该承担的权利、义务和责任,更能够明白群己关系、人和社会关系,懂得合作,在与人发生冲突时,只要不是原则问题就能适时地妥协、退让,在包容中体验、锻炼群己相处的能力。

中国古人公认的发展路径是"修身、齐家、治国、平天下"。这四个环节全部是由阅读连贯起来的,缺了阅读,要走好这样的人生之路几无可能。钱穆先生说得好,"培养情趣,提高境界"只此八个字,便可一生受用不尽。这八个字实质就是阅读——阅读培养情趣、阅读提高境界。只要肯阅读,便可获得一种新情趣,进入一方新境界。因为阅读惠及我们的不仅仅是知识的增广,还在于心灵的感化与陶冶。人们从阅读中学做人,从往哲先贤和当代才俊的著述中了解他们的思想、学得他们的人格。

"古之教者,教以人伦"。这里的"教"包含知识教育、礼仪督导和性情培养。知识教育很重要,人无知而无礼。心中有了知识,内心自然而然会对他人、对社会,产生礼敬之念。礼仪是道德规范,儒家要求君子做事要合乎礼,人的言行有礼仪做规范就不会做出太出格的事情来。性情培养也很重要,人有什么样的思维、说什么样的话、做什么样的事,完全由心性来决定的。通过后天培养让人的心性变得圆润而温和,素质问题自然迎刃而解了。这三点都需要阅读做基础来达到教化的目的。

中国古代之所要求阅读人必须琴、棋、书、画样样精通,就在于对个人综合素质的要求。通过练"琴"、弹"琴"锻炼人耳朵的辨音识音能力,培养对"声音"的敏感度。悦耳动听而又抑扬顿挫的旋律既是表达个人丰富的内心情感,又能让郁闷的心境变得澄澈清明。这就是音乐陶冶心灵、音乐熏陶性情的力量;通过下"棋"对弈,锻炼人的大脑临事应变能力、遇事思考能力、对全局的通盘谋划能力;通过"书"写文章、练习字体、临摹字形的千变万化,磨炼心性;通过"画"画,锻炼视觉思维、空间思维和想象能力。"阅读"这四种技能,共同之处是锻炼眼、耳、手、心、身的综合协调能力、运用能力。共同在大脑的指挥下,通过调节身体、肢体的各部运动,屏声静气,磨炼耐心。在完成琴、棋、书、画的过程中,提升人的心性培养。虽然阅读人自然应以文章见长,但是光识字、会写文章是远远不够的。学习这些"杂项"其意义就在于综合能力的培养。有了这些功夫的磨炼,在古代社会,无论在什么情况下,无论到哪儿,应付工作、事业都能游刃有余。这是古代修身养性的通用技能和途径。

相对于急功近利的当今社会,素质教育如此被看重,原因在于我们吃过不重视素质教育的亏。那些掌握了现代知识却缺乏为人处事技巧、缺乏生活实践阅历的人很多。这些人是应试教育的宠儿,到了社会上却成了弃儿,因为综合素质不够。还有一些人,他们有独立生活能力,但品德却令人担忧。当年某重点大学学生用化学药品在动物园内烧狗熊的热点新闻,其背后隐藏着的不就是学识高而道德低的问题吗?这样的"产品"推到社会上,怎么长久发展呢?何谈工作、事业辉煌呢?

人的思想不仅仅来源于自己的实践,更来源于对人类文明成果的广采博取。这些人类文明的成果主要以各种书籍为载体的形式存在,尤其是其中的古今经典书籍。多阅读经典书籍不仅能提升你的思想,而且可奠定你人生辉煌的基础。因为经典是时间选择的产物,是古人生活经验的精华积累,很有借鉴性、参考性。阅读最终的目的是阅读别人的经验,以引发自己的新经验,达到创造新知识、创新新实践的目的。阅读的这些知识预设在你的大脑里,当你在学习、工作中,或者在其它实践活动过程中,触碰到你脑中预设这些知识经验,就会激发灵感而产生顿悟,产生新观点、新思想。如果不阅读,大脑里没有储存"货物",没有知识积累,你就没有感受力。即使与新实践朝夕相处,也触发不了新灵感,更不会产生新思想。所以阅读能使你成为有创新能力的人。

大学是阅读之所,也是人生发展的起点。大学与高中最大的区别是自由很多,挥霍自由的人也很多。如果我们能够利用这难得的自由时间多读些书,让阅读滋养生活,今后人生将会精彩很多。现在很多年轻人不喜欢阅读,他们可以花很多时间逛街、淘宝、打游戏、网聊……就是不肯花时间安安静静地阅读。等你走上社会后,你就知道,抽出时间来阅读是多么的不容易。时光易逝也最易得,但也最不为人所珍惜。不要总觉得自己还年轻,干什么事都觉得还早。有道是"记得少年骑木马,转眼已是白头人"。大学生的时间往往会无谓地消耗在社团活动和上网上。网络很便利,网络也很误事。电脑、手机让你时刻与外界保持联系,也让你时刻受到外界干扰。不妨在适当的时候,把网络关闭,让时间花在更有意义的阅读上。适当参加社团活动,广交朋友,增长见识,确是好事,但太多的课外活动,会使时间以各种光明正大的名义被浪费,因此课外活动适可而止。

5. 坚持阅读有利于健脑益智

阅读能够促进我们的精神成长,有助于身心健康。贪官为什么要自杀?在某种程度上一定是发生心理疾病的结果。慢性病为什么会呈现暴发性增长?主要是生活方式出现了问题。保持心理健康就要拥有良好心态,促进身体健康就是要保持良好的生活习惯。

积极心理学认为,快乐与幸福是一种选择。培养自己的良好心态,就找到了选择快乐与幸福的方法。好心态是人们对待事物的态度,正向的、积极的心态就是健康的心态、阳光的心态,是人生最大的财富。安分守己、宽容平和、淡泊节制、与人为善、客观公正、积极向上、宠辱不惊、进退有据等都是好心态的基本元素。好心态决定人生的坚实、决定生活的幸福、决定工作态度、决定工作能力、决定安详的人际关系、决定身体健康。培养好心态的方法是学会感恩、学会宽容、学会赞美、学会反思、学会品味、关注美好、克服攀比和快乐陷阱、扬长避短、学会妥协、学会放下、重视过程、守住底线、干好当下。

世界卫生组织认为,不良生活方式是导致慢病发生,产生健康危机的主要原因。解决健康危机的有效方法是革除不健康的生活方式。健康生活方式的基本要求有:合理膳食最重要、适当运动不可少、戒烟限酒要记牢、充足睡眠要保证、开窗通风要经常、多晒太阳很重要、化学用品要少用、化学药品要慎用、电磁辐射要远离、保健食品要辨明。

除了良好的心态、健康的生活方式外,更重要的是要坚持不断地阅读,常用大脑思考问题。在阅读中增长智慧、不断完善自我。在阅读中学会感恩、学会宽容。"读经典的书,做有根的人。读一生的书,做有追求有梦想的人。"[23]

有次同学聚会,有位同学当年爱说好逗、风趣活跃,且吹拉弹唱都能来一手。毕业后当过老师、当过校长,工作十分出色,曾当选为市级优秀教师。然而,这次面对分别 20 多年的老同学们,他却默然无语,神情呆滞,像换了个人似的。陪同的女儿说,老爸退休后,不阅读不看报,连电视都懒得看……原来大脑不用也会"生锈"的。人体的器官都遵循"用进废退"的规律,常用的器官才健康发达,少用的器官会逐渐衰退。大脑也是这样,不阅读、不看报、阅读少,大脑就缺少信息刺激,脑啡肽及脑内核糖核酸等活性物质的水平就会降低。长此以往,大脑便会退化,思维及智能逐渐迟钝。美国有学者认为,多阅读可促进脑部血液循环、减低脑细胞退化程度,不会患老年痴呆症。

在 20 世纪五六十年代极左时期,我国很多科学家、作家、教授、学者被打成右派、黑帮、反革命等,或被囚禁,或被劳改,有的长达 20 多年,虽然受尽折磨,但他们的大脑并没有荒废。落实政策后,他们中的许多继续搞科研、写书、教学。因为他们从未放弃过阅读、思考。胡风曾被囚禁30余年,是当年所有"右派"中受难时间最长的一位。有人问他靠什么抵抗住了那么漫长的与世隔绝。他说靠阅读、靠回忆、靠思想,不然他的精神早就崩溃了。

阅读不仅可以健脑,还可以保护大脑。大脑是人体的最高司令部,脑健则体健,体健则长寿。有人对我国秦汉以来万余名诗人、作家、学者的寿命进行统计分析,其平均寿命为65岁,远远超过其他行业人员的平均寿命。想通过阅读达到健脑益智的目的,一要选择辞章典雅、健康向上的书籍来阅读,多读政史传记明心智,多读诗词散文壮胸怀,多读逻辑修辞论辩,多读天文地理长见识;二要常看报刊资讯,研读科技新书,让脑细胞不断接受新信息刺激;三要选择或营造良好的阅读环境,专心致志才能提高阅读效果;四要读写结合,阅读受到启发,或写点心得体会,或摘抄诗词佳句,或写写回忆录等,都会使大脑得到锻炼。对阅读勤思考,可健脑益智,还能提升精气神。一位从医多年的神经科专家说过,他在临床经历中,从未见过因为经常用脑而患脑萎缩的病人。[29]

阅读之所以健脑益智,是因为阅读有很好的心理治疗作用。它能使我们在纷嚷嘈杂的现世静下心来。只要有书陪伴在侧,你永远不会觉得失落和孤独。我的挎包里总习惯放一本书,在等人时,或闲坐时,随时可以拿出来翻阅。人说"等人等到心焦",有本书陪伴着你,你就不会焦虑发火,达到自求心静的境界。人们常说,岁月无情,然而阅读却是最有情义的。社会文化和历史就是通过阅读,代代相传,继往开来。那些酷爱阅读的人注定是与书本结缘,注定是与追求志趣高尚、追求事业卓越的好习惯相联系。有阅读习惯的人,多半向往崇高,厌恶暴力,同情弱者,他们心灵纯净而赋予正义感。多年的阅读素养不仅使人常常变得情趣高雅而趋避凡俗,而且引导人从幼年到成人,一步步趋向温情、博爱,也常常让人有信心和力量为世间不平而奋起抗争。

(二)家庭层面——促进幸福和谐

家庭是人生的第一所学校,女性是家庭的核心,是儿童的第一个教育者,女性阅读会影响家庭阅读,引导儿童阅读。女性阅读在全民阅读和家庭文化建设中有着不容低估的作用,在促进全民阅读活动中,在促进人类文化传承与发展、促进家庭文化建设方面都具有十分重要的作用。习近平总书记在2018年的新春团拜会上特别提出:"我们都要重视家庭建设,注重家庭、注重家教、注重家风。"女性在促进家庭文化建设中将发挥独特的作用。女性阅读是全民阅读的重要组成部分,全国的妇女和儿童人数有8.8亿,可以说女性阅读是全民阅读的根和源。"推动摇篮的手能推动整个世界。"开展女性阅读是要充分发挥女性在促进社会进步方面发挥更大作用。做好女性阅读,就抓住了全民阅读的根和源,我们的民族就有希望,我们的国家就有未来。

有次去图书馆,一个五岁左右的小女孩,欢快地在书架旁边踱来踱去,然后轻声跟一个中年女子说,奶奶,我可以看这一本吗? 女子说,当然可以啊,宝宝喜欢哪一本,就看哪一本。于是小女孩便乖巧的趴在旁边的桌子上,聚精会神地看起来。这时同行的另一个女子说:"那么小的孩子,她看得懂吗?""她不用看懂啊,看不看懂不重要,重要的是我们想从小培养她阅读的习惯,让她爱上阅读的感觉。"

我的心忽然被触动了,像平静的湖面泛起了层层涟漪,久久不肯散去。我抱一本《中国文化简史》在一个角落坐下来,一直不住地感慨。一方面为教育,一方面为意识。一个从小便培养孩子阅读习惯的家庭,必定深深地懂得阅读对个人发展的重要性,他们对孩子言传身教的教育方式,必定会使孩子受用一生。而一个从小便热爱阅读的孩子,长大以后,必定是一个内心极其富足且思维足够开阔的人。因为一本书就是一个世界,阅读越是多,内心世界越大、越广阔,心态越是沉稳。

阅读不一定会让你有文化,但是有文化的人,一定热爱阅读。因为阅读是思想必需的营养,也是思想无穷的源泉。

有人会问,女孩子为什么要阅读? 最终还是要回到一座平凡的城、打一份平凡的工、嫁做人妇,洗衣做饭,相夫教子。这样折腾有何意义? 杨澜说,我们的坚持就算最终跌入繁琐、洗尽铅华,同样的工作,却有不一样的心境。同样的家庭,却有不一样的情调。同样的后代,却有不一样的素养。我常常觉得人生是一场修行,我们所走的每一步、所吃过的每一寸苦,最终都会照亮我们的路。在照亮以后的气场里,就沉淀着在岁月的大浪淘沙下所有走过的路以及看过的书。即使阅读不会给你带来直接的财富,却可以使你的内心富足。当你爱上阅读,你便会发现,整个世界都在偷偷爱着你。因为你总会在书中的世界里,遇见最值得爱的、最美的自己。③

1. 阅读是家庭和谐幸福的无形动力

人类最初的阅读场所是家庭,最初的阅读对象是亲人。孩子降生到人世间最初是从"阅读"父母开始的。在父母的挑逗、搂搂抱抱的亲吻、爱抚中,孩子最初把照料、呵护自己的父母当作"阅读"对象。这种"阅读"更多侧重于对亲情的认知,通过耳闻目睹、身体抚摸、情感交流,由表及里地全方位地阅读这种充满关怀、包容的亲情、友情。孩子获得安全感,父母感受到的是欣慰和天伦乐趣。孩子会走路以后,父母则经常陪伴在孩子周围,陪他散步、玩耍、一起骑车去野外认识大自然、阅读社会。稍大一些时,教孩子社会规则、教他们整理房间,做力所能及的家务,让他有自理能力。这些都是一种切合实际的在家庭活动场所进行的建立在卿卿我我基础上的生活阅读内容。这种耳濡目染的感知式、教导式阅读,从小培养了我们怎样理解亲情、怜悯、关怀,怎样尊老爱幼、怎样诚实、坚强地做人。

此外,家庭是阅读的起点。中国古代社会非常重视家庭教育,历来有耕读传家、诗书传家的训导。通过家庭祥和氛围培养孩子严谨、守信、有责任心、乐于助人、能担当的良好品质,以及能与人相处的团队合作精神。这些都是家庭从小教育的结果。家庭教育的最高目标就是培养人格健全、传承优秀文化的君子,而不是自私自利的小人。

古代的私塾教育就是家庭阅读的典范。它是我国古代社会一种开设于家庭、宗族或乡村内部的民间幼儿教育机构。阅读以儒家思想为中心,是青少年真正阅读受教育的场所。一般按经费来源可分为在家教读子弟的家塾,在地方乡村、宗族教读子弟的村塾或族塾,和塾师私人设馆收费教授生徒的书屋。塾师多为落第秀才或老童生,学生入学年龄不限。自 5～6 岁至 20 岁左右不等,其中以 12～13 岁以下的居多。学生少则 1～2 人,多则可达 30～40 人。年幼儿童先识"方块字"(书写在一寸多见方纸上的楷书字),识至千字左右后,教读《三字经》《百家姓》《千字文》。这三本书也是明清两代最常见的儿童识字用书。亦有直接教读"四书"的,其中的《论语》《孟子》属于经典读物,成为蒙学教材的一部分。私塾历来实行个别教学,塾师根据不同人的学习基础、接受能力安排课业,体现了因材施教的原则。塾师对学生背书的要求特别高,阅读是私塾学生的主要活动。要求学生"每日读生书,朗读百遍。"教法大多为先教学生熟读背诵,然后在适当的时候由教师逐句讲解。除阅读背诵外,有习字课,教师从扶手润字开始,再描红,再写映本,进而临帖。学童粗解字义后,则教以作对,为作诗做准备。《四书》读完后,即读《五经》,兼读古文,如《古文观止》等,并开始学习作文。由于隋唐时期,科举制度的出现推动了私塾的发展。当时科举考试主要围绕儒家经典《四书》《五经》展开的,科举取士深入人心,所以学塾也重视八股文的习作,为科举考试做准备。学规极严,订有严厉罚则,体罚为平常事。此外宋明理学注重对儿童进行伦理教育,并制订乡规民约,推行社会教化活动。历代帝王都把教育儿童看成是家长自己的责任,对蒙学只是略加提倡、引导,官府从不干预私塾办学,任凭私塾在民间自由发展。

现代的私塾在教育阅读中,也有很多可为之处。例如,美国的家庭学校兴起的原因,主要是家长对公立学校的教育质量不满。不少家长因此放弃自己的职业,在家里教孩子,并成立了全国性的组织。互联网的出现,又使这样的家庭教育如虎添翼。分散在全国各地的家庭不仅能够及时沟通、交流经验,共同组织活动,而且还可以在网上训练家庭教师,设计课程,制定和贯彻教学标准。美国最近的调查表明,在18—24岁的年轻人中,在家里受中小学教育的人中,有75%修了大学课程,比全国同龄人的平均水平(46%)高出一截。2000年全国单词拼写比赛的前三名,全是在家里上学的孩子。有一个家庭,竟通过家庭教育把三个孩子送进了哈佛。另一个在家里受教育的孩子,没有上大学就出版了长篇小说,并成为最佳畅销书。第一所为受家庭教育的孩子开办的大学,也于2000年开张。

　　家庭阅读不仅仅是读有字之书,还应该力所能及地带领孩子一起"阅读"自然、"阅读"社会。例如,为了让孩子有见多识广的眼界,勇敢不畏陌生人、事、物的胆识,孩子尚年幼时,就常利用节假日带着孩子到处旅行游玩。为了让儿子亲身体验书中所说"坐着火车去旅行",和亲眼看看书上画的大轮船,我曾经带着三岁的儿子,坐上几小时的火车去看船。为了激发孩子阅读兴趣、激活孩子的想象力,在阅读中能同时欣赏绘画之美,我购买了很多国外绘本书,陪同他们一起邀游书海。总之,在孩子成长的过程中,这种耳濡目染、潜移默化式的家庭"阅读"带给孩子的影响是终身的,是未来人生幸福和谐生活的起点和保证。

　　夏丏尊说过:"没有爱的教育,犹如没有水的湖。"显然湖没有水就会干枯,教育缺乏爱的因素,教育就没有生命活力。家庭阅读就是家庭教育式的爱,就是家庭里长久开着的门、留着的灯、等候客人入室的乐园。一个生在富人家的儿子,父母不可能让他像穷人家的孩子一样过着半饥半饱的日子;而一个生在穷人家的女儿,父母同样不可能让她像富人家的孩子那样,过着披金戴银和要风得风、要雨得雨般的生活。翻开古今中外历史,那些有作为的伟人或卓越者,并不是穷养与富养的结果,而是教养使然!诸葛亮的诫子书,语重心长、言简意深,可谓之是教养的典范:"静以修身,俭以养德。非淡泊无以明志,非宁静无以致远。夫学须静也,才须学也。非学无以广才,非志无以成学。淫漫则不能励精,险躁则不能治性。"这段话的核心在一个"学"字,用现在的话说就是"阅读"。不管是考取功名,或是增长才干,都必须"学"——"阅读"。不阅读就不能增长才干,不阅读就成就不了学业。但是阅读的前提是"静"是"俭"。"静"是阅读的环境、家庭的氛围。只有环境安静,才能聚精会神地阅读,才能在阅读中思考,增益阅读效率。这里的"俭"字,绝不是"穷养"的意思,而是指思想意识上要节俭、生活行为上要收敛。节俭是体现在一个人身上的永恒美德,不管他是穷人、还是富人;不管他是男人或是女人。拥有节俭的品质是从小家庭教育的结果。节俭有利于培养人的品性。人有节俭意识,就没有不必要的欲望杂念。这样心境才能"淡泊",心境淡泊,心态才能淡定。心态淡定才能"明志"。加上家庭氛围安静,内心纯净、没有私心杂念,阅读才能深入进行,学识才能达到高深境地。相反那些散漫的思想、懒散的习惯、浮躁的情绪,对修养性情都没有好处,是阅读的大敌。既不利于修身养性,也不利于激励精神、明确志向。怎么可能达到"静以修身,俭以养德"的目的呢?

可见家庭阅读氛围是培养孩子有教养的基础。教养是培养孩子成才的灵魂,是教育孩子成材的基础,是一个孩子在身心等方面得以全面发展的系统工程,是任何家庭、父母、老师都能送给孩子的一笔无价之宝,是为孩子的心灵世界打造的一盏智慧之灯。生于贫穷之家的孩子,如果拥有了教养,他知道自己怎样立足现实和发展自我;生于富贵之家的孩子,如果拥有了教养,他不仅知道怎样利用自己的优势开拓未来,而且拥有知进退、有礼貌、讲仁义信用等人格美质,能成为"品德"上的贵族;也能发挥所长,寻找到自己所爱,并能不畏艰难困苦,坚持所爱的人生目标,成为"生命"中的贵族;更重要的是他们具有多阅读、勤观察、常思考的习惯,成为"思想"上的贵族。可惜的是目前公立学校和教育管理部门还没有将孩子的品德与生活素质教育列为教育重点,在尊重每个孩子都有其各自独特可爱的特质方面重视不够。③

家庭教养还是一个人从年幼时就一定要明白的最基本的"是"与"非"的标准,是必须懂得的事理和常识,是一个人内在良好修养映射于外的优雅和从容之美,能让一个人从骨子里飘出芳香来。拥有良好的教养,能举止合范,进退有度,在取舍之间能把握分寸。在成功时,喜不自胜却不至于得意忘形;失败时黯然神伤但不会意气消沉;为官为富为贵时,不会泯灭良知,不失恻隐之心;身为布衣匹夫,依然会傲骨凛凛,心清魂净地做人;犯了错误会从自身找症结,而不是怨天尤人、百般推脱责任……拥有这些品质不管你在家庭、在单位、在工作岗位、在私人寓所,或是在公共场合,言谈举止都能恰到好处。给人以有教养、有素质、有风度、有气质的感觉。这不仅仅是家庭和谐幸福的无形保证,而且是工作有成就、事业能够辉煌的无形动力。㉜

2. 家庭阅读存在的问题

但是现代社会,教育的职能主要由社会承担,社会生产方式和生活方式的改变,使得家庭的形态和功能发生了变化,生活节奏加快和工作占据更多时间,都使得传统的家庭教育观念与实践在弱化。而且公立学校的教育阅读以培养生产技能为主导,忽视了学生个人的品德教育和生活素质教育。从阅读方面说,家庭教育存在的问题大致有以下几个方面。

(1)家庭教育阅读的功利化倾向,使得人文教育让位于应试教育

传统家庭从孩子牙牙学语开始便有意无意地、随性地进行孩子启蒙教育,教教"三字经"、背背"百家姓"、唱唱儿歌唐诗,目的是开启孩子智力、愉悦孩子性

情。而现在孩子从胎教开始,就听音乐、英语,教说英语,报各种学习班,目的就是要培养孩子上好的初中、高中、考重点大学,而开发他们应试的能力,成为优秀的考试能手而要赢在起跑线。结果孩子就没有时间和精力去玩耍、去感知阅读身边以生活内容为主的人文教育了。

(2)新的"阅读无用论",仍然在家庭占有一席之地

由于应试教育占据了阅读的主流,评价方式主要考查学生的应试能力,评价标准以学生掌握应试教育内容的优劣程度为准绳,这就有意无意地忽视甚至放弃了那些有利于培养学生操行、愉悦其身心的人文内容。致使那些偏好人文课程内容的学生落榜,甚至考不上重点中学、大学,因而心生"阅读无用"之感慨。加之社会关系复杂,在职务晋升、工资调级、业务提升等等诸多方面难免存在按金钱财富、按人事关系而不按学历文凭、不按职称、能力等这些自身条件来衡量、决定的现象。这样失落者就会有种"阅读无用"的挫折感。

(3)家长本身没有阅读习惯,也无意识去培养孩子的阅读习惯

很多平民家庭由于忙于生计,根本没有时间和精力学习和阅读,导致家庭没有阅读的氛围和习惯。其孩子潜移默化受此影响,也不重视阅读。

(4)职业发展占据生活重心,教育更依赖于学校和社会化服务

大多数家庭由于父母忙于工作事业,无暇顾及孩子的学习,只能把孩子送到学校,指望学校教师教育、依赖学校管教。

(5)家庭业余生活的休闲娱乐化,使得家庭花在阅读上的时间相对更少

多数中产以上家庭,业余生活丰富,节假日外出游玩娱乐活动较多,花在学习、阅读上的时间少。这类家庭出生的孩子热衷于娱乐交际,很少有阅读兴趣。

(6)家庭、学校和社会缺少阅读的纽带

家庭是社会的基本单元,家庭阅读是全民阅读的重要社会基础。有调研结果表明,95.1%的儿童因家长喜欢且经常看书而喜欢阅读。在家长不喜欢看书的家庭中,则有23.7%的儿童同样也会不喜欢阅读。因此,"书香社会"不是有形的物质工程,而是需要无数"书香家庭"的汇流,是一种百川归海的自然过程。遗憾的是,我国人均纸质图书阅读量仅为4.39本,韩国11本,俄罗斯超过20本,以色列最多达62本。全民阅读,建设书香社会,需要从家庭开始,但建设书香家庭,又不仅仅是单个家庭的事情,而是需要全社会的共同努力。真正形成从家庭到社会的良好全民阅读氛围,需要三个方面的互动,亦即政府的引导、社会各界的参与、家庭的行动。德国是人均书店密度最高的国家。在柏林平均1.7万人就有一家书店。这么密集的书店永远不缺读者。在机场、在地铁,玩手机的德国人很少,大人小孩手里经常拿着书看。五六岁的孩子手里拿着绘本,安静地阅读。在公共场

所,看不到喧闹、喊叫的孩子,多数都安静地看书。从家庭到学校都鼓励孩子阅读。在大型活动场所都会辟出一个安静角落给孩子们阅读。在书店里,有很多绘本书,里面一个个暖暖的故事教导孩子形成健全的性格、好习惯、好品德,能有辨别是非对错的能力。这些都是德国浓厚的家庭阅读氛围教育的结果。

"书香社会"建设之所以要从家庭开始,是因为家庭教育是一切教育的起点。就阅读方面来说,目前国际通行的看法是:9 岁以前是儿童发展阅读能力的过渡期,孩子学习阅读的方法,并开始通过阅读来学习。10—13 岁的儿童通过阅读,大量吸收知识。13 岁以上的青少年以功能性阅读为主,能根据不同的需要,读不同类型的文章。由此我们可以说,13 岁以前是儿童形成阅读能力和养成阅读习惯的阶段,而这一阶段,恰恰是孩子主要在家庭中生活的阶段。全民阅读,建设书香社会,需要从家庭开始;但反过来,建设书香家庭,又不仅仅是单个家庭的事情,而是需要全社会的共同努力。真正形成从家庭到社会的良好全民阅读氛围,需要三个方面的互动,亦即政府的引导、社会各界的参与、家庭的行动。[③]

(三)社会层面——认识社会开阔眼界

阅读认识社会,构成自我。阅读让我们与书的作者走到一起,通过了解他们的思想,走进他们的世界。才知道我们生活在这么小的地方,经历这么短暂的时间,认识这么少的人,经历这么少的事。阅读让我们认识古今有思想的人,不仅认识世界,扩大视野,而且让我们生活在更加广阔的时空里和更加丰富的思想里。世界充满了无数的奥秘,有无数新的东西值得我们去探寻。读科学,让我们了解物质世界的规律和奥秘,探寻大自然的秩序。阅读"物理",欣赏科学的简洁和物质世界的普适之美。例如一个物理定律,上穷碧落下黄泉,都是适用的,这难道不会让人产生深深震撼? 阅读文学,让我们体验人生的悲欢喜乐,体验心灵的各个角落。阅读历史,让我们突破自我狭隘的视角,站在社群、民族、国家以至礼貌的角度,了解礼貌的变迁、社会的兴衰,明白我们是怎样来的,思考我们将向何处去。阅读经济,能够了解社会底层运行的规律。阅读心理,让我们明白自我的内心世界如何运作,我们的世界是怎样构成的,并让我们更好地掌控自我。阅读哲学,思考一些基本的问题,我是谁,我和世界的关系是什么? 我就应如何与世界相处? 人生的好处是什么? 让我们的生命更深入、坚实并构成自我。阅读宗教,寻找自我的信仰,看看先贤对生命和世界的终极问题的回答,体验这个平凡世界的不平凡,让生命超脱,体验无限神秘,让真、善、美永恒。构成自我,建设自我灵魂的庙宇。里尔克说,灵魂没有庙宇,就会被雨水淋湿。人生活在世界上,首先得构成自我,包括自我的信仰,品格,爱好,观念等。这些东西也不是一成不变的,而应是不断加深的。阅读,让人能够更加清楚地认识自我,发现自我,从而建设自我灵魂的庙宇。在这庙宇里能够看到古往今来无数伟大灵魂的影子,触摸到那些真知灼见、经久不变的温度。当这样一个庙宇完全被自我的心灵所拥有时,真正的自我就会浮现出来。这时人不易为外界所左右,不需要依靠外力来支撑他的生命,灵魂的承受潜力也会十分坚强。

阅读是一种享受,一种爱好,是生活重要的一部分。尤其是遇见适合自我的作者,就像遇到了知己,相逢恨晚,灵魂深处的孤寂像冰一样刹那间碎裂、融化。这样完美的感觉,是对生命的恩赐。阅读好书尤其重要。好书是作者用一生的经历、一生的感悟,用生命、用鲜血写出来的;好书经过时间的历练,蕴含着真正的思想,沉淀了很大很深的价值,待人挖掘;通向着永恒的价值——真,善,美。阅读是人类所有行为中最富有尊严和道德的行为,是人类追寻世界本源,反思生存意义、澄明不确定性、征服恐惧和无知的不二法门。阅读对国家、民族和个体的发育与发展是如此重要,因此我们有必要建立起对阅读的坚定信念,也就是对阅读的信仰。这是人类社会得以进步的源泉。

在某种程度上,人类文明史就是一部阅读史,人类是通过阅读来认识世界和自己的。阅读是对人类历史真实的旅行。当我凝视着从殷墟中发掘出来的甲骨上那些刻琢的文字,突然觉得当年在这些兽骨上刻字或提供内容资料的人们正穿着我们并不熟悉、也可能永远无法再现的衣着,端坐在我们的面前。没有阅读,不可能有这样的体验。阅读所获得的知识是为了战胜困难。克服了一个困难会有助于你克服下一个。学习中,乍看似乎价值不大的东西,事实上仍有着极大的实用价值,不仅仅因为它们所包含的信息,更因为研究这些学问能激发我们个人的努力和蕴藏在心中的潜能。例如在第一章我们研究"阅读的自然属性"时,首先要研究阅读的对象——书籍,进而探究书籍存在的三个条件——文字、纸张、印刷术。从追溯文字的演变、形成过程中,了解人类阅读行为的变化情况。这些问题看似没有多大的研究价值,实则蕴藏着想象不到的实际应用。通过这些研究,既可以弥补阅读学源头的某些空白,丰富阅读学的研究,同时也是对图书馆学的丰富和发展。籍此可以了解图书馆早起的发展历程,催生新学科阅读学的理论形成等。这些问题往往是一个前因会导致另一个后果。人生就是这样前进的,社会也就是这样发展的。人类本身就是在不断地遭遇困难,然后设法克服困难,推动历史文化的车轮前进,直到生命的能量耗尽。

当我们从繁重日常事务中抽身出来时,选出一本好书读上几页,也是一种高级享受。一本好书对人们的吸引力绝不亚于源自欲望冲动的本能诱惑;否则就会合理地减少阅读,甚至不阅读。但不能像有某些人,将阅读作为获取精神食粮的唯一途径,潜心于书屋埋头苦读,整日沉浸在自己臆造的人生蓝图中而孜孜以求,久而久之不仅浪费时间,而且有害,很容易走火入魔成病态。一个养成盲目阅读习惯的人往往会沉湎于小说中虚幻情感而变得荒谬无常。小说所引发的文学上的遗憾不会产生任何相应的行动。太过于为小说情节所蛊惑,不仅容易使你变得对现实麻木不仁、不切实际,而且在自己内心对描绘美德并养成这一美德并无帮助。

阅读如果仅仅是一些社会精英的生活状态,这个社会就仍然处于蒙昧阶段。全民阅读之所以无比重要是因为道德对社会的统摄只能通过有最大公约的准则来实现。只有大多数国民将阅读作为一种生活常态,建立起对阅读的信仰,我们才能有共同的行为准则和价值判断。通过阅读,是成为能够温暖周围人群的厚德君子、点亮并普照别人人生的小太阳;或是成为一个处处刺扎生活在你周围人群的刺猬、小人;或是成为一个不断地攀权附贵,借势不断地、无声无息地吸蚀你周围人群血液、榨干他们血汗的"蚂蟥"。这就要看你阅读些什么书,读到什么程度,心中获得了什么样的格局,思想达到什么层次的境界。

1. 阅读是继往开来、文化自信的力量

中国的传统教育,基本形式是私塾,基本内容是读四书五经。中国人不像西方家庭那样外面有教堂,家里有《圣经》,但我们有《论语》。儒家经典可谓是我们公共道德信仰的基石所在。在私塾教育里对儒家经典的阅读、背诵,相当于西方孩子读《圣经》。此外中国传统社会生活里,还特别强调各种各样的礼仪,婚丧嫁娶、节气时令、种种民间礼仪的背后,也都承载着文化的价值。西方国民教育是两堂:学堂和教堂;中国古代的教育则是三堂:学堂、祠堂和中堂。每个村落有学堂,每个家族有祠堂,每个家庭有中堂。学堂里有圣贤,祠堂里有祖宗,中堂里敬奉天地君亲师。这是几千年来,我们的传统文化脉络所在。但是今天,我们的教育里有数学、物理、化学、地理、自然等现代科学技术的内容。目前又紧跟时代增加了外语、计算机、网络通信等高科技课程内容。这是跟古代传统教育相比取得巨大进步的地方。但不能因此把古代传统教育的优势丢了,因为那是我们教育的根本所在。一个人不会做数学题没有关系,但是如果不会做人,麻烦就大了。

像《论语》这部经典,包含了三大体系:知识体系、价值体系、文化体系。在知识体系里,可学到很多历史知识:夏商周三朝文化史;历史人物有曾子、子贡、子夏等;还能了解很多历史名称的含义:什么叫帮,什么叫国,什么叫君。还有礼仪知识:古人名与字的区别在哪里,比如长辈和老师称呼学生和晚辈,才能直呼其名,平辈之间都称字。还能学到很多语言知识,比如成语,现在很多孩子只知道成语来自《成语词典》，而事实上，犯上作乱、巧言令色、言而有信、和为贵……这些成语的源头都来自这里。在价值体系里，涉及到如何做一个好人，比如应该有心胸、有气质、有道德、有修养、有价值判断力……还涉及到什么是好的政治、好的社会。很多做人处事的原则。在学到很多知识之外，也有了基本价值观。在文化体系里，通过阅读《论语》孩子们可以获得认同中国文化的价值观。人有没有文化认同，直接关系到他有没有精神的归属。对一个民族来说，关系到它有没有凝聚力，有没有区别于其他民族的识别性的文明符号。人们常说，日本人谦恭，韩国人强悍，美国人大度、开放、天真，英国人绅士，法国人浪漫，德国人严谨，这都是由各自的传统文化养成的。中国人原本的气质是文质彬彬、谦恭有礼，今天中国人的气质有些模糊了。

　　树立文化自信要从热爱自己民族的文字做起。好的语文教材应该体现本民族的核心价值观，必须是最经典的汉语文字。现在由于键盘、鼠标、触屏的广泛运用，用手书写文字的机会大幅减少，导致很多人对文字和文学的审美、韵味的鉴别力降低了。其实汉语非常典雅、非常高贵、非常美，可是很多人不知道什么是典雅、什么是高贵、也缺乏鉴赏汉语美的能力。当下语文教材对文字美感的训练还很不足。虽然要求每单元上完后按照范文写一篇习作，但在完成任务过程中，敷衍的成分很大很多，这大大降低了对汉语文字文学运用与欣赏的审美效果。如果长久这样，不仅不利于培养本民族文化自信，而且文化传承也面临着问题。

　　此外，总量要适中，不能太多，要针对不同年龄层次的青少年身心特点，确定他们能够接受的程度。传统的"四书"正好符合以上三个条件：《大学》1700多个字，《中庸》3500多个字，《论语》16000多个字，《孟子》34000多个字。合计下来50000多个字。这个阅读量正好合适。

　　像《四书》《红楼梦》以及鲁迅的很多作品等，这些文化经典都具有高贵的血统，适合给青少年打精神底色。有了这个精神底色，你随便读什么，都可以在此精神基调上建构自己的文化品位。我们急需用能够打精神底色的、有高贵血统的书来指引孩子们。这关乎一个人的格调、品位，也关乎一个民族的格调、品位。如果一个人或一个民族想成为高雅的人或者文明的民族，不与经典结缘，是不可想象的。这也是文化继往开来的重要环节和支撑点。㉞

2. 一本书改变历史一本书引发环境运动

　　阅读，小而言之，是训练思维、提升处理事情、解决问题的能力。目的是让自己值钱，而不是看你拥有多少钱。大而言之，广大读者通过阅读有震撼力的书籍，在社会上引起强烈的反响，促使社会改良。此外是对民族繁荣、国家富强有重要作用，是培养有文明有素养公民的基本保证。一个人阅读力，决定其个人的学习力、思考力和实践力;而一个民族所有成员的阅读力,则决定整个民族的文化力、精神力和创造力。而阅读尤其是阅读中外古今的经典书籍,足以滋养人类的物质家园和精神家园。一本书改变历史、一本书引发环境运动足以说明阅读具有震撼人心的力量,足以改变社会。

(1)一本书改变历史

《汤姆叔叔的小屋》是影响美国历史进程的第一部被译成中文的美国经典著作之一。小说的主人翁汤姆叔叔的一生写照是全体黑人的缩影。汤姆是谢尔比先生家的有妻子儿女的中年黑奴。尽管谢尔比与妻子埃米莉对待他家的奴隶十分友善,但他们却陷入了因欠债而失去其田地的困境。为了筹集欠债资金,谢尔比决定将几名奴隶卖给奴隶贩子。汤姆叔叔和女仆伊丽莎的儿子哈里是在被卖掉的奴隶当中。女主人埃米莉曾经对女仆伊丽莎许诺绝不会卖掉她的儿子。女主人埃米莉的儿子乔治把汤姆视为自己的良师益友,也不愿意让汤姆离开。但是为了急筹资金,汤姆还是被主人卖给了凶恶的农场主赛门·勒格里。勒格里将汤姆带到了路易斯安那州的乡下。汤姆在这里认识了勒格里家的其他奴隶,其中包括埃米琳。当勒格里命令汤姆去鞭打他的奴隶同伴遭到汤姆拒绝时,勒格里开始对他心生厌恶,并残忍地鞭笞汤姆。在残酷的环境压迫下、在悲惨的命运奴役下,汤姆矢志不移地忙里偷闲阅读《圣经》作为自己心灵的安慰和对命运的希望。勒格里决意要压垮汤姆对上帝的信仰,但汤姆拒绝停止对《圣经》的阅读,并尽全力安慰其他奴隶。在同样环境中,女仆伊利莎面对生活的不幸却毅然选择了一条奋起抗争的道路,她带上儿子逃亡加拿大。在逃亡途中,伊丽莎偶然遇见了比她先一步逃走的丈夫乔治·哈里斯,他们决定前往加拿大。然而他们却被一个名叫汤姆·洛克的奴隶猎人盯上了。洛克和他的同伙诱捕了伊丽莎与她的家人,这导致乔治被迫向洛克开枪。担心洛克死掉的伊丽莎,说服了乔治,将这名奴隶猎人送到了附近的贵格会定居点接受治疗。经历了千辛万苦后,她和丈夫、儿子一起,终于获得了向往已久的自由。

在路易斯安那州乡下的种植园期间,汤姆认识了勒格里家的另一名奴隶凯茜。凯茜先前在被拍卖时曾被迫与她的子女分离。由于不堪忍受另一个孩子被出卖的痛苦,她掐死了她的第三个孩子。而残忍、奸诈的奴隶贩子黑利,通过转手奴隶贸易获取暴利。他为了自己的利益,不惜拆散他人的家庭,逼死人命。他满口仁义道德,却干尽了伤天害理的勾当。汤姆叔叔在一次旅途中偶然结识了小友伊娃,从此与其结下了深厚的友谊。伊娃善良、纯洁,能够不含任何偏见,平等地对待黑奴。但伊娃小小年纪便因病死去,可她的善良却感动了每一个人。汤姆后来几经转卖,落到了残暴的庄园主雷克手中。雷克是美国南方大庄园主的代表。

他残暴、刻薄、经常毒打奴隶。他买下汤姆后，不满汤姆的善良正直、乐于助人。当汤姆因拒绝说出逃亡奴隶的下落时，雷克痛下毒手，把汤姆毒打致死。最后他罪有应得，被卡西吓死。汤姆叔叔忠诚、善良，酷爱阅读，笃信上帝，却逆来顺受，不知反抗，这种软弱的性格是其致命的弱点。

　　在这本小说中，读者看到了人性的真善美，也看到了人性的邪恶和贪婪。汤姆叔叔，这位一生信仰基督的黑人奴隶教徒，他一直心存善良、向往美好，无论与谁在一起，他都乐善好施、乐于助人。然而命运并不因为他善良的这些品性而心生怜悯，相反却向这个无比诚实的可怜人露出了狰狞的嘴脸。随着东家债务的紧逼，他不可避免地滑向被随意买卖的凄惨路途中。他奴隶身份注定了他不能主宰自己的悲惨命运。在随时的变动中，奴隶们都处在被随意践踏的位置。人性的善良和关怀在沉重的黑暗下显得脆弱无比，理性的光辉也只能照亮身边的一点温暖。只要一阵阴风吹来，这点光芒也随之消失。阅读一本破旧的《圣经》成了他们在艰难坎坷的劳动生涯中唯一能够抚慰他们灵魂的指路明灯，籍此忘记现实的苦难，寄托着他们全部的生活希望。至少阅读《圣经》的此时此刻是最为快乐的。面对苦难汤姆叔叔坚强的品行让读者钦佩，他的乐观精神让读者敬畏。可对生活在炼狱煎熬中的黑奴来说，死亡也许反而是一种解脱。

　　苦难同样具有震撼人心的力量，面对黑奴们身受的困境，读者心头忍不住一阵阵的颤栗。当苦难来临时，人们大都选择了逃避或是要求别人来承担；而在幸福来临时，却你争我夺、甚至霸占、独享。难道这就是人类趋利避害的本性，使得人们只能共患难而不能共富贵吗？这本书无形中似乎历史性地向我们证实了这一铁的人性法则！100多年后的今天，这本书的意义也是深远的。阅读这本书，告诫人们黑人是我们人类族群中的一员，皮肤黑是他们的特征，而不是卑贱的符号。把黑奴当作动物贩卖、当作牲口交易是一种不道德的人类自贱的可耻行为。我们要尊重黑人的人格和人性。同时我们看到争取黑奴自由的斗争是多么的不容易的，今天黑人的自由是几代人几个世纪努力争斗的结果。所以要珍惜现在的生活。面对生活中的苦难与挫折，我们应该像汤姆叔叔一样坚强地面对，心中永远不放弃对生活的勇气，做一个乐观的人。

　　作者斯托夫人是19世纪美国著名的现实主义作家，坚定的废奴主义者。她1811年出生在美国中部一个基督牧师家庭，自幼目睹黑人奴隶悲惨的生活遭遇，幼小的心灵受到极大的触动。她结婚后，在丈夫的鼓励下从事文学创作。1852年写成了深刻揭露美国南方残暴奴隶制度的《汤姆叔叔的小屋》一书。书中描写了黑奴受地主虐待的悲惨境况，辛酸入骨，催人泪下。小说一经发表立即引起轰动，激起了美国人民对蓄奴制度的极大义愤，由此激起了1861年美国南北战争，黑奴才获得了自由。对当时的社会产生了翻天覆地的变化。林肯总统曾经评价作者"构成那次巨大战争——南北战争导火线的,想不到竟是这位身材矮小的、可爱的夫人。她写了一本书,酿成了伟大的胜利"。⑤

（2）一本书引发环境运动

环境保护问题是当今世界面临的一个重要问题。真正使环保越来越受到人们的重视并直接导致后来将环保列入政策法规的却是一本大家似曾相识又不太熟悉的书——《寂静的春天》。这本书是现代环境保护运动肇始之作,在世界范围内引起人们对野生动物的关注,唤起了人们的环境意识,引发了公众对环境问题的关注,促使环境保护问题提到了各国政府面前,各种环境保护组织纷纷成立,从而促使联合国于1972年6月12日在斯德哥尔摩召开了"人类环境大会",并由各国签署了"人类环境宣言",开始了环境保护事业。1992年该书被推选为近50年来最有影响的书。

本书开篇点题,从前美国的一个小村落,每年春天这里草木繁盛、森林茂密、鸟语花香、景色迷人。人们长途跋涉来这里欣赏美景:看天空中无数的鸟儿翱翔、听树丛间鸟儿唱着悦耳的歌声。观看潺潺小溪中清澈见底的鱼儿游动,人们常在小溪边钓鱼。可在当今工业化的时代,春天来了,本是万物复苏、树木葱葱郁郁、百花竞放、鸟语花香的时节,天空中却再也看不到鸟的翱翔,树丛间再听不到鸟儿鸣唱……没有了鸟鸣,鱼儿死了、鸟儿死了、蝴蝶虫子死了。这里死寂一片,这是一个没有声音的春天!是什么使大自然成了寂静的春天?

是DDT等化学农药破坏了整个生物链!鱼儿和虫子生活在这种被污染的环境中,吃了体内残留DDT等农药的鱼或虫子,也被毒死了。造成春天里几乎没有了鸟儿的踪迹、几乎听不到鸟的歌唱,小溪、河沟很少再有鱼虾的游动。所以现在的春天很寂静。在书中雷切尔·卡森仔细分析了农药的危害,指出农药尽管帮助人们提高了产量,也给人们带来了灾祸!而人们还没有意识到杀虫剂的危害,不加选择地大肆使用杀虫剂。杀虫剂虽然杀死了"坏的"昆虫,增加了产量,可是也杀死了部分"好的"昆虫,使世界逐渐变成了"寂静的世界"。其次,杀虫剂暂时消灭了某部分害虫,然而自然选择是害虫不断进化,使一种杀虫剂失去效力,接下来人类会再研制一种新的杀虫剂,如此循环。所谓不会伤害人类的杀虫剂最终会沿着食物链一级一级的浓缩,最终给人类和环境造成的影响不是几年、几十年,或者几百年能够化解的。这与饮鸩止渴又有何区别?作者用血淋淋的事实,希望唤醒无知、愚昧的人们,不要再用使用蛮力,来对付也是地球一分子的昆虫、植物。告诫人类要尊重生命,谦卑为上,不要自以为是。否则,泛滥使用杀虫剂,将来总有一天会危害到人类自身,使人类自取灭亡!该书收呼吁人们赶快行动起来,用更科学自然的办法"拯救"自己,用今后的行为"弥补"先前所犯下的错误,让寂静的春天变成鸟语花香的春天!

　　作者雷切尔·卡森是一位研究鱼类和海洋资源的海洋生物学家,而非环境专家。创作这本书时,美国的农药使用极度发展,因此产生的环境问题不断涌现。作为二战后环境保护的先驱,作者忍着癌症的病痛,勉强写完了这本书。书中以生动的语言、详细的事实揭示了滥用农药对地球方方面面的破坏。从土壤到水中,从环境到生物,从植物谈到动物,再谈到人类自身。《寂静的春天》的发表引发的争议堪比《物种起源》。特别是遭到了以环境为代价而获利人们的强烈反击。然而同时卡森也唤醒了亟待拯救环境的人类。人类的出现,推动了世界的发展。从钻木取火到飞船上天,人类不断地探索着世界。特别是科学技术迅猛发展的今天,人类在创造一个又一个奇迹的同时,伴随着文明发展而产生了一个严重的问题,其中之一就是环境的恶化。

　　人无远虑,必有近忧。今天有多少人为了眼前的小利而付出了更大的代价。如今中国,为了追求经济利益,人们在庄稼地里大量喷撒 DDT、艾氏剂、氯丹、狄氏剂、安德萘的等一系列杀虫剂,使庄稼有了好收成,却给环境造成了严重污染。河流,大海、地下水,土壤、动物、植物都不能幸免于难。这种污染在很大程度上是难以恢复的,它一旦存在于某个地方,就会通过食物链传递,而且具有集聚效应。等级越高的生物,他身体上积聚的的毒物将会越多。如果土地上喷撒了毒性很强的化学剂,那么我们的蔬菜就会染上。如果动物吃了,就会在动物身上积聚。动物吃动物,而动物又最终进入我们的口里。而且我们还吃蔬菜,可想而知,喷洒的这些杀虫剂最终进入了人类自己的口里?这不是人类自取灭亡吗?

　　我们从适应自然、征服自然、到改造自然,现在逐渐把自然占为己有,疯狂地向自然索取施虐,面对各种以环境破坏为代价的急功近利行为,人们从没想过破坏大自然的严重后果。现在日益恶化的环境污染问题层出不穷。整座整座的工厂,尤其那些是设备简陋缺乏基本的环境保护措施的企业,将自己未经处理的生产污水和工业废弃物直接排放到自然环境中,把天然河流当成了下水道、垃圾坑,以至于地下水、农作物、水产品均受到了严重地污染,出现了大量的"癌症村"和"怪病村",村里因癌症和"怪病"而死亡的人数比例高得让人揪心。20世纪六七十年代,黄河水常年川流不息,农闲时,村民们会在河中张网逮鱼。炎热夏季村民们在河水中沐浴,用河水浇地。可如今,河道干涸了,有水变臭了、鱼虾绝代了。用污水浇地,土壤污染了,庄稼枯萎了。村民吃用这样的水和这样的地打出的粮食、蔬菜,得"怪病"的多了。还有地震、火山爆发、洪灾、泥石流、滑坡、全球气候变暖、臭氧层空洞等,人们才真正认识到自己一手造成的错误。《寂静的春天》犹如旷野中的一声呐喊,用它深切的感受、全面的研究和雄辩的论点改变了历史的进程。它是一部不朽的著作,她会使您关注环境、关注人类、关注我们生生不息的美丽家园。㊟

阅读并传播一本书引发战争,阅读并传播一本书激发全人类重视环保问题、进而开展环保的大规模运动。这就是阅读的力量!这种力量历史性地、雄辩地证明书籍所传播的思想是强大的、震撼人心的。阅读的这种力量是不可低估的。阅读这些具有震撼力的书籍,唤醒的不仅仅是读者的个人自觉,而是人类克服困难战胜邪恶、拯救人类危亡的大情大爱、大美大德。

3. 阅读是城市发展的重要动力

阅读大至对国家、民族、小至对一个城市,甚至对个人,都是可持续发展的重要动力。是涵养城市的创新源泉。

联合国教科文组织代表罗西在谈到深圳的阅读与城市发展时有这样一个观点,"对于一座城市而言,阅读是最有价值的投资之一。阅读之所以是一笔极其宝贵的精神财富,是因为它无法被任何东西所取代,也无法被外界的任何力量夺去,它代表这座城市的气质和心灵,也是这座城市发展的支柱和动力"。深圳近20年来坚持推动全民阅读,这是对人文价值的一种高贵坚守。而深圳之所以能够创造经济奇迹和文化奇迹,是因为人们保持着对阅读的巨大渴求、对知识的巨大热情,一座城市积累的丰富知识一定能转换成强大的创造力。

阅读,是可持续发展的关键,而全民阅读的可持续发展,需要我们在变化中坚守,在坚守中创新,以精彩创意来持续推动。深圳是"全球全民阅读典范城市",全球唯一获联合国教科文组织颁发此殊荣的城市。在全国首创的深圳阅读月迄今已举办17届,在全民阅读推广中,深圳一直在做那些别人还在想或者别人想做而未做的事。2000年11月,首届深圳阅读月启动。阅读月在深圳经济特区的率先诞生,体现了深圳人在阅读上的"先知先觉",一种高度的文化自觉。我们希望,深圳民间蕴藏的巨大阅读热情可以通过阅读月得到充分释放,市民的阅读权利可以通过阅读月得到充分满足,城市的想象力和创造力被阅读月持续点燃。

2010年"实现市民文化权利"以及阅读月理念"让城市因为热爱阅读而受人尊重"双双入选深圳十大观念。深圳十大观念的评选,完全由民间发起、参与,充分尊重和体现了市民意愿,反映了民间呼声与市民追求。"实现市民文化权利"以及"让城市因为热爱阅读而受人尊重"双双入选,看似偶然,绝非偶然,而是充分说明了市民的理性判断和集体远见,充分说明了阅读在深圳人心目中的地位。

2015年12月24日,《深圳经济特区全民阅读促进条例》获市人大常委会议通过,并于2016年4月1日起实施。这是国内阅读推广领域第一部运用特区立法权制定的法规,将深圳阅读活动"深圳阅读月"法定化,并将每年 4 月 23 日世界阅读日确定为深圳未成年人阅读日。

放眼未来,深圳阅读月也有望从"企业运作,全民参与"发展成为"阅读组织运作,全民参与"。在未来,越来越多的阅读组织将成为各种阅读活动的组织者,而政府则成为全民阅读的"守夜人"。作为"全球全民阅读典范城市",深圳在全民阅读中的探索还可放眼全球,参与国内外交流,纵览更波澜壮阔的阅读图景,站在更高处看到城市的阅读发展方向,也为中国全民阅读进一步做出贡献。[50]

如今全民阅读活动声势的形成,有专家的倡导,有政府的支持,有舆论的推动,有深圳等城市的示范和高贵的坚持,但最重要的伟力还来源于民间日益高涨的热情,而其背后则是我国传统文化根深蒂固的影响,是国民素质面对世界潮流与挑战的提升。览古今中外,无论对于民族、对于城市、对于个人而言,阅读是可持续发展的关键。强国自国民始,提升国民自教育始,教育自阅读始,热爱阅读的民族必将自强于天下。对于一个城市而言,阅读是城市前行与发展的重要动力。阅读,是涵养城市的创新源泉。

4. 阅读塑造了强大的民族

阅读,不仅是一个民族精神的支撑,更是一个民族最强大、持久、富有创造性的精神力量。一个国家的繁荣,取决于公民的文明素养,即在于人民所受的教育、人民的远见卓识和品格高下。通过阅读,培养真正的科学精神和人文精神。强国自国民始,提升国民自教育始,教育自阅读始,热爱阅读的民族必将自强于天下。这才是真正的利害所在、真正的力量所在。对每个人如此、对一个民族同样如此。这就是为什么德国的世界名人群星璀璨,史上获得诺贝尔奖的德国人多达 102 人。在德国人看来,品德、人格、好习惯是被感染的,而不是被训导的,是从小让孩子在心灵深处种下懂得的因,才能收获获得的果。

此外,阅读决定一个民族的精神高度。朱永新教授说"一个民族的精神高度取决于这个民族的阅读水平"。每个人的阅读水平,就构成了一个民族的阅读高度,决定着一个民族的精神高度和国家的竞争力。阅读能力的高低将直接影响到国家和民族的未来。为什么犹太人在人类物质世界和精神世界的发展中获得了杰出的成就? 在以色列本土,人口约 600 万,全世界的犹太人加起来不超过 3000 万,却出了许多世界上杰出的人物。如马克思、爱因斯坦、弗洛伊德、海涅、卓别林等;在全美 200 名最有影响的名人中和 100 位诺贝尔奖得主中,约有 1/2 是犹太人,而犹太人只占美国总人口的 2%—3%;在全美大学教授中,犹太人占 1/3。一个民族出了这么多杰出人物,取得这么多杰出成就,靠的是什么? 靠的是智慧!而智慧的背后是犹太人精神成长过程中对书籍宗教般的情怀。犹太人嗜书如命,将阅读置于很高的地位。每 4500 个犹太人就拥有一个图书馆,平均 6 个人就订一份英文报纸。犹太人还会在书上涂一层蜂蜜,让孩子一出生下来就知道书是甜的。他们还喜欢将书放在枕边,他们对书充满迷恋和敬畏之情。

再者,当阅读成为一种全民文化的时候,民富国强就不在遥不可及。当今的德国,为什么民富国强?看看德国人的阅读情况,就能找出答案了。有 70% 的德国人喜爱阅读,一半以上的人定期买书,1/3 的人几乎每天阅读。在所有年龄段的人群中,30 岁以下的年轻人阅读热情最高,阅读就和他们的啤酒一样让人喜爱。8000 多万的德国人拥有全球第二大图书市场,年市场销售总额达 96 亿欧元。德国是全世界人均书店密度最高的国家,平均每 17000 人就有一家书店。德国有 14000 万多个图书馆,藏书约 1.29 亿册。德国的父母从孩子出生就开始培养他们对书籍的兴趣。很多孩子人生的第一个玩具就是图书。父母还会在每天睡前为他们阅读或和他们一起阅读。德国的小学生每天上课时间并不多,通常中午或下午 2 点左右就放学了,而图书馆会在课余时间为他们举办各种朗读活动。几乎每一个德国家庭,都有书架,或设在书房,或摆放于客厅,似乎成了家里的一件装饰,但很多德国人的书架上的书,他们几乎全部都阅读过。德国每个家庭平均藏书近 300 册,人均藏书 100 多册。他们认为,"一个家庭没有书籍,等于一间房子没有窗户"。书是朋友之间最受欢迎的礼品。

德国是两次世界大战的发起国,战败后依然在全球受到普遍尊重,追寻原因在于德意志民族是一个全民酷爱阅读的民族,正是酷爱阅读的民族习惯塑造了强大而高贵的民族精神。在全世界图书中,有 12% 的语种是德语,而德国人口仅占世界人口的 1.2%。德国也是全世界人均书店密度最高的国家,在柏林平均 1.7 万人就有一家书店。这么密集的书店却永远不缺读者。外出经常看到,在机场候机、在地铁上,玩手机的德国人很少,不管大人还是孩子,手里经常拿着本书看。甚至五六岁的小孩儿手里也经常会拿着绘本在安安静静地阅读。在公共场所,包括大型活动场所,都会开辟出一个安静的角落提供书给孩子读。从家庭到学校甚至整个社会,都非常鼓励孩子阅读。你看不到喧闹、喊叫的孩子,安静阅读的总是大多数。

阅读培养良好品质,塑造健全人格,传承优秀文化。德国人的很多好习惯是家庭阅读教育的结果,比如严谨、守规则、守信用、有公德等。书店里到处都是绘本,里面一个个暖暖的故事来教育孩子形成健全的性格,培养其良好的习惯和品德,教导孩子辨别是非对错观念。德国人很看重"承诺"。人不能轻易许诺,许诺后就要遵守约定,答应过的事就要在规定时间内做好。在德国,日常生活遇到最多的一个词是"预约",看病要预约、见老师要预约、去管理部门办事要预约。预约的日期双方都会严格遵守,即使有更改也会提前告知。这种重视承诺的品质就是德国文化中的"契约精神"。对父母、同伴、同事、朋友,哪怕是陌生人都如此,这种风俗成就了全球对德国品牌的信任。

《One for all—All for one》这本书讲的是一只腿脚不太好的小老鼠想去闯荡外面的世界,在路上遇到了不少的阻碍和困难,也收获了不少友谊。每个朋友都不完美却各有所长,他们齐心协力完成了很多独自无法完成的事情。这本德国的典型绘本讲的就是一个简单道理:一个人努力是加法,一个团队的努力是乘法,教给孩子认识合作的力量。德国学生的团队协作能力很强,他们非常习惯并善于团队合作。比如研读一本小说,老师布置写阅读报告,要求几个学生一起完成,一个人负责查找作家生平,另一个人负责梳理小说脉络,几个人一起,互相帮助磨合,做出一份体例完整的报告。这种团队精神也是德国制造"战无不胜"的原因。绿茵场上的德国队,分工明晰的德国工厂,每个人都恪守本分,做好自己的工作,团队力量发挥到了极致。

德国的公德心教育从孩子抓起,目的是培养"与社会和谐相处""有公德""能帮助他人"的人。除了家庭教育层面,还有社会教育层面的作用。每个公民都有义务为下一代健康成长负一份责任,这个一代不只是指自己的孩子而是社会所有的孩子。因此在德国你看不到车辆横冲直撞、杂物占领走廊、摊贩占道经营的情况。人人都谨慎地恪守社会公德,尽职尽责做自己的事情,不去打扰别人。每个家门口都收拾得干干净净,下雪了,邻里之间轮班扫雪,为大家开通道路,仿佛这是一件很自然的事情。车辆上路,见到行人总是提前减速,偶尔还会停下来伸手示意让行人先走……每个人自觉规划好自己的疆界,相互之间有100%的安全感。遇到老人摔倒会有人来帮忙,遇到残疾人会有人主动询问是否需要帮助,遇到困难会有来自陌生人的温暖。这种无差别的同情心是德国绘本最特别最让我们赞赏之处。此外,比如担当、给予、严谨、礼仪、坚持、见解独立等都是德国教育阅读的要点。

"一个国家的繁荣,取决于她的公民文明素养,即在于人民所受的教育,人民的远见卓识和品格的高下。这才是真正的利害所在,真正的力量所在。"德国精良的工业制造、美轮美奂的艺术设计、首屈一指的现代医疗,爱因斯坦、伦琴、马克思、黑格尔、尼采、歌德……德国的世界名人群星璀璨,史上获得诺贝尔奖的德国人多达102人。在德国人看来,品德、人格、好习惯是被感染的,而不是被训导的,只有从小让孩子在心灵深处种下懂得的因,才能收获获得的果。[⑧]

（四）学习、工作、事业层面

阅读到底有什么用？有人回答说，阅读是为了考试有个好成绩，可以上个好大学；大学毕业可以找个既轻松薪水又高的工作，有个圆满人生。这是一种直面现实的实用主义的答案。但是那些含着金汤匙出生的富二代们，他们家里有足够的钱，足够他们花一辈子。他们的人生已经圆满，还用得着辛苦读书吗？他们读书又是为了什么？

实际上，读书、阅读除了挣钱谋生、获得物质财富以满足我们身体成长的需要外，更重要的作用在于陶冶情操、提升精神、升华人格、开阔视野、丰富人生、纯洁心灵。即使那些拥有亿万钱财的子弟，虽用不着挣钱谋生、用不着获得物质财富，但与平民子弟一样也拥有眼睛看不到的地方、脚步不能丈量的地方。这些人生局限和劣势，只有通过读书和阅读，才能突破和克服，人生道路才能得以延长和拓宽。因为脚步不能丈量的地方，阅读可以抵达；眼睛看不到的地方，阅读可以看到。世界之大与多元，而人自身明显地存在时间和空间的局限，导致思想认识上的狭隘与短视。只有读书、阅读可以克服这些局限，不仅通古知今、增长见识、开阔视野、丰富我们的思想，而且不出门便可了解天下许多闻所未闻的事情。让我们拥有"千里眼""顺风耳"，做到"运筹帷幄，决胜千里"。

所以阅读是一束光，能把身处黑暗中的眼睛点亮。阅读是一团火，能把寂寞寒冬中的心暖化。阅读是一片云霞，能使人心中豁然开朗。阅读更像一阵清风，能驱散你身上的暑热，使你感到一阵凉爽、舒心。阅读亦像一双翅膀，让你腾空而起，飞入人间的仙境、走进智慧的天堂。使你的心情冰清玉洁，让你的灵魂趋向高尚。阅读对人精神情操的教化作用，就像雨露甘霖滋润万物之后，万物所呈现的那种清新、鲜活、和勃勃生机。它是一种看不见、摸不着的无形效应。它能潜移默化地融入你的血液中、飞扬在精神里、流露在行动中，并悄悄地、不知不觉地改变着你的人生轨迹。

阅读不仅是提高自身素质的有效途径，还是涵养静气的源泉。读者在阅读中滋润心田，开启心智，把人从琐碎杂乱的现实提升到一个淡定从容、较为超然的忘我境界，让日常以为大事的一些焦虑、烦忧、气恼、悲愁以及一切把你牵扯在内的扰攘纷争，瞬间云消雾散，进而让你明辨是非，去除愚昧，提高素养，减少空虚，充实生活，丰富精神。这样的阅读使人时时闪烁着智慧的光芒，让人欣赏到不同的人生风景，从而使自己灵魂欢畅而高洁、精神饱满而丰盈。阅读这些妙处无穷、熏染人生的书籍，其作用正如莎士比亚所说："生活里没有书籍，就好像没有阳光；智慧里没有书籍,就好像鸟儿没有翅膀。"

书是浮躁的镇静剂,是抚慰心灵创伤的良药。没有书籍浸润的心灵是块荒芜的土地。土地荒芜,就会滋生杂草,心灵荒芜就会蔓延丑恶。杂草吸收的是大地的养分,丑恶扼杀的是真、善、美。而书是一方草地、一片森林、一条小溪,疲劳的心灵可以在这里疗养、栖息、浣洗;看小草蓬勃,听小鸟啁啾,触摸水花的激溅,聆听小溪的欢歌。在这里阅读可以启发人们换个角度看问题、换个思路去思考、去选择,世界或许就会是另外一个样子。它会让人变得豁达,时不时放空自己,轻装上阵,让生命微笑。在这里阅读可增加内涵,保持心静如水、人淡如菊的心境,增添人的书卷气。既提高人的涵养,又让人变得有气质。但这种改变不是一蹴而就的,而是需要年长日久的坚持才会慢慢凸显出来。爱书的人是向往崇高、憧憬高尚的人,爱书的民族,是伟大的民族。阅读,失去的是过眼云烟,得到的却是一双飞翔的翅膀,最终收获的是一份充实而无悔的人生。⑳

其次,阅读是学习知识、获得技能、增强自身实力的主要渠道。常言说"读书破万卷,下笔如有神""书山有路勤为径,苦海无涯苦作舟"。个人的知识结构是由课堂内外的自主学习逐渐建立起来的。阅读是自主学习、汲取课堂内外知识的重要途径。课堂上掌握的知识常常需要课外有关知识的补充,以利于消化、吸收。广泛的阅读,能将课外阅读所获得的知识融入课堂所学的知识中,相得益彰,彼此促进消化融和,构成"立体"牢固的知识结构。阅读不仅能够进一步巩固课内学到的各种知识,提高我们的认读水平和写作能力,还能够培养良好的自学能力和阅读能力。虽然此刻阅读压力很大,但相比那些连最基本的教育都没办法享受的孩子,相信你是幸福的。而且阅读不完全是为了考试,不论读课内或课外的书,都可以增加我们的知识量。阅读历史的书籍,能够明志和励志、激发我们的爱国热情。从小处着眼,阅读提高了我们的阅读能力和写作水平,增加文学常识,提高写作水平。这是我们今后在生活、学习、工作方面得以彰显自身实力的基本技能。从大处着眼,阅读让你在竞争激烈的社会立于不败之地,同时让你生活得充实,能够领略到高远险峰深处的无限风光、感受到不一样的绚丽世界。

爱好阅读的人,阅读范围不会局限在某个领域。要想全面发展,其求知的触角应该伸向四面八方,从各个领域中吸取营养。比如哲学、美学、经济学、音乐、书法、绘画,这些都是知识追求者不可忽视的阅读课程。不同的课程,阅读方法不同,其阅读效果和收获迥异。苏联著名教育家苏霍姆林斯基说得好,"如果学生的智力生活仅局限于教科书,他们做完了功课就觉得任务已经完成,那么他们是不可能有自我个性爱好的"。每个学生要在书籍的世界里有自我的生活,应把阅读视为乐趣。今天多学一点知识、多读一本书就多一点智慧、多一项项技能、多一种选择,明天就少一句求人的话。

"一本好书,能够影响人的一生。"许多人爱书如宝、手不释卷,把书籍当成饥饿人的面包、进步的阶梯。文人雅士阅读,犹如因饥渴而吸食的母牛,在书海中寻寻觅觅,仿如寻求精神伴侣,不断地"找寻"、不断地"探求",一旦认定目标就沉下心来贪婪地汲取养分。正是这样的阅读让他们读出了工作的成就、人生的财富。

阅读除了在学习上的重要作用外,对思想觉悟和道德意识也有重大影响。每个人心中都有自己崇拜的英雄、偶像,如军人、科学家、老师、英雄人物等。读者在阅读各类书籍时这些人物的形象都会潜意识地影响我们的思想和行为,时常在脑海里与书中所描述的人物形象进行参照,对提高自身的思想觉悟和道德意识有督促、净化的作用。吴敬梓说"阅读好,耕田好,学习便好,创业难,守城难,知难不难"。在今天这个时代,阅读除了认识世界之外,更重要的是认识自我。《论语》曰:"吾日三省吾身:为人谋而不忠乎?与朋友交而不信乎?传不习乎?"人重在自省,只有不断地反省自己,才能知道自己的不足,才能够予以改进。

人生于世处处充满着世俗功利,真正的阅读始于功利之门,经过一段时间的坚持才会逐渐趋于忘我的读书境界。更别说传统的"书中自有黄金屋、书中自有颜如玉"的观念是多么的根深蒂固!虽说不带任何功利目的阅读是阅读的至境,但任何功利目的都没有的读者是不可能的。面对书山书海,究竟要读什么书?每个人性格不同,爱好各异,所喜欢的书自然不同。不同的人读不同的书,犹如不同的作家写不同的作品,是因方方面面的客观条件、环境因素所致。要读最好的书就是阅读经典。经典书籍是人类智慧的结晶,是先辈一代代传承下来的用无数血汗孕育的丰硕的文化种子。播撒在后辈子孙们的心田中,就能开花结果、长成茂盛的绿荫。阅读名著能够让我们领略其他智者的思想,让我们的思想也变得广阔起来。你可以真切地感受到生活原本是如此充满悲欢离合、人情冷暖,可以早日看清社会,树立正确的人生观。

因此,金钱、权力、学问是人生最受尊崇的三大礼物,但其中的"学问"最为可贵。它不仅是人生的最大财富,而且是给人力量、给人安全的保障。生命诚可贵,不学习文化知识,无异于行尸走肉。金钱虽重要,没有文化知识,即使坐拥金山银山,精神上仍空虚寂寞。只有阅读,拥有了知识,拥有了挣钱的能力,才能拥有一切。方太公司的老板茅理翔,刚开始办公司只是小打小闹,后来大学毕业的儿子来帮助父亲管理公司,生意越做越大,他二次引进大批研究生,博士生,使他的公司产值越来越高,2017年产值达到18个亿。虽然在现实社会中,有许多的大老板、大富翁都不阅读,照样发大财、赚大钱,但是毕竟是少数个例,不具普遍性。而且在我国的众多私人企业中,有多少能够与国外的百年老店如可口可乐、埃克森石油、杜邦化工、IBM、通用电气等世界著名的大公司、大企业相提并论呢？相反在我国昙花一现的私人企业、大老板、大富翁很多，他们所缺乏的是什么呢？据说，世界首富比尔·盖茨每天都要抽出一小时来阅读，就连世界首富都如此重视阅读，我们这些凡夫俗子又有什么理由轻视阅读呢？现实中确实有一些死读书、读死书，不解决实际问题的书呆子，这样的阅读，不是我们所要提倡的。

总之，阅读可充实我们的思想，可丰富我们的情感，可教给我们本领，可纠正我们的过失。正确的阅读方法是，在思想上要重视阅读，在有选择的前提下专心阅读，在时间上给予充分保证。但不能局限于书本，要勇于实践，擅于探索发现，解决实际问题。这样我们阅读的价值才能得到真正体现，我们的阅读行为才能真正得到社会的认可。理论联系实际的阅读，才是有意义的阅读。[40]

1. 一本好书就是一个好友

人们为了通过考试，或为了获取信息而阅读大量的书籍，这样的阅读是为了接受教育，无法获得快乐，读完之后最多不至于感到生活单调乏味，但读得无可奈何而不是轻松愉快。我心目中的阅读既不能帮你获取学位，也不能帮你挣钱谋生，更不能教会你驾船修机器。然而它们能够帮助你活得更加充实。好书的品质是良伴益友、是启迪思想的容器、是随着岁月流逝而不断增值的传家宝。

书籍之于人类犹如记忆之于个人，它们记载了人类从古迄今的发展历程，还有各个时代积累下来的知识和经验。它向我们描绘出自然界的奇妙和美丽。当我们身处困境时，它给我们以帮助；受难哀伤时，它给我们以慰藉；困倦疲惫时，它让我们快乐。它能充实我们的头脑，使其充满美好快乐的思想，帮助我们走出自我、超越自我。人生真正的快乐主要来自书籍。麦考利亨有财富、名声、地位和权力，他在自传中却告诉我们他一生中最幸福时刻是从书中获得的。书籍让我们与最高贵的人同行，走过极乐的仙境和令人心醉神迷的地方。

一本好书就是一个最耐心快乐的伙伴。在我们命运不济、贫困潦倒时，它不会背叛我们而去，仍一如既往地接纳我们，青年时给我们乐趣和教诲；老年时给我们安慰和快乐。黑兹利特说："书会潜入我们心田，诗歌会流入我们血液。年轻时我们读它们；年老时我们仍记得它们，觉得书中一切就发生在我们身上。"

好书通常是浓缩人生精华的聚宝盆。人生的全部世界大部分是其思想世界，最好的书是用精美的语言阐述散发着思想智慧的宝库。我们珍惜它们，把它们铭记在心。让它们经常陪伴、安慰我们受伤的心而从不觉孤独。有高贵思想相伴，面对诱惑时，优秀正确的思想会如天使提醒、净化我们犹犹豫豫的心灵，能够孕育新的行动，激励智慧的火花诞生。

书籍具有不朽的特质，是迄今人类所创造的持续最久的产品。庙宇会损坏、塑像会颓废,但书籍却能长存人间。对于思想而言时间并不重要,它们今天仍能同多年前第一次在作者头脑中刚产生时那样鲜活。当年的话语和思想如今仍然通过书本在向我们生动诉说。时光的唯一作用在于它筛出了糟粕,只有真正优秀的文学作品才能存留下来。书是活生生的声音,它所包含的智慧从古到今依然令人们永远聆听遵循。

人之间有友谊,人书之间也有书谊。一个人应该生活在好书与益友的友谊之中。一本好书是一位最有耐心、最让人开心的伴侣,不会在逆境或危难时抛弃我们。年轻时给我们快乐、教导,年老时给我们愉悦、慰藉。书是人间友谊的高尚纽带。人们通过阅读共同喜爱的作品而达到思想的一致、感觉的相同。人们思想感情都在他们作品中得到反映,而他的思想感情则在他们身上体现出来。一本好书往往是人生最好的归宿,它神圣地珍藏着人生思想的精华,是一座珍藏着美好话语和崇高思想的宝库。读书引导我们进入最优秀的人群中,把我们带进历代最伟大的思想家的思想中。我们听到他们的所言所语,我们见到他们的身影,仿佛他们仍然还活着一样。杰出的伟人永生不灭,他们的精神永远不朽地保存在书中,走向世界各地。

2. 阅读是做学问的重要工具

阅读是把几千年人类思想经验在短促的时间内重温一遍,把过去亿万人辛苦获来的知识经验,集中到读者一个人身上去受用。有了这种知识储备和研究准备,一个人才能在学习、工作、事业的征程上进行万里长征,去发现新的世界。"少年易老学难成,一寸光阴不可轻。"把握每一分钟的时间,勤恳阅读,只要肯学习,无论何时都不晚。学有所成才能在社会中立足。爱因斯坦说,学习知识要善于思考、思考、再思考。任何事情的好与坏、是与非都要思考才能做出判断。带着问题阅读,其阅读的过程也是思考的过程,不仅使人心思坦然,心神专注,更使思考的深度增加、广度宽阔。我们常说"学而不思则罔,思而不学则殆",实际上阐述的就是阅读与思考的关系。读者的阅读思维只有不断地思考,阅读的思维才能走向深入,所读文本才能深思熟虑,获得较好的阅读效果。俗话说得好"读书需用意,一字值千金"。阅读必须用心分析,推敲每个字句、行文行间的含义,不论采用什么方法,思考的目的和结果都是为了学以致用,解决当前问题,最终目的都是活学活用。

对高校专家学者来说,阅读更是做学问的重要途径。学问学问,一学二问,唯有靠读书"学"靠阅读"问"。"学"就要阅读大量有关课题的文献知识信息。现阶段的每个专业每个学科的文献信息知识都是全人类分工努力、日积月累所得到的成就。这些全靠书籍记载流传下来的成就,既是过去人类精神遗产的宝库,也是人类文化学术前进道路上的里程碑。只有在大量阅读这些前人研究的文献信息成果的基础上，产生"疑问"，经过你自己的探索、研究、思考，才能发现新的创新点，完成推陈出新的学术活动，让前人的研究结论或成果增加新的观点或新的发现。现在取得的成就每前进一步，都是在过去人类已取得成就的基础上的创新和创造。而且学问不仅仅是个人的事，更是全人类的事情。历史愈前进，人类的精神遗产愈丰富；书籍愈浩繁，阅读也就愈不易。[41]

阅读是获得学问的阶梯。对读者自身而言，阅读让读者更优雅、更添人格魅力与风度。也许人的气质有天赋成分，但人的修养与风度绝对是后天养成的，其营养绝大多数来源于阅读。我们对人生的认识、对社会的了解，最初都是从阅读童话开始的。当时有种绘得十分精美的黑白连环画《葫芦娃》《小红帽》等，稍大一些时看《红灯记》《三国故事》等小人画册书，十分痴迷，我常常一个人静静地翻阅小人书。那时书很便宜却买不起，经常从同学那借阅。为了赶紧归还，有时候在课间也偷偷翻看。常常被书中故事情节、人物命运深深打动。书中善良美丽的白雪公主、美人鱼、灰姑娘……以及天不怕地不怕而又英武帅气的葫芦娃、哪吒、孙悟空等都是我们稚小心灵最初憧憬的偶像；随后我们认识了宋江、武松、诸葛亮、贾宝玉……以及历史上许许多多英雄人物，后来又进一步认识了安娜·卡列尼娜、高老头、包法利夫人等国内外人物形象。

这些简单的白纸黑字，不靠什么沉鱼落雁、闭月羞花的图像，也没有什么特别技巧，却犹如春雨润物般悄无声息，在不知不觉中塑造着我们的灵魂，无形中培养了我对文字的敏感性和对文学的爱好。文字除了具有传达信息功能外，本身就是一种艺术。文字既可以是波澜壮阔的，也可以是涟漪片片、回环不绝的。特别是中国的唐诗宋词，对文字的运用已达登峰造极之境。如"飞流直下三千尺，疑是银河落九天"，仅仅14个字就勾画出一幅波澜壮阔、气势恢宏的场面，简直就是"神来之笔"，既夸张又自然，既浪漫又逼真——一道飞流从高空中直泻而下，我怀疑是天上的银河跌落到人间。诗人遣词造句达到炉火纯青的娴熟，表达出的意境之美、韵味之美、气势之美都堪称艺术之享受。前句一笔挥洒，字字铿锵有力，"飞"字把瀑布喷涌的景象写得极为生动；"直下"既写出山之陡峭，又显出水流之迅疾。后句想象奇特，惊人魂魄，"疑是"二字蕴藉深沉，明知不是，却写得更觉生动、逼真，新奇而又真实。诗句气势豪壮，雄奇瑰丽，给人以美的感受，成为被家喻户晓传诵的千古名句。又如"君不见黄河之水天上来，奔流到海不复回"，那种破空而来又急转而下之势，短短十几个方块字，就把黄河波澜壮阔的神韵表现得淋漓尽致、栩栩如生！

有人曾做过统计，发现正常人90%以上的信息来源于阅读。在信息量飞速增长的今天,阅读能力的高低已成为个人能否成才的重要条件之一。乐于阅读、善于阅读正是成功者的重要品质。然而从小培养孩子的阅读能力却被不少父母有意无意地忽略了。阅读是一个处理信息的复杂心理过程,有效阅读要求不仅眼睛看,而且用心"看"、用嘴"看"、用手"看"。这是鲁迅先生最为推崇的"四到"阅读之道。现代阅读心理学也证实有效阅读离不开"四到"。出声朗读促使孩子对自己读的过程不断进行反馈并积极思考。因此"口到"在孩子开始阅读训练时极为重要。但朗读往往使阅读速度较慢,而且在一些场合不适宜,所以要注意引导孩子及时转化为无声阅读阶段。此时边看边思考尤为重要。在读中适时插问,让孩子眼到、心到,从而保证无声阅读效率。眼到、心到、口到基本上解决了孩子阅读过程中注意集中的问题。要达到良好阅读效果还离不开"手到"——图划、记要点、记下疑问、感想,使阅读更为积极,而且加深理解和记忆。㊷

3. 阅读是酝酿创新思维的土壤

阅读对培养创造型人才的作用。阅读能力与思维发展、创造过程,都具有密切的相关性。通过阅读古今中外政治家、科学家、文学家、教育家的传记以及各界名人谈阅读的文章,从中审视创造型人才成长的历程,分析取得创造成果的主客观因素,探究创造过程的客观规律以及与阅读有关的技术史著作,不难发现并证明"阅读是培养创造力的摇篮"这一基本定律。

第一,阅读伴随创造型人才的成长。科学技术史表明,人的天赋有相当大的个体差异,但创造能力不是天生的,而是后天习得的。学生是学习和发展的主体,也是学习和发展中的主体。

古希腊的阿基米德,不到10岁就开始读欧几里德的13卷《几何原本》,12岁独自乘船远行,到当时世界科学文化的中心亚历山大博物馆学习。后来多有建树,发现了"阿基米德原理""阿基米德定律""阿基米德螺旋""阿基米德数""阿基米德三角形"等,被誉为第一个"科学的国王"。无独有偶,我国东汉时南阳人张衡,少小善文,长大后入京师太学系统学习,得以通贯"五经六艺",因而才学高于世人,后任太史令,获得了参读宫廷珍藏典籍的机遇。良好的知识素养,不仅为他创作传世名篇《二京赋》等打下了基础,而且也为他制作浑天仪、侯风地动仪创造了条件。

第二,阅读贯穿创造活动始终。创造成果不是一蹴而就的,有些看似偶然得之的成果,其实经过了长期孕育的过程。创造学一般把创造过程分为准备、酝酿、明朗、验证四个阶段。科学技术史也把科学发现分为准备、酝酿(成熟)、领悟(启发)和完成四个阶段,可谓大同小异,不谋而合。而这四个阶段,自始至终都贯穿着阅读。

第三,阅读孕育科学技术发明。创造成果在自然科学方面的表现一是科学发现,即提出科学上的新事实、新理论;二是技术发明,即在技术上制造出新工具、设计出新的工作流程。

阅读激发创造热情,发展创造思维,培养创造能力,学习创造技法,促进创造型人才的个体发育和群体成长,则是儿童启蒙学习和青少年阅读推广的重中之重。[43]

对知识分子、作家、诗人、歌手来说,阅读是一切艺术创作的源泉和土壤,是精神能量的补给站,是创作灵感的源地和泉眼。盲人歌手、诗人周云蓬老师曾坦言,在自己的音乐作品创作过程中,有很多灵感来源于他所阅读的书籍内容。如在阅读《卡夫卡谈话录》时,书中提及布拉格的一个盲人影院,受此启发,他创作了《盲人影院》这首歌。他的音乐作品中也可见到许多诗歌文本的痕迹,如那首《九月》就改编自海子的诗《九月》。在情感表达方面,音乐和诗歌在创作过程上有很多共性,其受众都是一些虚拟的听众和读者,不可能是完全写给自己听的、看的。这些虚拟的读者或听众可能是自己,也可能是广大的群体或过去的古人、未来的新人。它们只是一个群体与社会进行交流的手段与方式。音乐的受众流行面广泛而深远,阅读对象庞杂而多阶层;而写诗的状态更情绪化、个性化。阅读诗、欣赏诗的读者不如音乐那么广泛而众多。

六、阅读的内容

（一）阅读条件——时间、工具、场所

从阅读时间上，古人有"三上"阅读，即枕上、厕上、马上。宋代大学者欧阳修说他的好文章都在"三上"得之，即利用枕上、马上和厕上的时间读书获得启示，或者在这些时间中思考得到启迪、顿悟，赶快记下来，再加以补充、完善。而清代著名学者顾千里据说在夏天有"裸体读经"的习惯。因为天热，脱光衣服，身心抛弃了负担，在轻松新鲜的刺激中更容易专注阅读。当然这种阅读只适合在自己家中私密状态下进行。大学者胡适年轻时在上海阅读，宿舍里没有桌子，就将蜡烛放在帐子外的床架上，他趴在床上，将石板放在枕头上阅读。因为太用功，一段时间他的耳朵几乎全聋了，幸得他时常锻炼身体，才逐渐康复。胡适有三大"好读"，一是好夜读，唯有夜深人静的时候，万籁俱寂，此时阅读不仅状态好而且效率高；二是好如厕和车上读；三是阅读好求连贯，一本书不读完，不贯通，绝不读下一本。他常说阅读不仅得"博"，还得"精"，读着手里的，还看着柜子上的，这不是一种好的阅读态度。敝人有个朋友喜欢洗完澡后，一个人清清爽爽、舒舒服服地静心阅读。这时刻心情变得澄净、清醒，阅读效率很高，不见了平时的浮浮躁躁，也没有了经常的心烦意乱的遐想。在假日，他有时候约三五好友，一起到图书馆。利用那儿幽静、氛围浓厚的阅读环境，专心致志地阅读、做笔记。图书馆阅读风气好，读者互相影响，很容易进入到阅读的沉思状态。散会时还可以互相交换心得、介绍自己读的好书。这样，读书与交友相得益彰、一举两得！

除了"三上"之外，古人还有"三余"阅读，通常指冬者岁之余、夜者日之余、阴者晴之余。现代人在聊天、走路、候车、乘车等零碎时间，因为阅读工具比过去更为便捷，所以利用这些零碎时间阅读更为方便。

从阅读工具上，传统阅读方式以纸质版本的阅读材料为主，借助物理空间场所开展阅读活动。现代阅读除了传统的纸质版本外，越来越多的阅读行为是在"人机阅读"的数字界面上进行。体现了现代读者已经进入网络电子版的"读屏时

代"。读屏工具有 PC、MP4、IPad、PSP,还有手机阅读中的微信、微博、客户端,以及新闻媒介——广播、电视、公共场所的电子屏幕广告牌等,这些都是新时代的阅读工具。

从阅读场所上,图书馆是有组织、有计划地开展群体阅读的最好场所。图书馆阅读的优势在于,在图书馆阅读可寻找自己感兴趣的阅读内容,不感兴趣的书籍可以丢一边;在阅读过程中,读到妙处可停下来尽心尽意地咀嚼精彩片段或章节;可摘抄或做笔记记录佳句、灵感、心得。在图书馆选书、挑书时,可寻找自己喜爱的作者。当遇到自己喜爱的有着相似灵魂、合乎自己品味的作者或书籍时,很容易产生思想的碰撞和强烈的心灵共鸣。这种阅读效果所产生的兴奋心情,如同长久蜗居在沉闷的闹市,突然某天走进原始森林呼吸到新鲜空气一样,那种心旷神怡的舒畅感、兴奋感,拂去的不仅仅是心灵的尘垢,还有醍醐灌顶的启迪。而且在图书馆阅读,姿势随意,阅读兴致浓厚,阅读思绪很容易入情入景,让人长久地沉浸在愉快而专一的现场氛围中。

人们都说成功来自勤奋。在哈佛的夜晚,最耀眼的不是舞会的欢声笑语,也不是 LV 的名包和豪华的跑车,而是 100 座图书馆的温暖灯光。座无虚席的图书馆,四处可以看到奋笔疾书的学生,半夜 2 点的哈佛校园,才是夜晚的开始;哈佛早晨的草坪上、走廊里、长椅上躺着疲惫的学生,可以看出昨晚整夜奋战的痕迹。路人们都轻轻而过,从不会有人去打扰他们的休息。

文学大师林语堂一生不仅善于利用图书馆阅读籍、获取知识,而且经常借书回家阅读,年长月久,建立了名为"有不为斋"的自家图书馆,由爱书、藏书、选书,发展到对版本学和目录学的兴趣。凡读之书皆写提要,"以短短几行字介绍该书内容",还协助大学图书馆编了一册"好读物"索引,作为读者入门的钥匙。

除了图书馆外,教室、阅报停、书报期刊售卖摊点等场所也是公共场合的阅读场所。这些地方经常三五成群地聚集着一些读书、读报的人群。现在网络技术迅速发展,在城市的繁华街头、广场、大型公共公园广场上,都设置有高大的电子屏幕,不间断地发布、播放各类政策、法规和广告信息,这是一种带有政府意愿的公共场合的随意阅读。像家庭、寝室、办公室等就属于个人阅读的私密场所。

从阅读层次和方向上,传统有"学上得中,学中得下,学下得下下"之说。现代人们由于工作生活繁忙,时间零碎,每天各种信息目不暇接、眼花缭乱,也就顾不上阅读层次和方向了。只是凭感觉和心情取舍阅读内容,或者根据自己的研究课题、专业领域有所选择地阅读。

其实,无论在哪阅读,读书必须出其自然,才可能享受到读书的乐趣。人若有读书的心境,随便在什么地方都可以读,无论在校内、校外,也无论有没有学校,他都可能阅读。即使不在学校,回到家里,在家里闷了、烦了,也可以拿本书到野外、河边、滩头、坝上等僻静处阅读。读书困了倦了,抬头就可以看看天上的白云、水中的游鱼、林中的小鸟……在读白云、读花鸟草虫的时候舒展四肢、身体,轻松一下思绪、放松一下视觉神经,借此消除读书之困。

人如果酷爱读书,他会充分利用一切可用的条件读书。如果他不好读书,会在书桌前装腔作势,或干些其它杂事。如果父母督促,他会抱怨房间太冷、板凳太硬、光线太弱或太强;或者埋怨说蚊子太多、纸笔太差、马路上的声响太嘈杂等等。如果不想读书,一年四季都有不读书的理由。例如春光明媚草木青,正是踏青游乐天;夏日炎炎汗水流,心绪燥热最好眠;秋高气爽人马壮,求偶心切欲绵绵;寒冬冻手又冻脚,不如等待到来年。

在时间的利用上,阅读应遵循循序渐进的原则。首先利用课余时间阅读比较小、薄的书。久而久之,有阅读感觉了,可以较长时间地坐在书桌前阅读比较厚一些的书,慢慢地、逐渐地形成阅读习惯。其实阅读是时间和劳动的最好投资之一,是一举两得的事。无论何种行业,阅读所带来的智力收入都能使人更易于适应环境、改进工作方法,并使之心灵手巧、富有效率。善于阅读同时运用双手和大脑进行工作的人目光更加敏锐,力量更加强大。这或许是人类智慧值得珍惜的最令人愉悦的感觉。阅读的无形作用不仅能抵抗低级趣味的诱惑,而且让人更加富有同情心、更乐于为他人服务。

(二)阅读的类型

1. 从阅读数量上,有群体阅读、大众阅读、个体阅读

群体阅读是群体进行的非制度化、非中心化、缺乏管理主体的阅读行为。阅读的自发性、平等性、交互性、以及阅读主体的匿名性和阅读信息来源不确定性是群体阅读的主要特征。

传统群体阅读需要物理空间,如广场、校园、街头等,大家围绕一个话题进行主题阅读。因地理空间的障碍和传播手段的限制,群体阅读会呈现出范围小、效率低、效果不显著等特征。比如,传统的校内年级阅读活动、班级诗歌朗诵、作文大赛评奖活动、课堂阅读欣赏、专家学者的学术讲座等形式的阅读活动都属于群体阅读活动。今天随着信息技术的发展,互联网为群体阅读提供了一个成本低廉、无时不在的信息聚集、阅读、交流的网络平台。这个平台就是新型的"物理空间"。没有重大事件时,人们在这个似聚非聚的新型"物理空间"中——例如在微薄、QQ 群里——发表最新信息、点评看法、讨论问题、展示自己独特见解。当有重

大新闻时,其信息的阅读、交流、传递以核爆炸式的速度转发,远非传统群体阅读的效率可比拟。现在的微信朋友圈可以说是一项非常流行的群体阅读。群员都可以把自己欣赏的图片、感人的文章、发人深思的报道、令人警醒的社会事件都可以发送到朋友圈这个平台,通过网络瞬间就传遍了圈中好友,让大家阅读分享。这种把个体的悲欢离合、苦乐忧戚的生活情感体验,以及醍醐灌顶的哲理思想分享给大家阅读的群体或大众阅读方式,既传播了信息、增长了知识,又起到引领社会舆论的教化作用。目前这类阅读已经成为民众生活的常态,不知不觉地引领现代读者步入了大众阅读的时代。

(1)图书馆是群体阅读、大众阅读和个人阅读的集中地

在过去闭架借阅时代,由于经费短缺,图书数量有限,读者填单借书,书库馆员按单为读者找书。人多书少,知识信息量非常有限,导致"物以稀为贵"的阅读环境,形成了"供不应求"的读借关系。这时代,群体阅读、大众阅读除了在大阅览室、大自修室表现得淋漓尽致外,其它地方都是个体阅读占据主流。书库馆员尽管常常流露出唯我独尊、妄自尊大的服务神态,偶尔还有怠慢、轻慢的行为出现,但瑕不掩瑜,图书馆仍然是阅读效果最好、阅读效率最高的地方。如今是市场经济繁荣的时代,在图书馆高大恢宏的建筑群体内,图书种类琳琅满目,杂志、报纸、音像任你翻阅;各种电子书籍、电子杂志、数据库、网络文献等数字化载体的读物铺天盖地,分别储藏在阅读空间的各个角落。在大开放、大流通的开架借阅模式下,整个图书馆就像一间宽大的综合型的阅览室。读者首先到搜索大厅电脑网络上主动搜寻自己感兴趣的书目信息。然后拿着自己搜寻的书目编号,不再像被动等待主人服务的客人,而是主动进入环境整洁清雅的书库,在书架前挑书选书,找到自己所要。既可以就地阅读,也可以带书到阅览室、宽敞的大厅、回环的走廊等僻静之地阅读;也可以进入信息共享中心阅读网上电子文献。加上馆员热情的介绍、耐心的指导、细致的答疑等积极热情的服务,绝对会给你赏心悦目的借阅体验。这种以读者为中心的现代阅读模式,从宏观上看,从检索大厅到连廊、到书库、到阅览室、到自修室等各角落都是群体阅读、大众阅读的展现;从微观上看,更是个人阅读的集中体现。各专业的馆员从过去被动服务的"轻慢"到现在主动为师生读者介绍、引导、答疑等服务的"积极",折射出图书馆经济实力由弱到强、服务水平由低到高、服务技术不断更新、书目种次由短缺到丰富而且供大于求的变迁过程,反映了时代发展互联网技术普及促进了管理方式的改进,让阅读更加便捷化、人性化。

(2)大众化的阅读社会

在社会上,市场经济时代的社会公共场合随处可见电子广告屏幕、不断增多

的电视频道、蓬勃发展的网络媒体、能够随时接收信息的即时通信工具,都昭示着全民随时随地都在进行群体化、大众式阅读。每天每时每刻大众都处在一个信息过剩甚至泛滥的空间,阅读着"不请自来"的各方信息。信息过剩让大众阅读变成了以"接收为主导"的模式,读者也因此有了更大的自主选择权。读者不再是顺从地接受,而是在电视机前不停地切换频道,在网络里主动搜寻自己感兴趣的信息,甚至可以自创、自写、发微薄、自拍照片,然后发到朋友圈让群体、大众分享。这种自娱自乐式的主动参与收集、整理甚至创作、传播信息的过程,在获取信息、阅读信息的同时,放松身心、展现自我。每个读者都是潜在的由被动接受的受众变成主动选择的消费者,也是潜在的"发文者""创作者",选择、复制或编辑自己感兴趣的作品给朋友们分享阅读。每个"受众"又都是潜在的"传播者",接收信息、阅读信息然后又传播给他人。用手机触摸视屏或点击遥控器来选择信息内容,表明自己需求,彰显阅读倾向。这就是网络时代群体阅读、大众阅读的阅读特点和行为特征。网络在为读者提供海量信息的同时,也为读者的消费提供了有效途径。一个人、一台电脑、一个相机、一部手机或摄像头,就可以发布图文并茂的新闻综述、报道、古迹名胜觅踪、生活感悟的文章等图文信息。

(3)网络技术应用是群体阅读的直接动力

由于交通工具和媒介的限制,传统社会群体阅读空间和地理空间是重叠的,群体成员只能在有限地理空间范围内参与既有群体阅读。而互联网为群体阅读提供了技术上的便利,也构建了群体阅读的新型空间。网络媒介营造的电子空间是大众逃避压力、保护自我、寻求身份的一种渠道。网络已经成为和吃饭睡觉工作一样自然的生活状态和生活方式。网络空间不再是虚拟,而是成了和剧场公园办公室等一样的物理空间。基于地理空间的阅读发展成为基于网络电子空间的大众阅读、个体阅读。人们可以通过网络很方便地加入一个或多个群体,体验并满足多种身份和角色。网络空间既可以和地理空间相联系,又可以突破地理空间的障碍,迅速建立起传播速度快、范围广的大众阅读环境。

(4)大众阅读的内容

如今的社会化媒体是典型的群体阅读行为。网络用户就是群体阅读的参与者。时政新闻是大众阅读的主要内容之一,大众阅读是中心化单向阅读。它将信息的阅读者看作是面目相似、只能被动接受刺激而产生反应的无差别个体。群体阅读是去中心化阅读,它消除了传受双方阶级差异,让大众平等地参与到阅读过程中来。在群体阅读中,个体对信息的接收通常是主动订阅与搜寻的结果。时政新闻是大众阅读与群体阅读的焦点。时政新闻的目的在于塑造社会认同与生产一致的舆论,是中心化的传播,是信息的辐射。群体阅读则强调内容的多样性、冲突性,是分散化的传播,是信息的传递与分享。常以告知、宣传、鼓动的形式,用不容置疑、居高临下的语态来叙事。这种多年不变的报道方式在网络传播时代无疑会受到质疑、挑战。群体阅读是个体在场的阅读。它消除了个体阶级差异,是对大众阅读与主流文化的反抗。在网络阅读中,"爱心接力""求助转发""网络声讨""紧急警告"等真假混杂的内容随处可见。很多不明真相的读者认为举手之劳也许做了件好事,而加以转发。这类传播常常一呼百应,很容易形成一波声势。此乃网络阅读的威力。群体阅读是群体公共空间内的阅读。阅读内容琐碎、意义多样、组织无序等特点,在信息传递、意义解读的过程中充满情绪化和非理性。而时政要闻的重要性能引起群体读者的注意和共鸣,自然成为群体阅读中的谈资。

(5)大众阅读的工具及读者特征

同样一则新闻,因读者不同、其理解能力和信息接收情境的不同,会产生不同的解读。微博的兴起使网络群体阅读的影响进一步扩大。微博传播速度快、参与性强,读者对所关注内容的阅读率高。因此主流媒体及品牌栏目纷纷在新浪和腾讯等网站开通了微博。电视节目利用微博进行营销宣传,用户通过微博关注自己的爱憎忧威。电视节目能够吸引观众的重要原因就是让观众参与到节目中来,得到乐趣。在解构历史过程中重新认识历史,在颠覆权威的同时,肯定自己、娱乐身心。在群体阅读时代,广大网民读者的普遍心态是碎片化阅读、选择性注意、协商式解读和从众心理。电视媒体、报纸、杂志、广播等传统媒体也纷纷开始运用微博进行营销,扩大自己的影响力。

微博、QQ 群等网络媒体平台准入门槛很低,只要能上网,就能利用网络群体阅读参与群体传播。进入门槛低就意味着各类媒体都可进入,因而竞争激烈。但是这些混乱无序的群体阅读一旦被有效地组织起来后,将产生巨大的传播力。微博、QQ 群等网络媒体平台的传播力量类似于统计学中的"长尾效应(long tail)"。就是将无数零散的小量的个性化的个体读者的需求累加起来就会形成一个比流行市场还要大的市场规模效应。对于缺乏资金与媒体资源优势的机构,利用微博的"微"力量,在网络推广中以小搏大、增强传播效果,是有效的手段。它在阅读领域给我们的启示是:群体阅读时代,不能忽视数量众多的个体阅读。多个微博用户的影响,有时会远远大于一个传统媒体,产生 $1+1 \geq 2$ 的合力效果。过去被认为微不足道的个体阅读已经不再可有可无。在网络阅读推广中,充分利用群体阅读的优势,影响微博用户这条"长尾",不失为促进阅读效果从微弱到显著的一个智慧选择。

群体阅读的信息源大多不明,群体成员身份匿名性带来信息源的不确定性。群体联系松散、自发形成的偶然群体,成员彼此大多不认识,身份被人群淹没,又不受任何主体和机构管理,处于不受社会约受的匿名状态。在法不责众的心理下,群体成员往往会不假思索、不顾后果地将流传到自己这里的信息传播下去。例如众多读者对同一个名人微博的关注,就是一种群体阅读。[44]

2. 从阅读语种上,母语阅读和外语阅读

由于语言产生的文化背景差异,母语阅读与外语阅读在文字符号、表达语序、思维惯性等方面有很大差异。中国汉字从最初的动植物、器物、事物的象形符号演变成有字形的小篆,到形成笔画的隶书,到有成熟字形的草书、楷书,再到当今的行书,形成了形、声、意结合的文字特点。汉字的这种形、声、表意功能,使生活在不同地区、使用不同方言的人们心领神会、彼此沟通,既是传情达意的工具,又是联结和维系中华民族的根。即使在当今电脑时代,汉字仍然是当今既通俗易懂,交流、输入又最为快捷的文字之一。而且按部首就可以直接查找到所需的单字。过去汉字的排版形式是从右往左竖排,阅读时目光顺着陈述顺序也是从右往左进行。当今汉字排版都习惯于从左往右横排,一行行一段段从上往下布满一页一篇。阅读时目光自然从左往右、从上往下随着文章表达顺序进行阅读。以英语为代表的欧洲语系是表声语言,通过发音表达话语意义。尽管也有部分字根组成含义,但主要还是表声为主。不像汉语那样综合运用形、声、意等元素,有时候还结合话语发生特定时间、地点等背景表达丰富而复杂的话内话外含意。

根据语言结构的特点,外国语言可分为三种。第一种词汇附着型语言。这种语言的词形在句中不表示语法关系,必须用其他专用词汇附在句中表达语法关系。如汉语中表示时间的词,句中有"现在、昨天、明天"等这些词汇才能把事情发生的时间表达清楚。第二种字母附着型语言。这类语言是靠词尾、前后缀(用一定的字母组合)变化来表示语法形式、各种句法关系。例如英语、法语、德语、俄语中词的性、数、格、位的变化,都是靠词尾和前后缀来表现的。像英语中句子时态有现在时、过去时、将来时、完成时等时态变化;名词单复数的变化;人称代词有名词性、形容词性的主格宾格变化等等。印欧语系的语种大多属于这一类型。这与我们汉语的表达有显著的差异。而且语序表达顺序也不同。第三种混合型结构语言。以上两者兼有之。如日语中的主语、状语、宾语分别用字母"が,に,を"表示。而现在时、过去时则用词汇"あります、ありますした"表示。我们常见的外语阅读主要是以英语为主,其它语种如法语、德育、俄语、西班牙语、日语、韩语等,读者较少。

如果根据语言的历史渊源、地理位置、亲属关系,英语属于印欧语系中的西日耳曼语支。是由古代从欧洲大陆移民大不列颠岛的盎格鲁、撒克逊和朱特部落的日耳曼人所说的语言演变而来。并通过英国的殖民活动传播到世界各地。

从阅读角度看,英语重结构,汉语重语义;英语多长句,汉语多短句。从英汉互译的过程看,英语句子一般比较复杂,可以通过结构上的安排使许多层意思在一个句子中表达出来。翻译时可以摆脱原文的束缚,把作者的真实语意翻译出来。正如钱钟书先生所说"get the meaning, forget the words"(得意忘言)。要做好两种语言的顺利转换,关键是要做好对英语长句的结构分析,把长句按意群切分成若干个小段。在句子重心上,英语多前、汉语多后。所谓前重心是先说结果后说细节。后重心则是先说细节后说结果。由于汉语多把重心放在后面。英语多用被动句式,汉语多用主动句式。所以英语经常使用被动结构,汉语因为文化背景使然,中国人以"自我为中心"的心理较为普遍,习惯从自我角度看问题、处理事情面。所以习惯用第一人称叙事,习惯从动作的施动者角度表情达意,用主动结构的句式较多,用被动结构的较少。面对英汉两种句式表达习惯,我们当然不能将每一个被动结构都机械地照翻,一定要根据具体语言情景做出适当的处理。

在阅读审美上,汉英民族分属东西两大文化体系。由于地理环境、历史条件、生产方式、社会结构差异极大,因而形成了不同的文化传统、思维方式和审美习惯。在主观情理与客观现象的关系上,汉民族通过物象表现情理,强调客观融入主观。通俗说法就是喜欢触景生情、托物咏志、寄情山水、寓形写神。西方民族则完全不同,几乎所有批评家都反复强调摹仿和再现。亚里士多德就主张美学的最高境界是"照事物应有的样子去模仿"。在绘画方面,西方传统绘画的基础是素描,以油画为正宗,将画面的美感诉诸数理关系,着重于再现现实。在画法上,有定点透视、以面造型、略于点线之说。西方的传统文学艺术强调要摹仿自然。"模仿论"一直是西方美学的基本立场。稍后出现了现实主义、浪漫主义、自然主义等艺术流派,本质上都源于模仿论。西方的建筑也不例外,古希腊神庙比例和谐,古罗马建筑构图严谨、哥特式教堂气势恢宏,这些都反映出西方传统哲学"天人合一"、偏重理性、主客观对立的特点。相对地在语言表达上,就有重形式、重写实、重理性的特点,形成了其句式构架规整、表达思维缜密、行文注重逻辑理性,用词、描述强调直观可感的风格。一句话,汉语表达婉转、含蓄、随性、主观色彩十分强烈;英语则是规范严整、客观具体。

因此,中国人只要知道常用的两千字就可以表达世界;而英语措述世界则需要不少的词汇量。如果不背很多词汇,一般不可能把英语学到精深的程度。汉语句法没有时态,用"现在、过去、将来"就可以轻松表明事件发生的时间。而英语需要结合相应的表达时间的短语在动词词尾和谓语结构形态上变来变去,才能清楚地表达动作、事件发生的时间地点。故而衍生出数以千计的一个词意的动词、形容词、副词却有几个变化的词形,给语言学习者带来沉重的负担。

在阅读形式上,汉字包含的信息量很多。比如"道"字,就有很多含义。它的本意是"路"可引申为"路径""途径""方法""事理""思想体系""道德"等。但是英语中的"road"可能就没有这么多内涵和外延。它一个单词的含义有限。汉语是音、形、意结合的语言。读音上既可表意,也有启发性。听音就能直接想到客观物体的样子。比如"马",我们口中发出"ma"的音,脑海中就闪现"马"的形象。再看字形,即使是不认识的生字,也可依其偏旁部首判断其属于动物。英语表音,不像汉语有相应的内涵。我们说"moon"与现实中的"月亮"没有任何关系,读"horse"与马也没有任何形象上的联系。

总之,语言是表情达意的工具。在表达思想、交流感情、描述事物方面,自然是口头使用较多,写相对较少。当我们阅读外语时,人们首先注意听音,然后再理解含义。从音索意有短暂的滞后时间,导致很多学英语的人思维跟不上语流速度,听后张口结舌,不知所云。必须在非常熟悉的情况下才能达到音意同步。而汉语音形意同步,这种音与意不同步的思维障碍就不容易发生。

3. 从阅读连续性上,有碎片化阅读和系统化阅读

碎片化阅读,就是读者利用零零碎碎的时间阅读,也叫零碎阅读。随着网络信息的兴起,智能手机的普及,人们随时随地都在利用手机进行碎片化阅读。像刷微信阅读发来的信息、刷微博阅读上传的信息片段。手机、电脑上读段子、看漫画。利用候车等人的零碎时间阅读报纸、杂志、小说,看无处不在的广告宣传视频等。总之,凡是利用零零碎碎的闲暇时间阅读的行为都属于碎片化阅读。碎片化阅读不是阅读的主体,一般只是消遣时间、打发寂寞、排遣无聊。是系统化主流阅读的补充。在课堂上老师经常进行提出问题让学生思考或回答的阅读活动。这类问题提示性阅读,也是碎片化阅读的一种。在有些情况下,为了解决某个问题,提出问题所在,读者带着这些问题去查找有关文献资料,寻求答案。其过程大多是浏览或跳跃式阅读,与零零碎碎的阅读类同。

系统化阅读是学校课堂阅读的主体。主要用于专业知识的学习、职业理论的提升而进行的有计划有步骤地系列阅读。在阅读教学中经常被教师运用,目的是既要培养学生结合已有的学习生活经验来感悟文本的兴趣,又要学生养成带着疑问融入作者创设的意境,感受文章的情节,领悟作者抒发情感的意图和叙述风格。这样阅读才能学有所感,学有所悟,学有所趣,学有所源。阅读文学作品,首先应把作者和写作时代特点作为切入点。所谓"知时论事""知人论世"说的就是这意思。故首先查阅资料,走近作者,认识、评价时代特征,让学生在此基础上学习文本,解析作者创作目的。这是深入解读文章内涵的基石。

当我们阅读唐代著名诗人杜甫的《茅屋为秋风所破歌》时,通过多媒体或阅读

有关书籍,先了解杜甫写此诗时正直"安史之乱"爆发,杜甫抛官弃职,举家西行,几经辗转,最后逃到成都。在亲友帮助下在城西浣花溪畔,好不容易盖了一座"浣花草堂"。刚刚定居下来不久,在当年八月的一天傍晚,突然狂风怒号、暴雨倾注,将诗人栖身的草堂掀翻、扯乱,屋蓬被吹得七零八落。诗人一家突然身无居所、焦急万分。诗人想到当时安史之乱带给人民流离失所的祸患,家祸国乱一起涌上心头,触景生情,感慨万千,提笔写下《茅屋为秋风所破歌》这篇脍炙人口的诗篇。有了这些背景知识的了解与铺垫,当诗人悲愤地发出"安得广厦千万间,大庇天下寒士俱欢颜"的感叹时,读者自然就能深切感受作者忧国忧民的思想,就能明白作者推己及人,心怀天下的博大胸襟和希望天下百姓人人得以安居的崇高理想。

此外,要翻来覆去地诵读、默想,要读出自己的理解、情感,要读出自己的妙处,小到一个字、一个词、一句话,大到篇章结构、文章的立意,直到读出了自己的惊喜,品味语言特色、揣摩人物的内心,领悟文本主旨,拓展文本深度。

比如第一段"八月秋高风怒号,卷我屋上三重茅。茅飞渡江洒江郊,高者挂罥长林梢,下者飘转沉塘坳"描写暴风吹破草屋的情景。"号""茅""郊""梢""坳"五个韵脚字,句句押韵,描述狂风的疾、猛,破坏力很强。"风怒号"三字,音响宏大,犹如秋风咆哮。一个"怒"字,把秋风拟人化,从而使下一句不仅富有动作性,而且富有浓烈的感情色彩——诗人好不容易盖了这座茅屋,刚刚定居下来,秋风却怒吼而来,卷起层层茅草,使得诗人焦急万分。句中的动词"卷""飞""渡""洒""挂罥""飘转"一个接一个的动态不仅组成一幅幅鲜明的画面,而且紧紧地牵动诗人的视线,拨动诗人的心弦。诗人没有抽象地抒情达意,而是寓情于客观描写之中。他对大风破屋的焦灼和怨愤之情,不能不激起读者心灵上的共鸣。

第二段共有五句"南村群童欺我老无力,忍能对面为盗贼,公然抱茅入竹去。唇焦口燥呼不得,归来倚杖自叹息。"是前一节的发展和补充。前节写"洒江郊"的茅草无法收回,此外还有落在平地上可以收回的茅草,却被"南村群童"抱跑了。因为"欺我老无力"。这五字奠定基调,如果诗人当年强壮有力,群童自然不敢当他面抱走茅草,让他遭受这样的欺侮。其实这表现了诗人因"老无力"而受欺侮的愤懑心情,并不是真的给群童加上"盗贼"之名。因此"唇焦口燥呼不得"而无可奈何。诗人如果不是穷困如此,也不会对大风刮走茅草那么心急如焚;"群童"如果不是因为他们十分贫穷,也不会冒着狂风抱走那些并不值钱的茅草。这一切都是为结尾"安得广厦千万间,大庇天下寒士俱欢颜"的博大胸襟和崇高愿望做铺垫。正是从"四海穷困"的现实基础上阐发出来的。"归来倚杖自叹息"承上启下,风吹屋破,茅草无法收回,无可奈何地走回家中。"倚杖",自然与"老无力"照应。"自叹息"中的"自"字,表明诗人如此不幸的遭遇只有他自己在叹息,未引起别人的同情和帮助,说明世风萎靡、人情淡薄。当他自己风吹屋破,无处安身,却得不到别人的同情和帮助时,分明联想到类似处境的无数穷人。因此诗人"叹息"的内容既包含自己的苦、周围人的苦,也包含战乱给人们带来的痛苦。

第三段共八句"俄顷风定云墨色,秋天漠漠向昏黑。布衾多年冷似铁,娇儿恶卧踏里裂。床头屋漏无干处,雨脚如麻未断绝。自经丧乱少睡眠,长夜沾湿何由彻?"写屋破又遭连夜雨的困苦状况。诗人用饱蘸浓墨的大笔渲染出暗淡愁惨的氛围和心境。"布衾多年冷似铁,娇儿恶卧踏里裂"两句,没有穷困生活的切身体验是写不出来的。写布被又旧又破,是为下文写屋破漏雨蓄势。成都的八月,天气并不"冷",可由于"床头屋漏无干处,雨脚如麻未断绝",所以才感到冷。以至于"布被""冷似铁",娇儿因冷卷曲着身子把被子都蹬破了。"床头屋漏无干处,雨脚如麻未断绝"状写屋破的程度,破屋的凄苦场景。几乎就住在雨地中淋雨。"自经丧乱少睡眠,长夜沾湿何由彻"两句,从眼前的困境联想到安史之乱以来的种种痛苦经历,折磨得"少睡眠"。从风雨飘摇中的茅屋扩展到战乱频繁、残破不堪的国家,想到"长夜沾湿"的现实。诗人忧国忧民,自然不能入睡。"长夜"是作者由于自己屋漏因而更觉夜长,还因自己和国家都在风雨飘摇中挣扎而觉得夜长。"何由彻"和前面的"未断绝"照应,表现了诗人既盼雨停,又盼天亮的迫切心情。而这种心情,又是屋破漏雨、布衾似铁的艰苦处境激发出来的。于是诗人由个人的艰苦处境联想到其他人的类似处境,水到渠成,自然而然地过渡到全诗的结尾。"安得广厦千万间,大庇天下寒士俱欢颜,风雨不动安如山"恰切地表现了诗人从"床头屋漏无干处""长夜沾湿何由彻"的痛苦生活体验中迸发出来的奔放、激情和火热的希望。这种感情,咏歌不足以表达,所以诗人发出了由衷的感叹:"呜呼!何时眼前突兀见此屋,吾庐独破受冻死亦足!"抒发作者忧国忧民的情感,表现了作者推己及人、舍己为人的高尚风格,诗人的博大胸襟和崇高理想,至此表现得淋漓尽致。这种抒发情怀的方法与范仲淹在《岳阳楼记》中"先天下之忧而忧,后天下之乐而乐"抒发的情怀如出一辙,也表达了作者关心民间疾苦,忧国忧民的思想感情。

分析完整首诗,再来通读诗篇,从整体上分析文章结构。读者带着自己的情感认识和阅读体验,再深入认知诗人的性格特点,探求作者要表达的文章主旨和思想意图。这首诗描绘秋夜屋漏、风雨交加的情景,真实地记录了草堂生活的一个片段。末段忽生异境,以切身的体验,推己及人,进一步把自己的困苦丢在一边,设想大庇天下寒士的万间广厦。这种非现实的幻想建立在诗人许身社稷、饥寒为怀的思想基础上;而博大胸怀之表现,则使作品放射出积极的浪漫主义光辉。全诗意境因发自作者切身感受,语言质朴真切,意境有起有伏。因流自肺腑,故能扣人心弦。从立意上看,作者表面上描写了他本身的痛苦,但不是孤立地、单纯地描写自己的痛苦,而是通过描写他本身的痛苦来表现"天下寒士"的痛苦,来表现社会的苦难、时代的苦难。他不仅仅因为自身的不幸遭遇而哀叹、失眠、而大声疾呼,在狂风大雨无情袭击的秋夜,诗人脑海里翻腾的不仅是"吾庐独破",而且是"天下寒士"的茅屋俱破。他这种炽热的忧国忧民的情感和迫切要求变革黑暗现实的崇高理想,千百年来一直激励着无数读者的心灵,并产生积极的作用。这种层层递进、逐层深入的阅读方法是系统阅读的一种常见方式。目的是通过阅读文本,要求读者学会作者的谋篇布局、表情达意的方法,为我所用。一单元学完后,老师马上布置一篇类似作文,要求学生习作。能够按照所学写出一篇较好文章来,就说明收到较好的阅读效果。

4. 从阅读效果上有目的阅读与情趣阅读

　　课堂阅读,做阅读理解题,科研查找文献资料等都属于有目的阅读。娱乐、消遣类阅读是属于情趣阅读。有目的阅读一般可分成四种情况。

　　第一种是信息式阅读法。这类阅读的目的只是为了了解情况,我们阅读报纸、广告、说明书等属于这种阅读方法。多数情况,阅读这类资料,读者应该使用一目十行的速读法,眼睛像电子扫描一样地在文字间快速浏览,及时捕捉自己所需的内容,舍弃无关的部分。任何人想及时了解当前形势或者研究某一段历史,速读法是不可少的,然而,是否需要中断、精读或停顿下来稍加思考,视所读的材料而定。

　　第二种是文学作品阅读法。文学作品除了理解内容之外,还要理解修辞和韵律上的意义。因此阅读时应该非常缓慢,自己能听到其中每一个词的声音才行。嘴唇没动,是因为偷懒。例如读"压力"这个词时,喉部肌肉应同时运动。特别是阅读诗词,更要注意听到声音。即使是一行诗中漏掉了一个音节,照样也能听出来。阅读散文要注意它的韵律,聆听词句前后的声音,还需要从隐喻或词与词之间的组合中获取自己的感知。文学家的作品,唯有充分运用这种接受语言的能力,才能汲取他们的聪明才智、想象能力和写作技巧。这种依赖耳听——通过眼睛接受文字信号,将它们转译成声音,到达喉咙,然后加以理解的阅读方法,最终同我们的臆想能力相关。

　　第三种是经典著作阅读法。这种方法用来阅读哲学、经济、军事和古典著作。阅读这些著作要像读文学作品一样的慢,但读者的眼睛经常离开书本,对书中的一字一句都细加思索,捕捉作者的真正的用意。从而理解其中的深奥的哲理。值得注意的是,如果用经典著作阅读法阅读文学作品,读者往往容易忽略文学作品的语言特色,让自己钻进所谓文学常识历史的牛角尖中而浑然不觉。

第四种阅读方法是麻醉性的阅读法。这种阅读只是为了消遣。如同服用麻醉品那样使读者忘却了现实的存在,飘飘然于无限的幻想中而追求所谓的情趣。这类读者一般对作者的经历、感受和作品的语言特色不感兴趣,感兴趣的是帅哥美女的恋爱情节和情感发展经历。把自己完全置身于书本之外,而沉醉于主人翁高大上的爱恨情仇的意境描写中,甚至痴迷于书中虚幻的充满诱惑的情色场景中而春意盎然、迷恋往返。如果使用麻醉性的阅读方法阅读名著,读者只能得到一些已经添加了自己幻想的肤浅情节,使不朽的名著下降到鸳鸯蝴蝶派作家的庸俗作品的水平。如果漫不经心地阅读《安娜·卡列尼娜》,犹如读一本拙劣的三角恋爱小说。麻醉性的阅读在将进入成年的青少年读者群体中占据多数,也有部分生活富有而悠闲的中年人群。满足这类读者群体的阅读品位是造成大量的文学作品质量庸俗而低劣的主要原因。[45]

5. 从载体上有纸质阅读和数字化阅读

（1）数字阅读对传统阅读的影响

数字化时代,读者可以利用网络、手机等新技术进行阅读。电子图书的方便快捷等特点吸引了众多读者,使传统图书传播信息的受众力度在不断变小,而互联网等技术的发展却在不断扩张公众之间信息传播和沟通范围及强度。在传媒、电视、手机等阅读手段影响下,传统阅读方式受到影响。数字化移动阅读有了很大发展空间。社会公众碎片化阅读形式和电子图书方便快捷的阅读优势将传统阅读方式压缩。

数字化阅读必然引发数字化出版,引发电子书对纸质书的冲击、网络书店对实体书店的冲击。导致畅销书效应越来越明显。从历年图书市场增速来看,新书品种数、市场覆盖人数是一个很重要的判断市场成熟程度的指标。对大陆而言,大约每10000人对应一本新书。大陆13亿人口的市场,每年有10多万种新书面世。台湾和美国图书市场是几百人,英国图书市场是几十人。由此可知大陆图书市场远未成熟和饱和,传统出版仍大有可为。市场规模表明,全国年人均购书只有两三册,阅读也只有四五册,说明纸书市场还有很大空间。畅销书集中度的趋高,说明商业化市场造成品种趋同,可能扼杀文化多样性。文化多样性要建立在有文化的土壤上。这片国土上有多少人是不阅读的?畅销书存在,首先吸引了不阅读人的注意力,引导了图书阅读人群的扩大。这些原本不阅读的人读过畅销书并转而选择其余图书开始阅读,文化多样性才能得以成立。畅销书集中效应是阅读素质提高的必经之路。只有全民阅读成为风气,文化多样性和阅读的扁平化才可能实现。

传统图书是数字图书的先行者,纸质书还有多少人读,多少人需要电子书?

这个问题正是研究二者市场空间的切入点。目前有两种人需要数字阅读,一种是阅读太多的人,深受纸书的物质之累;二是不大阅读纸书,而更易接受把数字阅读作为一种新阅读方式的人群。位于这两种之间的人群,要么抱着纸书不放,觉得读纸书才更能彰显阅读人的身份;要么读少量纸书就可以满足阅读需求的人群,没必要付出转换阅读方式的成本去适应新的阅读方式。对转换阅读方式的难度,笔者深有体会,并不是习惯读纸书的人天然就能适应数字阅读。因为纸质阅读与数字阅读塑造的思维方式不一样。笔者纸质阅读几十年,习惯边读边思考,边做心得笔记。经常把能够引起我深思的启迪和火花在书籍的空白处随时记下来。读后梳理这些片段心得,整理后赋予新的东西。而在数字阅读中,却无法在阅读中进行深度思考,无法及时记录这些启迪和心得。只能随行文的进展而读,所以非常不适应数字阅读。每当在进行数字阅读时,一遇到自己需要的非常好的文章和片段时,只有设法把它下载下来,打印成纸质文献,再进行第二次深度阅读。这无形中增加了阅读时间和成本。

(2)阅读的类型

根据阅读对象、阅读目的、阅读方式、阅读人群素质、阅读现象等将阅读大致分为5种不同的阅读类型。按照阅读对象,可分为白话文阅读与文言文阅读、文章阅读与文学阅读等;按照阅读目的,可分为学习性阅读、欣赏性阅读、研究性阅读等;按照阅读方式,可分为朗读与默读、精读与略读、全读与跳读、慢读与快读、个体阅读与群体阅读等;按照读者层次,可分为幼儿阅读、青少年阅读、成人阅读;按种类可分为基础阅读、职业阅读、专家阅读等。按照阅读现象,可分为功利性阅读与非功利性阅读、一般阅读与经典著作阅读、电子阅读与文本阅读、个别阅读与共同阅读、浅层阅读与深层阅读等。

①功利性阅读具有很强的现实目的性,也是我们生活所必需的阅读活动。如适应新工作及各种考证都需要进行功利性阅读。非功利性阅读主要指读者为了一些内在的非现实性的目标而进行的阅读活动。甚至非功利性阅读本身并没有特定的目的,读者只是通过阅读活动享受阅读本身的乐趣,这种快乐是发自内心的热爱阅读的表现。

一般热爱阅读、有较高精神追求的人从事非功利性阅读,从中获得乐趣。通过阅读给心灵以慰藉,享受一种有品位的生活方式。在阅读中认识自我、超越自我,认识世界。非功利性的阅读习惯一旦养成,就获得了一条让生命变得灵动、充满活力和动力的成功之路。非功利性阅读是我们的精神支柱,是陪伴人一生的精神伙伴。我们提倡非功利性阅读,也支持功利性阅读。但要注意别错把功利性阅读当成阅读的全部,别让阅读成为工作的附属品。阅读应成为我们生活乃至生命的一部分。

②经典阅读是以经典著作为阅读对象的阅读。经典著作是指在人类文明的长河中，被证明了的、经得起考验的、对人类文明有重要影响的著作。阅读经典是向那些伟大的思想家直接学习和对话的过程。所谓"站在巨人的肩上"，就是从阅读经典著作中，研究大师们在一些问题上的立场、观点、方法，提高自己分析问题、解决问题的能力。一般阅读是以非经典读物为阅读对象，阅读那些尚未被广泛检验过的著作，或者那些影响有限的著作。非经典也并不是不值得一读，如一本有关烹饪的书，对生活动就很实用。

我们提倡阅读经典，但也不建议放弃一般阅读。阅读经典，能让我们接受更为丰富、完整的文化熏陶，同时也是一种高效、快捷的学习方式。据专家测量，一个人的知识结构，从直接经验中获得的不足20%，而从阅读中得到的间接经验却在80%以上。提倡阅读经典不仅是为了获取知识、完善品格、培养素质，也是为了让世界和中国的悠久文化得到传承和发展。经典与非经典都是相对的概念，具有时空性，有可能会随着时空的变化而相互转化。

③电子阅读：借助网络、计算机、MP3、MP4、电子词典、电子阅读器等电子设备呈现阅读材料而进行的阅读活动。文本阅读：书、杂志，以印刷文本为阅读对象的阅读活动。比较两种阅读方式阅读效果，文本阅读的效果要比电子阅读好得多。文本阅读的舒适度也优于电子阅读。电子阅读适于略读和快速浏览。但长时间进行电子阅读还会损害眼睛。

④个别阅读是指一个人阅读某本书，很少与周围的人交流阅读感受、困惑和心得。共同阅读是指两个或两个以上的人都在读某一本书，并相互交流对该书的阅读感受、困惑和心得。阅读是塑造和影响个人的精神生活的主要方式，共同阅读则是改变和塑造我们共同精神生活的核心手段。共同阅读已逐渐成为我们当代生活的一种主要方式。

人们较熟悉的共同阅读有：阅读沙龙、阅读知识竞赛、阅读演讲比赛、阅读征文、阅读表演、书画阅读、晒书会、阅读分享会、图书漂流、专家讲座、家庭书房创意设计比赛、中华经典阅读大赛、书香家庭评比等。通过共同阅读，营造良好的阅读氛围，对推动全民阅读活动的可持续发展有很大意义。共同阅读是集体智慧的碰撞，有利于团队精神的体现。2015年4月18日晚，由国家新闻出版广电总局和北京市人民政府共同举办的"2015书香中国暨北京阅读季"启动仪式在京杭大运河通州运河河畔隆重举行，千余人诵读经典诗文。在殷之光、陈铎等人的带领下，千余人集体诵读了刘绍棠的《运河的桨声》、白居易的《忆江南》、季羡林的《怀念母亲》、翁森的《四时阅读乐》、李白的《静夜思》、李叔同的《送别》、傅庚辰的《中国梦》等经典诗文,展现了运河承载的千年文脉,凸显了阅读的力量。在世界阅读日的这一天,在西班牙首都马德里,几百名作家、名流聚集一堂,每人两分钟接力朗诵距今已有400多年的古典名著《堂吉诃德》。当前我国离婚率逐年上升,如何树立正确的爱情观,读读舒婷的诗《致橡树》,会让你产生不同的思考和礼赞。这首诗创作于1977年,是"文革"后最早的爱情诗。让我们共同诵读《致橡树》,体会诗的美,爱情的伟大和共同阅读的力量。

⑤根据阅读过程中思维参与程度,可以把阅读分为浅层阅读和深层阅读。通常认为深层阅读效果较好,但也不意味着浅层阅读毫无价值。

南宋哲学家、教育家朱熹说:"阅读之法,在循序而渐进,熟读而精思。"重要的经典著作一定要熟读、精读,读后要学进行仔细的思考,品味著作的精髓。阅读的效果取决于读者的阅读时间、努力程度和阅读技巧。在美国阅读专家艾德勒所著的《如何阅读一本书》中,将阅读分为基础阅读、检视阅读、分析阅读和主题阅读四个层次。各层次有交叉,主题阅读是最高层次。我们收集资料,撰写征文就属于主题阅读。

(三)阅读内容

有意识地选书阅读,从书中读人,从书中读生活,让孩子拥有一个别样的世界。培根说:"书是人类进步的阶梯。"只有喜欢阅读的人才能爬进这进步的阶梯。从读好书中寻找乐趣。幼小时,多接触童话、儿歌、图画读物。少年时读些少年文学、科幻小说、历史故事,对其成长有帮助。同时阅读描写同龄人故事的小说,读者借此了解自己同龄人的成长历程,以此为榜样激发自己乐观向上的学习动力。青年学生多读一些世界文学名著、古典诗词、科技常识以及社会学、心理学、简易哲学读物,多方位多侧面了解社会和世界。同时把阅读作为一项消遣活动,在室内、在图书馆、在教室等场合消遣阅读。也可利用茶余饭后的闲暇时间,外出公园游玩时带上一两本书,在公园深处、郊外、河边等僻静之处,在空气清新、鸟语花香的环境里,个人或与孩子一起读上几段书,也是一种乐趣。

阅读绕远,思想抄近。绕远,是绕道中国古代的经史典籍,绕道翻译过来的外国思想名著、历史名著。阅读绕远,不管绕多远,最终还是要回到对中国历史的研究'对中国社会现实的思考上来。思想抄近是说思考问题要从切近的现实问题入手,由近及远,由小及大,这样最有说服力。读了书,我思考的问题就多起来。阅读人可以不做官,但不可以不弘道。

1. 阅读内容从国学入手

国学就是本国各级各类学问的总称。国史指中国的历史;国文指中国的文学;国语指中国的语言;国术指中国的武术;国画指中国的绘画;国医指中国的医学。这些都是国学。佛学本土化后现在也演化成了国学。佛学的影子在我们的世界观、价值观里都有。其中很多体现了中国人的思维方式。儒释道三教,就包括了佛学。其要义在"空""无常""缘起缘灭",而佛学与人生的交汇处在于做本分事、持平常心、成事在人。像以魏晋玄学为代表的道学,其中的"得意妄言""得意忘形"思想,就深刻地影响了中国人的思维。

(1)国学的经典是儒家学说,要了解儒学就从阅读"四书""五经"开始

"四书"是《大学》《中庸》《论语》《孟子》。"五经"是《诗》《书》《礼》《易》《春秋》。过去"四书"是"五经"的入门课程。现在如果要了解儒家的思想,还是从四书入手。先从《大学》《中庸》读起。然后是道家的道德经。继而读周易。读周易不仅仅停留在象数,更要去了解义理和宇宙的变化。

(2)小学生可以读《千家诗》、唐诗宋歌

唐诗三百首只是唐代的作品,有局限性。《千家诗》句子短小,诗里有情有景。有些诗还有曲子,唱一唱,有情趣。可以激发小孩子的热情,吸引他们的兴趣。其他一些启蒙读物如《三字经》《弟子规》。《三字经》涉及很多历史事件,小孩记性好,先不管他能否理解内容,朗朗上口,记住了背熟了,慢慢就会理解的。⑯

(3)中学生读一本启蒙学读物《古文观止》

作者从史书里、文集里选了很多故事性的、讲道理的文章。也可以读《大学》《中庸》。这些内容不一定要背,但要背诵那些有兴趣的、有意思的、对自己胃口的篇章。对《古文观止》的注解,吴楚材的注释本最好。

长久以来,不同的老师对不同的对象提出阅读经典的内容不同。读中国传统经典的对象主要是年轻人。图书馆服务的对象也主要以年轻人为主。对初中以下的少年儿童最好精读《唐诗三百首》。这本书最好朗诵,把它背诵下来。精读并背诵这些精选的诗集日后对文学修养大有裨益。南京大学出版社的注音版,孩子们读起来比较方便。不认识的字,看注音就能认识。如果家长有闲暇时间可以和孩子一起读,督促孩子每周读一首。一两个小时就可以背熟了。然后慢慢理解、领悟诗句含义。这对孩子阅读压力比较小,也可抽出时间读其它需要读的东西,比如绘本、哈利波特等。

对稍大一些的孩子,可以读《古文观止》。这本书是清朝初年编成,距今将近300年了,长期以来是孩子们阅读的重要读物。《古文观止》共收集了222篇中国古代最优秀的散文。在中学阶段的六年时间里,每周精读一篇到滚瓜烂熟的程

度,到高中二年级就可读完。这本书同样有很多版本,建议孩子们读南京大学出版社的注音版比较方便。除有注音外,还有一些注释供参考。

中小学生阅读这两本书,可奠定一定的阅读古诗文的能力,为今后阅读中国传统经典打下了良好基础。现在很多年轻人读中国传统经典因读不懂而放弃。如果在中小学阶段能够比较深入地阅读这两本书,并且能背熟部分诗文,这就打下了一个良好的阅读基础,再看中国其它的古典著作就不太有困难。在清代及民国时期,这两本书是启蒙读本。

对高中生、大学生推荐三本书作为参考。第一本是《史记》,长期以来这本书受到读者重视。它不仅是一部史学著作,也是一部文学著作。学习《史记》不仅掌握历史,也是学习写文章的一个很好范本。这本书里记录了很多汉代以前的著作,阅读后对我们读汉代以前的作品将会有重要帮助,后人经常模仿、学习《史记》,具有承前启后的作用。《史记》版本很多,中华书局的标点本,我觉得读起来比较方便。它有标点,而且是排印本。

第二本是《论语》,它是中国传统文化中最重要的一本思想性著作。其中的一些话语,反映了中国传统文化的一些重要思想,中小学生理解起来有困难,而大学生和社会青年的知识程度稍高,阅读这本书比较合适。前面说的《唐诗三百首》《古文观止》,不侧重思想,主要从写作角度出发,比如诗歌、散文。但是《论语》里孔子曾经对他的一生做过一次概括:“吾十有五而志于学,三十而立,四十而不惑,五十知天命,六十而耳顺,七十而从心所欲不逾矩。”对一个孩子来讲,他可能理解“吾十有五而志于学”,但是很难理解“三十而立,四十而不惑”等后面几句。就是一个成年人,也还需要不断琢磨“五十知天命,六十而耳顺,七十而从心所欲不逾矩”的人生含义。这说明读懂《论语》与读者自己的人生经历有关联。因此大学生和社会青年读《论语》比较合适一些。《论语》在中国也有许多版本,钱穆先生的《论语新解》和杨伯峻先生的《论语译注》推荐给大家。杨伯峻先生是中华书局的资深编审,他做的译注非常好,他的《论语译注》在大陆广为流行。中华书局不同时期不断地重印。钱穆先生的《论语新解》写成于香港,20 世纪 90 年代年代被引进到大陆,很受大陆读者欢迎。

第三本是《诗经》。有阅读能力的人读读《诗经》。中国古人认为读《诗经》可以让人温柔敦厚。对女生而言,如何让女生做到温柔敦厚?读《诗经》,接受诗的教育。如果发现女生张牙舞爪,就罚她回去读一遍《诗经》。她会逐渐变得温柔敦厚的。阅读人要是没有读过《诗经》,那是一件憾事。老先生高亨所注释的《诗经今注》,由上海古籍出版社出版,值得推荐。另一本《诗经选》,是把《诗经》里较好的诗选出来,做了一个选本。

中国传统经典很多，推荐的这五本书，既有诗文方面的，也有思想性方面的。它们可以让我们对中国传统文化有一个基础性的了解。教育界有一种呼声要求中小学生读四大古典文学名著。新中国成立前的民国和清朝，老师和家长都不主张孩子们去读那些像《三国演义》《水浒传》《红楼梦》《西厢记》这些书。他们认为这些书都是成人作品，其中的某些内容描写得很露骨，孩子们读了有负面影响。⑰

2. 以阅读经典为主

（1）读经典的必要性——工具性和思想性

什么叫经典？"经"就是"恒常、经常"。"典"就是"模范、典范"。"经典"就是一个民族、一个时代最有意义最有价值的著作。而且它的意义和价值还是永久性的。为什么要读先秦诸子？因为先秦诸子是经典中的经典，精华中的精华，是最宝贵的文化遗产。先秦诸子所处的时代——春秋战国是我们民族的黄金时代。大约公元前 800 至公元前 200 年，是人类文明的重大突破时期。在这个时期世界各民族都出现了伟大的精神导师，成为世界各大文明的标志。像古希腊有苏格拉底、柏拉图、亚里士多德，以色列有犹太教先知们，印度有释迦释迦牟尼，中国有孔子、老子等。他们提出的思想原则塑造了不同的文化传统，也一直影响着人类生活。这些思想家思考的是一些永远的问题。比如什么是人生，什么是幸福，什么是智慧，什么是永恒。尽管哲学家们对这些问题做出过无数次回答，有过许多结论，但仍然是问题，而且是一个永恒的问题。从先秦诸子当中读出什么人生智慧？读孔得仁，读孟得义，读老得智，读庄得慧，读墨得力行，读韩得直面，读荀得自强。

对中小学生来说，读这些经典应该强调工具性。读经典的工具性表现在，读这些书对他们的写作能力、阅读能力有帮助、有提高。像《唐诗三百首》《古文观止》中很多精彩的词汇、佳句，寓情于景、情景交融，语意丰富，是难得写作的范本，既提高欣赏水平，又提高写作能力。

当我们有了一定的阅读能力时，再来读些有思想性的著作就不那么困难了。如果在中学六年的时间里，精读完《唐诗三百首》和《古文观止》，就具备了一定程度地理解篇、章、字、词、句等能力。到了大学，年龄增加几岁，身心完全成熟。视野开阔，经历增加，思想成熟。再读《史记》《论语》《诗经》，就容易领悟、理解书中的思想、观点和智慧。当今社会，人心浮躁，受微信影响巨大。阅读时要能静下心来，进入到书本中去。因此培养孩子安静、不急不躁的心态，对阅读这些书有帮助。反过来，通过阅读这些书对塑造孩子安静淡泊的心态也能起到作用。⑱

（2）经典是人类的精华

经典不仅带给读者知识，更带给他们快乐。读者一旦捧起那些经典书籍，就会如痴如醉、乐而忘返地陶醉在知识的海洋里。当读到《安徒生童话》里《皇帝的新装》中那喜爱穿新衣的皇帝被两个骗子骗得光着身体在行进队伍中出丑的时候，读者不禁捧腹大笑。当读到《爱丽丝漫游奇镜记》，爱丽丝在大森林里遇见了爱吸烟的毛毛虫和不讲理的大鸟时，读者仿佛走进了那个充满神奇和刺激的大森林。当读到《阿凡提的故事》，聪明的阿凡提用智慧制服那些买东西不给钱，专门剥削老百姓的势力富人时，阿凡提的聪明和勇敢令读者敬佩不已。

读小说如此，有些青少年读者更爱看作文选。因为作文选里有许许多多和读者同龄的小朋友们的佳作，里面的内容很贴近他们的生活，仿佛就发生在他们身边。文章里不仅有好词、好句，而且每一篇里都蕴藏着一个道理。那些道理可以让我们更好地学习、更好地做人。爱阅读，阅读给了我们知识的乐趣，书是我们生活中不可缺少的好伙伴。唐代大诗人杜甫说"读书破万卷，下笔如有神"，要想思如泉涌，下笔万言，就要多读书。多读书，知识储备多了，自然就把别人的知识积累在自己的脑海里，通过思考，就有了自己的见解。写文章时思绪奔放如泉涌，情思豪迈有如神助，随便挥洒就是千言万语。很多人写文章时，苦于愁肠百结，其实就是书读太少之故。

古人云：取法乎上，仅得乎中。中国当代著名女作家王安忆小时候因为母亲茹志鹃也是作家，家里书籍很多，王安忆很早就广泛阅读。不拘于儿童文学，像童话、传说、神话等文学作品她都看。上小学一二年级时，就到图书馆借一大堆书回家阅读，看完还回再借。中国的少年儿童阅读，基本上分为这几个阶梯：学龄前或一二年级的孩子看上海少年儿童出版社出版的刊物《小朋友》，以绘画为主，也有文字。四年级到初一读《儿童时代》，也有部分插图。初一到高一有上海的《少年文艺》和中国少年儿童出版社的《儿童文学》。

小时候看得书不一定记在心里，但阅读会慢慢积累起来产生影响。过去爱不爱好文学，阅读量都比现在大。图片、电视、电影、动漫……直观东西太多，阅读量很少。文字需要更高智慧。先要识字，后要一定想象力，能把文字转换成各种声音、画面。读图很直接，相对来说简单和表面得多。绘本的特色就是这样，年幼的孩子读绘本，比较科学。他们识字量少，看图画合适，适合阅读绘本这种专门风格。好的绘本就像安徒生童话一样，小孩读，大人也读。有些东西孩子根本读不懂，像《海的女儿》，写的是非常高尚的、纯洁、无我的爱情。西方有些绘本非常深刻。有本叫《阁楼上的光》，大人小孩都可以阅读。它不是一个连贯的故事，只是生活当中小小的现象，配上图和文字。这些现象非常幽默、温馨或严厉，很有趣。

阅读最重要的是让孩子感情丰富，让孩子更聪明、更充实，让孩子了解：世界上可能发生的事比实际发生的还要多。难过是感情的一种表达，如果一个人连难过都不会，还有什么感情可以享受？让孩子多看点世界的温存，少让他们接触残酷的事情。

阅读如同和吃饭，不能偏食，要有一个 balanced diet，精神的脾胃才能健康。第一，是不是要读宗教、神学？一定要读。读神学著作才能理解超越人性的东西，才能获得一种上帝般的眼界，才能达到一种超尘脱俗的境界。我时不时会翻出《大藏经》来没有目的地读，还有《圣经》《古兰经》及其他宗教、神学理论著作。读完神学，我觉得我理解了宇宙的神秘（如果这神秘往往被称为上帝的话）；反观宇宙，我更加清醒地意识到了人的渺小，这使我不得不变得谦卑。不要把宗教、神学等同为迷信。

第二，要读哲学。哲学从某种意义上说，是寻找人之为人的存在根由的一种诘问。作为一个人，我们不得不问我们自己是从哪里来的，我们要到哪里去。

第三，不能不读历史。历史对人类到目前为止的所有生活场景进行了最接近真实的描述。人的生命有限，如果想领略人类经历的甜酸苦辣、成功和失败、生命和死亡，就只能去读历史。

第四，心理学要读。像弗洛伊德这样的心理学家，他拆解的是人意识的存在，探寻的是一个人的意识和心灵究竟怎样协调运行的，是如何保持人之为人的内在本质的。人是情感的动物。那些穿透情感层面，展示情感宇宙奇景的一定是好诗。所以为了情感成长的丰富，一定要读诗。在这个世界上只有两种东西是接近上帝的，一种是诗，一种是音乐。

第五，文学不可不读。作家通过语言向人的想象力挑战，这是文学的基本功能。比如村上春树，他的题材和写法奇诡诱人，有人把他视为通俗作家中的摇滚乐手，但他不缺乏深刻性——实际上他在试图捕捉现代文明里飘浮的现代人存在的本质和表征。我有村上的日文原版，英译本，台湾赖明珠译本和国内的林少华译本。我是村上春树迷。为读懂村上，我发誓开始学习日文这东西。

第六，科学领域的一流读物也要读。我坚信在科学思想和人文思想方面存在着某种意义上平行发展的东西。人的日常阅读应该融合以上种种，要学会做出一盘有利于精神和心灵健康的"沙拉"。我称这种阅读为饮食平衡法阅读。这样，人的生存才能不偏颇、精神的林木才不会因营养匮乏而枯萎或畸形。读书的终极目的是建造一个完全属于自己心灵世界的过程。[49]

从阅读内容上，读经典类——提高修养、提升品性

        读欣赏类——文学作品、诗、词、歌、赋、曲、剧，散文、杂文等

        读博闻类——史传、游记、科普、哲学等

        读新知类——新闻、时政、期刊、杂志等

        读消遣类——小说、剧本、传奇、趣闻等一切业余消遣类之书

从阅读结果看,阅读提高认识世界的广度和深度。通过阅读认识到自己的渺小和不足。读书越多越认识到外部世界(身外社会)的复杂和浩瀚。越认识到个人内在世界(内心世界)渺小和迷茫。认识的过程从混沌到迷惘,进而产生困惑,最后在阅读中寻求答案,化解内心的疑问。其过程就是读者的思想、心境在挣扎中反复寻求解脱之道的过程。

3. 科研文献阅读

(1)如何进行科研文献阅读

做科研不看文献是不可能的。只有广泛阅读有关文献,深入学习,才能厚积薄发,写出响当当的文章来。要沉下心来,大量阅读。在读的过程中有的看懂了,看不懂的居多。看懂的认真学习借鉴,看不懂的深入探索。实在不行暂时放下,过一段时间随着知识和能力的提高慢慢也就弄明白一些了。即使还是看不懂,但心里知道有那么回事,为将来继续深造做铺垫。

阅读文献的目的是为自己的科研所用,阅读过程中要和自己的数据相结合。看完一篇后,要好好总结。如果用自己的数据又该怎样解释。有些在牛刊物上的文章,不但要学习文章里的知识,还要学习牛人写文章的文风。这些都是我们将来写文章要学习的。有些看过的文章如果只是做做标记,划下划线,还是很容易忘记,过段时间要查询起来也费事。尤其是看过几百篇时,虽然可以归类整理,但效果还是不好。所以看一篇文章时,打开 word 文档,边整理文章出彩和重要部分,然后复制过去,标上文献的标题和作者等相关信息。把每类文献归为一组。将来要查询和反复回顾浏览时会很有帮助。尤其在写文章时,相关文章及其亮点一目了然。这样积累久了多了,对提升写作和阅读都有很大帮助。有时还可以把一些经典段落或语句翻译成中文,专门整理在一个本子上,这样不但在以后写文章时直接拿出来看,省事省时间,还能锤炼英汉互译的能力,有利于以后你和外国人交流时的口语表达。

查文献是为了科研,不要只查不看,费了那么大的劲查到了就一定要看完。即使大概浏览也是有用的。对科学问题要辩证看待,文献上别人的观点也只是一家之言,不要迷信权威。"科学本身是人类的一种实践。科学研究是一个思考过程。科学行动则是推行某种思考过程的活动,其目的是为了检验这些思考过程的有效性,进而修正和改善这些思考过程,以期达到最高的认识。像一切科学实践一样,科学的判断力取决于个人的经验、信仰和情绪。我们中的许多人,在专业经理中,都犯过这样或那样的错误。科学工作者应当有虚怀若谷的精神,敢于摒弃先入之见,敢于摆脱对错误思想感情上的依附。"

要在高起点上开展学术研究,阅读英语原文是不可或缺的环节。英文文献阅读的重要性不需赘述。国内多数理工科院校的研究已经实现了和国际接轨,管理和经济学科相对滞后,但是部分团队已经走在前列。

(2)外文文献阅读

中文文献看多了,发现很多内容似曾相识,英文文献在内容的广度和深度方面更胜一筹。阅读英文文献的目的不是为了论文增加几个参考文献而看上去好看,广泛阅读英文文献是为了提高综合能力及水平,优化知识结构,转换思维方式,拓展研究视野的必由之路。最重要的是将国际先进和这个实际相结合。如何阅读外文文献?首先通读各个小标题。英文文献都很长,先把各个小标题串一串,弄清楚内在联系。其次跳进去读各个小标题的内容。标注是必不可少的,在必要的段落标示出作者的观点。最后,跳出来再把全文传一遍。根据做好的标示做好阅读摘要。

例如,笔者以查阅英文文献为例加以说明。英文文献检索首推 Elsevier,Springer 等。虽然这些数据库里文献已经不少,但有时还是碰到查不到的文献。怎么办?通常通过以下途径去查找。

首先,在 Google 学术搜索里进行搜索,一般会搜出你要找的文献。在 Google 学术搜索里通常会出现"每组几个"等字样,然后进入后,分别点击,其中一个就有可能会下载到全文。Google 学术搜索里还会显示你所搜索文章的引用次数,虽然不完全准确,但从侧面反映了文章的质量。经典文章的引用次数绝对是很高的。

如果上述方法找不到全文,就把文章作者的名字或文章的 title 在 Google 里搜索(不是 Google 学术搜索),用作者的名字搜索。国外很多作者都喜欢把自己的文章(PDF)直接挂在网上,或挂在自己的个人主页(home page)上,这样便于研究者更加了解自己的学术领域,顺便推销自己。如果文章是多个作者,第一个作者查不到,可以接着查第二个作者,以此类推。用文章的 title 来搜索,是因为有的国外大学图书馆可能把本校一年或近几年的学术成果 Publication 的 PDF 全文挂在网上,或者在这个大学的 ftp 上也会有这样类似的全文。有可能免费下载到你想要的全文了。

如果仍然找不到你要的文献,就直接写邮件咨询作者索要。一般作者都喜欢把自己发表了的文献呈示给别人。这也是传播他自己学术思想的方法。

以英语为母语的作者赠送他本人文章的概率较大,一般只要你要、有需求,他们都会给。其它非英语母语的国家,如德国、法国、日本等国作者可能不会给。出于礼貌,如果你要的文献作者 E-mail 给你聊,别忘记回信致谢。如果仍然没有结果,就发帖在小木虫上求助。或者找图书馆馆员从图书馆进行文献传递。有的文献可能要钱,一页 0.3—1 元不等。

其次,如何快速准确地从浩如烟海的信息海洋中获取最新科研信息,并学会分析、利用信息资源已经成为人们立足信息社会的一个重要技能。提高自己在当今复杂信息世界中准确、快速获取信息的能力,对科研人员是至关重要的。要时刻了解最新科研成果,最主要途径是要了解最新的科研文献。但是对于我们常用数据库,我们不能每天都去访问查看是否有最新文献出来,对于许多国外数据库,文章的出版频率非常高,有的每周出几篇新的文章,有的每半月出一次,还有的一月出一次。所以很难有精力保持每天都去浏览数据库。国外数据库有个很好的服务功能,如果你在其数据库网站上注册了邮箱,数据库就会自动在每期有新的文章出来时把文章内容及链接发到你的邮箱里,直接通知你。这样就对我们获取最新信息提供了方便。以 Elsevier 为例,在数据库网站上有"Alerts"点击进入,要求你输入"User Name"和"Password",这是对已经注册了邮箱的人进行的。如果你还没有注册,右边有一行英语"If not, Register Now, It's FREE and allows you to"这时点击右边的"Register Now"就可以进行注册,选择你要求的期刊以及你研究的领域等等。填好你接收邮件的邮箱,注册成功后,就可以收到最新文献了。不仅是 Elsevier 有这个功能,几乎所有的外文数据库都有 E – mail – Alerts 功能。

如果英文原文读不懂怎么办?找一本中文经典书籍,仅看某一节你感兴趣或与你相关的内容,然后找一两篇英文的综述(review)认真阅读一下,不会的单词用词典、金山词霸或百度查一查。约需你读一篇文章需要花两天,过两天在读第二遍时,你也许只需要一天;然后你再读第二篇时也许你只要半天!真正通读完毕你会感觉读英文文献的快感!总之,刚开始阅读时可能有些困难,当你经过一个时期的训练后,就会很快进入状态,并且感觉受益良多。

我们需要阅读什么样的文献?英语文献总体上水平较高,但并非所有文献都值得阅读。阅读文献前提是能够检索到对你有价值的文献。第一、知道如何检索文献。图书馆英文数据库平台很多,可以尝试检索和合理利用。要扩大检索范围,然后认真阅读摘要,筛选和自己工作相关的文献。第二、知道如何确定文章的价值。首先阅读重要期刊文章,其次看著名学者的文章。不仅要精读他们的经典文献,而且要追踪其最新研究成果,包括工作论文、讨论稿等。通过对重要作者的研究和经典文献的阅读能给你打开一扇门,让你进入一个由核心作者、相关作者、主要期刊和主要研究机构形成的学术网络。

英语文献的阅读需要持之以恒。阅读英语文献不只是为了写文章或者做项目的需要,而是需要贯穿于研究活动的全过程。这是选题和把握前沿领域的重要途径,也是提高自己的英文阅读能力的途径。当然阅读效果不会在短期内显现出来,不能指望读了几篇英文文献就能怎么样,但是当你把英文文献作为主要阅读对象时,可能会渐渐发生变化。有些中文文献存在不足之处,例如,数据可靠性差、观点(判断)不可检验;方法运用存在缺陷;文献综述不全面等。对多数社会科学而言,最终还是要研究中国问题,中文文献是入门基础,国内重要期刊仍然需要全面了解。平时读多了,自然会有感觉。找更高级别杂志的文章读。国外著名的科学家都有一个习惯,即每周认真读1—2篇 Science,Nature,Cell 等高级别文章。Science 对中国人是免费的;Nature 中也有许多内容是免费的。

4. 关于音乐、文学、艺术、历史的阅读

音乐不仅仅是大众娱乐的手段,它和诗歌一样,是人类灵魂深处的吟唱和内心世界最深刻的意志和警醒。无论是摇滚、诗歌,还是其他艺术形式,无论在什么时代,它们都应该表现出自己独立的思想,不应该沦为政治的附庸和权贵的喉舌。在乱世,它们应该迸发出激荡人心的火花,像《义勇军进行曲》激励了无数战士的战斗豪情。在盛世,文学和艺术更应该像时代的探针,对历史进程和社会发展保持清醒的认知和觉醒,它们所表达和宣扬的艺术理念和生活态度应该有清晰的立场,体现出人类共同的价值和理想。

艺术在漫长时间的淘洗中,要面对各种各样的检视和追问。当轰轰烈烈的革命大时代过去,科技让时代变得平面光滑,信息爆炸呈现在社会交互性异常发达的大数据时代,文学的传播也不完全依赖于传统方式的单线性阅读,它呈现出跨界、交互和多元的面貌。可以说媒介的发展,传播方式的改变,拓展着文学的边沿,让文学阅读多渠道、多层次、多样化。但是文学记录、创造真实的生活,展示普通人民的喜怒哀乐,塑造伟大的灵魂从而唤醒人性真善美的根本使命不会改变。鲁迅曾为了医治人类麻木的心灵而弃医从文;获得2014年诺贝尔文学奖的法国作家帕特里克·莫迪亚诺书写二战时普通人的生活"唤醒了对最不可捉摸的人类命运的记忆"。如果文学本身具有这样撼动人心的力量,那它更应该拥有广泛的传播力和影响力,而不仅仅是在纸质文本中被少数人传阅和追捧。在信息交互纷繁芜杂的当下、在混杂的现代性中,人们对大众传播领域艺术的重新发现,它不单是对文学的注目,更是对一种生活世界观的致敬。单一的艺术样式,其张力在信息技术迅猛发展的今天很容易被忽视;人们的关注和接收能力已随着技术的发展有所改变——这并不代表文学艺术要与大众媒介合谋,从而迎合大众,而是有效传播与整合方式将会使那些真正深入人心、具有生命力和感召力的文艺作品到达需要它的人那里去。

虽说诗歌既不能阻止个人之间的争斗,更对任何一场战争无能为力,但它们却像一块磁石,吸附住那些能听懂其中人之信仰与尊严的人们。文学和艺术不是枪支炮弹,而是心灵的催化剂。它能照见世间丑恶与困难,更让人感到光明,知道还有更美好的世界值得为之付出，为之期盼。即使对这个世界所知甚少，也不会停下探索、理解和改变这个世界的努力。这是艺术家们保持旺盛创造力和社会影响力的精神源头。诺奖嘉奖的是一人的成就，时间嘉奖的是一个人一往直前"战胜时间"的人性光辉。大众则会将那些真正带给我们勇气、智慧的作品视为"良药、美酒"。让它成为一面灵魂的旗帜，在人们纸醉金迷时、在暴雨将至时、在告别生离死别时，明白人之所以为人的局限和宽广。[50]

　　每个时代都有切合时代的文学记录，文学的存在既是对人类精神和心灵的记录，也是对时代和历史缝隙、历史细节的记录。阅读文学作品在某种程度上也是在阅读历史。这是文学存在并得以根深蒂固的理由。我们因何会记住历史？极少数人会读史志，绝大多数人则会通过各种富有文学性和可读性的叙述文本获得历史思维和历史常识的培养、训练。文学和历史的关系就是相互补充、相得益彰的关系。即便在经历有效的历史训练之后，即使我们开始怀疑文学叙述历史的可信度，但文学自身不会放弃对历史的叙述。这是由文学存在的独特性所决定的。

　　文学是历史的一种重要叙述形式。比如我们怎么知道先秦的模样？无非是看了《阿房宫赋》。又怎么知道汉末政治纷争？陈寿的《三国志》固然有涉，但大多数人物和事件一两句话简略带过，更多细节来自罗贯中的小说《三国演义》里的描写。因此在认知维度上文学等于历史。相信不只是我，许多普通人的历史印象都是借由语言的叙述逐步形成的，并沉淀为顽固的认知。比如历史上真实的曹操，无论说是奸雄也好，或是说英雄也好，究竟是什么样的形象？他的奸诈多疑的性格、他的雄才大略是怎样的？后人谁也没有见过。但是看了鲍国安在电视剧《三国演义》中饰演的曹操角色之后，"曹操"嬉笑怒骂、生性多疑的银屏形象呈现在观众的脑海里，让抽象的历史人物变得具体而丰满。尽管人们都明白这未必就是真实的曹操，但银屏所呈现的第一印象还是下意识地被广大观众认可了。银屏视频以文学为蓝本，把静态的文学作品动态化、立体化。这就是文学的作用，而历史是没法做到这些的。那么究竟是文学对于历史的影响大，还是历史对于历史认知的影响大？从阅读学的角度而言，文学是用生动的方式悄悄改变着人们的观念。阅读历史是对历史的认知，阅读文学是对历史的具体化、细节化、形象化和丰富化。从信息传播的有效性角度，文学呈现出历史的想象，文学用叙述打开了历史的大门，让可能性和合理性在这里相遇、碰撞，甚至打架。对于70年前发生在欧亚大陆上"二战"历史的想象。一方面通过亲历者讲述，一方面通过观看各种"二战"题材的文艺作品、影视艺术。影视艺术对受众历史观的影响是潜移默化的，它们在今天已部分地取代了文学"影响世道人心"的功能。这个功劳还应归功于现代科技的发展，让影视艺术的立体化视听阅读部分地取代了许多文学作品的单一阅读。更能产生震撼人心的阅读效果。

在文学艺术作品的表达上，在主观情理与客观现象的关系上，作家们习惯于通过物象表现情理，强调客观融入主观，喜欢托物寄情、寓形写神。这不仅仅在文学作品中屡见不鲜，更见于音乐、绘画、建筑设计、雕塑等艺术作品中。例如，中国书画就十分讲究笔墨意趣、气韵生动、传神写照、重视神似胜于形似。再如，中国的建筑兼实用与审美、情趣与功能为一体，四平八稳、进出有序。园林的遮掩错落、曲廊幽径，体现出汉族人特有的思维和审美方式。中国的古诗词，从开始的诗言志、诗言情，到韵外之致、味外之旨，再到神韵、格调、性灵、胸次诸说，都强调心境意绪的传达。正如《文心雕龙》所说的，"诗人感物，联袂不穷，流连万象之际，沉吟视听之区。写气图貌，既物以物而宛转；属采附声，亦心与心而徘徊"。在语言表达上，讲究四六骈体、声律对仗，用字凝练含蓄、简洁空灵，有追求工整匀称、音韵和美的传统和习惯。

5. 大学生活阅读内容

因此，新时代的大学生除读好自己专业外，更应该广泛地读读上述一些音乐、文学、艺术、历史等方面的书籍，开阔眼界。当代大学生在读大学的几年时间里，除读好有"字"之书外，重要的是读懂"无字"之书。以便为今后步入社会成人成才奠定做人做事的知识和能力储备。概括起来就是记住"十句话"，做好"两件事"。

第一句，结交"两个朋友"：一个是运动场，一个是图书馆，不断地"充电""蓄电""放电"。第二句，培养"两种功夫"：一个是本分，一个是本事，做人靠本分，做事靠本事，靠"两本"起家靠得住。第三句，乐于吃"两样东西"：一个是吃亏，一个是吃苦，做人不怕吃亏，做事不怕吃苦。吃亏是福，吃苦是福。第四句，具备"两种力量"：一种是思想的力量，一种是利剑的力量。思想的力量往往战胜利剑的力量。这是拿破仑的名言，一个人的思想有多远，他就有可能走多远。第五句，追求"两个一致"：一个是兴趣与事业一致，一个是爱情与婚姻一致。兴趣与事业一致，就能使你的潜力最大限度地得以发挥。恩格斯说，婚姻要以爱情为基础，没有爱情的婚姻是不道德的婚姻，也不会是牢固的婚姻。第六句，插上"两个翅膀"：一个叫理想，一个叫毅力。如果一个人有了这"两个翅膀"，他就能飞得高，飞得远。第七句，构建"两个支柱"：一个是科学，一个是人文。第八句，配备两个"保健医生"：一个叫运动，一个叫乐观。运动使你生理健康，乐观使你心理健康。日行万步路，夜读十页书。第九句，记住"两个秘诀"：健康的秘诀在早上，成功的秘诀在晚上。爱因斯坦说，人的差异产生于业余时间。业余时间能成就一个人，也能毁灭一个人。阅读的最佳时间在早上和晚上。早上大脑清醒，记忆力好，阅读印象深刻,能记住东西。晚上万籁俱寂,心思专注。阅读一些系统性、逻辑思维性强的材料效果好。第十句,追求"两个极致":一个是把自身的潜力发挥到极致。一个是把自己的寿命健康延长到极致。㉑

6. 推荐给各国青少年的经典名著

俄罗斯:经典书目,代代相传。俄罗斯的中小学课本永远离不开俄文学大师的经典作品。低年级的学生要精读普希金和叶赛宁的作品。初中后期和高中必读契诃夫、布尔加科夫、陀思妥耶夫斯基和托尔斯泰的作品。在由俄罗斯教育和科学部推荐的"中小学生应读百部文学作品"书单中,主要以俄经典名著为主,外国文学和现代文学所占比例相对较低。父母在中学时读过的书与女儿阅读的书目大体相同,称得上是代代相传。被推荐的经典名著充满爱国主义和英雄主义情怀,多半是战争题材。这些作品弥漫着强烈的爱国情怀和人性光彩,意在强化孩子们的国家意识和传统价值观。像《战争与和平》《罪与罚》等大部头作品选读部分章节,让学生初步了解这些经典名著的风采。不同年级的课本会选择不同的章节,比如最精美的风景描写、最逼真的人物刻画、最精彩的人物对话,让学生反复阅读,并会让学生观看相关影片或写出读后感。

英国:媒体定期为青少年开书单。在英国除学校外,报社、图书出版等机构都会引导孩子阅读经典名著。教育机构还向青少年发放图书日代用券,可到书店换购一本自己喜欢的简化版名著。主流媒体会定期为青少年开书单。《泰晤士报》每年会列出100本值得青少年阅读的书籍,包括《了不起的盖茨比》,具有厚重历史背景的《印度之行》《都柏林人》等。还将一些已经拍摄成影视剧作品的名著加以强调,鼓励孩子们先看影视剧,再去读原著,比如《霍比特人》《时间机器》等颇受孩子们欢迎。学校鼓励学生完成阅读笔记,在课堂上与大家分享自己的阅读心得。很多学校开设戏剧表演课,鼓励、组织学生参加由名著改编的戏剧演出。根据最近十年的调查发现,经典文学作品仍然是英国人的最爱。像女作家简·奥斯汀的《傲慢与偏见》被认为是最受欢迎的书籍,其次托尔金的《指环王》、勃朗特姐妹的《简·爱》和《呼啸山庄》、哈代的《德伯家的苔丝》以及狄更斯的《远大前程》。英国教学大纲提议,高中生必须开始阅读这些超越时空的经典文学作品。

美国:性描写、血腥情节不推荐。美国校方会根据孩子的年级和年龄推荐不同种类的名著阅读。低年级孩子推荐阅读马克·吐温的《汤姆索亚历险记》《哈克贝利费恩历险记》和《王子与乞丐》等作品;高年级学生提供海明威的《老人与海》《威尼斯商人》《哈姆雷特》等。对低年级孩子要求在阅读名著后要简单复述故事梗概,像书里有哪些人物、主人公叫什么等。高年级学生要求阅读后进行课堂讨论,分析每个人物性格,弄清各个人物之间的关系,理解书中道理。高中生读完名著之后,还鼓励他们排练小节目,将名著中的经典片段表演出来。对来美国就读的外国学生,英语阅读是必须完成的。学校为他们量身定做了一套阅读经典作品清单,如《富兰克林自传》、托马斯·杰斐孙的《独立宣言》、林肯的《葛底斯堡演说》,阅读这些作品既能提高英语水平,又能通过名家之笔了解美国历史。对那些含有性的描写,或者描写战争血腥惨烈情节的名著就不向孩子推荐。学校给低年级学生推荐是为了让学生树立良好的道德品行,让孩子行为举止向正确方向发展;为高年级学生推荐的名著以理性思维为主,让学生学会自己独立思考;大学课外阅读要学会批判性思维,学生对一些问题必须拿出自己的独立见解。

法国:特定年份会有主题推荐。每年开学季法国教育部发布书单,向中小学生推荐读物,从连环画、寓言、小说、诗歌、戏剧,还有用于研究的文献。中小学老师也可从中选择书目用于教学。遇到特定年份,比如在2014年一战胜利100周年和2015年二战胜利70周年,推出涉及一战的战争回忆录、二战纳粹屠杀犹太人、抵抗运动、盟军胜利等内容,供学生了解历史。推荐标准是,作品可引起阅读快感,并与不同年级的课程密切相关;能够激发学生的好奇心,丰富其阅读体验。假期来临由法语老师向学生推荐涉及历史、文学、戏剧、诗歌等多种主题的阅读题目,并说明推荐原因。比如《爱丽丝漫游奇境记》《一千零一夜》可以丰富想象力,《拉封丹寓言》和莫里哀的戏剧可以增强文学底蕴,《海伦·凯勒的故事》可以培养表达和理解能力。[52]

（四）阅读的方式——站着阅读

我是信奉"站着阅读"的。所谓"站着阅读",是针对"跪着阅读"而言。"站着阅读",就是学而思之,学而问之。思,就要不囿成见、独立思考;问,就要追根质疑、切磋探讨。哪怕是读那些历来被视为经典的著作和文章、备受推崇的名家名品、权威认定的解读注释,也要运用科学的观念和思维加以辨析,不要盲从。

我认为只有"站着阅读",才能与古人真诚对话,与经典平等共舞,从而去伪存真、弃糟取精、释疑解惑,认识其真实的价值,切实增长自己的学识。也只有"站着阅读",才能"究天人之际,通古今之变",将古人的智慧得失、历史的经验教训作为借镜,古为今用。孟子说"尽信书则不如无书",即便我们只是作为一个普通的阅读人,也不当迷信书本、不被传统偏见和讹传所蒙骗,力求真知灼见、经世致用。

"站着阅读",也是一种保持人的尊严的方法。如果你在生活中往往"到底意难平"、甚至不得不"当孙子",那么你在"站着阅读"中就可以一吐窝囊之气而做一个顶天立地的人。无论是帝王将相、圣人先贤,你都可以毫无忌讳地指点评说;

无论是世道人心、是非曲直,你都可以秉公而论,仗义执言。你可以站在历史和正义的制高点,指点江山,臧否人物,见仁见智;你可以心游万仞,俯视文化长河、鉴赏文苑英华、雕龙画凤。总之,"站着阅读",你就可以成为高贵的精神富有者。

最重要的是只有"站着阅读",才能养成独立思考的态度,发扬批判精神,这对于中国文化人来说是至关紧要的。因此从媒体退休后,我就一直谢客阅读、闭门写作。15 年来我除了创作长篇小说《巴山旧事》和《人迹》外,还在各大网站和博客上发表了数百篇时评和文化评论。其中大部分文章都是我"站着阅读"的心得体会、学术见解、质疑评论、研究探讨、文化思考,包括对儒家经典的理解、对唐宋诗词的解读、对古典文学名著特别是《红楼梦》的品位、对现代文学名家名品的分析、还有一些针对当代文化现象和文艺作品的评论。许多篇章都因为见解独到、观点新锐、论证公允、有砭时弊而受到业界和读者的好评,在报刊网络上广为转载和大量点击,百度谷歌等相关搜索也都有比较详尽的收录。现在年事已高,我回头把这些文章整理了一下。㊿

通常情况下,人们一般都坐着安静地阅读。只有很少情况下躺着阅读、或卧着阅读。不过现代有些青少年还有睡着戴耳机听读的情况。其实,无论什么方式,根本目的是读书,获取知识、吸取营养。最终的阅读效果是强"身"健"体"。只要能达到这种阅读效果,采取何种方式阅读都不重要,重要的是自己感觉到舒适就行了。

七、阅读方法

从阅读的技术上说,阅读是有方法的。我们在获得了阅读的基本能力后,更重要的是学习对文本的解析理解能力。食而化之,令文字有血有肉,有形有色,还原文字活化的生命。我们这样说,并不意味着学习阅读十分艰难。如果我们与阅读还有距离,我们的阅读还存在障碍,都是因为世俗的腐朽的不正确的阅读观念使我们无法亲近阅读。比如对阅读的功利诉求,因为对阅读赋予了太多功利目的,使得读者无法无所羁绊地把阅读从功名的枷锁中解放出来而自我束缚、自我奴御。

我一直相信阅读是有捷径的。书海浩瀚,一生如何可渡?书山通天,一生如何可攀?如果没有捷径,可真是苦煞了读书人。我一直相信,这个捷径是有的。直到今天,我仍然相信。行走于文字中,深深浅浅的脚印,磕磕绊绊的步履,仿佛阅读是生命的一种苦难历程。瑰丽迷人的书山,路在何方?浪花激越的书海,舟在何处?无路以攀援,无舟以载渡,我们又怎敢独自面对这骇人的书山书海?所以我们一直希望得到破解阅读之谜的秘籍。

(一)阅读的指导思想

破解阅读之谜的秘籍,首先在于端正阅读思想,培养良好的阅读习惯。阅读习惯与生活习惯如出一辙,互为影响促进。宋代有个新进士请教老前辈做官的秘诀,老前辈告诉他四个字:勤、谨、和、缓。这四个字,大家称为做官的秘诀,实际上也是做人、做事、做学问的秘诀。

"勤",就是不偷懒,不走捷径,要切切实实,辛辛苦苦地去做。要用眼睛的用眼睛,用手的用手,用脚的用脚。老师让你收集材料,你就到应该到的地方去查阅;让你收集标本,你就到田野、树林里去采集。无论在实验室、图书馆、教室、课堂、宿舍或野外,都不偷懒,一步步去做。

"谨",就是谨慎,不粗心、不马虎。写汉字,一点一横一丝不苟;写英语'i'的点、't'的横,同样认认真真;做数学,一个圈、一个小数点都不马虎。不要以为这是小事情,做小事关系天下的大事,做学问关系成败,所以细心谨慎,是必须养成的习惯。

"和",就是不发脾气、不武断,要虚心、要心平气和。什么叫虚心?脑筋不存成见,不以成见来观察事,不以成见来对待人。做学问要以严肃认真的态度做实验、研究,以心平气静的心态阅读学习语文。无论对事、对人、对物、对问题、对真理,都抱着虚心而谦恭的态度,这叫作"和"。

"缓",就是不慌不忙,持重考虑,不轻易下结论。如果没有"缓"的习惯,前面三个字就不容易做到。譬如找证据,这是很难的工作,不花时间,就不能做到"勤"的工夫;忙于完成,证据不够,不管它了,这就做不到"谨"的工夫;匆匆忙忙地去做,草率下结论,当然就不能做到"和"的工夫。所以证据不够,应当悬而不断,就是姑且先挂在那里。悬而不断,并不是叫你搁下就不管,是要你勤,要你谨,要你和。缓,就是南方人说的"凉凉去吧"!缓的意思,是要等找到了充分的证据,然后根据事实做判断下结论。这个过程无论做学问、做事、做官、读书,都是如出一辙。达尔文写生物进化论,耗费了三十年的工夫。他周游四海、艰苦跋涉高山大川去搜集标本,做研究,并与朋友们反复讨论。朋友们都劝他发表,他仍然不肯。后来英国皇家学会收到另一位科学家华莱士的论文,其结论与达尔文的一样,朋友们才逼着达尔文把研究的结论公布,并提出与朋友们讨论的信件,来证明他早已获得结论。于是皇家学会才决定与华莱士的论文同时发表。达尔文这种持重的态度,不是缺点是美德。这也是科学史上勤谨和缓的实例。值得我们效仿,尤其青年学生们要在读书学习中养成这种严谨的阅读习惯。有了这种良好习惯,无论做人、做事、做学问,都不怕没有成就。[54]

1. 要站在系统高度把握知识脉络

开始上新课时跟着老师一节一章地学,这是只见树木、不见森林的学习阶段。此时注重基础知识,多读课本,熟练掌握课本知识。课本与习题二者兼顾,不能偏颇。到了复习阶段,所学知识日积月累,内容繁多、头绪庞杂,这时看看教材目录,仔细琢磨教材编排的知识结构体系,教材目录是各章节知识点的总纲,弄清教材目录各章节脉络,有纲举目张的作用。从整体上把握知识,使所学知识更易掌握、更牢固。

(1)寻求知识之间的内在联系

学习最忌死记硬背,特别是理科学习,重要的是弄清道理。不论什么内容都要问为什么。"学而不思则罔",学习重在理解,理解只能通过思考实现。思考是学习的灵魂。不会思考就只能做知识的奴隶,多思考,注重理解。思考的源泉是问题。有问题不要急于问人,应力求独立思考,寻找问题的答案。长久如此有利于提高思考能力,以此培养好奇心、求知欲。这也是培养思考习惯的思维品质的训练。

(2)养成联想的思维习惯

学习主要通过思维活动实现,掌握知识固然重要,更重要的是通过学习知识提高智力素质。智力素质提高了,知识的学习会变得更容易。在学习时注意新旧知识、学科之间、所学内容与生活实际等方面的联系。不孤立看待知识,养成多角度思考问题的习惯。有意识地训练思维的流畅性、灵活性及独创性。久而久之,必然促进智力发展。

(3)多复习,温故而知新

《论语》开篇第一句:"学而时习之",道尽学宗。不断重复是学习中的一个重要方法。重复不是机械的简单的重复,而是每次重复应有不同角度、不同重点、不同目的。这样每次重复才有不同的感觉和体会。一次比一次获得更深的认识。知识与能力的提高就是在这种不断重复中得到升华,所谓温故而知新也!

总之,学习是生活习惯、行为习惯和思维习惯的综合体现。因为有人早上学习效率高,有人晚上效率高;有人学习时听轻音乐能帮助其平静心情,而有些人听音乐则会走神。有些人能在乱中取静,不受干扰,而有些人则需要非常安静才能思考学习。在学习过程中,有些人喜欢静思,有些人喜欢谈论,有些人喜欢听别人讲,有些人喜欢自己看等。不论你偏爱何种方式的阅读习惯,最终目的是获得较好的阅读效果。

会阅读还不行,还要有合适的文本才行。这就涉及到选择读本的问题。

2. 选书应注意事项

(1)书多易使阅读不专不精

古代学者因书籍难得,皓首穷年才能治一经,书虽读得少,读一部是一部,口诵心惟,嘴嚼得烂熟,透入身心,变成一种精神的原动力,一生受用不尽。现在书籍易得,一青年学者夸口曾过目万卷,"过目"的虽多,"留心"的却少。譬如饮食,不消化的东西积得愈多,很容易酿成肠胃病。许多浮浅虚骄的习气都由耳食肤受所养成,所以书不在多而在精。

此外,书多易使读者迷失方向。任何学问的书籍都可在图书馆寻找。许多初学者贪多而不得要领,在无足轻重的书籍上浪费了时间和精力。做学问如同作战,须攻坚挫锐,占住要塞。如果目标太多,分不清坚锐所在,只东打一拳,西踢一脚,就成了"消耗战"。因此阅读重在选得精、读得彻底。与其读10部无关轻重的书,不如以读10部书的时间和精力去读一部真正值得读的书;与其10部书都只能泛览一遍,不如取一部书精读10遍。"旧书不厌百回读,熟读深思子自知"。阅读本为自己受用,多读算不了荣誉,少读也不能算是耻辱。少读如果读得彻底,必能养成深思熟虑的习惯,涵泳优游,以至于变化气质;多读而不求甚解,譬如驰骋十里洋场,随珍奇满目,徒惹得心心花意乱,空手而归。世间许多人阅读只为装点门面,如暴发户炫耀家私,以多为贵。这种绣花枕头式的阅读是脸上贴金,读给别人看的。

(2)阅读当分种类

一种是为了获得日常生活必需的常识,一种是为做专门学问。为获常识认真读完中小学和大学初年级的课程,就很够用了。常识不只是普通人所需,专家学者也不能缺少。现代学科区分严密,有些学者专心研究一科学问,多故步自封,对其他相关学问毫不过问。这对于分工研究或许必要,但对通识深造却不利。世界本为一体,事理彼此息息相关,牵一发而动全身。所以研究事理,表面可分,实际不能割开。世间没有孤立绝缘的学问。不能通识就不能专深,不能广博就不能简约。所以先博学而后简约。凡在某学科有大成就者,必定有许多相关学科的深广基础。

(3)凭兴趣阅读的利弊

有些人阅读全凭自己的兴趣,今天遇到一部有趣的书就把准备做的事丢开,全副精力去读它。明天遇到另一部有趣的书,仍是如此。虽然这两书内容毫不相关。一年之中可以时而习天文、时而研究蜜蜂、时而读莎士比亚。在旁人认为重要而自己不感兴趣的书都一概置之不理。这种读法有如打游击,亦如蜜蜂采蜜。其好处在使阅读成为乐事,对于一时兴到的著作可以深入,久而久之,可以养成一种不平凡的思路与胸襟。其坏处在于阅读泛滥而无所归宿,缺乏专门研究所必需的"经院式"的系统训练,产生畸形的发展。对某方面知识过于重视,对另一方面知识却很蒙昧。依兴趣阅读,犹如蜜蜂采蜜,把阅读当作消遣。如果把阅读当作工作,有研究学问的志愿,不仅追求兴趣,更是一种训练、储备和责任。即使枯燥无味的书为了工作需要也得硬着头皮、咬紧牙关去读,久而久之就啃出滋味来。

(4)阅读要有中心,这个中心或者是科目,也可能是问题

有这个科目中心或者问题中心,不仅可以维持阅读兴趣,更重要的在于方便系统组织。比如读文学作品以作家为中心,读史学作品以时代为中心,这样找书方便,看书有序,思想心得也易于梳理。以科目为中心时,就要精选该科的要籍,一本本从头读到尾,以求得到该科的概括了解,为进一步高深研究做准备。以问题为中心时,心中带着待研究的问题,去采集有关该问题的书籍去读。用意在于搜集材料和诸家对于这个问题的观点、看法,供给自己权衡取舍,以推求结论。重要的书还必须全看,次要的章节可以摘要,这里看一章、那里看一节,得到所要搜

集的材料即可。这是做研究工作常用的方法,对初学者不相宜。初学者以科目为中心时,可约略采取以问题为中心的方式。一本书多看几遍,每遍只着重看某一方面。

大凡一些零星片段的知识不仅易忘而且无用。每次所得的新知识最好围绕一个中心归聚到一个系统里,与旧有的知识联络贯串,融入一起才会生根、发芽、开花、结果。人的记忆力毕竟有其限度,要把读过的书所形成的知识系统,原枝原叶地储藏在大脑里,在事实上往往是不可能的。如果不能储藏,过目即忘,则读亦等于没读。所以我们必须另辟蹊径,把脑所储藏不尽的知识用笔记记下来。过去是做笔记,现在是记卡片。记笔记和做卡片有如植物学家采集标本,须分门别类订成目录,采得一件就归入某一门某一类,时间过久了,采集的东西虽多,却各有班位,条理井然。这是一个极合乎科学的办法,它不但可以节省脑力,存储有用的材料,供将来的需要,还可以增强思想的条理化与系统化。㊻

(二)阅读的步骤

从阅读顺序上看,阅读顺序是先见"森林",再见"树木"。不能死记"树木",忘了"森林"。更重要的是要"读而思"。边读、边质疑、边提问、边思考。阅读最大的益处是激发想象力和灵感,不是看谁记住的知识多少。子曰:学而不思则罔,思而不学则殆。阅读的过程就是"学而思"的过程。

第一,阅读的初级是形成良好的阅读习惯。上大学时因为喜欢某老师的课,就喜欢读这门课的书籍而主动阅读。工作后,挤时间读,用零碎时间读,晚上回家读,但因为没有方向,效率低,感觉没有多少收获。

重拾阅读,训练阅读习惯的方法:每天阅读后写个小评、感想,发在阅读小组群里。小伙伴们互相监督。老师每周做些点评、阅读分享的指导。大家互相交流,彼此阶梯式提升。在督促中自我管理,培养阅读习惯。每读完一本书,读后写感想、总结。一月一次小总结,一年一次大总结。大总结一般是回顾一年当中的阅读内容、反思得失,总结收获。

第二,阅读的中级是制定阅读计划,明确任务方向。计划可分为半年计划、全年计划。围绕一个主题或者研究课题,半年或一年内开展这个主题阅读,着重攻克这个主题或课题。深入要了解什么问题?这个主题要读哪些书?读完之后收获了些什么?预期效果达到没有?

每半年对读过的书进行一次宏观总结。过去阅读没有计划、不写总结,读了几年没啥效果,只有阅读时的愉悦,过后阅读内容就忘记。这种不做阅读笔记、不写读后感、不做总结的方式，自然就阻碍了新知识的融入，妨碍了新思想的产生。作家董桥看书不留书，阅读时做笔记，努力把书中精华内化，每半年写一次宏观阅读总结，既检查自己阅读计划进展情况，又总结回顾所读内容，复述主题阅读，在复述过程中形成自己观点。

过去习惯把阅读笔记写在笔记本上。后来发现笔记本成了一个大酱缸，里面五花八门、杂七杂八。上一篇是文学散文，下一篇是哲学小思。于是我分成几个本子，分别记录不同领域的内容。定期复习之前的笔记，勾起对知识的回忆。从知识结构看，纸质笔记本不利于整理。随着网读屏读的兴起，经常在零碎时间里看到微信分享、网页、博客、微博上有文章特别好，很有感触。我就建几个"印象笔记"本，分别命名哲学、心理学、历史、文学、经济、管理等，把自己的摘抄、感想、评论紧随其后，或者用醒目的文字或图片将这些大小类用思维导图来加以整理、联系，形成自己的思维知识体系。思维导图展示知识体系之间的脉络关系和直观的陈列方式。现在的阅读笔记不仅仅是文字的组合，也是声光全覆盖。在这种立体化的阅读笔记中，通过梳理这些思维脉络的内在联系，产生一次次知识创新。

第三，知识的创新源自定期的输出，这是阅读的高级方式。输出加强了对知识的理解和整理。没有输出，读过的书就会慢慢遗忘。输出方式多样：(1)主动谈及最近已阅读中倍受触动的观点。(2)复述书中观点加上自己的思考。(3)养成在公众平台发表文章的习惯。(4)随时记录自己的感悟。(5)定期参与阅读沙龙写作派对……总之，将凌乱的零碎的知识整理、梳理、利用起来，改变你的生活。每天尝试写一点，长期坚持，就会看到收获。这些点滴力量集聚起来，量变达到质变，将会改变你的人生。[⑤]

（三）阅读方法种类

从阅读方式上，有默读、精读、略读、朗读、泛读等基础阅读。默读就是无声地读，随着目光在字里行间的移动头脑接受着文字所表达的信息，思考出文本内在的深层语意。精度是一种带着问题寻求答案的分析阅读，边读边详细思考文本上下语意的逻辑关系，主题思想和段落大意，比较、筛选，最后确定出答案。略读是浏览文本，像蜻蜓点水、又似走马观花，择其概要，寻求大意，看看有没有与自己的问题相符的主旨、要点。朗读就是出声的读，因为要读出声音，所以重在注重语音的长短、音调的高低变化、语句的长短停顿。努力通过声情并茂的语音语调节奏表达出身临其境的内涵，渲染出语境氛围。

从阅读塑造的思维效果看，精读——对应冥想，产生思维深度；泛读——产生思维广度,强调知识点之间的联系;略读——产生思维的火花,启迪灵感。共性:都是带着问题用质疑的态度,阅读文献信息。总之,阅读、品书如进食,得其法,营养与美味兼得;不得其法,或不得美味,或不得滋养,都不利于身心健康。然而其法何在? 古今中外阅读皆因人、因事、因书、因环境的不同而各不相同。笔者在此将前人经验筛选,研磨成上好精粉,加入自己多年来阅读心得为酵素,精心烤制出常用的十多种阅读方法,与诸位书友分享。

第一,阅读不二法——专心致志。在一段时间内,只读一本书。这本书不读完,决不读第二本书。清末著名政治家曾国藩就是这样读书的:"诸子百家,汗牛充栋,或欲阅之,但当读一人之专集,不当东翻西阅,如读《昌黎集》,则目之所见,耳之所闻,无非昌黎,以为天地间除《昌黎集》而外,更无别书也。此一集未读完,断断不换他集,亦专字诀也。"著名学者梁实秋阅读时桌上永远只放一本书! 这种阅读方法,最适合那些想练好基本功,欲打下扎实治学功底的阅读人。

第二,波浪渐进法——一次读一本书,但不强求一气呵成,过一段时间再读,原来觉得读来无味的地方可能就读出感觉来了。美国依阿华大学的罗宾森提出一种 SQ3R 阅读法,强调循序渐进,SQ3R 就是 Survey,Question,Read,Recite,Review 五个英语单词的首字母缩写,汉语意思为"审视、生疑、阅读、复述、复习"五个阶段。毛泽东读《昭明文选》,他上学时读,20 世纪 50 年代读,60 年代读,到了 70 年代还读过好几次。不同年代阅读有不同的感受,得到不一样的启发。《联共党史》及李达的《社会学大纲》,他各读了十遍。同意每遍都有不一样的收获。一部《红楼梦》,少年读来,只看到"爱在缠绵中,情在悱恻里"。中年读来看到的是贾府繁荣昌盛和衰败幕落的变化情景。老年读来,便能读出"满纸荒唐言,一把辛酸泪"。自己时间不充裕,或读一些"难啃"的大部头时,不妨采取这种方法。如果阅读犯困,精力不能集中,那就分段来读。一般人在半小时之内注意力最集中,那就利用这半小时,大约每次可读 10000 多字左右。

第三,比较品读法——一次读几本书,比较对照的方法阅读。"不怕不识书,就怕书比书"。写《魏书》的史学家夏侯谌自视甚高,听别人称赞陈寿写的《三国志》,不大服气,便找来细读再三,才知道《三国志》确比自己的《魏书》好,当即烧掉自己的书稿。正如车尔尼雪夫斯基所说:"任何东西,凡是我们拿来和别的东西比较时,显得高出许多的,便是伟大。"品读可以横向比较,不知道《丑陋的中国人》怎么样? 对比《丑陋的日本人》就会读出奥妙;也可以纵向比较,读不懂特朗普,可以读一读罗斯福,就恍然大悟。搞研究或做论文时,用这种方法可以让你大受裨益。

第四,垂直阅读法——有些书含金量太少,只需一目十行地浏览。不是从左向右读,而是从上往下看,像下楼梯一样。文学家高尔基就是这样。有些书包罗万象,无法精读,比如《四库全书》,平均一天读30000字,也要用72年,才能读完。几乎无人能够精读;有些书不知优劣,则应先速览而后决定是否需要精读。更快的方法也称之为"跳读",就是抓住文章梗概、主要事件或中心论点,剪除枝叶,补叙、背景、引文等内容,跳过去不读。垂直阅读的方法可以有效地提高阅读效率,用于读一般小说或快速浏览资料都相当不错。

第五,字斟句酌法——一字一句,细细品读。好的作品信息量大,含金量高,如同上好的牛肉干,极少水分,句句精髓,大段速读难免会消化不良。所以必须边读边加以思考。孔子曰:"学而不思则罔,思而不学则殆。"孟子亦曰:"心之官则思,思则得之,不思则不得也。"散文大家秦牧,阅读先是"鲸吞",大体看一遍,然后是"牛嚼",像牛吃草"反刍"一样,仔细研究品味。用眼睛来阅读者只有眼见,用心去阅读才有心得。字斟句酌的方法适合读经典。比如读《论语》《道德经》《沉思录》等,嚼得愈久,愈有滋味。也可用于加深理解书中主旨主题和精彩片段。

第六,精华提炼法——对一些作品,不仅要精读,还要归纳总结,提炼出其中的精华。我国20世纪30年代涌现的大批学术大师都是"不动笔墨不看书"。每阅读一本书,都在重要的地方划上圈、杠、点等各种符号,在书眉和空白的地方写上批语,并随时写下阅读笔记或心得体会。历史学家吴晗,特别擅长于做阅读卡片,阅读时见到有用的就抄在一张卡片上,读了几十年书,做了几十万张卡片。语言学家王力说:"看一本书如果自己一点意见都没有,可以说你是没有好好看。"美学大家朱光潜特别推崇写阅读笔记:"记笔记不仅可以帮助你记忆,而且可以逼得你仔细读。"我的体会是读一本书,能够提炼几句有用的话来,或者能用自己的话概括出书中大意,就算没有白读。

第七,高山仰止法——以欣赏的眼光去阅读。读出美味、读出乐趣。正如宋代诗人尤袤所言:"饥读之以当肉,寒读之以当裘,孤寂而读之以当友朋,幽忧而读之以当金石琴瑟也。"我的体会是,越浮躁的人,越是目空一切;越深沉的人,越是对真理怀有敬畏之心。读一本高尚的书,就是与一位高尚的人士对话,你的态度越虔诚,你的收获就越大。这种方法最适合读宗教与哲学与军事经典,如《圣经》《易经》《孙子兵法》。

第八,居高临下法——站高一层,像老师审查学生作业一样去阅读。我认识的几位编辑,通常都是用这种方法读哪些热门"畅销书"。确实,如果被那些"乱花迷人眼"的书"雷倒",不加批判地去接受,就会像叔本华所说的"思想被别人用襟带牵着走。"经常审查读过的文章,可以不断提高分析判断能力。我的体会:一本书,以粉丝的姿态去"仰读",和以批判的态度去"俯读",感觉大不相同。我在读德鲁克的时候,先用高山仰止法去拜读,然后用居高临下法去审读,学到了不少东西,也发现了大师存在的问题。要做到赏析结合,才能一代更比一代强,才能让阅读人的水准高过书的水准。

第九,多维研读法——从多个角度去读一本书,比如读莎士比亚的《哈姆雷特》就可从人性的角度去读,也可从政治的角度去读,还可从文学欣赏的角度去读。读来意境会大不相同。所谓"一千个人眼中有一千个哈姆雷特"就是这个意思。数学家华罗庚则发明了"猜读法",从猜谜的角度去阅读。看了书名后先闭目静思,猜想书中的结构与内容,然后再读。如果作者写的和自己猜的一样,他就可以速读。这不仅大大节约了时间,还培养了他思维能力和想象力。

第十,求医问药法——汉代经学家刘向有句名言"书犹药也,善读之可以医愚"。求医问药法就是带着问题去阅读,因病求医,对症下药。作家王蒙的体会是有"躁郁症"要读《老子》。我的体会:"阅读破万卷",这个"破"字,功夫不是用在将书读"破"上,而是要破解问题。用药当用良药。《孙子兵法》云:"取法其上,得其中;取法其中,得其下;取法其下,则得其下下。"千万不能吃错了药。读一本坏书或庸书,就等于和一位庸人或坏人对话。如何做一个善问者?经济学家张五常的做法是问三个问题——是什么(What?)、怎样办(How?)、为什么(Why?)。如果三问之后还有疑问,那就是"扪心自问",往往会一通百通。

第十一,营养搭配法——阅读如进食,少阅读则营养不足。从全世界每年人均阅读看,以色列约64本;俄罗斯约55本;美国约50本;而中国约是5本。中国人显然营养不足。另一方面,有许多人只读一类书,知识偏食,也会营养不良。理论工作者读点文学书,文艺工作者读点哲学书,成年人读点童话《哈利·波特》。同时吃法也有不同,培根讲"书籍好比食品,有些只需浅尝,有些可以吞咽。只有少数需要仔细咀嚼,慢慢品味"。我经常与企业家接触,发现他们走得不高不远,一定阅读太浅;走得又高又远,一定阅读不浅。预知一个人的精神境界,看一个人阅读的书目,绝对比看手相星相更准确。

第十二,病毒预防法——不阅读的人,往往死于精神饥渴;乱阅读的人,大半死于思想中毒。有一些书,有相当的研究价值,可以理解人性,但容易中毒,有些书成分复杂,正如林语堂所言:"在一人吃来是补品,在他人吃来是毒质。"比如读希特勒《我的奋斗》,对二战历史一无所知像一张白纸的人,很可能读来先入为主,成了纳粹的信徒。最好能够先读下丘吉尔《第二次世界大战回忆录》和戴高乐《战争回忆录》。阅读如交友,带着疑问去切磋。什么人交什么朋友,多交益友、净友、挚友,少交损友、佞友、恶友。伟人与常人的差别也许就在一本书。

第十三,同频共振法——阅读与交友都是讲缘分的,所谓一见倾心。有些书虽然好,我们读了没有感觉,那就是无缘。勉强去读,那是在糟蹋自己,更是糟蹋书。交友求知音,阅读求会心。正如钱钟书所说:"一个真有幽默的人别有会心,欣然独笑,也许要在百年后、万里外,才有另一个人在时空的彼岸,莫逆于心,相视而笑。"

第十四,角色扮演法——书中人物出场众多,最重要的主人公只有一个,那就是读者自己。阅读时,作为书中的一个角色,让你的情感融入故事之中,就能够更深刻地理解其中的人物。比如说读《飘》,如果你置身在故事之外,你的感动指数一般是3—6。但如果你想象自己是某个角色,你的感动指数会达到7—10。如果你是梅兰,你会亲身感受什么幸福。如果你是郝思嘉,你会亲身体会什么是痛苦。这种方法用来读自传、小说、剧本或报告文学尤为奇妙。当然如果你是一个感情脆弱的人,还是做一个旁观者,阅读要入得进去还要出得来,要不然就可能"走火入魔"。

第十五,静心素读法——放下功利之心,清心寡欲去阅读。日本教育学家七田真认为:"教育的原点是背诵和记忆"。"素读"就是不追求理解所读内容的含义,只是纯粹地读。比如在读古文和诗词时,不急于理解,通过反复诵读和吟咏,慢慢去体会其中的含义。国学传统中历来倡导"三诵"朗诵、默诵、背诵。德国哲学家狄慈根说"重复是学习的母亲"。所谓书读百遍,其意自现。"文革"期间,著名作家巴金的书房给贴了封条,加上锁,封闭了十年,巴金甚至用回忆来以默读,可谓深得素读之大法。陶渊明"好阅读,不求甚解"。反倒是容易进入到"每有会意,便欣然忘食"的境界。我自己也不断地体会到这样的快乐:不知不觉,悠然心会。如果我们以提升修养和陶冶性情为目的去阅读,不妨采用这种方法。

第十六,成见归零法——放下是非之心,不带有色眼镜去阅读。朱熹倡导"凡看书须虚心看,不要先立说,看一段有下落了,然后再看下一段。须如人受讼词,听其说尽,然后方可断"。在没有阅读前,有了先入为主的观点,好处是不容易被误导,但问题是也很容易做误判。由于我们对一个人,一种价值观、一种哲学思想,一种宗教观念持有不同的看法,很容易将我们的思想和情感带入书中,导致不公正的判断。对那些争议较大,特别是与自己观点相同或相左的作品,放下成见,像一个公正的法官一样听取诉讼,更容易听见真理的声音。

第十七,时空穿越法——作为一个时空穿梭者进入书中的世界。不阅读的人只能24小时生活在他自己的时间和亲身所到之处。阅读时可立刻摆脱时空的束缚,可走进10000年以前,也可走进500年之后,可与孔子对话,也可与特朗普谈心。正如以色列著名作家奥兹所言:"如果你只是游客,你会站在旧城的某条街上,仰望一座老宅,你看见有个女人,正从窗户里凝视着你。然后你便走开了。读一本外国小说时,你便能真切地得到邀请,进入别人的内室,进入他们的儿童房,书房,进入卧室"。其实本质上是穿越时空的束缚,进入比宇宙更浩瀚的精神世界。这正是阅读让我们获得了心灵的自由,消释了心中的羁绊与压力,摆脱了现实中的桎梏、枷锁,享受到那种自然恬静与舒适。

第十八,举一反三法——读一本书,悟出更多的道理,做到"两耳不闻窗外事,一心只读圣贤书"远远不够。不去思考、不去应用就是读死书。教育家叶圣陶讲"活读运心智,不为书奴仆"就是这个意思。我发现守财奴有两种:一种是守着钱财不会用,另一种守着知识不会用。阅读过万卷,长期存档,无异于垃圾文件,只会让你的大脑速度减慢。

读书方法固然很多,然而如何把书读活?却是首要问题。"我思故我在,我用故我能"。"我思"的第一个层次是要与作者交流、与作者擦出火花。第二个层次是要讲给别人听,写给别人看,与众人擦出火花。学然后知不足,教然后知所困。"我用"的第一个层次是用理论指导自己的实践,让自己受益。第二个层次是在用中发现新问题,找到新方法,创造出新理论,超越我们的前人。[57]

(四)课堂上视听阅读法

课堂视听阅读法是为掌握知识而阅读的方法,不是为考试而阅读的方法。为知识而阅读可以帮助考试,为考试而阅读却未必可助知识的增长。知识是阅读的目的(An End);考试只是一个方法(A Means)。

以理解代替记忆。很多人都知道理解了的课程容易记得,但理解其实并不是辅助记忆,而是记忆的代替。强记理论不仅很难记得准确。当应用时,强记的理论根本无济于事。明白了理论的基本概念及含意,你会突然觉得你的记忆力如有神助。道理很简单,明白了的东西就不用死记。但理论的理解有不同的深度,其准确性程度也有不同。理解越深越准确,记忆就越清楚,而应用起来就越能得心应手。所以阅读要贯通——理论上不同重点的连带关系要明白、要彻底——概念或原则的演变要清楚。

为此,在课堂上要改变三个不良习惯,让你一年内判若两人。

第一,上课不要"狂"抄笔记。记笔记是次要的、甚至是可有可无的。因为上课听讲时,抄笔记分心太大!将不明白的东西抄下来,而忽略了要专心理解讲者的要点,得不偿失。有几次我故意将颇明显的错误写在黑板上,200多学生中竟无一人发觉,只知低着头忙着将错误抄在笔记上。

其实,记笔记有两个用途。一是将明白的内容、要点记下来,以防遗忘。但是抄记要点容易引起分心,最好放弃笔记。在一般情况下,只要理解了讲者的内容,在几天之内是不会忘记的。很多讲者的数据在书本上可以找到,而书本上没有的可在课后补记。老师与书本的主要区别,就是前者是活的,后者是死的。上课主要是学习老师的思想推理方法。二是在课上听不懂的内容,记下不明之处,课后可以问老师或同学。换言之,用笔记记下不明白之处,远远重要于记下已明白的内容。

第二,将课程内的每个课题分开读,忽略了课题之间的关系,理解就无法融会贯通。为了应付考试,学生将每一个课题分开读、强记。一见试题,不管问什么,只要似乎与某课题有关,就"大开水喉",希望"撞"中。这是第二个不良习惯最明显的例子。

克服这个不良习惯的方法是,在读完某一个课题、或书中的某一章、或某一节之后,花点时间去细想节与节、章与章、或课题与课题之间的关系。理清这些连带关系,促进理解力的增长。就学术而言,知识点分得太细、太零乱,会觉得是多而难记。如果用连带关系连贯起来,要知要记的就容易多了。任何学科都是从几个单元的基础建构而成,然后带动千变万化的应用。学得越精,基础知识越扎实。若忽略了课题之间的连贯性,就不得要领,入不了门。

第三,大学生在选课时,只想选较容易的课或讲课动听的老师。其实进了某系之后,选课应以老师学问的渊博为准则,其它的都不重要。跟一个高手学习,得其十之一二,远胜于跟一个平庸者学得十之八九。因为各学科虽然分门别类,但其原理殊途同归。理解力的增长是要知其同,而不是要求其异。老师若不是有真本领,就不能启发学生去找寻不同学科之间的通论。

思想集中才有兴趣。众所周知,一般感兴趣的学科会学习得较好。但兴趣是思想集中激发出来的。任何学科,只要你能集中思想,潜心学习,兴趣都会盎然而生。

心不在焉地看书几小时,其阅读效果不如全神贯注地阅读几十分钟。认为读书时间不够的学生都是因为精力不够集中。培养思想集中的方法:第一,分配时间——阅读的时间不需多,但要连贯。明知会被打扰的时间就不应阅读。第二,不打算阅读的时间要尽量离开书本——"饿书"可加强阅读时的注意力。第三,厌书是大忌。阅读时如果感觉很勉强,就索性不读而等待有心情时再读。要记住,只要能集中,就能节省阅读所需的时间。将一只手表放在书桌上。先看手表,然后开始阅读或做功课。若你发觉在30分钟内不记得手表的存在,你的集中力已有小成。能在每次阅读时都完全忘记外物一小时以上,你就不用担心你的集中力。

问比答重要。很多学生怕发问，是怕老师或同学认为他问得太浅或太蠢，令人发笑。但学而不问，不是真正的学习。发问的第一个黄金定律是要脸皮厚！就算是问题再浅，不明白的就要问。无论任何人，只要能给你答案，你都可以问。问题没有深浅之分。正相反，在学术上有很多重要的发现都是由几个浅之又浅的问题问出来的。学术的进展往往要靠盲拳打死老师傅。很多从事高深研究的学者之所以要教书，就是因为年轻学生提出的浅问题能启发他们深入思考。求学的重要目的，就是要学会发现问题，找出其中奥妙。

老师因为学生多而不能在每一个学生身上花很多时间。认真的学生就应该在发问前先做准备工作。孔子说得好："知之为知之，不知为不知，是知也！"要分清楚"知"与"不知"，最简单的是发问前做好准备工作。这准备工作大致上有三个步骤。

第一，问题可分三类——A"是什么"（What?）；B"怎样办"（How?）；C"为什么"（Why?）。学生要先断定问题是哪一类。A问的是事实；B问的是方法；C问的是理论。问题一经断定是哪一类，学生就应立刻知道自己的"不知"是在哪方面，因而可避免混淆。若要问的问题是多类，要将问题以类分开。分类可显出自己的"不知"所在。第二，尽量问一些特殊的问题。问题越尖锐越好。第三，在问老师之前，要考虑自己的问题是否可轻易地在书本上找到答案。若然，就不占用老师的时间。若在书本上找不到答案，就问问老师。这些准备工作会让老师觉得你是孺子可教也。

书分三读——大意、细节、重点。坐下来对着书本、拿起尺、用颜色笔加底线做些强调记号。读了一遍，行行都有记号，这是毁书不是阅读。书要分三读：第一、快读，读大意，但求知道所读的一章究竟是关于什么问题。快读就是翻书、跳读，读字而不读全句，务求得到一个大概的印象。翻习惯了，速度就快了。读大意，快翻两三次的效果要比不快不慢的翻一次好。第二、慢读，读细节，务求明白内容。在第二读中，不明白的地方可用铅笔在页旁作问号，不用其它底线或记号。第三、选读，读重点。强调记号是要到这最后一关才加上去的，因为哪一点是重点要在细读后才能选出来。而需要先经两读的主要原因，就是若没有经过一快一慢，选重点很容易选错了。㊽

总之，先仔细阅读，边读边对主题句、关键词划上记号。重难点一目了然。然后用自己的话概括段落大意，总结文章脉络大意。同时勤做笔记，不致遗忘，及时写下灵感，启示心得。启迪自己的思想，引出与自己专业内容、思考方法有相类似的思想。当大脑疲惫、思维倦怠时，用普通话朗读。用声音牵制思维，用新的阅读方法刺激困乏的思维。

（五）阅读晦涩难懂文章的方法

阅读那些枝节繁杂、富有内涵的知识信息时,先分而化之,切成小知识块,再逐个理解。当你弄明白难点所在时,也就理解的差不许多了。否则,这些难点将阻挠你理解整段甚至整篇文章。

方法很简单,不妨拿张白纸,写下你理解的一些想法,或者段落篇章结构。就像在教给别人分析课文一样用自己的话解释它。重要的是把其分而化之,虽然可能重复解释某些已经弄懂的知识点,但你的思维最终会引导你到达一个无法解释清楚的临界点。这里正是需要你费神费思地突破的知识难关。你可以查阅课本、寻问老师、到互联网搜索答案。一旦你能够精准解释或理解你的困惑、难点,就轻松地找到答案。此法可用于以下地方:一是没有搞懂的知识信息。二是那些已经了解但一考试就忘掉的知识。这是考前复习的有效手段之一。

训练步骤:选择一个想弄明白的概念。写在纸上。尝试用一句平实的话解释这个概念。在解释过程中,可知道自己是否搞懂,以此加深对概念的理解。当解释不了时,找老师或已懂的人重新研究,直到能流畅地解释。如果是抽象的学术词语,试着用通俗易懂的语言类比它。用此方法掌握一个概念,找你不明白的难点。看看问题出现在哪里? 如果要通过考试,就简化你的语言或创造一个记忆深刻的类比,来记住考试内容。在进行大规模的学习时,碰到问题先别急着翻书,而是一次性把概念解释完,来验证自己对所学知识掌握的程度。

对陌生概念,翻开书找到解释概念的章节,先浏览一遍作者的解释,然后用自己的思维阐明它。当不能用自己的话解释时,就把那些枝节繁杂的知识切成小知识块、分而化之,再逐个理解、消化。最终能填补你知识欠缺的部分,否则这些缺口将阻挠你理解通篇或整块。在你论证数学公式、化学方程式、生物学的糖酵解过程时,如果无法理解它的运作机理,同样采用"分而化之、逐个理解"的方法。对需要记忆的内容,先自查是否已掌握了那些博大精深的非技术类的知识概念。对某个主题,若无需参考原始材料,就能用此技巧,说明你已理解。

利用"分而化之、逐个理解"的方法做习题,能帮你剥开知识理解的浅层表皮,形成深刻的知识直觉。采用类比、可视化、简化的方法学习、理解,用具有类似道理的常见事物来阐释复杂抽象的问题,用看得见摸得着的场景画面表达那些深奥抽象的概念。把复杂、繁琐的问题用简单明了的语言表达出来。简化是一门艺术,它加强了基础概念与复杂想法之间的思维联系。[59]

那么什么是深度阅读呢? 初步归纳为以下五个方面。

第一，阅读的姿态。深度阅读的姿态，是尽可能让自己沉浸进去，把手机放远一点，躲到一个僻静的角落，安安静静看书。智能手机是苹果公司的伟大发明，但它是一把"双刃剑"。在它给你带来通信便利的同时也给你带来时刻打搅你的烦恼。你在阅读时，尽量排除这种干扰，把手机切换到飞行模式，让它变成一块砖头。你沉浸到书里面去，进入心流状态，保护你的心流，不要让它被随意打断。

第二，阅读的选择。有次去附近的西湖区图书馆，找 C 类目里的心理学书架。走近一看，整个心理学书架上，一眼扫去，没有几本书是可看的，都是些江湖心理学、伪心理学、心灵鸡汤等。

我有心理学专业背景，所以哪些是专业的、靠谱的心理学书，一眼就能看出来。因此阅读的选择很重要。对深度阅读者来说，畅销书要警惕。不是说畅销书不好，畅销书里也有很好的书，但也有很水的。很水的畅销书有美式畅销书、日式畅销书和中式畅销书。

美式畅销书以格拉德威尔的书为代表，本来一页纸能说清楚的道理，填充了很多案例，硬生生撑起一本书。日式畅销书的特点，不是讲道理，而是从一个点出发，快速繁殖似的，生造出很多奇奇怪怪的概念，比如做某某事的 N 种方法，但每一种讲得都不透彻。中式畅销书，既不是讲道理的，也不是讲方法、讲概念，而是讲情怀，把你的心灵扰动起来，给你一些慰藉，就成功了。

这些书也有营养的也可以读，但对深度学习者来说，这点低密度的营养远远不够。要去读那些思想源头、知识源头、第一手材料的书籍。不要读来读去都读些二手贩卖的东西。在阅读时，想想你手头的这本书是作者一手的东西，还是二手的东西，这有利于甄别好书坏书。

第三，阅读的定力。我家有五六架藏书，其中有一整架书是我围绕"学习、思维、创新方法"这个大主题的核心书架。买科学、文学、管理学等其它方面的书，我精挑细选，很慎重，但是我最关心的核心主题方面的书，我的标准反倒放宽，凡是相关的书，我都不惜代价地尽量买来。我需要信息上的穷举，没有遗漏。有些科学家的传记，虽然传记本身不是为了探究思维方法，但从中可以看到这个科学家思维方法上的蛛丝马迹。

只要一本书里能找到一个对我有用的点就行。类似的还有作家的访谈录、哲学类的作品，还有建筑学家、导演、人类学家等的思想或经历，都是我的资源和素材。这就是阅读的定力。我一般不会在意别人推荐的书单，也不会在意畅销书榜，因为我很清楚，我需要什么样的书与社会上流行的阅读风尚无关。

熊十力先生曾有一个著名的"海上逐臭"的比喻，他在《戒诸生》一文中写道：中国学者有一些不良的习惯，对学术根本没有抉择自己所愿学的东西，因之于其所学无有不顾天不顾地而埋头苦干的精神,亦无有百甘受世间冷落寂寞而沛然自足于中的生趣。如此而欲其于学术有所创辟,此比孟子所谓"缘木求鱼"及"挟泰山超北海"之类,殆尤难之又难。吾国学人总好追逐风气,一时之时尚,则群起而趋其途,如海上逐臭夫,莫名所以。曾无一刹那,风气或变,而逐臭者复如故。此等逐臭之习,有两大病:"一、各人无牢固与永久不改之业,遇事无从深入,徒养成浮动性。二、大家共趋于世所矜尚之一途,则其余千途万辙,一切废弃,无人过问。此二大病都是中国学人死症。"与大家共勉。

第四,阅读的野心。什么是阅读的野心呢?就是不要用仰视的心态去看书,而是应该平视。在阅读时,你既要能看到这本书的优点,又能看到缺点,并在此基础上,想想你是否有可能超过作者,写得比他还好。这就是你可以有的野心。由于有这个野心驱使,在阅读时就更加审慎、深入地去思考别人写的东西,去寻找更深层更源头的信息。

最后,阅读的抵达。不要把阅读当作一个孤立的事物来看。就阅读谈阅读没多大价值,要放在生活及人生大背景下去考虑。阅读有许多的功用,能消遣娱乐,能赚钱,能满足单纯的求知乐趣。但最重要的功用是能改变我们的生活和人生。如果改变了,我们的阅读就抵达了。

所以阅读,绝不仅仅发生在把书打开又把书合上这两个动作之间的时间段,这只是阅读活动中最表层的部分。更重要的是,我们是否用行动把我们从书中读到的那些精华,转化为属于自己的价值,我们的智慧是否得以增加,我们解决生活现实问题的能力是否提高了,我们的心态是否可以更加平和,我们与他人的关系是否得到了改善,我们追求进步的动力是否得以加强,我们的思想境界、思维视野是否得以提升和扩大。这些都是我们可以从阅读中收获的东西。其实这种追求改变现状的诉求会反过来促进我们的阅读走向纵深。也促使我们更加主动和迫切地对所读的文本提出更高的要求,提出更多的问题。这些都会让我们的阅读更加深入。有些阅读是速食型的,它在短时间内赐予我们愉悦或者给我们以慰藉,但时间长了它的作用就淡化了。对深度阅读者而言,他需要更多能沉淀下来的东西,需要能给他生活带来长期改变的东西,并且有勇气促成这种改变。[60]

(六)阅读的几种理念

1. 阅读应博览群书

宋朝的朱夫子十五六岁就开始研究禅学,到中年时才感觉到速成不是良方。于是下苦功夫深入研究,才获得了一些成就。他的名句"阅读须是遍布周满。某尝以为宁祥毋略,宁下毋高,宁拙毋巧,宁近毋远"可算是他阅读禅学的经验总结,意思就是阅读应当博览群书,仔细详实。

（1）对广大青少年读者而言,阅读宁可详细不要简略,宁可从基础读起不要好高骛远,宁可下笨功夫也不要投机取巧,宁可立足眼前不要拖到以后

从人生体验阅读的高度讲,人生必须经过漫长的阅读积累和生活磨炼。虽说"短平快"可以获得瞬间的成就、得到短暂的名利,但如果谈起永恒,这只是皮毛之举,重要的是必须守得住清贫、耐得住寂寞,必须经受一个刻骨铭心的磨炼、修养过程。否则,朱夫子在宋朝阅读禅学取得一些成功的事迹不会在 800 年后的今天仍被后人津津乐道。

博览群书后,要学会与人交流、"卖弄"自己的阅读心得。一个人阅读孤陋寡闻不说,重要的是阅读效果欠佳,没有读后与人交流、在同行面前"卖弄"心得读得深刻、透彻。读后要经常与人交流所得、"卖弄"心得,向别人"吹牛"自己的新见解。这能增强你记住所读书的内容。在给人讲述的时候,会不知不觉地运用你大脑中原来储存的有关知识来,无意识中筛选、组合成新的思维语言,来解释、阐述你读到的新思想新体会。同时加进你的思考,强调你看重的东西。这种将书中所读内容融入你的新思想的过程,不仅能够使你牢牢地记住你赞同的、或者产生共鸣的新观点,而且阅读后再通过交流、"卖弄"这种思考过程开发了你的心智、开拓了你的思想。好的思想不仅能够开启优秀青少年的心智,他们受到激发后还能深化、提升这些新思想新体会,推陈出新,发展新思想新学问。这种受书的启发产生一些新知识点的过程就是阅读最大的收获。

广泛阅读可发现自己的阅读兴趣和研究乐趣在什么地方。中小学阶段教育面太狭窄,阅读主要是为了应付考试。上大学以后,有了自由阅读各类型、各风格书籍的机会。这样就可以在广泛阅读中发现并培养自己的阅读兴趣。阅读兴趣的培养类似于人们某些喜好的养成。比如牛奶养分很高,西方人摄取牛奶量很大,一天喝一公斤甚至更多。而且不分时段,早晚都喝。所以西方人普遍长得健壮、高大。可中国人整体上不太习惯喝牛奶。有些人喝牛奶能够消化,有些人喝多了还会腹泻,甚至有人和牛奶还会过敏。为什么呢? 因为中国人胃里缺少一种接纳牛奶的酶。而西方人从小就生长在喝牛奶的氛围里,耳闻目染地接受喝牛奶文化的熏陶。他们的胃从小就开始接纳这种酶的开发,久而久之长大了自然能喝。培养阅读兴趣同样是这种机理。如果从小没有培养阅读兴趣,成年了就很费劲。所以童子功是非常重要的。如果作者阅读兴趣窄了,读的书少了,大脑中储存的知识有限,写出的书就没人愿意看。中国的有些专家学者出版的著作索然无味,最大差别在于国外的有些专家学者非常博学,写的书内容详实有味道有新意。

如果知识面太窄,书写得没有味道又无新意,读者怎么会爱看呢?

(2)博览群书的目的是培养阅读的思考能力

很多学者的研究工作脱离他们的实际生活,而大思想家们的思考、研究工作常常与他们的生活、工作融为一体。他们的研究和思想就是他们生活的核心。他们的研究工作不是谋生的差事,而是生活的一种境界,对他们来说跟他们的生存完全一体,甚至是他们生存的重心。就像天职,他会利用一切机会,去发现信息、提出问题,将生活和学术研究融为一体。他们很多思想的火花都来自于他们平常生活给他们的启迪。

有些青年学者一直找不到学术研究的入口,经常困惑怎么学会思考。其实很简单,如果你是有心人,那么首先就从解释你身边的生活开始。思考、解释日常生活中的问题、疑团。对周边日常生活要有好奇心,要问为什么,以此诱发我们去深入思考、去多角度解释。比如家庭状况、亲属的谋生之道、最先感受的小环境、怎么有的人下岗了、你家庭消费在这20年的变化,这种变化是怎样发生的,和大社会有什么样的关系。如果生活在农村,村落中发生了哪些变化?目睹农民们的各种生存方式,比如中青年外出打工、留守老人妇幼孩童、分家、村庄政治等。很多真实生活非常耐人寻味。能不能用你所学的专业知识思考、解释这些日常生活现象。有了初步的想法或者启示,日后推而广之再去解释社会,解释世界。所以,首先从解释周边开始,逐步培养这个能力。

其次,阅读要记笔记,自己能看懂就行。笔记可以记得简短精悍,像个索引、一两个字点明某书某页,以备日后深入思考时引用。需要引用时把那本书拿来翻到那一页就行了。阅读时记笔记,日常生活中有意无意发现的问题、想到的小事,引起思考及时笔记下来,以免过后遗忘。这些东西既是你的心得笔记,也是你思想成长的轨迹,能够坚持笔记下来,就是你的思想发展历史,很珍贵的。你记下你当时的感受和怎么想的,也许带有当时的情绪在其中。再想时心情平和了,肯定理智一些,那么你对这个问题的思考就能像登台阶一样上一个高度,而不是像拉磨一样在原地转圈。由于现代人高度分工,其生活接触面非常狭小,那么日常生活中的点滴信息就显得非常珍贵。珍惜自己一点一滴的思想,把它记下来,米尔斯管这叫学术档案。学术档案可以分为两路,一是阅读笔记,要点加上心得。二是对日常生活的思考、观察所做的笔记。二者相互对照、相互促进、相互影响。书本理论学得越多、理解得越深,就能在观察周围的生活时有更深的理解,跟没有读过那么多理论的同龄人比起来,对生活的解释就不一样。书读多了,观察周围会有新的眼光。阅历多了、观察多了,阅读会更有心得。对日常生活观察得越细致越深入,积累得心得越多。当你回过头来再读那些理论著作,你的理解又有很大的不同,它会促使你读懂很多书,帮助你产生共鸣。二者融合在一起,一个人的思想学术就是在这样的过程中成长起来的。相反,观察周围的事情有什么想法记笔记,多数同学做不到。并且不善于观察、思考的人,往往也读不出书中的精妙之处。⑥

阅读非常强调动力,要养成勤于观察周围事情的习惯,以及对日常生活、周边人等提出问题、做出解答的习惯。一般情况下支撑学者成功的动力有二:一是知识与智力上纯正的好奇心;二是对社会公正的关怀。二者缺一都是不行的。只关注社会公正,这样的人容易好高骛远,忽视周边事物,视野容易狭窄。那些与公正问题没有什么关联的事情引不起他的好奇心,引不起他的关注。这就会丢失掉很多学术生长点和思想触发点,很容易导致政治化,成为政治动物。一些对社会公正非常关注的学者,写出的东西激情四溢,但就是觉得味道不够。这是因为他缺乏一个纯正学者那种超越现实政治、关注民间疾苦的博大的智力关怀。如果只有学术智力上的好奇心,缺乏对社会公正的关怀,这样的人格调不会很高,视野和境界只会局限在个人的功名利禄中。那么他们研究社会问题的动力就会不足。一句话,"学而不思则罔,思而不学则殆"。阐述的就是学阅读学习与生活思考的关系。生活实践的思考能力就是阅读、学习的动力。二者相辅相成、相互促进。我们常说"世事洞明皆学问,人情练达即文章"。讲的就是我们不能只有"知识与智力上纯正的好奇心",只低头专注阅读,而是要"洞明世事""思考人情练达",要勤于从你周围、你自己经历中发现问题、提出问题、解答问题。学与思巧妙结合取得博览群书的效果。

2. 泛览百书不如精读一书

前人从一本书出发的阅读理念,首先值得吸纳和借鉴。在北宋,当雕版印刷术大行其市,"市人转相摹刻诸子百家之书,日传万纸。学者之于书,多且易致"以后,在士子阶层学风苟简的毛病却愈演愈烈。为此"江西诗派"开山之祖、文学家黄庭坚多次有针对性地指出,"大率学者喜博而常病不精。泛览百书,不若精于一也。有余力,然后及诸书,则涉猎诸篇,亦得其精";"阅读务博,常不尽意;用心不纯,迄无全功";"阅读先务精而不务博,有余力,乃能纵横。"又说:"尽心一两书,其余如破竹数节,皆迎刃而解也。"

南宋哲学家、教育家陆九渊少好阅读,爱思考,11岁随五兄九龄赴疏山寺阅读,仅带一部《论语》,将孔子和门人语分别抄录,互相比较,藉见精义。后读《春秋》得明大义,"知中国夷狄之辨"。他认为,读古圣贤之书,"须当明物理,揣事情,论事势。且如读史,须看他所以成,所以败,所以是,所以非处。优游涵泳,久自得力。若如此读得三五卷,胜看三万卷"。

朱光潜在《谈阅读》一文中说,书籍浩繁,易使人形成"阅读不专精"和"迷失阅读方向"。他认为:"阅读并不在多,最重要的是选得精,读得彻底,与其读十部无关轻重的书,不如以读十部书的时间和精力去读一部真正值得读的书;与其十部书都只能泛览一遍,不如取一部书精读十遍。"⑫齐白石16岁开始拜师学习雕花木工,给家里赚钱。他的木工师父手艺很好,他认真好学,所以他的手艺也越来越好。由于经常跟着师父在外面做活,四处跑,他渐渐地在当地有了名气。齐白石学手艺,不仅勤动手,更善于动脑。他发现师父雕的花、做的木工,翻来覆去就几个固定的式样,什么"麒麟送子""状元及第",没什么新意。于是他就搞创新,把国画里其他的一些元素如虫草、花鸟等迁移到木雕里,起初只是试探,没想到雕出来的这些新品,颇受大家欢迎。

这种经历让他对国画有了强烈的兴趣,但没人教他画,而且他能看的也只是些比较初级的国画画册,所以一直无法真正入门学画。直到20岁的一天,齐白石在一个主顾家里干活,发现了一套《芥子园画谱》。这是一套非常经典的国画教科书。一个想学画的人看到一套画谱就如同一个想学武的人看到了一套武功秘籍,如获至宝。可是这套书是别人的,在当时很稀少很珍贵,他没法从别处得到。于是只能向书主借来,用薄竹纸覆在书页上,描红一般把原画一笔一笔勾描在竹纸上。就这样勾画了足有半年,画成16册。悉数描完后才把原书交还。接下来的五年,齐白石靠这套勾描出来的《芥子园画谱》做木雕,闲时反反复复拿出来临摹,勤学苦练。他画画的功底就是这么打下的。后来齐白石的画在当地出了名,引来名画家收他为徒。有了专业指导后,齐白石的画技更上一层楼,终于成了一代国画大家。发现一本好书,花半年时间抄下来,又花几年时间学这一本书,这是在信息匮乏时代的大背景下,一个求学若渴的年轻人所做的事。而在今天,有几个人可以像齐白石那样去阅读呢?⑬

池田大作的阅读观指出,"先读破一卷,再博览群书",不失为现代人一种行之有效的阅读法。因此,阅读文化学意义上的"一本书主义",就是指人生阅读的旅途,应从受荐获荐,或自我选读,甚至邂逅的一本恰当的好书开始。而通过读好一本书的具体实践,在获得了愉悦、沉迷、神往、审美、共鸣之情,积累了阅读好、读好书、好阅读的生动体会、基本信念和价值观之后,才可能从心田里由衷涌起"喜欢万卷书的波涛",进而捷足书林,悠游学海。或如池田大作所说"读了好书之后,应当从中得到希望、勇气和喜悦,开阔视野","精读一本书,深深挖掘下去,就能寻根求源,探得其中之奥妙,这是一种好的阅读方法"。

3. 曾国藩酷爱读史、笔耕不辍的阅读观念

阅读本来就不是一件功利性的事情,不能指望当下读完一本书立刻便能产生效益;阅读需要我们能耐得下心,静得下性,方能有所收获。曾国藩是千百年来一位真正把书读透、并学以致用,而且真正成大事的阅读人,是科班出身的儒士。他一心仰慕圣贤之学,皓首穷经,埋头书海。翻阅曾国藩家信,发现他在信中谈得最多的就是阅读,他所有的成就都和他的阅读分不开。他甚至告诫子孙:"余不愿(尔)为大官,但愿为阅读明理之君子。"

那么曾国藩是怎么阅读的?

第一,一书未完,不看他书。这种读书风格有些类同于上述"泛览百书不如精读一书"的观点。不同之处在于曾国藩老先生看重的是读书的专注度。很多人阅读求快,总希望一口气吃成一个大胖子。买了很多书,匆匆来看,看到一半,又开始看另外一本。最后发现自己看了很多书,其实都是囫囵吞枣,填鸭阅读。也许书柜里摆了很多书,其实很多书都只看了1/3或者1/2,来不及精思细读,便又被放进书柜,从此很少翻阅了。这类阅读方式好似吃饭,饭刚被咽下去,进入胃里,还没来得及等人体吸收,便被迅速排出——知识和思想还没来得及等大脑神经细胞细细咀嚼,便又被新读之书给挤下去了。这种只求速度忽视阅读质量的阅读方式,追求的不是获取知识和思想,得到的只是阅读量、阅读多少本书——这些表面数字。所以曾国藩说:"一书未完,不看他书,东翻西阅,徒徇为外人。"意思是,一本书未读完,绝不开始阅读下一本书;东翻翻西看看,其实是读给别人看的,而不是读给自己用的。

第二,坚持读史,从不间断。曾国藩喜欢读史。当时只有23史,这套书像宝贝一样带在身边,每日圈点十页,虽有事不间断,大凡伟人都喜欢读史。毛泽东读《二十四史》简直到了痴狂的地步,无论走到哪里都要带上这部书,日读夜读,朝夕相伴。哪怕到了1975年,毛泽东已经82岁高龄,眼睛患有严重的白内障,他还是要读《二十四史》,读不了就让人念,自己听。著名演员陈道明先生也喜欢读史,而且他不但喜欢读史,且对整体的中国古典文学都热爱异常。冯小刚说陈道明,他是演员里阅读多的一位,尤其是中国的古典文学,家里书架上摆了很多,也真看得进去。汪涵在《天天向上》节目中说陈道明先生无论去什么地方,都要带一箱子书,有空就翻翻,就看看。几十年来坚持如此,才有了如此惊人的阅读量和非凡的气质。如此坚持不懈地阅读,无论寒冬酷暑,无论身处何境,身边总是带着书。这样的人才算真正地把阅读当成生命中的事业了。

第三,每日阅读,记录心得语。毛泽东在湖南第一师范的老师徐特立教育他说:不动笔墨不读书。此后,毛泽东一生坚持了这个习惯。毛泽东去世后,后人对他读过的《二十四史》进行统计,发现了198条批注,近4000字;同时书稿上还有各类批画、圈点符号,几乎每一页都有。这样全神贯注地阅读,发动全身每一个细胞与文字砥砺切琢地阅读,实在是让人喟叹。

阅读应当是读者与作者的互动,而不应该是作者对读者思想的灌输。唯有如此,读者才能在阅读中将作者的思想聚焦细碎,化为营养,为己所用。更能在作者原有知识的基础上,提出新看法,创造新知识。曾国藩深谙此点,所以他每日阅读毕,都会在日记中写下当日阅读所感。揣摩作者意图,然后化为自己的思想,应用于处理日常工作生活之事。这是阅读学以致用的楷模。[60]

4. 阅读好比"隐身"串门与学识渊博者交流

杨绛曾经给出这样的定义:阅读好比"隐身"地串门,要参见钦佩的老师或拜谒有名的学者,不必事前打招呼求见,也不怕搅扰主人,翻开书面就闯进大门,翻过几页就登堂入室,而且可以经常去,时刻去而不觉得不便。如果不得要领,还可以不辞而别,或另请高明,和它对质。

阅读行为的本质,其实就是思想之间的交流。没有书的时代,交流只能通过当面请教完成。书实现了作者思想的提炼,又实现了跨境跨时的传播,极大地方便了交流。而在今天,书以更丰富的数据形式存在,让交流的门槛更加方便快捷。

从汲取知识到创造智慧,是阅读人面临的新变化。我们依然生活在一个被分工的世界,"有用"的书依然有用,但在高度数据化的时代,应用类的知识越来越可以交给"云"去储存去搜索。而人类社会的前进越来越依靠的创新,却需要有人不断去刷新精神内核,不断发现思想新大陆。从这个角度讲,以前被定义为"无用"的阅读,反而更有意义。

当然,"无用"的书也需要做一点甄别。有的人喜欢看猎奇穿越、娱乐八卦的读物,是为了放松身心,但对于这类不停寻找肤浅刺激的人,弗洛姆认为他们患上了"内在创造性不足"的病症。快乐其实是可以自己制造的,跟随精神去探索去阅读,通过心灵解惑而创造的快乐才真正属于自己,而不是卡斯特所说的"借来的激情"。

有研究者发现,包括人类在内的动物幼崽都热衷玩耍,但成年后却不这样。正如海德格尔所说,儿童游戏就是"因为他们游戏"。每一个进化至今的物种,基因中都带有强烈的好奇心,而几乎所有儿童在刚识字的时候,都对阅读有一种天然的兴趣,就是人类自我传承的基本法则所致。

成人对阅读兴趣的差异,有天赋的原因,有生活压力的因素,也与社会对阅读的定义分不开。其实,阅读应该更快乐些,让阅读回归这个行为的本意。孔子讲出"学而时习之,不亦说乎"的时候,比"书中自有黄金屋,书中自有颜如玉"早了将近1500年。这其中人类对阅读从"不亦说乎"的认识逐渐上升到阅读获取"黄金屋""颜如玉"的功利追求。社会的进步与发展,现代人追求精神生活的层面多层次、手段方式多样化。读书学习发展成为只是丰富精神生活的方式之一。因而，从"有求"的阅读上升到"无求"的阅读，重新思考阅读的"有用"与"无用"，是我们每一个人，也是一个民族必须思考的问题。⑮

5. 让读过的书变成你的财富

我常常觉得，所谓"腹有诗书气自华"，是一句假话。柏拉图的智慧，不会因为你曾坐在书桌前，与《理想国》枯守数小时，就自动跑到你的心里。你也不会花一下午看一本《围城》，哈哈一笑，就自动收获钱钟书杨绛的爱情。我也曾贪恋所谓的"才女"之名，囫囵吞枣，一次吞完几十本书，最后只记得惊心动魄的故事情节，为人物鞠一把泪，什么都没留下。所幸，在书海里摸爬滚打这么久，虽然也踩过一些坑，却始终没有弃书而去，还积攒了一些小小的心得和经验。关于如何阅读才能有效，这些心得，或许可以分享给你。

主动思考，最好是做笔记主动思考，是有效阅读的第一步。什么是主动思考呢？就是一个人在阅读时，不是被动地接收信息，而是带着自己的经历与体验，看待作者笔下的世界。在这个时候，作者只是一个引路人、讲解员，他说的话并非总是有道理，读者需要结合自己的实际经验来下判断。或是举双手赞成，或是觉得作者说法不妥，与他商量讨论，都是可以的。若是单纯看书，容易如水过鸭背，不留痕迹。而在主动思考之后，书中的见解和想法，便如刀刻斧琢，印进一个人的思想里。个人认为，做笔记对于促进主动思考，相当有效。阅读的时候，若没有纸笔在身边，我常常会抓耳挠腮，难受不已。因为常常心有所得，偏偏这感觉又转瞬即逝，当时不写下来，再读第二遍，便很难有相同的感受了。

做笔记不是抄书，而是怎么有效率怎么来。我喜欢一边读，一边画出我认为精彩的句子。心动之处，便在书页留白处写上批注。如此读完一本书，还会额外花几个小时，把笔记整理到专门的笔记本或者电脑中文件。这样，我不是"吞"了一本书，而是真正地"消化"了一本书。另外，好书总是需要再三、再四阅读，而每一次阅读都是建立在前一次的基础之上的。阅读笔记上的灵感和心得，恰恰为下一次的阅读打下了基础。

学着把你读过的书说出来我自己很喜欢和朋友聊书，日常太忙碌，不是每一本书都能写成书评，和朋友聊聊当下心得，对于深刻理解一本书，也是有益的。首先，能跟别人"讲明白"这件事情，本身就需要你吃透它。我常常说着说着，就发现"卡壳"和没有"吃透"的地方。其次，写一篇书评，你需要正襟危坐，绞尽脑汁，但聊书，只需要一个兴味相投的朋友，和彼此碰巧的一段时间——一餐饭，一小段同行的路，一个美好的下午茶。第三，和他人聊天，可以得到立即的反馈。他可能会质疑你，你支支吾吾答不上来，便暗下决心："我回去弄懂这个话题！"他或许会同意你,举出你没听过的例子来附和你的观点,你们相互探讨,也容易有新的感悟。当然,聊书是短平快的方式,写一篇完整的书评,将所思所想记录下来,仍然是更为持久和深刻的方法。

读万卷书,也要行万里路。李敖有一句著名的"阅读无用论":"千万别对阅读指望太多。你不会变得更博学,因为书上得来的东西你并没有真正去验证。你会因为终日耽于幻想而深思飘忽,因脱离生活而愈加沉默。"书籍,来源于生活,又最终要回归到生活。如果自己不曾体验过与书中人类似的喜怒哀乐,也许一个人对书籍的理解,便只能停留在大脑皮层浅表处,由故事情节而得到的简单刺激。他将永远无法体味这本书的灵魂。

拿我自己来说,如果不曾失去深爱的青少年时代,便不会懂得安娜·卡列尼娜在失去爱情,卧上铁轨时的万念俱灰,更不会懂托尔斯泰写下这一段时为何伏案痛哭。如果不是年轻时颠沛流离辗转几个城市,遇到过形形色色的人,我也只会觉得《沟通的艺术》中所云,无非教科书一般的简单真理,原来践行竟是如此不易。如果不是自己有儿子,就不会对毛泽东失去儿子岸英、陈独秀失去儿子陈延年的悲痛心情有切肤的感同身受。因为自己是弱者,便对弱者的悲惨遭遇深深怜悯和同情。

所以阅读与人生,在某种程度上也是一种修行。阅读如短途旅行,在每天的24 小时之中,花一点时间,体会另一种人生,成为自己不曾成为的人,看以前没机会看的风景。然后轻装上阵地回归现实世界里。如此才能算是诗书藏于心;如此的岁月才能算是不被辜负。我知道你很努力,所以更不希望你白白用力。杨澜曾经说愿腹有诗书的你,即便在日复一日的平凡生活中洗尽铅华,也在同样的工作里,有不一样的心境;在同样的家庭里,有不一样的情调;为同样的后代,成就不一样的素养。[⑥]此时此境,阅读,已经融进你的气质,走入你的工作生活,成为你言谈举止的一分子,你能说阅读不是你终身不渝的人生财富?

6. 阅读是人生的精神享受

阅读可从书中结识新朋友、了解新社会、发现新世界。学习前人的智慧、了解如何获取财富、吸取最大教益。世界上最不幸者就是那些从未领略过阅读好书之乐趣的人。我们说阅读是一种精神享受,有点像体育运动。之所以是种乐趣,并不是因为作者向你讲述了什么,而是因为阅读使你开动脑筋思考。你的想象随作者驰骋,你的经历同作者经历相对比,使你得出与他相同或不同的结论。随着你对作者思想的理解,你的思想观念也会发展。每本书都巍然独立,宛如巍然独立婆娑大树,而图书馆藏书则犹如城市里鳞次栉比的高楼大厦。尽管它们各自独立,但却彼此联系、共同构成一个完整的体系。人类生活中反复遇到的种种问题在文学作品中反反复复地出现,但其解决方法在不同时期不同作品中却大相径庭。书本相互影响，把过去现在与将来紧密联系起来，一代代形同各个家族。博览群书让你变得高尚、聪慧、善良、文雅，你会觉得阅读其乐无穷、受益无穷而不是件苦差事，不觉得索然寡味。

给人带来乐趣是任何艺术作品的最高目的。因为从任何艺术中得到的乐趣如同滋补剂一样有益于身心健康。全神贯注于文学作品主要目的是从中享受乐趣，附带目的可能是与美学、道德、政治、宗教、科学、学问等等有关。你可专心致志地研究一个人，攻读一个题目，全力以赴探讨一个时代、民族，一个文学分支、一种思想——你在选择目的时享有广泛自由，但必须有个明确目的。而我们的社会氛围太过功利，不重视自身乐趣。没有养成对阅读的热爱，人生中就少了很多乐趣。大学教育要教什么，简而言之就是三件事——怎么阅读、怎么思考、怎么写论文。除此之外，社会学，还教怎么做社会调查，自然科学则要教学生怎么做实验。那么怎么阅读、怎么思考呢？子曰："学而不思则罔，思而不学则殆。"

怎么阅读呢？阅读带来的是乐趣而非利益。无论是小范围还是大范围，整体上中国人和其他民族相比是不太爱阅读的。《钢铁、细菌与大炮》这本书非常好，在美国卖几十万册，我向同学推荐，没有一个人看完后不说好的。但这本书在我们这儿只卖了一两万册。在日本的地铁里，等车的人都拿着书看，车来了以后，上车的上车，下车的下车，很拥挤，相互把位置调整调整，从兜里拿出书报继续看，一个车厢里80%的人在阅读，站台上80%的人在阅读。我在教"生物学对社会科学的启示"时，发现一个酷爱阅读几近痴迷的学生。很快我读的书他差不多都读了，我们能对上话。这以后他经常从网上下载一些英美学术刊物上关于社会学与生物学交叉的新成果发过来，我很受益。我非常高兴我碰到这么一个学生。我也非常失落，这样的学生怎么就碰到一个呢！全国上下包括我们名牌学校的学生，我看不到他们热爱阅读的劲头。这是最使我悲哀的事情。

什么原因呢？我们学的东西太狭窄了，学生没有选择的自由，只有被动地去重复、去记忆。在这个过于狭窄的领域中又逼迫同学们用力过猛。狭窄、单调而且用力过猛，最后造成学生们厌学。其次是我们的大学教育专业化太早，大家学的东西狭窄、单调，同学没有较多的选择余地。再次是我们社会氛围太过功利，不重视主体自身的乐趣，不重视开发主体阅读的兴趣。在这种氛围熏陶下，人们动辄要问：这有什么用？能帮我找工作？能帮我升官？能帮我赚钱？对不住，往往都不能。很多人类的文化精品不能帮你这个忙。这三个原因导致我们无法建立起阅读兴趣。如果读书十几年到大学毕业，你最终也没有养成热爱阅读的习惯是很遗憾的，即使不做学术工作，你人生当中也会少了很多乐趣。如果以后想做学术工作，也是做不好的。⑰

八、阅读的境界

    阅读与不阅读的人,他们两种截然不同的处世方式、精神状态显而易见。有阅读意识和习惯的人,大多处事沉稳、思想高尚,其人生境界多半是草长莺飞、繁花似锦。而不阅读或缺少阅读的人,很多人思想偏执、行为顽劣不化,情趣鄙俗,其生存状态多半是杂草丛生、令人窒息的荒芜。"人"不应该只是一个酒囊饭袋,也不应该只是一具没有灵魂、却贪得无厌、放纵欲望的躯体。如果仅仅是消耗资源的酒囊饭袋,也只是生物学意义上的两腿直立行走的无毛动物。人能不能阅读是人和其它动物的根本区别。有些人对阅读持否定态度,认为阅读无关紧要。而且列举了很多不阅读也能照样当官、发财、享福的例子。持这种观点不是没有道理,因为现实生活中确有这种现象存在。但是从宏观上观察统计,这些不阅读的人群,多半整天浑浑噩噩,即使书籍堆积如山,矗立在他面前,也无动于衷。吸引他们的是物质、金钱、美女,还有诸如吃喝、嫖赌、害人等各式各样的欲望追求。也有些人明明知道阅读的意义却经不住享乐的诱惑而不阅读,这是主动放弃的堕落。现代"人"的含义更加丰富和多元,其中最基本的含义是,"人"应该是一种有精神追求的、并在精神追求中获得愉悦的拥有高尚情操的修炼动物。修炼的重要途径就是对书籍的渴求,就是广泛阅读让身心得以升华。

(一)阅读的人生境界

1. 人生三重境界

    人从牙牙学语,到垂垂老矣的暮年,一生基本上要经过三重思想境界:第一,看山是山,看水是水;第二,看山不是山,看水不是水;第三,看山还是山,看水还是水。

    人生之初纯洁无瑕,初识世界,眼睛看见什么就是什么。这是初出茅庐的第一阶段。随着经历世事增多,发现世界的问题越来越多,越来越复杂,经常是黑白颠倒,是非混淆,无理走遍天下,有理寸步难行。进入这个阶段,人是激愤的、不平的、忧虑的、疑问的、警惕的、复杂的。人不再轻易相信什么。这时看山也感慨,看水也叹息。山自然不是山村里单纯的山,水自然不再是单纯的水。一切都是以人的主观意志为载体,所谓好风凭借力,送我上青云。人若停留在人生的这个阶段,就苦了这条性命了。人就会这山望着那山高,就会绞尽脑汁,机关算尽,永无休止地争强好胜,难以满足。就不停地攀登,不停地与人比较是非、成败、功名、利禄。处于这个阶段的人,看山不是山,看水不是水,看什么都不顺眼,整天都在烦恼、悲愁、忧郁中。为什么呢?因为世界是圆的,人外有人,天外有天,循环往复,绿水长流。而人生命是短暂有限的,哪里能够去与永恒和无限计较呢?许多人到人生第二重境界就到了人生的终点。结果是追求一生,劳碌一生,心高气傲一生,最终没达理想而抱恨终身。但也有一些人通过阅读、阅读、再阅读,修炼提升到人生第三重境界。到了第三重境界,突然茅塞顿开,回归自然。专心致志做自己该做的事,不与别人计较。任你红尘滚滚,我自清风朗月。面对芜杂世俗之事,一笑了之,了了有何不了。这时人看山又是山,看水又是水了。所以人本是人,不必刻意去做人;世本是世,无须精心去处世。

2. 人生阅读的三种境界

(如右上图)

(1)青少年阶段的认识境界,是阅读的被动接受阶段

是人生启蒙、起步阶段,也是青少年成长最快的开卷有益阶段。在此阶段,青少年的内心世界稚嫩、纯净,像空气清新、鸟语花香的清晨,觉得世界是阳光明媚、鸟语花香的翠绿春天,人们生活在欢声笑语、歌舞升平、祥和温馨的社会中。觉得一切知识都有用处,都有必要学习。正好利用这大好时光让年轻的心灵通过阅读大量书籍,认识世界、感悟社会、憧憬未来。让青春在对未来充满好奇、充满渴望的阅读中驰骋、挥洒。

(2)青壮年阶段,是存在怀疑的犬儒阶段,开卷不一定有益

经过青少年阶段十几年的阅读学习

和一定程度的社会生活的实践、磨炼,认识到现实世界并没有书中描述的想象中的那么美好。现实生活并非到处春光明媚,而是阴云密布、电闪雷鸣、波涛汹涌、惊涛核浪,处处是荆棘丛生,处处有激流、漩涡、险滩、陷阱。人们生活在血雨腥风的炼狱中。虽然知识浩瀚如烟海,但是人生却艰难漫长,世事黑暗曲折。有时候必须经受痛苦,只有在烈火的煎熬和挣扎中等待黎明的到来。只有在经受过这种锻造、升华之后,思想才能上升到一个高度、达到一个境界。才认识到开卷没必有益,必须要有重点、有选择、有取舍地阅读。经过生活的历练,变得不再对书本盲从,不再对权威、师长盲从,而是有了自己独立的判断标准。同时对世界的防御、警惕、对自我保护的意识加强了。在此阶段,人们的肉体、精神和灵魂都要经受炼狱般的痛苦煎熬和磨难后,思想才能进步成熟、学识操守才能上升达到完善层次。

（3）中老年阶段,是一分为二、理智地选择阶段

人到中老年,经受几十年人生的漫长煎熬,历尽苦难,儿女长大成人,工作安定、事业有成,终于迎来人生的第二个春天。此时此景仿佛透过云蒸霞蔚的云海,可以轻松地、高高地站在人生制高点上欣赏天空中冉冉升起的朝霞、阳光照彻的云海,看夕阳缓缓地落幕。内心的阅读积累让我们逐渐认识到俗世社会与现实生活。突然有种豁然开朗的感觉。透过阴云密布的黑暗看到光明四射的阳光,透过坎坷、挫折看到希望,在艰难曲折中坚定生存的勇气和信心。从广泛阅读中寻求生存的智慧和力量,保持淡定、平和的心态潜心于工作、事业等方面的阅读研究,能做出一些成绩和贡献,也不失为一种返璞归真、大道至简的境界。

（二）阅读的思想境界

1. 阅读的三种心理感受

（1）苦学

这种"头悬梁,锥刺股"的学习方式,使学习变成一件枯燥无味的苦差事。这种被动行为的学习很少能够体会到学习的乐趣,长期下去必然产生一种恐惧感,滋生厌学情绪。

（2）好学

常言说"知之者不如好之者",学习兴趣是学习的动力,能自觉主动地学习,便能取得好成绩。好成绩又激发他们更加浓厚的兴趣,推动他们更加努力地、废寝忘食地学习,形成学习情绪的良性循环。

（3）会学

学习本身有需要遵循的规律,掌握正确的学习方法,学习效率就高。学得轻

松,思维也变得灵活流畅,能很好驾驭知识,成为知识的主人。大多数学生厌学是因为处于"苦学"境地;少数学习优秀者是因为"好学";而真正会学习者是那些学习成绩出类拔萃者、特别优异者。[68]

2. 阅读的四种觉悟

阅读无止境,然而阅读却有境界。近代学者王国维在《人间词话》中说的三句话,阐述了古今成就大事业、大学问者的三种境界。此处境界是指修养造诣之各种不同的阶段。阅读作为生命需求,作为一种修身养性、陶冶品行情操的方式,作为一项净化、丰富、扩展人生崇高事业的途径,阅读当然有境界,而且有四种境界。

"孤舟蓑笠翁,独钓寒江雪。"此乃第一境也。阅读要静心而读,守住心灵深处的宁静和纯真,耐住寂寞,甘于孤独,要潜心铸剑,专心致志,聚精会神,心无旁骛。柳宗元诗云"真源了无取,妄迹世所逐","淡然离言说,悟悦心自足"。在明媚的春光里,小桥流水、白云悠悠。在树荫下,就是一本书、一把椅子、一杯清茶。读起来,你感到是那样的清静、那样的优雅;在寒冷的冬夜中,夜阑人静、万籁俱寂。在书房里,就是一本书、一个人、一盏孤灯,手不释卷,你又觉得是那样的幽静、那样的惬意。这是一种"板凳甘坐十年冷"的阅读境界。

"采菊东篱下,悠然见南山。"此乃第二境也。阅读不仅要坐下来,还要能读进去。书间如梦,一尊还酹明月。书读进去了,就会沉醉其中,废寝忘食,乐而忘忧。真可谓时光现在最佳,江山如此多娇,风景这边独好。春风得意马蹄疾,一日看尽长安花。阅遍人间春色,人与书就会融为一体。这是一种"书人合一"的阅读境界。

"会当凌绝顶,一览众山小。"此乃第三境也。古今中外多少事,一切都付书本中。书籍犹如巍峨的高山,绵延不尽,阅读到一定的程度,就会高屋建瓴,对事物的认识就会更深更透,人的心胸就会无限宽阔,显示一种博大的胸怀和宏伟的气魄。这是一种超越自我、超越现实、超然物外的"天人合一"的至高至上的境界。让我们的心灵在阅读中升华自由之境。

"欲穷千里目,更上一层楼。"此乃第四境也。千江有水千江月,万里无云万里天。人生有限,学海无涯,山外有山,天外有天,永无止境。"路漫漫其修远兮,吾将上下而求索。"阅读到最后,就深感到自己的渺小和知识的博大精深,要毕生践履,求精图新,倡导一种不断攀登、永远向上、积极进取的精神。终身学习,把阅读作为人生的内在需求,融化到血液、基因和灵魂中去,成为生命的一部分。天长地久有时尽,此读绵绵无绝期。这是一种"时人合一"的超越空间的至远至臻的境界。[69]

（三）阅读的过程

1. 从阅读思想的变化过程看

阅读有如爬山观景，提升视野的高度和广度。

游览名山大川，处于不同阶段、站在不同高度，欣赏到的是不同的风景。有些人努力爬到半山腰，以为看到了美丽风景，就止步不前了。在半山腰这个层次上泰然处之，悠闲度日。岂不知无限风光在险峰！而有些人仍旧继续攀登，一生阅读不止、笔耕不缀，不断向上，最后在自己耕耘的领域登达"顶峰"。

在半山腰悠闲度日的那些人就是生活中那些所处的高度已足够温饱，不用再疲于奔命的人们。这些人当中有些自身很有实力，是能够登顶、做出辉煌成就、贡献才智于社会的。但是即使自身一直努力、奋斗不止，终究受周围环境制约，无力突破外在环境的束缚和压制，几经折腾、已精疲力竭，最终放弃而无法攀上顶峰，只得随大流，淹没于茫茫众生亦！也有一些人是爬到半山腰，已竭尽所能，无力再上了。

可是当你知道自己时刻遭受周围环境压制，自身无力突破环境牢笼，可能爬不到顶峰时，你继续努力的动力和意义是什么？假如你处的高度已足够温饱，不用再疲于奔命，你继续前进的动力、意义又是什么？

那些继续攀登的人群中，有些天分极高、却又很努力。他们爬得越高，领略的风景就越广阔。面对浩瀚的天空、广袤的山川，你兴奋的大喊大叫，悲喜交加，却发现自己越来越渺小。如同阅读到了一定高度，读得越多，认识人生和社会越来越深刻、越广泛，你的感受越来越深、想法越来越多时，却发现痛苦、烦恼也越来越多了。面对有些自己一辈子都无法企及的学霸、牛人，他们的智商、他们的业务能力、他们的人际交往能力都远胜于我，却比我还努力、还勤奋，更重要的是比我还年轻、比我还有精力、朝气时，我被压迫得苟延残喘，整日被自卑情绪笼罩着。如果环境再天天压制你，不让你有所作为时，剩下的只有"失败者"的情绪一直纠缠于你心中。你该怎么办？

比如，你特别喜欢打排球，几十年如一日，练习球技。每次比赛虽说不上全赢，但自己上佳表现也能被同事们交口称赞。可是当你看到排球新星江川跳发球时，那一抛一跃一扣的击球动作既标准又潇洒俊美又凶狠，给对方造成极大威胁时，你羡慕、嫉妒、恨的情绪一起交织着。羡慕他才20出头的年纪，羡慕他2.05米的身高，羡慕他国家队的球技水平、加上英俊潇洒的身材和相貌。嫉妒上天赋予他这么优秀的自身条件，如此年轻就拥有国家队主力队员的资本和地位。恨自己练习球技几十年却默默无闻，更恨自己的身材硬件和球技软件永远也达不到他那种高度。自己就是一只乌龟，面对江川这只"兔子"中的精英，我们只能"望洋兴叹"——永远也不可能达到他那种高度。只能直面现实，正视差距。正如著名词曲作家李宗盛有首歌词写道："我看那远方怎么也看不到岸，后面还有一群天才在追赶，写一首皆大欢喜的歌，是越看越难。"

攀登是用身体体验山川的险峻、巍峨，在汗水中感受无限风光的愉悦；而阅读是用心灵攀登、跨越思想的高峰，用思维攀爬人类社会古往今来的名胜古迹。阅读的目的不在于你要多么有成就，而在于要知道山有多高、海有多深多广。知道"牛人"在做什么。你奋斗几十年，自以为小有成就，等你览尽这些古迹、遍访这些山川之后，才发现原来自己一直在小池塘里折腾。知道这世界还有跑得飞快的"兔子"存在，以及这些兔子跑得有多快。看到了更大的世界，让自己能直面自己是一只乌龟的事实。有勇气面对真实的自己，准确定位自己的位置，冷静思考最适合自己的人生规划。这就是阅读认识自己、认识世界。

当你结识一个重要人物时就像远看高山，眼中满是崇拜；走近了解了就像是上了山。爬山过程中你看到的却是普通的细节；等到了山顶你眼中看到的却是另外一座山。你站在山顶，山没有变，而爬山的过程导致你的心境变了。你的心境变了，眼神就变了。原来看似巍峨、伟岸的山，现在不再巍峨、不再伟岸。原来充满崇拜的感觉，现在不再有崇拜的感觉。你抱怨越多，伤害就越多。为什么能在山顶看到其他的高山？是因为你脚下踩的山提升了你的高度，提高了你的眼光，扩大了你的视野。阅读就是爬山，爬山的过程就是阅读中思想变化的过程，就是提升你阅读境界的过程。

2. 从提高阅读水平的过程看

婴幼儿最初从阅读图画书开始，等有了识字能力后可以看看连环画册、读读那些内容浅显的小人书和纯娱乐性短小精悍的小说。上了初中可以阅读国内传统经典小说。上了高中、大学有了一定水平的英语基础可以阅读国外传统经典小说，也可把阅读范围扩大到史哲领域。进入社会后，经过几年的社会生活的磨炼，性情稳定、思想成熟，可以涉猎一些思想领域的书籍，以提高自己的思维深度和广度，形成自己的思想体系。

读完一本书后，如果能够思考出一些深刻的东西，才算真正读懂了这本书。无论是心得或是感悟，这些东西多半是内在的、感性的，涉及情境性、时间性的问题。过一段时间后，在不同的现实情景中，这些阅读所获得的感悟和心境会弱化。因此要及时写下来，经常看看，增加新的思考。很多思考的观点或感悟是不断地阅读，并与先前存储的知识信息"融入"之后，一起发酵而产生的。并不是读完一本书，一定要如何如何。

　　阅读是在过程中获得快感。这种"快感"不是在过程中获得思考的愉悦,就是在过程中获得新知的愉悦。这些能在阅读过程中激起读者"快乐"的情绪的书籍,一定是些能够抚慰读者灵魂的好书。阅读又是一个耳濡目染的过程,不需要刻意追求。随性地、自自然然地、无功利、无强迫地阅读,读完闭卷沉思,重在享受过程。如果纯粹是享受阅读的乐趣,有没有深刻的思考就无所谓了。我读过一本《社会心理学》,很厚,字很小,读一段后就会觉得很味口,适合自己知识水平的程度。结果一读就是一年,不停地读,不停地品味、思考,没想过要得出什么结论。读多了自然就有受益,就有领悟、感受。读完书后,你自然获得的东西就是你的收获。例如读完三毛的书,觉得内心很平静。它带给你灵魂平静的这种思想就是告诉读者学会用感恩的心关心别人,并用这种方式思考、处理问题。虽然你没有把你的这种感悟系统化,但你的感悟就是你的收获。毕竟人不同,感悟不同。这就是阅读的意义所在。

　　很多时候,阅读不是急功近利地非要得到什么,也不是刻意去追问有什么重要意义。在多数情况下读过的书不见得马上就会有收获。有时候刚读完好像觉得没有什么感觉,可是经过一段时间的沉淀,在某年某月某天某瞬,某件事会突然让你想起你所读过的某本书中某个情节、某个场景、某个观点、或者某句话,让你幡然醒悟该怎样前行。这种"顿悟"的感觉往往既类似于商品售后服务的信息反馈,又类似于酿酒,当均匀拌撒酒曲后酒糟发酵出酒浆的那种狂喜。让你触景生情,酝酿出思想的火花来。记得有次夏夜乘凉,走在荷花飘香的田埂边。看到碧绿的荷叶丛中,和缓的流水倒映着朦胧月光,稀疏的蛙声回荡在寂静的荷田上空。我突然想起了"稻花香里说丰年,听取蛙声一遍"的著名诗句。而内心的那种朦胧的澄澈的清凉的感觉却如同《小石潭记》和《记承天寺夜游》中的"庭下如积水空明,水中藻荇交横"的情景。毕竟阅读像流水过指,总会留痕的。当年阅读背诵南宋词人辛弃疾写的《西江月·夜行黄沙道中》这首诗时,并没有如此深切的感受。可经过这么多年生活的积累和沉淀,现实场景与诗意中的描写突然巧妙重合,产生了身临其境的思想感受。于是这种意境就永远铭记于心了。

　　阅读是否要"思考出很深刻的东西"有时候与"功利"关系不大。比如读教辅书籍也要思考出什么深刻思想吗?像这本教辅书为什么如此编排?前后的知识点有什么联系?选用这一例题的原因是什么?思考这些问题有助于教会你怎样复习、掌握所学的知识点,以应付考试,与读后有没有心得、感悟没有多少关系。再譬如读哲学,知所讲不知所用。其实生活就是哲学。在生活中我们很多时候都在用哲学观点思考、处理问题。只是没意识到这就是哲学现象,还以为哲学在生活中没有联系,其实已被运用到了。如果读完哲学书不知道怎么使用,就让它在大脑中沉淀一阵子。或许某天你会突然一下子明白你所读的内容。

如果想从读一本书中得到一些收获,最好带着问题去阅读。带着寻找答案的意图,浏览书中的关键点。带着某个问题去读,读完能够解答自己问题就是收获。特别是立志于从事新知识和新思想生产的读者,则必须带着特定问题、有针对性的选书阅读,深入思考后再从书中抽离出有用东西。读一本好书,首先罗列出书中的观点。这是阅读书中内容,思考行文大意,发现观点,并记下观点的过程。其次梳理并过滤所罗列的观点,加以整理、归纳,提炼出大意,生发出思想。然后理论联系实际,对比现实生活,看看你生发的思想能否指导实践? 能否学以致用? 最后把所有不够精华的内容忘掉,以一种新的高度回到最初发现观点并罗列观点的阶段。

一书到手是否精读或是泛读,首选浏览一遍目录,然后直奔感兴趣的篇章。这种方法可以快速决定该书是精度还是泛读。书不同、读法不同。阅读目的不同,自然读法有异。凭兴趣阅读自然是简单易行的读法。如果你把看书当消遣,收获一份看书的心情也未尝不可。如果认真读了,就一定有想法的。有人好寻思,没事就琢磨琢磨,或许有更深的体会。大学毕业之后学校里教的那些知识可能忘了不少,但能记住的那些知识都是生活中能用到的部分。读到一本好书,整个人很激动,也可能读后什么也记不住,但这份激动就是一种收获。也可能只记住了一些自己特别感兴趣的东西。随着阅读越来越多,你获得的知识被不断地强化,到最后自然就有收获了。在阅读过程中,思考很重要。读完一本书,究竟收获多少快乐,取决于在读的过程中你投入了多少心思。积累多了,就变成"深刻的道理"。阅读的乐趣重在思考的过程。

有时候阅读类似于吃饭,刚吃下去除了饱的感觉外,你如果立即追问刚吃的饭食有什么营养,那是没法言说的。有时候阅读一本书,书中的观点恰好说中了你内心的软肋,产生了思想共鸣,最好及时地提笔记下这种观点或者心得。至于选择什么角度,采用什么文体形式,譬如以论文、评论、散文、感想的形式,或是揉进言情小说里升发阐述出来,就取决于你的表达偏好和所获得感悟的深浅程度了。因此读后做阅读笔记是提高阅读水平的重要环节。如何摘取重点佳句,摘取的依据和理由是什么? 能不能借用这些摘抄写篇严肃的文章? 这些都与所读书籍的性质有关。知识类的,在有价值的地方做大量笔记以加深记忆和反复消化,温故知新;思维类的,做思维导图,以便高屋建瓴,整体性地了解一种新思维;情节性地做笔记把握书籍脉络、人物关系图、故事发展趋势,这些都算是比较好的选择。尤其是家族类和推理类,关系图相当有趣;诗歌散文类的,摘抄比较多,有种妙语偶得的乐趣。总之,阅读过程是打开一扇窗,既开阔了你的视野,又能帮助你拓展思维。而读后做笔记是一种读后的反馈和思考,笔记做得好,会有不一般的阅读体验。⑳

九、读者层次与阅读品位

在读者层次上，那些不能利用阅读而获得精神享受的人，或只能读智障者低级读物的人群属于低层次读者。从学历上说，一些小学文化程度的读者属于初级读者。受过初高中文化教育的优秀毕业生应该属于中等层次读者。本科以上学历的优秀读者应当属于高层次读者。当然学历也不是绝对的标准。有许多学历较低的专家学者，尽管学历低，但是在长期生活实践中不断学习，日积月累，反而拥有了很高的阅读能力，成为不可多得的高层次读者。这种情况并不少见。

（一）大中小学生的阅读

从理论上讲，六岁以前是儿童生活习惯和良好行为习惯形成的关键时期，同时也是儿童各项能力发展的黄金期，其中最重要的是学习能力的发展。学习能力可以通过阅读能力的培养而开发 90%，甚至更多。但是阅读能力的发展，需要两种条件：一是阅读的持续性和连贯性，即阅读习惯的培养。每天要有固定的阅读时间，不是喜欢就读读，不喜欢就不读了。这样养不成良好的习惯。二是阅读量的累计，一般幼儿一年的阅读量要达到 50—100 万字才可能有这种能力的萌芽！6—12 岁是阅读能力长期发展的黄金时期。这 6 年可以说，什么都没有海量阅读能大大提高阅读能力的发展更为重要。一个孩子的聪明才智如同种子，需要条件才可以发芽生长。这个条件就是海量阅读和动手动脑的游戏方法。

如果孩子把大量时间都投入到学校课本和大量作业里，那么孩子这方面的天赋聪明很有可能得不到开发。一般而言，一二年级孩子每年阅读量不能低于 100 万字（正常是 100—200 万字之间），二三年级每年不能低于 200 万字（正常是 200—300 万字之间），四五六年级每年不能低于 300 万字的阅读量（正常是 300—500 万字之间，有的阅读量大的孩子可以每年达到 1000 万字以上）。所以 6—12 岁小学阶段的孩子，不能把全部精力都投入到课本和作业里。小学课本的单一性和肤浅性远远不能满足一个孩子大脑成长的需求。要广泛涉猎百科常识性书籍（如天文、地理、历史、物理、化学、生物、哲学、艺术等百科知识），才可能让孩子的智慧不断成长,奠定孩子一生发展的强大根基。孩子全天在学校跟着老师听课、做题,晚上还要加班完成大量的作业,这样的时间和精力投入,如同大海捞针,实在得不偿失。不如"读万卷书、行万里路",遍读名著如同满山种树,最后收获的是一片森林,其效果远高于大海捞针。

阅读能力决定未来高度。小学阶段靠投入全部时间和精力获得高分的孩子,升入初中后成绩下降神速。这些孩子越学越累、越学越不会学了;那些小学阶段成绩平平、但酷爱读书、见多识广的孩子们成绩上升力度大、后来居上、潜力无穷。实际上进入社会工作后,人们需要的是工作能力,而不是成绩单来评定一个人的发展。很多家长在小学阶段特别看重孩子成绩,甚至被老师每天强调的分数所迷惑,不舍得孩子花更多时间去阅读和玩,认为那是浪费时间。可当孩子如同小苗一般营养不良而缺乏成长力量,到了中学阶段前进乏力时,家长只会抱怨孩子,却不知道正是自己一手造成了孩子的"高分假象"和智力"营养不良"。如同花朵,小学阶段是植株成长刚打花苞(打基础)、初中是含苞待放(努力发展)、高中才是怒放的阶段,大学是新的更高一轮的成长过程。为了孩子的长久发展,不要过分在意孩子小学阶段的成绩,把目标放在发展孩子的基础能力、培养阅读习惯上,才真正事半功倍,让孩子受益终生。[1]

1. 具备初步阅读能力的小学生

(1)从阅读起点看,婴幼儿时代以童画书为起点,最基础是看图识字、看图说话,到看连环画故事、连环画册,进而看有故事情节的连环画册和小人书

这个过程是培养孩子的视觉思维和文字敏感性。一般情况是3~6岁儿童看图画书;7~10岁少年,能够认识一定数量的文字后,开始看有插图的画册、小人书。11~16岁青少年,喜欢阅读"儿童文学""少年文艺"等描写同龄孩子生活故事的励志书。常常被故事中的主人翁英雄行为和栩栩如生的励志故事感动的热血澎湃、兴奋不已。17岁以后读流行娱乐小说、发展到读经典小说。文字的敏感性、形象思维能力、想象力渐渐形成并发展。

人教版语文教材一年级上下册要求认读汉字950个,要求认读写汉字350个。按照这个标准,一般幼儿识字书搭配讲故事,认生字完全足够。幼儿园阶段的小朋友,睡前讲故事、家长讲故事给孩子听。这是培养孩子用"耳"阅读。从练习"听"开始起步。当孩子能坐时,带孩子认识图片,看低幼类认知读物。这是培养孩子"认知"阅读。3~6岁时,讲述有故事情节的童话或带着看绘本。这是激发他们阅读兴趣、养成阅读习惯的开始。让孩子觉得认字是一个特别好玩且有用的事,孩子在阅读中体验识字的快乐与成就感。如果单独认字特别枯燥,孩子有意注意力不会持久。通常引导孩子一边看连环画、一边读小故事、一边认字,在无

意识中认字,孩子就会感觉有兴趣。等他们学会一些生字后就能读懂较多的故事书。

最初让孩子阅读纸质绘本故事书,家长或老师在一旁教他不会的生字。现在科技发达,出现了"点字书"学习软件,安装在手机上。它是一套有图有字的电子绘本。孩子平时可以自己看,遇到生字点一下,生字会一笔一画的动态书写一遍。同时伴有发音、组词等等,跟老师教的步骤一样,孩子很快就能学会。类似于英语复读机等学习软件。绘本故事除了有孩子爱看的童话、唐诗、儿歌外,还有和小学教材同步的《语文》。

孩子识字是记忆存储再输出的过程。平时孩子阅读儿歌时,用点指法教孩子。不仅能识字、会用字、会组词、理解字的意思,学会的字会用、会说、会理解。专家指出,正常人接收信息中83%是视觉接受的,听说占11%,其它感官仅占6%。婴幼儿将汉字字形与实物结合起来,要比将口语的语音同实物结合起来更容易。在教室里将玩具、物品等贴上相应的字卡,接触到物品时就看到汉字,把汉字和实物相联系进行汉字记忆。这样把枯燥无味的抽象的汉字符号,通过教师丰富多彩的形式,变成一个个形象的事物,通过随机认字法、游戏法、实物认字法,使幼儿在没有压力情况下,轻松愉快地学习,收到意想不到的效果。3年时间幼儿平均认读400个常用字。这样加快了学习儿歌的速度。幼儿能应用已认读的汉字,以熟带生,进行跟读课文,打破了教师领读、幼儿跟读的旧模式。

(2)关键期阅读习惯的养成

在0~14岁阶段,越来越多的家长开始认识到阅读的重要性。对于孩子来说,即使他成绩平平,但有良好习惯,将来仍是潜力巨大。而培养阅读能力,14岁以前是关键。这段时期是"阅读饥饿期"。孩子对阅读的"精神饥饿感"在14岁之前形成。在5岁以前"父母是否经常给孩子讲故事,影响着孩子今后阅读技巧的形成。同时人在14岁以前的阅读体验,对孩子的成长也是至关重要的。人生以后的历程,只不过是前面14年所阅读的东西的展开。"

这是在阅读方面从小练就的"童子功"基础。"精神饥饿感"更易在中小学阶段形成。当孩子长大成人后,他们在14岁以前所阅读的东西、所体验的东西、所经历的东西、从书本当中获得的基本价值观,以及感恩、慈善、友爱等这些高尚的观念和知识都将伴随着他们一生,受益无穷。阅读与学业从来都是相辅相成的。无论多么美好的计划都跨不过上学这道坎儿。孩子在上学之前,妈妈一直坚持给孩子读各种故事,有意识地培养孩子的阅读习惯。但自打一上学,孩子既要完成学校的作业、又要保证孩子睡眠。那么孩子阅读的时间只能被一点点地挤掉。

一项调查表明,59.2%的学生只用很少时间来阅读课外书籍,甚至有6.2%的学生阅读时间为零。12.3%的学生花在阅读方面的时间比较多。"国外大量研究证明,家庭作业越多,孩子可能会越笨。"孩子最讨厌重复练习。这只能提升孩子掌握知识的熟练程度,但是对孩子智慧的发展并无作用。依据孩子读教科书和课外书的情况,把孩子分成了四种类型:第一种,孩子既不爱读教科书,也不爱读课外书,这类孩子肯定是愚昧无知的;第二种,孩子既爱读教科书又爱读课外书,这类孩子必然发展潜力巨大;第三种,孩子只读教科书不读课外书,这样的孩子可能成绩不错,但没有什么发展潜力;第四种,孩子是不爱教科书只爱课外书,这类孩子也许成绩不理想,但还是有希望的。

优秀的孩子离不开阅读。如何养成良好的阅读习惯?习惯的养成有两种基本途径:一是强制,结果是习惯形成了,同时强烈的反叛心理或过度的奴性心理也形成了,这是一朵娇艳恶毒的罂粟花;二是暗示,可以养成习惯,还能对暗示源产生亲近感。

英国著名儿童文学作家罗尔德·达尔,写过《女巫》《玛蒂尔达》等许多好看的书。他小时候学习成绩非常差,而且十分厌恶自己的学校。偶然的机会,康娜太太走进了达尔的学校。她每次来时都拿来一本书大声读给孩子们听。她对书的热爱深深地感染了达尔。一年之后达尔就变成了一个非常喜欢阅读的小书虫了。要让孩子形成这样的阅读习惯,可以像康娜太太那样坚持为孩子们大声朗读。最好是朗读虚构的、有故事情节的、有一定厚度和深度的文学作品。也可以组织孩子进行持续默读。简而言之,就是在一段持续的时间内,一般为10至15分钟,让孩子们选择自己喜欢的书或报纸独立默读。那么怎样让阅读的火焰越烧越旺?那么就涉及到阅读习惯的培养问题。

(3)阅读习惯培养

①阅读习惯应从小培养。早上,给孩子读一段书作为新一天生活的开始。中午,给他阅读"讲故事"的书,有助于睡个舒服的午觉;下午,放学回家后让孩子放松一下,放松的方式就是和他一起阅读他感兴趣的故事书;晚上,在睡前时间陪孩子一起阅读一会,直到他困倦或入睡。

②在活动过程中时刻注意给孩子树立一个良好的榜样。让他看到你在阅读时的面部表情、身体手势语言。因为孩子是最善于模仿的,相比一遍遍说教,不如自己做个示范。尽量创造机会让孩子给你或其他人讲故事,或者鼓励孩子自己创作一个故事,讲给他身边的朋友们,一起来分享这个故事。如果家里有两个孩子,可以鼓励大孩子给小孩子讲故事。手边随时放一两本书,你可以在零碎时间里给孩子讲个故事,给孩子朗读你小时候最喜欢的书。这样你们可以有更多的共同语言,读完了一起来讨论感受和心得,把孩子从玩手机中吸引过来。如果有条件,就

参加或者自己创建一个阅读俱乐部，或家庭阅读日，让阅读变成家庭的集体活动。让孩子参加阅读朗诵会。通过阅读方式将身边的小朋友们聚集起来，大家可以一起阅读、一起讨论。给孩子阅读时，要有一些肢体动作。不要担心动作过于夸张，大声读出来，扮演角色、模仿主人公的语调，这些都可以增添阅读乐趣，让孩子喜欢听你阅读。有时候没有必要把整个故事或者章节讲完，留点悬念不仅仅是电视剧的专利，也同样适用于小孩子，他们会迫切想知道接下去发生什么。

③给孩子设立一个阅读目标，达到目标时，给孩子奖励。例如送一本书，或者电子阅读产品。告诉孩子阅读不只局限于传统的纸质书籍。电子书、手机阅读、网上阅读，都可以，只要确保内容的来源适合孩子。更重要的是把书融入传统家庭节日活动中。例如儿童节，可以给孩子送一套他最喜欢的卡通书；在建军节时，给男孩子一套有关打仗的军事题材的书。同时在书里夹一些具有纪念意义的字条或照片。也可在生日、毕业日或者孩子取得小成就的日子里进行。这样当孩子追忆往昔时，就会去翻这些书。把书放在较低的角落里，确保孩子可以很容易地拿到家里的藏书。这样孩子可以随时随地的阅读。

④阅读之余带孩子一起去看相关的电影，这会让孩子有进一步的直观认知。或者设立一些"家庭科研项目"。例如如何建造一个"蔬菜花园"，或者设计一次长途旅行，带孩子一起游览名胜古迹，给孩子讲述那些尘封已久的人文历史，开阔他们眼界。也可与孩子一起钻进图书馆或者去附近书店，让孩子在书的海洋中自由选择。选择那些能激起孩子共鸣的、与孩子的生活比较接近的，他们最喜欢的话题，或有他们最喜欢的角色的书。例如孩子喜欢米奇，就找一本米奇是主角的故事书。总之能让孩子开心进入阅读状态是最主要的目的。

要让孩子感觉到阅读是一件轻轻松松的事情，而不是一种惩罚性的任务。如果在潜意识中觉得阅读是一种自律、一种需要，不读书就觉得乏味，那就是最大的成功。如果孩子能够意识到阅读既不总是快乐的，也不总是痛苦的，那就是最好的境界。其实有很多事情是教育做不到的，但阅读可以弥补。像人际关系、友谊、爱情、挫折、自我与梦想，这些课本没教、家庭也很少谈论的，在阅读中就能潜移默化地领会、觉悟、得到教化。所以能让孩子爱上阅读是父母最值得炫耀和骄傲的教育。②

2. 中学生的阅读能力

在小学六年中，小学生学会了识字，初步具备了阅读能力。初中、高中要求识多少字？阅读多少篇？具备什么阅读能力？这些都是研究中学生阅读能力应该考虑的问题。中国孩子在初高中为了拼中考、高考，阅读量基本维持在课堂教材以及教材考点衍生的辅助读物上。阅读功能基本上是在读懂题干、题眼、答题这个层面上。直到升入大学后才弥补提升阅读能力的环节。因此多数学生错过最佳阅读时期。

改革开放以来,诗歌、散文、小说等文学作品受市场经济大环境和电影电视的巨大冲击,文学已经在慢慢边缘化。过去以为"纯文学"就是自己喃喃自语,在象牙塔里做功夫。其实文学本身是多变的。现在的青少年缺乏审美阅读。是因为青春期本是培养一个人的人格、思想、审美能力的最佳时期,却遭遇经济方面的生存压力,被各种具体而实在的实用主义的要求所挟制,没办法摆脱这种精神困境。每个时代都有每个时代的艰难之处,阅读也有这样那样的束缚、禁锢。人活着只要有一种精神需求,总会给自己留出一点属于自己的自由空间,否则我们就会被彻底压垮。所以越是有压力,就越需要文学。过去电视节目很少,唯一获取精神食粮的渠道,只能拼命地找书、看书。所以也不挑什么,小人书、武侠小说、言情小说、经典名著等,拿来就看。今天孩子们获取文化产品的渠道很多,影视、互联网、电子游戏等,对他们的影响非常大。学生们对阅读文本的兴趣减少了,尤其是读像托尔斯泰的长篇小说,他们都觉得读不下去,因为他们心浮气躁的心态和急功近利的阅读目的。当然,一旦读下去,他们会非常喜欢的,但小说的长度确实让他们非常困扰。

阅读是需要培养的。中学时代的阅读是应试阅读,不是自由的审美阅读,导致孩子们的阅读非常功利、非常狭窄,这可能比影视和数字技术对孩子阅读的扭曲还大。这种状况需要老师慢慢引导。

文学使人变得非常敏感,要么愤世嫉俗,要么吟风弄月。有些人觉得这不利于孩子的成长。其实文学是多层面的,它不一定会让人敏感。作为公民,应该有几分敏感,它使你去思考人的存在、社会的存在,乃至整个人性的状况。从这个意义上说,阅读文学具有启蒙作用。启蒙让人直面人性的善与恶、光明与黑暗。阅读小说是对人生的启蒙。19世纪的小说有成为承担公共生活的一种建构,比如托尔斯泰就给我们建立了一个巨大的心灵世界,通过《安娜·卡列尼娜》,通过《战争与和平》,我们自身也会受到影响。到了20世纪小说的这种功能在慢慢减弱。生活的绝望、荒诞表现在小说里,就成了一种教育。它告诉我们社会的内部逻辑、文明逻辑其实就是这个样子。通过小说,读者看到的是荒诞、绝望,乃至整个人生的虚无,如果没有特别平衡的审美能力,可能会进入另一种状态,比如愤世嫉俗。真正的自我建构是在内心对这个事物有真正的辨析能力。今天小说能否帮助年轻人从精神内部来建构某种东西,小说还不能承担这种功能。

读一本小说就是经历一次人生。作家告诉你这个世界是有问题的,他把问题内部的复杂尽可能细致化地呈现出来,但怎么解决,作家可能说不出来,但他会写一个故事,告诉你生活这么复杂,解决不是那么简单。比如余华的《活着》,福贵一生的意义是什么呢? 余华没有告诉你什么是公平的人生,什么是幸福的人生,但他告诉你,福贵的人生是这样的——一个个人的死亡,幸福一步步远离,最后好像达到了某种超脱,但那真的是一种无奈和悲凉。这是一种非常重要的情感教育。文学最大的功能就是情感教育和审美教育。这里的情感教育不是告诉你什么是真善美,而是让你突然意识到这个世界的复杂性、多维性。情感教育对中国年轻人很有必要,对成年人也很必要。我们以往接触的概念太单面化,太植入我们的生活了。如果我们对理想和激情的复杂度并没有真正理解,那么理想、激情有时候会适得其反,让人误入歧途。

读一本小说可能就经历一次人生,你对人生和人性的各种情感,都有一次刻骨铭心的体验,它会使你在面对现实生活时,有某种辨析能力。读一本小说可能会使你神清智明,但能否帮助你在面对具体问题时,变得那么超然,那么有原则,是另外一个层面的事。读小说、读诗文是一件特别美好的事情,让你在波澜壮阔、惊心动魄的一次生命里程中体验到这个世界的全部,你会明白某种道理,给你带来五味杂陈的东西。生活中缺乏对精细事物的辨别能力。文学告诉我们生活的细微处包括了许多令人头疼的事,我们应该考量到。

很多人读名著的目的不是为了考试。中国家长受功利主义的影响,使整个社会形成恶性循环,家长希望自己的孩子能够有健全丰富的人格,另一方面又害怕孩子落后,当你真正推动学生阅读时,他们又会站出来反对。为什么今天大学生思考能力比较差? 就在于我们没有从他的少年时代、童年时代进行正确的教育,他们缺乏对人的存在进行思辨的基本教育,你不可能指望一个大学生一进大学校门,突然就学会思考。功利主义太占上风了。过去人住在茅草屋里,保持一种朴素的精神,这非常值得尊敬。今天说一个人安贫乐道已经变成了一个笑话。整个社会大环境氛围让你没法逃脱出来。所以矛盾的时代仅改变矛盾的教育本身是难以解决根本问题的。[75]

(二)中小学生阅读发展趋势

日前"部编本"语文教材总主编温儒敏在一次北大举行的写作大赛启动仪式上透露,"大语文"时代来临,未来拉开孩子学习差距的关键学科就是语文! 高考语文隐而不宣的思路就是要让15%的学生做不完整张试卷。新课改明确指出要引导学生"少做题,多阅读;好阅读,读好书,读整本的书。"对于阅读少、不读书、不思考、写字慢、语言基本功不扎实的孩子而言,此次教改已经不是噩梦而是审判。

一是要提高阅读速度、增加阅读题量。高考语文以前卷面从 7000 字增加到现在 9000 字,将来可能突破10000 字,题量增加了5% —8% 。二是拓宽了阅读面。文学、历史、哲学、科技、艺术……阅读要求远远高出语文平时教学的水平。阅读面狭窄的学生可能会看不懂题目。只看《读者》和四大名著,只看所谓的课内教材,别说高考语文,就连中考语文都将应付不过来。三是更加强调对问题的思考。从可速记的纯知识,转向挖掘情节、分析人物。更多体现在思辨性方面,要求学生把阅读与思维结合起来,从多方面来思考问题的本质;四是考查其它学科的阅读能力。除了语文需要阅读,其他科目仍然少不了阅读,数、理、化、政、史、地题目均增加阅读量,如果阅读能力不行,审题依旧有障碍。[74]

正着手编高中语文教材的曹文轩说,新语文教材对教师学生有制约作用,比如文章后提供书目。这个书目必须看。因为要与教师的语文教学和学生的评估直接挂钩,所以想不看都不可以。别说应付考试没时间阅读。现在你孩子不阅读,根本应付不了考试。大语文到底要学什么? 除了拼音、看图说话、认字背诵外,还包括了语言文字认知、文学常识、传统文化素养、阅读理解能力、表达能力、写作能力等综合素质在内。阅读是通往这些的最有效途径! 因为增加了阅读的分量,进一步说明阅读能力在未来中小学教育中的关键作用。如果语文教育方式还是老一套多看、多背、多写,那你肯定赶不上时代了。小学的家长们是否觉得高考离你家孩子还早? 但你要知道小学生的语文能力在十岁左右就已基本定型,所以提高孩子语文阅读能力已经迫在眉睫。那么家长如何指导孩子进行早期阅读呢? 培养孩子对图书的兴趣,从孩子喜欢的故事入手。先给孩子讲好听的故事,然后让孩子猜猜好听的故事是哪里来的,引导孩子对图书的认识,激发对文字符号的兴趣。家长要和孩子进行分享阅读,在轻松愉快的亲密气氛中,家长和儿童并非以学习为目的一起阅读一本书。开始家长为儿童逐字朗读为主,多次重复之后,随着对故事情节、语言的熟悉性增加,逐步提高儿童对阅读的兴趣和爱好,并最终过渡到儿童自己阅读。平时家长对孩子的阅读情况多加鼓励,以培养和巩固孩子对阅读的兴趣。

首先,满足孩子的求知欲,丰富孩子的感性知识。孩子对生活环境中的一事一物,有着强烈的求知欲望,常以好奇的心态去发现疑难问题,寻找答案,不断地对成人加以追究、发问。面对这种"打破砂锅问到底"的精神,家长应该耐心解答孩子的问题,且不该粗暴地加以制止或敷衍了事。平时家长也可陪同孩子一起去书中查阅资料,使孩子在潜移默化中产生对书的兴趣和欲望。少年儿童正处于具体形象思维形成阶段,必须有一定的直接感性经验,才可能更好地理解书上的相关知识。因此家长平时应注意引导孩子观察周围的生活,丰富其直接的感性经验,使孩子在阅读时有事半功倍的效果。如在给孩子讲《猴子捞月亮》这一故事前,先引导孩子去认识倒影,他在听故事时就很容易理解其内容了。

其次,认真做好"讲、看、听、引"四个方面的工作。"讲"包括家长讲和孩子讲。每天,家长可根据孩子的年龄特点,分层次为孩子选择一些多元化阅读材料讲给孩子听,也可根据孩子的阅读水平,让孩子来穿插故事内容或续编故事,这样,不仅密切了亲子关系,还使孩子养成了良好的阅读习惯。

"看"在当今的信息社会,家长不仅要为孩子提供色彩鲜艳的低幼读物,而且还应引导孩子观看一些动画片之类的与视觉刺激有关的多媒体材料;也可教孩子认识生活中常见的简单标记与符号,或在逛街时带孩子认识马路上的交通标志、商店名称、马路路名等,这些都是早期阅读中不可缺少的一部分。

"听"孩子故事听得多了,看得多了,慢慢地就有了自编故事的欲望。这时家长应耐心地听孩子讲述他的小故事,而且也别忘了对他进步的肯定。有时,家长讲完一个故事后,也可同孩子交流一下读后感。交流时家长要注意倾听,及时帮助孩子引导话题,使之紧紧围绕主题,这样,不仅可以加深孩子对内容的理解,也有利于提高孩子的语言表达能力。

"引"在早期阅读活动中,家长应以游戏方式、玩具性质引导孩子自由地去阅阅读籍,并适当地进行复述故事。在阅读过程中,家长还要根据实际阅读情况,引导孩子观察画面背景,展开丰富的想象,推测故事情节,理解故事内容等手段来帮助孩子掌握基本的阅读技能,养成良好的阅读习惯。闲暇时,家长应多带孩子去图书馆或书店,诱导孩子喜爱阅读的环境。

最后,从多种角度看读书,培养孩子多方面的能力。孩子读书并非单一的文学作品园地,有许多孩子画册是带有智力开发内容的,家长不但应充分利用现成的智力题,同时还应注意发掘图书内容隐藏的各种资源,比如画面结构、色彩、线条、形象、物的数量等。可以提问:"小房子屋顶是什么形状的? 小鸡的头是什么样子的? 图中几个小动物? 这些花都是什么颜色的?"等。功夫不负有心人,仔细寻找,不难发现其中蕴涵着许多教育孩子的素材,可以培养孩子数、形、空间思维等方面的能力。同时,家长还可同孩子一起合作,将孩子自编的故事制成一本图书,孩子绘画,家长配文字,这样不仅使孩子的认知能力、动手操作能力得到了发展,而且也使孩子的阅读兴趣更加浓厚了。各种资源,比如画面结构、色彩、线条、形象、物的数量等。可以提问:"小房子屋顶是什么形状的? 小鸡的头是什么样子有? 图中有几个小动物? 这些花都是什么颜色的?"等。

功夫不负有心人,仔细寻找,不难发现其中蕴涵着许多教育孩子的素材,可以培养孩子数、形、空间思维等方面的能力。同时,家长还可同孩子一起合作,将孩子自编的故事制成图书,孩子绘画,家长配文字,这样不仅使孩子的认知能力、动手操作能力得到了发展,而且也使孩子的阅读兴趣更加浓厚了。

首先是帮助孩子理解画面的内容和情节,家长不妨在实践中采用父母朗读、孩子看图书的方式,让孩子知道文字是对画面的说明。在活动中,还可以让孩子讲述一张画面的内容,然后找到相应的页,以此检查孩子对故事的熟悉和理解程度,以游戏的形式帮助孩子阅读,理解画面的内容和情节,孩子阅读的积极性有了很大的提高。

其次是指导孩子正确阅读图书,教会孩子看书要先看封面,弄清书名,然后从首页开始依次阅读,并请孩子做好示范,在孩子的阅读中注意培养孩子正确的看书姿势和保护图书的方法,即使指正不正确的姿势和翻阅方法,同时教育孩子爱护图书。

另外,还必须指导孩子学会观察每幅画面上的人物、动物现象,理解前后画面的联系,知道故事是由一幅画一幅画有序地接下去看,才能看明白故事内容。与此同时,父母在家中还要注意平时多组织孩子讲述和讨论图书,来锻炼孩子的口语表达能力。比如在饭前的十分钟里,可以为孩子提供图书,鼓励孩子创编故事,经常给孩子们讲他们书里的童话故事,培养他们良好的听的习惯。让孩子有效地阅读,减少其对文字的依赖,让他们的想象力、创造力自由地驰骋。父母可以尝试遮盖一篇故事的所有文字部分,鼓励孩子依次观察。[15]

书籍是全世界的营养品,阅读有助于孩子形成良好品格、健全人格,阅读可以给孩子提供拼搏的勇气和战胜困难的力量,阅读可以让孩子懂得爱自己、爱他人、爱生命、爱世界。阅读对孩子的意义重大。古往今来,这个世界从来都没有亏待过爱阅读的孩子。

(三)成年人的阅读

1. 大学生与同等水平社会青年的阅读能力

《新课程标准》指出:"阅读时学生的个性化行为,不应以教师的分析来代替学生的阅读实践。"阅读教学的目的之一是培养学生独立阅读的能力和认真阅读的习惯。阅读是一项最重要的基本功。阅读教学是小学语文教学的中心环节,担负着培养学生阅读能力和良好阅读习惯的重要任务。教师要激励学生全身心地、自觉主动地参与到学习活动中去。指导学生在阅读实践中学习独立思考,学会怎样阅读,培养学生的独立阅读能力。阅读教学的一切活动都是为了实现这个目标。那么,我们如何培养学生的独立阅读能力呢? 在平时的教学中,我们应该做到以下几点。

（1）激发学生的阅读兴趣

首先老师要帮助指导学生选择正确的读物，要求符合学生年龄、心理特点，富有时代气息，有利于对学生进行良好的思想品德教育，深浅适度，符合学生需求。这样的读物必然会引起学生的阅读兴趣。接下来就是要激发学生的阅读兴趣了。激发学生阅读兴趣的方法有很多。诸如创设情境、开展竞赛、巧设问题、电教手段的使用等。在指导学生阅读时，创设一定的情境，在班级里渲染适当的气氛是非常必要的。如在介绍课文时代背景时，可以请学生分角色朗读或演一演，也可以请学生说一说或想象一下类似情况的心情感受。营造民主和谐的学习氛围，有利于减轻学生学习上的精神负担，使学生在教师的热爱、尊敬和期待中激起强烈的求知欲。从而促使学生积极地学习，主动地去探索。

在阅读教学中，师生应该处于平等地位进行阅读、讨论、探究、争论。教师应是一名与学生平等的参与者，并起着积极的引导作用。学生也正是在互相问答、互相讨论、相互作用的共同活动中，形成能动的学习主体。教师在教学中还要注意倾听同学们的意见，使学生在课堂上敢说爱说，甚至提出不同的想法。在这种宽松、民主、和谐的氛围中，学生才能积极地参与、学习。学生的积极性、主动性、创造性和合作精神自然而然地发挥出来，同时也获得了精神上的愉悦。孔子曰："知之者不如好之者，好之者不如乐之者。"兴趣是最好的老师，有了兴趣，学习内驱力被极大地激发起来，产生极强的学习动机。在这种情况下，学生能够表现出超常的勇气、毅力和智慧。但是，学生的兴趣往往是不持久的，还需要教师注意调动学生阅读的主动性，开展生动的阅读活动，来提高学生的阅读兴趣。可以举行阅读故事会、演说会、朗读比赛；也可以召开阅读信息发布会、阅读知识竞赛、举行阅读笔记展览等活动。通过一系列多种多样的阅读活动，让学生充分感受阅读的魅力，在充满自娱的阅读活动中感受到无穷的乐趣，使其学习兴趣一直持续下去。学生一旦有了阅读兴趣，就能够积极地阅读学习。

（2）指导学生使用正确的阅读方法

根据大学生的年龄特点、心理特点，教师在指导学生阅读课文时应掌握适当的阅读方法。教师有意识地把方法渗透在理解课文的过程之中，使他们经过一次次的阅读实践，一点一滴地逐步领悟方法，并且反复地练习运用。这样才能慢慢地形成阅读能力。常用的阅读方法有以下几种。

①一边阅读一边思考。这是阅读的基本方法。古人说："学而不思则罔。"在阅读的过程中，当我们遇到不懂的字词或一些科技名词术语时想一想，读到不明白的地方想一想。想一想全文主要讲了什么？说明了什么？自己得到了什么启

示或教育？学会了什么？总之，一边读一边想，所想问题随着阅读的深入应当由易到难，由小到大，由简单到综合。

②一边读一边画。就是指导学生在阅读时遇到疑惑或精彩之处用笔画一画、圈一圈。

③联系上下文理解。课文中有相当多的词语、句子放在具体的语言环境里，联系上下文琢磨，就能够确切地理解。例如《北大荒的秋天》中有一句话："明镜一样的水面顿时漾起了一道道波纹。"这句话中的"漾"字该如何解释呢？字典有两种解释。一是指"水面轻微动荡"一是指"液体太满而向外流"。根据上下文的意思这里是指"水面轻微动荡"。

④联系生活的实际和自身的情感体验。语文课本内容十分丰富，许多课文所描写的事物，所运用的语言，与小学生的生活比较远，学生理解起来比较困难。遇到这种情况，就要启发学生从自己的生活实际中去寻找、发现与课文描写的事物相同的经验，把二者联系起来，帮助理解课文的语言文字。以上这些常用的阅读方法必须让学生在阅读实践中反复运用，逐步熟练，慢慢提高，最终形成独立的阅读能力。小学阶段，教师在阅读教学中就要让学生掌握一定的阅读方法，并形成一边读，一边想、不动笔墨不阅读、主动克服阅读困难、使用工具及勤于阅读的习惯。学生只有养成了这种良好的阅读习惯，才能自己去阅读并且有所获。这种良好的阅读习惯一旦形成，便会成为个人的宝贵财富，终身受用。

（4）注意学生的个体差异

当然，教师在指导学生阅读时还应该注意学生的个体差异。由于家庭环境不同、经历不同、学习基础不同，学生在认知、情感、思维等各个方面存在着差异。由于学生个体之间存在着水平上的差异，所以在指导学生阅读的过程中，教师还需要做到因材施教。教学目标要适度灵活，课堂提问要分出层次，练习设计要难易有别，针对不同学生进行反馈评价等。总之，使学生具有独立阅读的能力，这才是阅读教学的成功。阅读教学培养学生独立阅读能力，关键在"独立"，阅读过程中的思考、探索、领悟、获取、掌握以及举一反三、触类旁通等都是学生自身的事，不能由别人代替。是需要学生在阅读实践中反复运用，逐步提高，最终形成独立的阅读能力。阅读教学中要坚持"以读为本"，引导学生学会阅读。读的次数多、内容多、形式多，就有利于学生感悟和积累。⑯

学生在学习中培养起来的阅读能力，将为一生中不断地涉猎知识打下坚实的基础。语文教学的目标就是让学生学会运用语言文字，打好听、说、读、写的基本功。学生阅读理解能力的培养要依靠教师在课堂中的教学，而教学就是要让学生以教材为主、课外阅读为辅、有效地教会学生阅读的方法，学会怎样去阅读，掌握独立阅读的本领。这种听、说、读、写基本功训练以及其他如自学能力、思维能力、记忆能力等能力的培养构成了语文教师教学的基本内容,现浅谈语文教师提高学生的阅读理解能力的措施。

①提倡课前预习,培养学生的自学能力。这是学生自主学习能力检测的一个重要环节。在这一步中教师要给好预习提示,使学生的预习有目的地进行,使预习行之有效。这就是教师教学中的"牵引",学生通过认真预习可以知道自己欠缺什么,是字的音形义不懂,还是无法理解片段的意思。对于不懂的字词则可以在课前利用工具书查询学习,以此来提高自己的素质,同时帮助了学生对文章的理解。如此一来教师在课堂教学中便会有事半功倍的感觉。同时,学生也能在短短的 40 分钟内将文章的中心抓住,领会全文的重点所在,掌握文章的重点知识。对于自学能力的培养,教师在教学中要做到循序渐进。利用"牵引扶帮"的方法教给学生学习的方法,掌握自我阅读的本领,把注意力放在阅读的过程。这一能力的培养会使学生学会阅读,积极阅读,积累丰富的知识以求达到运用。

②力求抓主抓重,培养学生勤于思考的能力。爱因斯坦说:"在所阅读的书本中找出可以把自己引向深处的东西,把其他一切统统抛掉,就是抛掉使头脑负担过重和会把自己诱离要求的一切。"就是说,阅读时要抓住书中的精髓,实现由浅入深的转化。英国诗人柯勒律曾把读者分为四类:第一类好比计时的沙漏漏沙,注进去,漏出来,到头来一点痕迹也没有留下;第二类好像海绵,什么都吸收,挤一挤,流出来的东西原封不动,甚至还脏了些;第三类像滤豆浆的布袋,豆浆都流了,留下的只是豆渣;第四类像开掘宝石的苦工,把矿渣甩一边,只要纯净的宝石。这段话的意思是说,阅读时,要取其精华,去其糟粕。华罗庚说:"高中程度的同志可以回想一下过去学过的小学算术、初中代数在脑子里还有那么多吗? 没有那么多了。因为我们理解了,会运用了,这就是说书变薄了。"这段话的意思是说,阅读时要实现由多而杂到少而精的转化。

③深化课堂教学,培养学生的思维能力。课堂中的疑问恰是学生求知欲强烈的体现,也是教师教学的"扶",没有"为什么"就没有今天科技如此突飞猛进的发展。疑问是一切学习的基本支撑点。这一步实现的基本条件,是提升学生自身能力的最佳方法,以提问的形式理解文章,不仅能使学生口述能力得以提高,而且还有助于学生对文章主旨的把握,使学生在以后的学习中自己能尽快地掌握文章的中心。要充分交流才能提高一个人的思维敏捷性,提高思维的敏捷性反过来又能使人更流利地运用语言进行交流。教师要有远大的教学观,在听、说、读、写的教学中让学生充分从书本上走出去,到大自然中去,亲自动手动脑借以培养他们的独立思维能力和自我理解能力。

④督促课后复习,加深学生的记忆能力。孔子说过:"温故而知新,可以为师矣。"从中可以看出课后复习的重要性,语文课后的回读是对文章中心的进一步理解。通过课前、课间、课后三步反复阅读,才能真正对文章的意义进一步理解,加深记忆,了解自己对文章的掌握情况,知道自己在学习中的不足和易疏漏的地方,加深对所学知识的记忆,对有些知识难点、容易忘记的记忆难点通过课后复习能够及时加以巩固,加深印象、增强理解,那么在下次的学习中就会得心应手,正确寻找出学习一篇文章的捷径。

⑤鼓励课外阅读,拓展学生的知识视野。课外阅读是课堂教学的延伸和发展,是对教师在教学中是否培养了学生自学能力的检验,是提高学生各项能力的最有效的途径。扩大阅读量,不仅有助于学生了解这个世界,而且也有助于学生知识的积累和写作能力的提高。教师要正确引导学生学会博览和精读。博览就是广泛地看书,目的是针对书的内容作一般了解,以发现书内精华的部分和急需的知识。博览就是观大略,在短时间内阅读大量书籍,为精读创造条件。在博览的基础上,在同类的书中选出一本最好的进行精读。精读之后再阅读同类的其他书籍。精读时,要"细嚼慢咽",要多动脑筋,要反反复复地读,精读过的书,要做到:一懂,就是对书的基本内容要达到理解的程度;二记,就是要记住所理解的内容;三会,就是会运用这些理解了的知识;四熟,就是能熟练地将从书本内学到的知识表达出来或运用它分析问题和解决问题。

总而言之,阅读理解是学生以及所有人提升自身素质,提高能力的最佳方式。这就要求语文教师应当按照事物发展的规律,做到既要重视课内语文教学又要抓好课外阅读。在日常学习中教给学生正确的学习方法,行之有效的阅读技能和技巧,那么学生的阅读能力一定会在短时间内得到提高。[77]

2. 基于阅读层次的阶段阅读

阅读第一阶段,阅读纯娱乐小说。中小学生刚刚学会了一些字词,掌握了一些基本阅读技巧和规则,通过课外阅读一些娱乐性、趣味性小说,巩固词汇,以熟带生地学习新词汇,认识更多生字生词,熟练掌握阅读技巧、规则。既训练了文字敏感性、思维逻辑性,又提高了视野和思想深度。与课堂学习有机结合、补充。也是对课堂沉闷的学习心境的轻松调节。中小学生质朴无华,利用阅读让自己富有知识、文人气息,变得文雅而智慧,摆脱粗野、低俗和乖张的本性。

网络上被嘲笑的一些"文胜质"则属于矫情的文学愤青,年纪轻轻就装模作样,酸腐气息冲天,老是长吁短叹,抱怨怀才不遇。因为阅读量少,还不知道自己无知,才会有此抱怨心态。思想欠缺深度,呈现出情绪化的幼稚。言行按自己喜好行事、人格脆弱、完全自我,表现出孩子气的飘忽不定。低层次读者的性情表现为阅读少,修养不够。

阅读第二阶段,阅读传统经典小说。阅读娱乐小说一定数量后,随着知识程度的提高,思想深度、认识能力的提高,已不再满足作品的娱乐性、趣味性,而是热衷于欣赏思想性、艺术性较高的有深度的作品。传统经典小说中作者对许多复合性格的人性刻画、剖析得非常深刻全面,有利于读者广泛而深刻地理解人性的多面性、思考社会的复杂性。这对读者的思维有着潜移默化的影响力和渗透力,引导他们走向成熟、理性。处于该阶段的人,思维的广度不再囿于自我,能体会他人心情,会换位思考。人格基本成熟,知道了责任与义务,有了担当人生使命的意识。但还不具备多角度多层面思考问题的思维(缺乏立体思维)。表现在:生活中是个好丈夫,工作上是个听话、顺从的好员工,却显得窝囊、缺乏创意。这类人是芸芸众生中的主流人群,平凡之辈。

阅读第三阶段,阅读涉及史哲领域。经过一段时间社会生活的磨炼,身心经受了工作的艰辛、生活的坎坷的体验,性情得到一定程度的磨砺和洗礼,思想、气质变得深沉而有内涵。不再局限于阅读故事情节,而是不由自主地倾向于涉猎有些逻辑思维紧密的文史哲方面的书籍。该层次人群气质高雅、有品位,是社会上的中流砥柱,属于中产阶级范畴。他们有思想、有能力,智商高,有些也会赚钱。但经常忧心忡忡,总有政治经济方面的危机感。他们的思维深度挖掘不够、广度拓展不足,有些富人思维。遇事经常不看短期利益,而是看长远价值,也称为价值型、长线思考型。注重规则,(因为站点比普通人高,看得远)比普通人看得远,有前瞻性眼光。

阅读第四阶段,有了史哲基础,阅读大量的思想典籍,思维进入了思想领域。思维的深度和广度得到空前拓展。道德认识发生变化。一些被传统认为好的东西,未必符合人性,就不会获得存在的依据。一些认为不好的东西却是人性自然地流露。感觉生活很累、乏味、沉重,甚至有种苦行僧似的悲情。

阅读第五阶段,构建自我思想体系。人的思维深度广度正如高晓松所说的诗和远方。不到这个层次未必就没有诗、未必就去不了远方,但一只苍蝇在飞机里周游了世界,飞出再远仍然是一只苍蝇。有位女士留美八年,从没走出中国人圈子,接触的都是中国人,讲汉语、吃中国饭。结果她英语仍然没有长进。有位国内英语老师留美十几年一直在中国餐馆工作,后来竟把英语忘了。所以,没有思想的人,走出再远,其实还在起点。人有了自己的思想体系,就有了俯瞰问题全景的视角。在你的视野里,人性不过是天地自然当中的一个偶然片段。人有一种"一览众山小"的胸襟气度,自然而然产生悲悯之心和愿意普度天下苍生的情怀。那些来自自我或外部环境强加于我的束缚与羁绊自然得以解脱,并获得心灵的精神的与现实物质的多重自由。[20]

　　阅读能够获得思维的深度和广度，达到这五种境界，但不阅读的人或阅读量少的人，未必就一定是个"质胜文"的野蛮人。现实生活就是一部生动的百科全书，是人生最好的教材。他们当中的许多杰出人物因为早早走入社会，全身心全方位体验社会人生百态，读无字之书，是一种无声的身心体验阅读，获得的是切身感受，思维水平得以逐步提高的。这说明不论在什么环境、不论读什么教材，只要内心有一团孜孜以求的阅读欲望，最终都会进入人生胜景。如果学理工而没有思想，最多不过是个低端技工，无法进入自由创造领域。如果希望走得更远，阅读绝对是个讨巧的法子。因为书是人类智慧凝缩的精华，是我们通向自由王国的最简捷径，是人类进步的阶梯。

（四）高层次阅读

　　古今中外，积累的书浩如烟海，但是有永久价值的还是少数。因此要精其选。可以把书分成本三类：要精读的，可以泛读的，仅供翻阅的。精读，就是要认真地读、扎扎实实地一个字一个字地读；泛读，就是可以粗枝大叶地读，只要知道它其大意就行；翻阅，不是一句话一句话地读，也不是一页一页地读，而是像看报纸一样，随手翻一翻，看看大字标题，觉得有兴趣的地方就大略看看，没有兴趣的地方就随手翻过。据说初有报纸时，有些人捧着报纸，像念五经四书一样，一字一字地高声朗诵。这样的读法，一份报纸，几个版面，一天也念不完。大多数的书，其实就像报纸上的新闻，有些可能轰动一时，但昙花一现。所以书虽多，值得精读的不多。所以精其选，就是选择那些经过时间的考验、一代代推荐、流传下来的经典著作，作为精读的书籍。有些自己专业的书须要精读。在一段时间内，一本一本地读。读完才读第二本。

　　阅读的理解层次：先解其言。首先要懂得语言文字，攻破语言文字关。次知其意，再次明其理。

　　有文化的读者阅读有深度。不仅解其言，知其意，还明其理。解其言不仅要认识字，懂语言文字，而且要明白字里行间作者要表达的含义。知其意是知道所表达的意思。明其理是明白上下文所阐述的道理。常言说"书不尽言，言不尽意"。一部书上所写出话语总比写书人的原本的话语少，他所说的话总比他的应该表达的意思少，还有很多话语不便明说而没有说。其次文章要求言简意赅、清楚明了，而作者说话可以啰唆、烦琐、重复。"言不尽意"就是即使书中字全认识，话语全懂，但在说理状物的时候未必能说尽说清作者事情发生的原状原情。因为

　　语言总离不了概念,概念对于具体事务未必全合适。比如"牙痛",牙是一个概念,痛是一个概念,牙痛又是一个概念。因为痛有一定的大小、范围、深度。仅仅"牙痛"两个字能说清楚其中的全貌原委吗? 明其理的困难在于阅读的时候话语全懂,未必能领悟作者话外之音、未必能领会字里行间的深意。

　　我们常说,阅读要注意字里行间,读诗要得其"弦外音,味外味"。这是要在文字以外体会它的精神实质。这就是知其意。司马迁说过:"好学深思之士,心知其意。"意是离不开语言文字的,但有些是语言文字所不能完全表达出来的。如果仅局限于语言文字,死抓住语言文字不放,就成为死阅读了。

　　语言文字是阅读的工具、拐棍。知道了意思最好扔了拐棍。这就是古人所说的"得意忘言"。在人与人的关系中,过河拆桥是不道德的事。但在阅读中"文字"就是桥,"得意"就是"过河"。过河拆桥是阅读中常见现象。

　　除了"书不尽言""言不尽意"外,还有"意不尽理"。理是客观的道理;意是著书人的主观认识和判断,也就是客观道理在他主观上的反映。人不是全知全能。他主观上的反映、体会和判断,和客观道理总有一定差距。所以阅读仅仅得其意还不行,还要明其理,才不至于为前人的意所误。明其理就有我自己的意,可以把我的意和前人的意互相比较,互相补充,互相纠正。得出一个比较正确的意,用它处理事务,解决问题。

　　像用自己的腿走路,心里一想走,腿就自然而然地走了。阅读到这个程度就算是能活学活用,把书读活了。会阅读的人能把死书读活;不会阅读的人能把活书读死。把死书读活,能把书为我所用;把活书读死,就是我为书所用。能够用书而不为书所用,阅读就算读到家了。

　　古人说:"六经注我,我注六经。"自己明白了那些客观道理,产生了意,把前人的意作为参考,这就是"六经注我"。不明白那些客观的道理,甚而没有得古人所有的意,只在语言文字上推敲,那就是"我注六经"。只有达到"六经注我"的程度,才能真正地"我注六经"。[19]

　　"思想"不是一个谋生的差事。怎么学会思考?

　　从解释你身边的生活开始,思考、解释日常生活中的问题、疑团。对周边日常生活要有好奇心,要问为什么。诱发我们去思考、去解释。比如家庭状况、最先感受的小环境、亲属的谋生之道,怎么有的人下岗了,你家庭消费在这20年的变化,这种变化怎样发生的,和大社会有什么样的关系? 如果生活在农村,村落中发生了哪些变化,目睹各种生存方式。比如分家、村庄政治等。很多真实生活非常耐人寻味。要从日常生活去学会思考、学会解释。日后去解释社会,解释世界,首先从解释周边,培养这个能力。

培育自己的思考能力。很多学者的研究工作和生活脱离、割裂的。大思想家们的思考、研究与他们的生活、经历是融于一体的。他们的研究、思想是他们生存的核心，那不是一个谋生的差事，而是一种境界。对他来说跟他的生存完全一体，甚至是他生存的核心。像天职一样，利用一切机会，去发现信息、提出问题，将生活和学术融为一体，很多基础感受依赖于生活给他的刺激。

培养思想能力的小手段：记笔记。阅读记笔记似乎平常，但观察周围的事情有什么想法记笔记，多数同学做不到。深入想一些小事，然后记笔记。那些东西是很珍贵的，是你思想成长的轨迹，你记下你怎么想的，再想时就像登台阶一样走得更高了，而不是像拉磨一样在转圈。由于高度分工，现代人的生活接触面非常狭小，日常生活中的信息非常珍贵。要记两本笔记，一是阅读笔记，二是对日常生活的思考做的笔记。二者相互对照、相互促进。书本理论学得越多、理解得越深，就能在观察周围的生活时有更深的理解，跟没有读过那么多理论的同龄人比起来，对生活的解释就不一样。反之，对日常生活观察得越细致越深入，积累了很多心得，回过头来再读那些理论著作，你的理解就有很大的不同，它会帮助你读懂很多书，帮助你产生共鸣。二者融合在一起，一个人的思想学术是在这样的过程中成长起来的。⑳

（五）阅读品位

这世间，人有好坏，品有高低。对周围熟悉的人、认识的人可以从其为人处事判断其格调高低，但对于古人名人陌生人，则可通过分析他所读的书，了解其思想境界和人生态度。晚清名臣曾国藩在给儿子的书信中提到："人之气质，由于天生，很难改变，唯读书则可以变其气质。古之精于想法者，并言读书可以变换骨相。"这句话与"腹有诗书气自华"这句俗语很相契合。一个博览群书的人，无论其外在行为，还是内在修为，总是更有气质和韵味的。这就是阅读的品味。

近来央视的《中国诗词大会》和《朗读者》栏目倍受广大中青年学者瞩目，除了一个个高品味的嘉宾饱含哲理的人生感悟和富有激情的精彩表现之外，最让人惊喜的是主持人董卿。她端庄得体，出口成章而吸睛无数。各种诗词信手拈来，名家名言倒背如流，真实向观众展示了自己深厚的文化底蕴。但可以确信的是，董卿在舞台上表现出来的诗词素养和文学功底绝对不是靠背诵台本临时表现出来的。这和她不停学习的生活习惯分不开。她有句名言："假如我几天不读书，我会感觉像一个人几天不洗澡一样难受。读书，能让人学会思考，让人在不知不觉中变得安静下来。"诗词大赛选手王若西这样评价董卿："美人当以玉为骨，雪为肤，芙蓉为面，杨柳为姿，更重要的是以诗词为心。"董卿，大概就是"优雅"这个词语最好的呈现。[61]

阅读是人生中必不可少的享受，它让我们在学习知识的同时不断地超越自我。读一本好书，犹如喝一杯清茶，虽然匆匆喝完，淡然无味，可细细品味，才能感到缕缕清香，才能悟到其中的乐趣。如同走进书中，身临其境，感受与众不同的世界，领悟层次不同的人生真谛。

普希金说："人的影响短暂而微弱，书的影响则广泛而深远。"卡莱尔曾提到，"过去一切时代的精华都在书中"。罗曼罗兰说，读书令人自信，自会有一种从容不迫、雍容高雅的风度。随着时间的流逝，外在美渐行渐远，内在美却要赶来凑数。实际上，真正的美丽并不是你的眼睛有多大，美瞳有多好看，皮肤有多弹性，身材有多火辣……而是随着岁月的侵蚀和打磨，你开始变得谈吐优雅、气质超群、秀外慧中，并不年轻的你，走到哪里都是一道风景线。书卷气质既是女性永不退色的化妆品，又是男性引人瞩目的自然的内在魅力。

高品位的阅读是一剂以防沉沦、以作升华、以为寄托、以怡身心的清醒剂。古人有云：人不读书，则尘俗生其间。在笔者看来，真正的阅读，不是存有功利性的，而是心灵的一种自然追寻，是涵养自己气质的一种生活习惯。过去读过的书总会在某一时刻顿悟给我们无形的力量和快乐。

普通读者的阅读品味有消遣式的趣味阅读、目的性很强的专业阅读和课题研究性的科研阅读。因为人的思想局限必定受制于视野的局限，所以人们的阅读品位也具有局限性。突破人生局限的捷径就是阅读。通过阅读借鉴古人思想、方法，少走弯路。要读一流的书，与一流思想交流，用一流人士的眼界看世界。作者经过一生几十年乃至100多年的实践经验的积累和总结，他们克服困难、战胜疾苦的过程、方法，你在几个小时或一两天读完，这不是高效率借鉴、高速度学习古人知识、信息吗？很多科学家废寝忘食地工作、透支生命，因没有注重健康饮食又没有适当锻炼，而英年早逝。这说明，人无完人，都有自己的长处和短处，如果不读读心灵类、哲学类的书来弥补自己的短处，突破自己的知识局限，将来某天一旦陷入人生困境，能不能走出困境，摆脱困难，则取决于你的阅历、能力、智慧和眼光。那些多读善思、思维广博、视野开阔的人，自然有办法摆脱僵局。

欧洲大学重视通识教育。大一学生不分专业，学好"常识"，拓宽学生视野，避免偏狭。培养独立思考和判断能力、社会责任感和健全人格。教他们学会做人。国内大学教育早早分专业。有些公共课学生不重视也不认真学。像理工科专业的大学生，如果本人阅读面很窄，那些诸如哲学、心理学、教育学、历史、文学、社会学、经济学、管理学等人文方面的书籍很少有机会阅读。缺少这些人文素养，听的、看的、读的、学的、做的都是他自己专业领域内的知识和技能,如何能让他们视野开阔、思想全面而通透?日常生活中的为人处事,与人交往,解决情感冲突、利益纠纷等这些课堂上没有教授的生活场景,也仅靠自身专业知识和有限的生活常识能处理好吗?像图书馆学专业的人,几十年如一日地看书看报只看皮,不看内容。长年累月,经手加工的书籍无数,却很少静下心来完完整整地读完一本书。久而久之,自己阅读品味、思维层次、眼界和思想境界以及认识能力等综合素质仍然没有根本性地提高。长此以往,有些人就像"墙头芦苇"总在领导身边随风招展,有些人经年累月一副"山中茅竹"模样,"腹内空空",却"嘴尖皮厚"尽占便宜!也有些人不甘于图书馆这清贫寂寞的清静环境,总爱滋生一些"槽里无食,猪拱猪"的矛盾而争抢"口食"。俗话说"猪在风口浪尖上也能飞",即使是头贪图享受的"蠢猪",一旦抓住上天系下的"橄榄枝"飞升上天,不同样可以"大闹天空",演绎一些卑劣、荒诞的龌龊闹剧?你能说阅读有品位吗?有些学外语专业的人,天天口里讲的、眼里看的、耳朵听的、手里读的都是外语,日复一日、月复一月、年复一年,天天如此,结果被训练成一群思想狭隘的"鹦鹉",成天都是几句烂熟于心的招牌语言,充充门面。出了课堂,还能做什么,只有自己最清楚。长年累月炼就的这种定势思维磨灭了自身其他潜能。所以阅读的"太专""太精"也是一把双刃剑,让人成就辉煌的同时,也让人思维有局限性、偏执性,很难再突破自己的短板。

十、阅读是图书馆工作的主旋律

我国历史悠久,文化源远流长。虽历经战火、朝代更迭,但 5000 余年的文明绵延至今,亦不曾中断。维系中华文明血脉,使之薪火传承、生生不息的正是承载这些文明血脉的图书典籍。而保存储藏这些图书典籍的图书馆无疑承担着从古到今的文化积累和传播的任务。正是这些散发墨香的图书典籍承载了人类传世文明。这些图书典籍被精心地聚集、储藏,并系统化有序化地保存起来,供人们阅读使用的场所就是图书馆。所以图书馆是人类文明薪火相传的交接棒,是社会文化知识信息承前启后的中转站,是实现传承知识文化、启迪人类智慧、开展社会教育功能的主要场所,是传播文明、延续文化传统的中流砥柱。现代社会图书馆更是文献信息的交流中心,是推动、引导和发展读者个性化阅读的重要力量和场所。图书馆通过收集、整理和保存文献信息,实现思想、知识、信息的交流,提高全体社会成员的文化教育水平,从而提高社会的科技实力和创新能力,促进社会经济发展与社会进步。

图书馆精神的核心是懂书爱书藏书用书。懂书爱书藏书用书的表现方式就是图书馆阅读。图书馆阅读不仅是一个永恒不变的话题,而且是图书馆工作的主旋律。从一本书进入图书馆起,无论采购、分类、著录、编号、登记、装磁针等采编工作,或是展示、入库、上架,或是读者借阅、归还等流通工作,阅读伴随着整个流程的全过程。因此图书馆重视阅读,并搞好阅读工作是提升图书馆品位,提高读者服务质量,显示自身存在价值的重要工作。

虽然阅读受当时政治、经济、教育等各种社会因素的影响,具有很强的时代性,而且不同时代有不同的阅读内容和方法。但图书馆阅读的价值和意义始终不变。因为社会政治经济的发展、科学技术的进步,人民生活的幸福与生活水平的提升需要图书馆,广大读者利用图书馆的迫切心情正如高尔基所说:"书籍鼓舞了我的智慧和心灵,它帮助我从腐臭的泥潭中脱身而出。如果没有它们,我就会溺死在那里面,会被愚笨和鄙陋的东西呛住。"

搞好图书馆阅读工作的关键是做好导读工作。导读工作的第一步是推荐书目。向读者推荐优秀的富有时代性的书目,可以减少阅读的盲目性和无序性。让读者紧跟时代脚步,使所读之书赋予时代内容。第二步是建立网络导航。随着信息网络技术的普及和深入,网络阅读越来越盛行、越来越广泛。网络阅读群体越来越庞大。开展网络阅读导航工作就变得迫切而重要。通过网络导航,推荐积极向上的弘扬社会主旋律的优秀书目,引导读者阅读这些健康的充满正能量的书籍,传播社会主义核心价值观。不失为彰显图书馆启智育民的教化价值的一种方式。

此外,加强文献资源建设,尤其是构建地方特色的文献资源。地方特色的文献资源是展示本馆个性,彰显本馆独特魅力的关键因素。在当前图书馆界追求"高大全"热潮中,加强地方文献特色建设,无疑是一个独辟蹊径、增强市场竞争力、突显自身价值的重大战略决策。阅读具有地方特色的文献资源,有助于读者更好更全面地了解家乡、爱护家乡、建设家乡,为家乡的繁荣昌盛献智献策。

再者,开展读者教育,增强读者利用图书馆的意识。提高网络读者利用图书馆信息资源的信息素养,促进读者的个性化阅读。让读者通过有效的方式自我满足信息的需求。[82]

(一)引领阅读是图书馆的常规工作

首先,图书馆是大众阅读的主要阵地。

图书馆以其服务性和独有的丰富的文献资源成为大众阅读的主要阵地,是联系群体阅读和个人阅读的桥梁。随着大众传媒的兴起,人们的阅读习惯和阅读爱好出现了多元化的发展趋势,不同的人有不同的阅读需求和喜好,图书馆作为专业文献信息机构,所收藏的学科文献资源,能够满足不同读者的多样化需求。其次,图书馆保证了阅读的连续性。由于现代出版技术的应用,文献出版周期越来越短,图书在市场上流通的时间也相对缩短,增加了读者对旧文献收集和阅读的难度,图书馆完善的保存本制度可以保证大众阅读连续性的需要。另一方面,图书馆阅读场所的开放性、规律性也保证了读者阅读行为的连续性。

其次,图书馆是倡导大众阅读的中坚力量。

图书馆社会职能的核心是推广并倡导阅读。1975 年国际图联在法国里昂召开的以"图书馆职能"为主题的研讨会上,将现代图书馆的职能划分为四块,即保存人类文化遗产、开展社会教育、传递科学情报和开发智力资源。指出倡导阅读是图书馆开展社会教育职能的一个重要手段。因为图书馆属于非营利性质的服务机构,有丰富的藏书,又得到政府在经费和人力上的支持,可以使读者不受时间、空间、性别和种族等方面的限制利用其藏书,因而它是大众终身阅读的理想场所。

最后,馆员是阅读推广的探索者、指导者。

图书馆不只是为了读者发展,也应是馆员自身发展的场所。馆员与读者发展是一个辩证统一体。馆员发展是为了更好地促进读者发展。放弃馆员发展,最终祸及的是读者。不重视馆员的发展,奢谈读者的发展也只能是水中月镜中花。因为演员,靠演技征服观众;球员,靠球技留住球迷;馆员靠综合素质引领读者阅读。优秀的馆员在阅读中带着读者走向知识。馆员的真正本领,不在于他是否会利用知识,而在于是否能激发读者的学习动机、唤起读者的求知欲望,让读者兴趣盎然地参与到阅读过程中来。馆员的最大享受、最大乐趣就在于被读者认可,觉得自己是读者需要的,让读者倍感到亲切,能给读者带来乐趣。

馆员的专业化是开展阅读推广的保证。要想成为真正的名师,就必须不间断地学习、充电。学习的速度务必大于教育变革的速度。馆员要将"学习"作为最重要的职业需要,形成"人人是学习之人,时时是学习之时,处处是学习之处,事事是学习之事"的理念。一个馆员超越其他馆员不是最重要的,最重要的是不断地超越过去的自己,提升自身的价值。馆员要鼓励读者要有敢于超越的精神;要有超越之识、超越之智、超越之慧。具有反思能力的馆员才是一个成熟的高素质馆员。未来教育面临的最大挑战不是技术,不是资源,而是人的素质。教育可持续发展的根本战略是馆员整体素质的提高。只工作不搞科研的馆员,只是工作时在场;只有科研结合自己的实际工作同步开展,才能有的放矢地提高工作质量和工作效率,而工作质量和效率的提高又反过来将科研工作引向深入。二者相辅相成,齐头并举才是一个有责任心、有事业心的馆员应有的表现。当读者的阅读行为成为一种习惯、一种需要时,原先认为的"学习是苦差事"就会变成"学习是乐事"。

把阅读工作做到此种境界,才不愧为"图书馆是倡导大众阅读的中坚力量"这一称号。

（二）阅读推广活动是图书馆的重要工作

阅读推广活动是伴随着人类文明的进步而发生和发展的,阅读推广活动的进步与发展反映了人类文明的进步历程。作为人类文明的产物,图书馆的一个重要职能就是倡导和引导阅读。图书馆的利用程度是衡量一个国家和一个民族进步的重要标志。西方发达国家图书馆产生较早,利用水平也较高,人们把利用图书馆阅读作为一项休闲活动。大众阅读几乎成了一种全民流行的消遣文化,图书馆在其中扮演了重要的角色,与大众阅读之间形成了良好的互动关系。这种良性互动关系直接促进了社会政治、经济、教育和科学技术文化的进步和发展,成为国家和民族发展必不可少的关键因素。

1. 发达国家的阅读推广活动

国际图书馆协会联合会专门设有一个阅读推广的部门,组织系列阅读活动和阅读研究。此外,各国都有自己的图书馆协会等机构,在倡导大众阅读方面起着重要的引领作用。如美国图书馆协会每年都举办一些常规性的阅读活动,全国图书馆周、中学图书馆媒体月、美国阅读禁书周、少年阅读周等每年都举行一些会议和展览。发达国家推广阅读活动机构主要有五类。

第一类,政府机构。政府机构举办的阅读活动在西方发达国家相当普遍,这类阅读活动一般比较规范,持续时间长,主要解决全国和地方范围内比较重大的阅读问题,效果十分显著。

第二类,出版商和书店。他们举办阅读活动一般都有促销广告,能从读者需求的细微处入手,持续时间比较短,有鲜明的特色,形式灵活。

第三类,图书馆,以其专业性、权威性和独有的丰富资源成为阅读活动的主要阵地,是倡导大众阅读活动的中坚。现在国内外图书馆界都非常重视自身资源的整合与开发,形成了以国家图书馆、公共图书馆、高校图书馆和专业图书馆为主的四位一体的立体格局,来共同完成对社会阅读的倡导功能。一般来说,国家图书馆在图书馆界处于领导地位,许多大型阅读活动都由国家图书馆牵头。如法国国家图书馆设有"文化推广处"专门负责对图书馆阅读活动的指导与推动工作。公共图书馆是阅读活动的中坚力量,在阅读活动中面向广大的社会读者承担着启智育民的重要职责。学校图书馆是阅读活动最为热情的阵地,他们除了为本校师生提供教学科研方面的专业服务外,还肩负着培养学生阅读能力、激发他们阅读兴趣的责任。大中小学校的学生是最富有阅读热情的、发展潜力巨大的一个群体,学校图书馆阅读推广活动不仅涉及各学科内容,而且阅读形式多样,涉及诗词、散文朗诵、戏剧文艺表演、文学小说评论、名人名篇的演讲竞赛、真人图书馆、经典模仿秀与各种阅读论坛等项目。他们的活动不仅活跃,而且丰富、精彩,充满吸引力。专业图书馆可以利用自身的资源优势在大众阅读活动中推广专业知识,普及科学技术常识,发挥着宣传推广自己特色的作用。

第四类,协会和民间组织。他们是举办阅读活动的生力军。每年各种节假日举办的各种文化活动,其声势浩大的大型专场和特场阅读推介会都是由各级各类协会和民间团体组织举办的。

第五类,传媒机构。传媒机构主要是通过自己的媒体节目来推动阅读活动的开展。他们举办阅读活动覆盖面广,可在最短时间里得到最大的影响,但缺点也比较突出,主要是互动性差,容易陷入炒作而无法获得真正的引导作用。上述五类机构并没有严格的界限区分,它们往往能取长补短,联合起来共同完成一项阅读活动。

2. 我国开展大众阅读推广的状况

我国在 20 世纪 30 年代举办了两次大型的阅读活动。1930 年,上海青年会智育部为了提倡青年的阅读兴趣,在青年会内部举行的阅读运动大会。1935 年,中国文化建设协会发起的全国阅读运动大会。20 世纪 80 年代初期,我国阅读活动的发展如火如荼,呈现燎原之势。这时的阅读活动比较单一、稳定,影响面广、持续时间长。90 年代,我国阅读活动受到"阅读无用论"、出国热、经商热的影响,在数量、规模和影响上都较之前大为逊色。

1997 年 1 月,由中宣部、文化部、国家教委、国家科委、广电部、国家新闻出版广电总局、全国总工会、共青团中央、全国妇联等九部委共同发出了《关于在全国组织实施"知识工程"的通知》,提出了实施"倡导全民阅读、建设阅读社会"的知识工程。这是以发展图书馆事业为手段,以倡导阅读、传播知识、推动社会文明与进步为目的的一项社会文化系统工程。

2000 年全国知识工程领导小组将每年的 12 月定为全民阅读月。2003 年"全民阅读月"活动交由中国图书馆学会组织实施,中国图书馆学会将其作为三大日常工作之一。几年来,全国各类型图书馆在组委会的指导下,纷纷开展了丰富多彩的宣传和阅读活动,让更多的人走进图书馆、让更多的人享受阅读的乐趣。在阅读活动中,许多图书馆都形成了自己的品牌,如国家图书馆的"国家图书馆文津图书奖"、上海图书馆的"世纪大讲堂"、深圳市的"深圳阅读月"等。

2004 年 4 月 23 日,我国又开始了对"世界阅读日"的纪念活动,号召社会各界在这一天走进图书馆、亲朋好友互赠图书、家家关闭电视一小时、图书漂流等活动,共享阅读的乐趣。各级公共图书馆也根据自身的实际情况采取灵活多样的形式,倡导和开展阅读活动。这些活动的主题主要有以下几种。一是根据政治经济大环境选择主题阅读活动。二是围绕党和政府的中心工作选择阅读专题。三是根据社会热点问题开展专题阅读活动。四是结合地方特色组织主题阅读活动。五是创办读者协会、阅读沙龙等非官方机构,通过他们来组织一些阅读活动。⑧

3. 对我国图书馆开展阅读推广的建议

目前我国图书馆界组织的一些阅读活动虽然取得了一些成绩,但影响面不大,大多局限在图书馆读者范围内。为了扩大影响面、提高知名度,有必要做出以下改进。

第一,开展阅读推广工作应列为图书馆的日常工作。要充分认识到图书馆倡导和开展全民阅读的责任和意义,改变目前靠政府和中国图书馆学会组织与督促的"节日式"模式,积极地、自觉主动地、常年地去做。为建立阅读社会夯实基础。

第二,积极发展社区图书馆和乡镇图书馆。通过社区和乡镇图书馆贴近百姓、融入生活,从基层着手开展细致的阅读活动。特别应当指出的是"农家书屋"工程是党和国家倡导的旨在提高广大农民文化素质的重大项目,在"十一五"期间,将在全国建立 20 万个农家书屋。"农家书屋"工程为在农村开展全民阅读活动提供了物质基础,图书馆界要抓住机遇,在"农家书屋"的建设中发挥应有的作用。只有广大农村和贫困人口充分利用了图书馆,我们的社会才算是真正进入了大众阅读社会。

第三,开展形式多样的阅读活动。各级、各类图书馆都要结合自身特点和优势自觉地开展丰富多彩的阅读活动,在阅读活动中不断完善自身的服务,不断寻求合适的活动内容和方式。

第四,简化借阅手续,为读者创造一个舒适的阅读环境。图书馆的一切工作都要从读者的需求出发,营造良好的阅读环境,为读者提供高质量的信息服务,把图书馆办成名副其实的读者之家。

第五,协同社会各界力量共同构建阅读社会。倡导大众阅读、建立书香社会是一项庞大的系统工程,不是单独靠某一力量就能完成的。我国目前图书馆界的现状是资金、人力、物力有限,无法独立担当此重任。所以应当争取社会各界的支持,整合不同系统的资源,共同完成大众阅读社会的构建工作。

4. 高校图书馆阅读推广的使命

高校图书馆阅读推广的使命是,通过一系列诸如展览、书目推介、讨论会、讲演竞赛、课程介绍、展播电影、个人阅读欣赏与指导、真人图书馆等精心策划的宣传推广活动,激发读者阅读兴趣,在读者思想意识深处产生阅读需求,做出适合自己、满足自我的阅读选择。在图书馆提供的知识或信息服务中跨越知识或信息的鸿沟,提升自己,改变命运。阅读推广服务不在于告诉人们应该学习什么、思考什么,重点在于帮助人们决定自己应该思考什么、学习什么。它不是直白地、枯燥地劝导人们该读什么书,而是借助宣传、介绍、阐释等推广手段触摸读者精神灵魂,唤醒被市场经济功利意识淹没的阅读自觉,引导人们走向高尚、阳光、健康的精神生活。对那些缺乏阅读兴趣,或者缺乏阅读能力的人来说,阅读推广就是帮助那些缺乏阅读意愿的人爱上阅读,帮助阅读能力不强的人学会阅读,帮助阅读有困难的人克服阅读困难。

（三）第三代图书馆

业界都知道第一代图书馆以藏书为主，第二代图书馆以外借服务为主。第三代图书馆是注重读者需求，注重馆员与读者之间的可接近性，注重阅读资源的开放性、融合性。更重要的是注重生态环境的舒适性。第三代图书馆的功能就是促进知识流通，创新交流环境，注重多元素养，激发社群活力。最终目的就是让读者借书方便、快捷；阅读环境舒适、雅致；文献资源广泛开放、综合利用度高；阅读效果最大化。

1. 第三代图书馆的特征

（1）读者个人需求化

以前资源少、成本高，人们要到图书馆来获取知识，所以图书馆的重心在收藏，即由外而内集聚资源。现在知识信息进入"爆炸时代"、获取信息的成本降低，而且机构内部及读者本身也在大量生产信息，即由内而外拓展信息，让机构内读者的信息与外界分享。图书馆建筑要适应这样的变化，将传统的以阅览室为主体的形态转变成以学习空间为主体的形态，促进人与人、人与信息之间的交流。例如，赫尔辛基市图书馆新馆把大众共享区设置在一楼，将社群分享区如各类专题空间设置在二楼的做法值得借鉴。

从建筑的角度来看，第一代图书馆的藏书区与读者区是分开的，第二代虽然强调两者之间的融合，但仍把藏书放在首位，并处于核心位置。现在更加注重人的活动需求，在人流、物流、信息流中，以人流为主导设计，而且强调让人的交流更方便，从过去除阅览室外只设置阅读单间，到现在设置大小不一的讨论室和研讨室，都是为了方便共享交流。

（2）服务读者的便利化

为了拉近与读者的距离，强调服务半径，图书馆不仅要设立在城市及社区的中心地带，以缩短服务半径，而且要注重馆内交流的便利性。英国最新开馆的伯明翰市图书馆位于城市的中央，被誉为城市的心脏。即使在互联网时代，拉近与读者之间的距离仍然是图书馆的不懈追求。今后图书馆将不再强调建筑的规模，而是突出图书馆与社区或社群之间的关系。

（3）开放度高

世纪之交荷兰建筑师库哈斯在设计西雅图公共图书馆新馆时面临的最大挑战是如何说服当地人接受一个完全开放的建筑。库哈斯强调要尽可能扩大室内空间，并采用错层方式，通过中庭、廊道、坡道等空间介质让空间延续，同时又主张把围墙打开,让读者从内部感受外景特征和日光变化,因为读者对"场所"的欣赏更多的是由内而外的。我国国家图书馆新馆和四川省图书馆新馆都采用退台中庭方式,给人一种通透宽阔的空间感;日本多摩美术大学图书馆新馆尽量让窗户开大,营造透气空间,制造通透性;丹麦奥胡斯多媒体图书馆和赫尔辛基市图书馆新馆都强调让图书馆入口向外延长,与社会广场对接;我国广州图书馆新馆的内广场与外广场看上去也是连接在一起的。

(4)生态环境舒适化

将生态技术有机地融合进各种服务功能之中。古罗马哲学家西塞罗有一句名言:若图书馆有花园相伴,我别无所求。他强调的是图书馆与环境的关系,而现在很多图书馆考虑的只是建筑本身,缺乏与周边景观的和谐。美国 Poplar Creek公共图书馆是伊利诺伊州的一个区级图书馆,经旧馆改建而成,仅9000平方米建筑面积,在建筑界有生态建筑之声誉。它将原有的围墙打开,尽量引入自然光,立面采用节能的低辐射(Low – E)玻璃,并用电动遮阴挡板,通过开合控制太阳光吸收程度。另外还设计了一个庞大的绿色屋顶,种植的是轻质量的植物,冬天能保温,夏天能阻挡热量吸收,避免紫外线侵害。现代图书馆最起码的要求是生态优先,要符合绿色建筑标准,比如国际上通行的《能源与环境设计先导》的绿色建筑评价标准。

(5)资源融合度高

一方面要激活原来意义上的文献资源,一方面要开发新的资源,并将各种资源有机融合。从20世纪末出现的信息共享空间,到现在广泛普及的学习空间、知识空间、创客空间等,通过一段时期的空间再造,图书馆正在从传统的以阅览室为主体的时代向以学习和交流为特征的知识中心转变。资源是无处不在的,信息是资源,人是资源,空间也可以成为资源。

如日本大阪艺术大学在2008年举办了一个"展 Final in 图书馆",它利用了图书馆的2至4楼和楼梯的空间。据说这个想法是由学生提出来的,他们希望让那些从来没有来过图书馆的人,通过看展览走进图书馆。结果反响很好,两周内增加了2000多读者。首展成功后,学生们信心大增,随后建立了图书馆设计实验室,并举办了多次类似展览。通过举办这些活动,不仅使得图书馆成为"研究的场所",而且让图书馆发挥"表现的场所"的功能。信息资源要融合,空间资源也要共享。日本建筑学会2016年度奖颁给东京都"武藏野空间",实际上该馆是一个集市图书馆、文化馆、终身学习和青少年活动中心等四项功能于一身的新馆,2011年对外开放,建筑面积近万平方米。作为复合型、包容性文化设施,获得日本建筑学会奖。

2. 第三代图书馆的功能

(1) 促进知识流通

流通是图书馆的核心业务。不管是以藏书为主的第一代图书馆,或是以外借服务为主的第二代图书馆,或是注重读者需求、加强了馆员与读者之间的可接近性、重视阅读资源开放性与融合性的第三代图书馆,流通始终是三个时代图书馆流传至今、被时代检验最符合图书馆借阅模式的主流业务。而且不论是哪个层次、哪个类别的图书馆,流通都占据着举足轻重的位置。在当前开放借阅时代,流通更是文献资源广泛开放、综合利用度高、阅读效果最大化的重要途径。通过书籍借阅的流通促进知识流通,创造出一种人与文献信息互相交流的人文环境。假如把城市看作是生命有机体,图书馆就是城市的心脏。整个城市通过图书流通,将新鲜养分输送给生命体的各个部分,激活生命体的新陈代谢,让整个城市的文化机体灵动起来。

(2) 创新交流环境

世纪之交全球图书馆界掀起了一场对本职业反思的大讨论,品牌认知和共享空间是聚焦最多的两个关键词。这些年来,图书馆一直在探索通过组织讲座、展览、书评和研讨等活动,挖掘图书馆作为场所的价值,以吸引更多的读者回到图书馆。如纽约皇后区图书馆为例,过去图书馆80%的业务是图书借阅,现在仅占30%,而70%的精力在于非传统的读者活动(programs)上,如求职信息、求职技巧、语言培训等,根据美国图书馆协会2013年的统计,全美公共图书馆平均每天有一场活动。实际上,很多创意工作者在设计时利用的是社会的网络、资源和人脉,而图书馆正是促进创意工作者交流与互动的社交场所,是支撑和促进创新发展最好的第三空间。美国大学与研究图书馆协会2016年公布的一项调查表明,促进不同年级、领域以及不同校区学生之间的交流与分享是图书馆作为场所的一大优势。

(3) 注重多元素养

图书馆应体现社会和文化包容,为民众公平获取信息、参与发展创造条件。图书馆要为提升民众的职业素养服务,为城市就业和减贫做贡献,还要为提升民众的学习能力服务,造就一批具有数字和技术素养、面向未来的人才。

(4) 激发社群活力

图书馆是一个区域的精神象征,是促进区域文化发展的推进器。社区读者通过利用区域图书馆的文化资源获取新鲜的精神血夜,激发社群活力。人们从图书馆就能感受到这一区域的历史底蕴、文化特点及社区精神,因此每一个图书馆都是独特的。

图书馆是人们生活、工作和学习中不可缺少的文化教育设施。与其他标志性建筑不同,图书馆既要有公共膜拜性,更需要给人一种舒适惬意的感觉,是任何人都可以走进的城市第三空间。对于广大读者来说,图书馆将成为他们生活的一部分:城市客厅、城市书房、城市办公室。从自家的客厅、书斋、办公场所延伸到社会的第三空间。人们在图书馆可以与他人进行交流,可以静下心来看书,也可以个别或联合办公。总之,未来图书馆作为"场所"的最主要的功能是激发读者交流与分享的欲望,这是图书馆永远存在的真正价值。[84]

(四)高校图书馆移动信息阅读

随着移动网络的迅速普及和各种移动设备的不断出现,移动信息阅读突破传统阅读优势,迅速成为当代高校图书馆、校园、教室、宿舍等场合的一大阅读主流。大学生作为移动设备的主要使用者和移动信息阅读的主要读者,对高校图书馆移动信息阅读需求越来越迫切,阅读内容越来越多样化。移动阅读是依托目前比较成熟的无线移动网络、国际互联网、多媒体技术,使人们不受时间、地点和空间的限制,通过使用诸如手机、掌上电脑、E-book、笔记本电脑等各种移动设备,方便灵活地进行图书馆信息查询、浏览、获取与阅读的一种新兴图书馆电子信息阅读方式,是数字图书馆电子信息阅读的延伸和补充。

1. 移动信息阅读的内容

目前我国高校图书馆信息阅读主要提供 SMS 短信、微信、QQ 和 WAP 网络等几种形式。SMS 短信、微信、QQ 提供书目、期刊论文查询、文章下载传递服务、各种数据库介绍、新书信息推送、各级各类阅读活动通知等;WAP 网站可以登录移动图书馆网站进行网站浏览、数字资源检索、资源下载等。通过手机、PAD、MP3、MP4、手持阅读器等可无线上网的移动便携设备登录网站开展文献信息阅读。读者主要是本校师生,通过学号、读者证等注册并通过认证方可开通移动图书馆。文献信息阅读是免费的,读者只需向移动运营商缴纳通信费用。

(1)SMS 短信、微信、QQ 提供的短信查询和信息定制阅读

各馆提供的手机短信可以查询个人的借阅信息、预约和续借。高校图书馆主要提供图书馆催还提醒、预约到馆通知、资源动态、最新消息等信息。读者经由无线移动数字图书馆系统的 Web 平台订阅目标书刊后,可定时接收到包含最新文章信息的彩信。

(2)图书馆 WAP 门户信息阅读

登录移动图书馆的 WAP 网站,即可阅读图书馆门户信息。信息内容与各图

书馆主页相似,包括本馆概况、资源导览、读者服务、资源动态、最新消息等栏目。

(3)统一数字检索平台信息阅读

同样在 WAP 网站上登录移动图书馆的统一数字检索平台。统一数字检索功能使各类不同结构的文章在手持移动设备上可以统一显示,搜索结果可以根据手持移动设备屏幕大小的不同自动适应屏幕,显示本馆购买的数字资源,读者通过阅读这些电子资源进行有效整合,解决在传统独立检索环境下读者检索效率低下的问题。该平台可供阅读的内容有:馆藏目录 OPAC、电子期刊、学位论文、会议论文、电子书等资源,部分资源可移动阅读文摘和全文。

(4)移动下载、视频点播或流媒体业务阅读

由于 4G 网络提供高速传输速度,加上智能手机等移动设备的优异性能,读者可以在移动图书馆阅读宽带视频点播和流媒体业务。目前高校移动图书馆主要提供馆藏数字资源的下载、点播,包括电子期刊的全文下载、电子图书的下载、对媒体音频、视频资源的下载等。如清华大学移动图书馆还专门拍摄了"爱上图书馆"系列短剧供读者在线阅读。

(5)读者互动阅读

移动图书馆借助移动设备的便捷性实现与读者的互动。除了传统"建议"栏目,移动图书馆还提供实时参考咨询服务、图书馆微博、读者推荐等新型互动形式。例如,复旦大学移动图书馆在 iPad 上实现了更多读者互动,有书签、评论、推荐、学术微博、云笔记、原迹手写批注等功能。原迹手写批注功能是读者在阅读文献时,可以对文献内容进行批注或查看其他读者的批注。云笔记功能是方便读者在阅读的同时记录自己的阅读笔记,可以极大提高阅读思考的效率。这些全新的读者互动体验,方便读者随时随地记录、表达、分享自己的阅读感受和学习心得。

2. 移动信息阅读特点:个性化程度更加突出

目前高校图书馆移动信息推送阅读是将传统文献信息数字化以后,传输到移动图书馆 WAP 网站和各种无线移动设备中,使之阅读移动化、随时随地化。其功能和使用方式与电脑上网使用类似。具体内容有:移动 OPAC、移动统一检索平台、移动图书馆门户、数字资源移动下载等。由于移动阅读随时随地化,接入设备的多样性、接入地点的广阔性、接入时间的灵活性,决定了信息阅读的自主性,个性化程度更加突出、更加显性。

表现在读者可自主选择阅读内容。读者可根据自己的偏好选择不同的信息内容。比如考虑触屏和按键方式的不同,配备不同的检索界面。复旦大学移动图书馆在 iPad 上实现书签、评论、推荐、学术微博、云笔记、原迹手写批注等功能;清华大学推出二维码扫描功能,读者可根据自己的需求扫描所需文件的二维码,就

可以自动链接到相应数字资源,阅读自己所需信息。清华大学还推出专门的 iPhone、Android 手机客户端,同济大学为普通手机、iPhone、Android 手机客户编写不同的使用说明等。这种个性化的阅读项目和阅读手段,更加紧密地实现与读者互动。

高校图书馆开展阅读服务的目的是获取信息资源,积极创新,帮助读者应用信息资源,从而提高图书馆服务效益和效率,提升图书馆服务层次。其次、高校图书馆的家底是信息资源、人力资源、物质资源和技术资源。"信息"是贯穿阅读服务活动的主角,既是阅读的原材料,又是最终产品。信息阅读服务能力的不断提高,才能彰显并提升信息阅读的价值。这样才能为高校教学科研活动带来更多实际而有用的帮助。

3. 图书馆服务读者方式:嵌入式阅读服务

传统图书馆阅读是在物理馆舍和空间场所进行的。读者需要借阅时,去图书馆查找所需书籍,办理借阅手续。现代图书馆,除了一眼便知的高大恢宏的图书馆大楼外,就是在图书馆建筑内工作的那些穿白大褂的图书馆员。随着文献信息数字化、网络化的普及和深入,图书馆文献信息以数字形式的存储手段突破传统的物理馆舍和空间场所可以传播与输送到千家万户读者的阅读设备终端。彻底改变了传统借阅模式。读者可以随时随地的借助阅读设备进行阅读。那种传统的在图书馆内场所进行阅读的方式已不再是主流了。起而代之的是在随身携带的电子终端上"见空插针"随处可就的阅读。顾名思义为嵌入式阅读。嵌入式阅读打破了传统图书馆物理空间概念,颠覆了图书馆馆舍一直是读者阅读的主阵地和主场所的地位,将阅读场所延伸到一切可以进行阅读的地方,譬如实验室、办公室、会议室、宿舍、球场、林间小道、僻静的田间地头、旷野等。这种阅读模式适应读者的阅读需求和阅读行为的变化更加灵活机动,突出体现了以读者为中心的服务特性。反映了图书馆为顺应数字化网络化新信息环境而做出的适应性选择和调整。因为图书馆就是为读者存在的,根据读者需求建立相应的阅读服务策略是一种必然要求。

嵌入式阅读不仅仅是阅读时间的随时嵌入,还指阅读场所的随地利用,也包括阅读内容的随时切换、嵌入,更包括读者、馆员灵活机动地嵌入到阅读项目和阅读服务活动中。目前在图书馆界,嵌入式阅读和嵌入式信息阅读服务已经成为业界的新趋势。馆员借助嵌入式模式,以研究课题合作者的身份,或者作为研究团队的成员,与所服务的读者进行直接而深入的合作。嵌入式馆员在研究过程中与科研人员在"上游"进行合作,而不只是围绕着科研生命周期终端产品,如提供图书和期刊论文服务。馆员与读者在科研过程中的这种合作,既激发读者潜在的信息需求,又加深读者对馆员和服务的认识。图书馆馆员最重要的作用不仅仅是帮助读者解决多少问题,而且还应该是将图书馆学的专业特长转化为读者能力,最大限度地彰显嵌入式馆员的作用和价值。

图书馆与读者通过嵌入式阅读和服务,建立了一种主动、互动且全新的关系,拉近了图书馆与读者的距离。馆员将图书馆资源服务给读者,将读者需求带回图书馆。嵌入式阅读服务将馆员原来只起联络作用的职能拓展到了解、参与和支撑学术研究的整个过程。这种服务模式提高了学者的劳动生产率,提高了读者利用信息的能力。而且将联络嵌入研究、教学和学习过程之中,从而建立起馆员与用户之间的协同关系。

(五)图书馆阅读工作的主要内容

无论是日益盛行的移动阅读,或是在专业领域里很多读者采用的嵌入式阅读,这些都是数字化阅读在网络环境下的应用表现。数字化阅读有别于传统意义上的"开卷阅读"。数字化阅读是在新媒体环境下读者"启屏索知"的阅读。是对以开屏击键、声色光电为特征的电子书阅读和手机阅读方式的一种描述。如今这种阅读方式已普遍在中青年人群中盛行。为了适应日益流行的电子阅读潮流,开拓新媒体环境下的图书市场,2012年2月20日,京东商城正式宣布启动电子书刊业务,首期上线8万种正版电子书,与200家供应商合作,预计到今年年底上线正版电子书刊将超过30万种。与此同时,当当网也宣布将电子书库扩充到10万种。为何一直在图书音像市场与当当网直面竞争的京东商城,将"战火"燃至了电子书市场。是因为在越来越火热的移动阅读的巨大需求下,电子书及相关阅读设备带来的诱人市场前景。

在这些电商巨头和书城纷纷剑指电子书之际,作为信息、知识服务体系中的骨干力量,图书馆界特别是高校图书馆,应该紧紧抓住这一契机,迎接挑战,积极探讨移动阅读服务,推进移动阅读的建设。移动阅读,顾名思义是将电子书等数字书刊资源,通过无线或有线网络,载入到手机、PSP、平板电脑、电子书阅读器、或其他个人移动终端设备,进行随时随地阅读的一种新方式。随着电子阅读器、智能手机的普及,电子阅读的形式正在从依赖于个人计算机的阅读向依托于无线网络传输的移动电子阅读转移。高校图书馆数据库阅读就是新媒体环境下的先行军。

1. 图书馆数据库和网络文献检索阅读

数据库(Database)是数据管理的高级阶段,是由文件管理系统发展起来的。

它是按照数据结构来组织、存储和管理数据并长期储存在计算机内、有组织、可共享的数据集合。数据库可视为存储电子文件的文件柜和仓库,用户可以对文件中的数据进行增加、删除等操作。数据库中的数据具有尽可能小的冗余度、较高的数据独立性和易扩展性的特点,可在一定范围内为多个用户共享。随着网络信息技术的发展,特别是二十世纪九十年代以后,图书馆文献信息资源由纸本存储模式转化成数字化数据库存储形式。数字化数据管理不仅仅是存储和管理,更重要的是要被广大用户充分有效地利用。这是进行科学研究和决策管理的重要技术手段。

例如,为了满足全校师生在教学、科研方面的运用,特别是在科研方面,利用校园网可以随时、便捷地检索、查阅、浏览自己研究领域的论文、课题、专题综述等,我馆目前购买了 20 种国内数据库、16 种外文数据库,还有 7 种试用数据库、4 种自建数据库。在电子书资源方面,我馆购买了方正电子图书、超星数字图书馆、百万电子图书数据库等等。其中中华数字书苑收藏有 200 多万种电子图书、500 份报纸,不仅是一站式专业知识服务平台,而且是国内唯一的"跨媒体阅读平台"。读者通过电脑、智能手机、平板电脑随时随地可在线阅读和下载。在我校校园网内免费使用。在校外也可远程访问使用本馆这些数据库。目前本馆在校园网上可以检索的数据库资源有:CNKI 中国知网、万方数据、超星电子书库、读秀学术搜索、环球多媒体学习库、新东方学习库、方正电子书、OFB 等中外文数据库 10 余种。图书、期刊、会议论文、科技报告、学位论文、技术标准、专利、随书光盘等多种类型的文献资源。

像我馆购买的超星数字图书馆数据库,超星数字图书馆包含中文电子图书 100 万种,是国内最大的中文电子图书网站,内容涉及计算机、政治、经济、文学、艺术、数学、工业技术、生物科学、医学等二十多个大类。提供检索功能及分类索引,可在线阅读全文。阅读时,可检索、识别、打印、下载所需的全文图书。使用时首先登录网站 http://www.sslibrary.com,下载并安装新版超星浏览器。通过分类浏览或者检索窗口查找图书,点击书名即可阅读。网站设有使用帮助栏目、客服电话、客服信箱、QQ 在线客服,解决大家使用中的疑问。

还有读秀学术搜索,http://www.duxiu.com。是由北京世纪读秀科技有限公司自主产权、自行研发的,是全球最大的中文图书搜索及全文文献传递系统。实现了本馆纸质中文图书和超星数字图书馆本地镜像图书的联合检索,方面快捷索取图书。提供 320 余万种中文图书搜索(书目数据是国内收录最全、最新的,占新中国成立后所出版图书的 95% 以上);提供 200 多万种(近 8 亿多页)中文图书全文检索与阅读;提供期刊、报纸、学位论文、会议论文、专利、标准和视频的联合检索;提供上述所有文献资源传递及参考咨询等功能。通过搜索引擎的方式向读者服务,可对图书的书目信息、目录信息、全文内容进行立体的深度检索。书目检索提供图书试读(书扉页和正文部分页试读),检索结果"提供文献传递服务"。全文检索,提供任一检索结果后翻 10 页的知识点阅读。文献传递服务提供单次咨询不超过 50 页,一周咨询总量提供不超过整本图书的 20% 的传递服务。网站设有使用帮助栏目、客服电话、客服信箱、QQ 在线客服,解决大家使用中的疑问等等。网上检索工具丰富而便利,足以帮助读者在实体和虚拟的双重空间中自如穿梭,尽情遨游。

2. 图书馆书目文献检索阅读

其次我馆馆藏纸质图书 66.2 万册,中外文电子图书 300 万余册,电子期刊 7000 余种。有没有你想看的书? 这些书放在什么地方? 怎样找到它? 这些书是怎样排架的? 索书号是什么? 分类号是什么? 哪些书能借出去阅读? 一次能借几本? 能借多长时间? 怎样进行续借和预约? 本馆没有收藏我想看的书该怎么办? 这些问题在我院图书馆网页上都可以找到答案。图书馆主页上的 OPAC 就是查找馆藏书目信息的重要工具。通过使用书目信息检索工具查找、检索你想借阅的图书。传统的书目信息检索工具是卡片目录——目录屉。就是按书名字母顺序找卡片,找到卡片请馆员拿出所需要的书。做好借出登记手续,即可借出。本馆在 20 世纪九十年代还曾使用卡片目录。随着计算机技术、网络技术的发展和普及,现在查找书目信息都使用联机公共检索目录,即 Online Public Access Catalog,简称 OPAC。从组织对象看,OPAC 分为:收录在某一个图书馆馆藏的 OPAC,如我馆的 OPAC 系统;收录在几个馆的馆藏 OPAC,如 CALIS 联合书目数据库 OPAC,CASHL 联合目录等;收录在世界范围图书馆的馆藏和网络资源的 OPAC,如 OCLC WorldCat,名称不同,但主要功能相同,都是网上图书馆目录。

怎样查找自己需要的书? 以本馆为例,首先了解分类法,利用 OPAC,找到索书号。本馆的 OPAC 在哪里? 能帮助你解决什么问题? OPAC 在本馆主页—电子资源下面,有个长方形小框名叫"馆藏书目检索",在框中输入你想查找的书名,选择"任意词",点击"检索"即可呈现你所要书的信息:书名、作者、出版社、出版年。在"馆藏地"下拉菜单中显示出:索书号、条码号、复本数、馆藏地、书刊借阅状态是可借还是借出、预约日期等详情。根据这些信息你可以选择最新的一种版本,按馆藏地提示的书库直接去找取你要借阅的书。到了书库,首先要了解书库排架规则。书库或阅览室排架规则是从 A—Z:先数字(从"-"到 0-9)后出版年月号 + 著者号(种次号);排架顺序是从上到下、从左到右。遵循这个规则,按照手中刚检索到的书目信息和索书号就可以找到所需借阅的图书。OPAC 除了查找、浏览馆藏图书、期刊书目信息外，还可 ID 登录，查询个人借阅情况，我借了哪些书？是否过期？是否有罚款？以及定期提醒、网上续借和预约等功能。

除了利用 OPAC 查阅馆藏中文书目信息外，一般读者使用外文文献很少，外文文献利用率不高，所以图书馆收藏外文文献非常有限。如果读者在本馆 OPAC 上检索不到所需要的外文文献，那么到哪里检索呢？检索外文文献大多利用网络在 EI village，Springer，ACM，IEEE，SDOL，Citeseer，Google，DBLP 上检索。如何检索？如何获得全文？可以从全文数据库获得全文，也可以利用 google 的学术搜索引擎，搜索 Internet 获得。或者从网页上搜索文献作者的名字信息获得，或者给文献作者发送 E-mail 邮件，向作者本人索取。如何有针对性查找文献？要有针对性地查找外文文献，最好在本领域核心期刊网页上，或在权威会议论文刊物网页上，按期刊和会议序列检索、查找你所需要的文献，或者检索本专业领域的名人或主要课题组的文献。当网页罗列出同领域许多相似文献时，一般选择高引用次数的文章，因为这些被引用次数高的文章影响因子高，能够反映文章的水平和价值。

如何检索文献？通过关键词、主题词检索。关键词和主题词一定要选好，这样才能保证查到所有你要的内容。通过参考综述检索。可以根据综述的参考文献追溯原始研究论文。注意论文的参考价值，也就是看看刊物或期刊的影响因子，论文被引用的次数。这些因素能够表明你所检索的论文是高水平论文或是低水平论文。

如何阅读文献？经过检索、查找、选择所需论文后，接下来要沉下心来阅读这篇文章了。首先重点读 Introduction，看人家提出了什么问题，目前研究进展如何。阅读文章时，觉得写得好的英文句型，最好有意识地记下，这样以后可以"照葫芦画瓢"，比自己琢磨效率更高。根据文献类型确定阅读顺序：对于一个陌生领域，先看中文综述，然后是中文博士论文，而后是英文综述，最后是英文期刊和会议文献。多数文章要看摘要，少数文章要看全文。看过的文献要做好笔记和标记。经常在思考类似问题时不妨回头再温习你已看过的文献，会发现一些新的启示。

其次，要集中时间看文献。你可以略读文献——略读一下文章的标题、摘要、前言、结论，判断文献是否与研究课题相关。如果与你研究的课题相关，就精读这篇文献。精读过程中要注意思考——该论文解决的问题、研究现状、本文的贡献、解决问题过程中采用什么方法、结果如何、解决问题的方法有什么假设和前提、你认为本文的研究有什么不足等等。

其三，文献阅读总结。文献阅读后要重点总结并记录一下内容：论文解决什么问题、研究现状是什么、本文的贡献在哪里、本文在解决问题的过程中采用什么方法、结果如何、本论文解决问题的方法有什么假设和前提、你认为本文的研究有什么不足、你学到的论文写作方法、你学到的重要的英文表达方法等。

其四，文献讨论。有时候也可在课题组内进行文献讨论，写课堂报告——论文解决什么问题、研究现状是什么、本文的贡献在哪里、本论文在解决问题的过程中采用什么方法、结果如何、本论文解决问题的方法有什么假设和前提、你认为本文的研究有什么不足等。在解答老师和同学的疑问中，补充课堂讲解的不足。这种讨论你一言我一语，往往互相启发，可以起到相互完善、弥补个人考虑不足的缺点。最后总结，写文献阅读报告，按照正式发表的论文格式书写和排版。

十一、阅读是媒体传播的手段

随着社会的发展,阅读手段日益技术化、便捷化,阅读形式日益多样化。阅读行为随着阅读媒体的发展也相应地呈现多样化、随意化。

(一)传统纸质时代的阅读

在传统纸质阅读时代,媒体印刷从图章捺印、石刻捶拓的雕版印刷,到活字印刷,到影印技术,期间经历了一千多年漫长的历程,才有了近代的油墨印刷方式。上世纪 90 年代中期以前盛行的手推油墨滚筒印刷方式颇具代表性。手推油墨滚筒印刷方式是用手工把字打在蜡纸上,或者用钢制铁笔把字刻在蜡纸上,通过手推滚筒滚动油墨把刻好的文字、图画模板一张一张复印在墨框下面的白纸上。复印完毕即可装订成册成书。当时的媒体报纸就是这样印刷新闻报纸的。例如,1690 年 9 月 25 日波士顿出版商本杰明.哈里斯模仿英国报纸,出版了美国新闻史上第一份报纸《国内外要闻》,仅办了一期就遭到殖民地当局查禁。当年殖民地多为草莽之辈,有固定阅读习惯的知识群体人数很少,而且原始传播技术使信息扩散成本昂贵且效率低下。再如,1814 年底,英美两国为结束第二次英美战争而在巴黎缔结合约。这一消息在 7 周后才在美国报纸上刊载。受制于落后的传播技术和狭窄的阅读市场。早期美国新闻业发展极为缓慢,读者仅限于社会顶层少数有钱又有闲的精英。直到 19 世纪 30 年代以后,随着技术进步,有线电报、蒸汽印刷机等发明的问世,新闻传播方式、效率发生革命性变化,能够大批快速印刷廉价的报纸诞生,大众识字率也在不断提高,媒体受众从少数精英阶层向大众普及。美国新闻界逐渐迎来快速发展时代。新闻界与政治姻缘逐渐紧密。到 19 世纪末期,美国新闻界平分天下的两大报业托拉斯集团——赫斯特与普利策报系已能对政局造成巨大影响。正是媒体狂热煽动和炒作"缅因号"战列舰爆炸事件,激起美国民众的战争狂热情绪,促使美国与西班牙帝国迅速开战。⑮这充分说明阅读的公众效应。新闻媒体借助人民大众的阅读普及在社会上产生很大影响,引起广泛的公众舆论,范围之广、声势之大、史无前例。极大地激起了美国民众的战争狂热情绪,引发一场战争。这是纸质时代阅读的力量。

输入法产生后,阅读进入电脑输入汉字的纸质打印时代,几十年后又进步到电脑数字排版激光印刷的纸质版本与当前数字版并存的时代。

(二)网络环境下的新媒体阅读

如今进入信息社会后,读者在网络环境下借助新媒体新工具阅读数字化、电子化文本信息,已普遍被中青年读者所悦纳和喜爱。传统意义上的"开卷阅读时代"将与当下和未来的生活渐行渐远。随着网上检索工具日益丰富,检索方法愈来愈便利,"左书右网"的阅读方式足以帮助读者在实体和虚拟的双重空间中自如穿梭,尽情邀游。与此同时,随着信息和知识载体的存储方式和传播方式的变化,时代和社会对于人的知识面、学识结构及文化素养、科学素质的要求,也提出了更高更新更全面的要求。数字化时代的"新阅读主义"提倡效能阅读,鼓励宁静致远的阅读态度,推崇为创意创新而阅读的价值观。

手机、E-book、网络、新兴媒体等已成为阅读新载体,以其方便快捷、灵活环保等优势受到年轻读者的青睐。新阅读手段出现十多年来,虽然还没完全取代传统纸书阅读的地位,但其阅读时间碎片化、阅读手段和阅读对象多元化的特征,给人们带来前所没有的新鲜体验。对社会各年龄段阅读生态的冲击,随时代发展最终将冲破传统纸书阅读的优势地位。其次阅读内容的极大丰富,新技术平台不断"推陈出新",在丰富读者阅读体验的同时,也提供读者视觉盛宴。传统纸书仅给读者平面化的感触,限制了图书内容多样化的呈现。无法给予读者丰富的阅读视觉体验。而新阅读手段快捷、便携式阅读方式,既能满足人们快节奏的生活态势,又能弥补需要大量集中时间而不能充分利用碎片时间的传统阅读劣势。这种实时阅读的方式迎合了社会公众对忙碌而被切割成碎片时间的利用。新阅读手段的使用群体以80、90后年轻人为主。他们与我国网络数字时代相伴生长,他们的阅读习惯已发生很大变化。88%的读者选用新阅读方式阅读。而在大学生群体中目前有90%以上大学生使用电子产品进行阅读。传统纸质图书的信息传播方式单一,传播的信息量有限。新阅读手段的多样化、个性化、开放互动性等优势更能满足读者需求。

1. 常见的新阅读媒体

目前常见的新阅读媒体有如下几种:

①电子邮箱 电子邮箱具有收发和存储信息的功能,是互联网中最重要的通信工具。它传递速度快、功能强大、安全可靠、使用方便等特点深受大学生的欢迎,

是当前师生网上交流最常用的工具。特别是邮件不受时空限制,可以在任何时间、任何地方接收或发送电子信件,极大地提高了阅读效率,为师生间及时对话提高了极大的便利。此外QQ电子邮箱的群发功能,既方便老师布置阅读任务,又便于不同群体间及时讨论、交流、沟通。对那些不善于口头表达的同学,通过写电子邮件给辅导老师,使表述更为详尽、稳妥。

②BBS论坛 BBS即互联网电子公告栏,是大学生在网上的重要活动空间之一,得到很多同学的参与。BBS论坛给大学生的学习、生活提供了诸多便利。青年学生可在这里相互交流,传递信息,结交朋友,发表对学校和社会的看法。BBS论坛间接地成了网络的"虚拟校园"。因此积极利用BBS网络沟通渠道,发布大学生喜闻乐见的阅读主题、活动告示、通知,用主流声音引导、影响同学们的思想。创办一流的BBS论坛,定期邀请知名学者、优秀校友、或相关权威人士题写帖文,用他们的学术造诣和人格魅力吸引学生阅读和跟帖,直接参与网络讨论,有效引导舆论。开辟那些贴近校园生活的讨论区和版块,对学生普遍关注的热点话题及时疏导,放大理性声音,处理消极言论,清除理垃圾信息,加大对学校电子政务的开放度,提升站点的整体水平,努力把BBS建成深受学生喜爱的校内信息阅读平台,成为引导大学生消遣娱乐阅读的窗口。

③QQ、MSN等网络及时通信工具 QQ和MSN等聊天工具由于自身的便利性、交互性和平等性的特点,"挂QQ""QQ聊天、视频"已经成为大学生网络生活的主要活动。使用这些网上即时通信工具可有效提高阅读的针对性。既要注重利用它的正效应,又要注意它的负效应。对那些沉迷"网恋"和"裸聊"而精神萎靡、学业荒废的大学生,要积极加以引导。把他们从尽情游弋于虚幻的网络世界中拯救出来,因势利导,矫正认知偏差,引导他们走入现实生活,健康地成长,目的是把负效应阅读变成正效应阅读。

④博客(Blogger) 博客是网上写作的一种特定形式和格式,还指以这种特定写作形式发布信息的人。如今许多网站都开辟了"博客阵地"。读者可在博客充分展示自我、抒发情绪。也可以写日记、文章或转贴他人文章、图片。与传统阅读工具相比,博客具有鲜明的趣味性和亲和力,读者可根据自身兴趣爱好或需求选择界面或版式,有很强的操作性和较强的趣味性。形象生动,容易吸引学生的注意力。其次,博客秉承了个人网站的自由精神,张扬个人的社会价值,拓展了个人的知识视野,综合激发了个人的创造能力,铺就了一块个人交流的天地。这些新一代大学生用网络电子软件记录生活、展示自我、交流思想,已经成为网络媒体传播中最活跃的群体。因此,博客等网络媒体拓宽了大学生们的阅读空间和时间、拓宽了阅读的渠道和形式。如何有效利用这种新的网络载体开展大学生阅读推

广工作已经成为当前的重要探索。

⑤校园网 校园网是学校对外的窗口,也是阅读育人的重要阵地。网页建设充分展示本校的优良传统、人文气息、学术氛围的重要底蕴。精心设计,注重原创,努力建设成集宣传、服务、教育和引导为一体的强大的阅读教育平台。围绕一些重大的国内外形势与政策问题,开展旗帜鲜明的评论,实现校园网弘扬主旋律、活跃学生校园文化生活的育人功能。此外,打造立足本校的红色品牌网站,尝试推广党支部建设网络化工作。如北京大学的"红旗在线网"、上海交大的"焦点网"、南开大学的"觉悟网"、天津大学的"天外天"网站等相继出现,在广大同学中产生较大影响。这些以"红色内容"为主题的网站挖掘身边资源,把发生在校园的典型事迹、优良传统、革命建设成就进行大力宣扬,革新网络里的阅读内容和形式,建设信息强大、内容丰富、生动形象的大学生点击率高的网络阅读平台。网络阅读的开放性、匿名性和安全性对开展网络心理健康教育提供了很大便利。可以开设大学生心理保健知识园地阅读、心理在线咨询服务、普及宣传心理健康知识,免费提供相关权威的心理测试体系,开设网络心理咨询聊天室,提高大学生心理健康意识。客观了解自己的智力、性格、能力倾向、人际关系等方面的知识阅读。

⑥以微博微信等为交流工具的手机阅读 一份关于"大学生微博使用情况调查报告"显示:大学生半数以上注册了微博,"微博控"每天微博使用者占到25.15%。刷微博、玩微信已经成为大学生生活必不可少的内容。只要有零碎时间就习惯性地掏出手机,刷微博看微信。可见随着手机使用的普及,微博微信等新阅读媒介的出现,信息传递的多元化、多效化正不断地冲击着传统阅读方式。正是这种"畅通无阻"地碎片化便利阅读、零碎阅读,给我们研究者带来了"真"了解、"深"阅读的阻碍。这些新媒体上阅读内容的真伪性、不确定性,有待进一步确认研究。花边八卦充斥的时代更需要我们静下心来沉思。除了将自己的生活阅历、情感体验、知识拥有通过这些新媒体分享给大学生阅读外,还可以通过"关注""评论"甚至"群聊"的方式,对时事新闻、热点问题乃至困扰学习生活等问题进行评论、解疑及帮助。用积极健康的内容占据网络阵地,引导树立他们正确有效地阅读观念。⑱

智能手机的快速发展,使手机已不仅仅是通信工具,更是兼具阅读终端,成为广大青年学生移动阅读的主角 PA13。用于移动阅读的智能手机在运算速度、内存容量等方面的功能越来越强大,甚至超过平板电脑,而且具有便携、灵活的优点,只是屏幕的尺寸比平板电脑稍小,不便于阅读大页面文档或图片,且待机和使用时间过短。智能手机阅读数字资源的主要方式:登录 wap/web 进行在线阅读,或下载至手机阅读。然后在线或下载并安装 91 熊猫看书、百阅、掌上书院、QQ 阅读、口袋书屋、云中书城、网易云阅读、iReader 等各种看书软件,进行阅读。也可下载 APP 形式的电子书阅读。一部智能手机在手,我们的时间就被分割得七零八落。每天五彩斑驳的信息如潮水般涌来,让我们无所适从,不知如何选择。因此我们的耐心越来越少,总是被标题吸引,打开正文后匆匆两眼又马上关掉。每天翻新的网络热点,无外乎性、谎言、奇闻和窥探,到第二天就被我们忘得一干二净。我们幻想在一篇网文中寻找"干货",希望发财致富、人生辉煌的不传之技能被一二三四五和盘托出,没想到又是一次被骗的点击。我们总是在寻找更多的资源,搜索、下载、囤积然后闲置,错把硬盘当成自己的大脑……

⑦平板电脑 以 iPad 为代表的平板电脑的问世,逐渐掀起了"平板电脑"热,平板电脑触控操作、人机交互好,其强大的多媒体功能实现了从单纯的文字阅读向多媒体阅读的转变。iPad、Windows 平板电脑、其他平板电脑、Kindle fire 等,这些平板电脑弥补了手机屏幕小的弱点,阅读更清晰,特别是完美支持图片、多媒体的显示。但据艾媒咨询 2011 年 10 月公布的调查数据显示平板电脑应用前三位是:商业(25.3%)、游戏视频(19.3%)、阅读学习(18.5%),阅读的比例不足两成。专注于阅读的电子阅读器阅读体验更接近纸本书,既方便携带又省电,适合进行长时间的全文精读。[87]

⑧电子书阅读器——追求纸本书阅读体验的阅读终端。纸质电子墨水(E-Ink)显示屏,可有效减少眼睛疲劳,能够直接在光线直射下使用。其他电子书阅读器主要有:SONY 的 Reader、美国 B&N 公司的 Nook 阅读器等;国内的电子书市场也群雄并起,有汉王、翰林、盛大的 Bambook、方正的文房等等。

互联网是一个多元文化糅杂在一起的时空。大学生在网络阅读过程中,接收来自各种不同层次、水平的多元文化的冲击。许多网络名人也趁机借助个人博客迅速成名,其不当言行也相应在网络上迅速传开,冲击着大学生的思想和价值判断。因此博客阅读就应该根据大学生自身特点,主动发布一些与课程有关的信息,通过答疑、反馈意见,让博客成为传统阅读内容的衍生。尝试将自己的生活阅历、情感体验、知识拥有通过博客、BBS 论坛、QQ、微博、微信与大学生共同分享。在互动中传播先进教育思想和价值理念,对时事新闻、热点问题进行评论,用积极健康的思想占据网络阵地,引导他们树立正确的思想价值观念。同时也及时关注学生个人和班级博客。通过访问学生私人博客、互粉,及时了解和把握读者的思想状况、情感动态,发表对班级事务的见解吸引班级同学参加班级主题活动,在交流中解决学生个人实际问题,潜移默化地引导学生的认知、审美、情感、价值观念及道德判断等综合思想,有效提高阅读的针对性、时效性,达到寓教于乐的目的。

新阅读手段不以实物为载体,而是依靠网络、手机、ipad、e-book 等为载体为人们提供信息阅读。使用新阅读手段进行阅读,读者可以不受时间、空间的限制,随时随地享受阅读乐趣。与传统阅读不同的是新阅读方式不受外界环境影响,容纳信息量十分庞大,而且可以随时随地更新。还可以对阅读内容随时保存和进行传送。在以网络和智能手机为主导的新媒体环境下,开辟、拓展网络阅读,积极营造多维度的阅读方式,提高大学生的整体阅读水平,是目前高校阅读推广工作的关键所在。要建构网络阅读平台,传统的纸质阅读已是常见的阅读方式。随着科技和社会发展,大学生的家庭背景、成长环境、心理特征有很大不同。网络的实时、互动、匿名和便捷的特点正好弥补传统阅读方式的不足。利用电子信箱、BBS论坛、QQ、MSN、博客、网络聊天室等各种网络阅读平台,开展阅读,解答学生提出的问题,实现与学生同步在网上交流、互动,有利于问题的及时解决,增进师生之间的情感,达到良好的阅读效果。

2. 新阅读手段的特点

网读与传统纸质阅读相比,网读具有主体多元、媒体多样,即时交互、海量共享等鲜明特征。

①个性化 依托网络技术,数字阅读能够为读者提供个性化服务。读者可以对所需信息进行选择,也可对这些信息内容及阅读信息时间随意选择。传统阅读方式因受到手段模式的限制,不能为人们提供个性化信息服务,新阅读手段正好弥补这一缺陷。新阅读手段可以实现全地全方位的信息流通,只要手机、e – book 能够接受网络信号。这些信息通过载体传播的范围很大,实现读者阅读零等待。新阅读手段出版成本更低,而且减少了资源浪费。传统图书需要大量纸张,现代技术支撑下的数字阅读在手机、电子阅览器上实现,不需要纸张,只需要网络就可以进行阅读。从资源节约看,大大降低了阅读成本。

②互动性是数字阅读的独特特征。网读是一个双向互动的时代。读者在通过媒体、网络和手机进行阅读时,读者与发布者可进行意义与情感等信息的互动。优秀的信息服务员不在于推送了多少条、多少次文献信息服务,而在于在多大程度上通过个性化、人性化的服务使读者感受到你对人的关注和人文精神,同时也展现出服务者的自我价值和行业价值。给读者留下回味无穷的感染力。传统阅读只是被动地接受阅读信息。新阅读手段可以自由选择阅读信息。读者与读者之间可以互动交流,探讨观点看法。传统阅读如果要翻阅读过的内容需要一定时间查找,新阅读手段可以通过检索,输入要查找的关键词就能快捷找到以往读过的内容[8]

网络成为图书馆和读者联系沟通的重要桥梁和纽带。也是读者表达诉求和交流的重要平台。在一定程度上能摆脱公权力约束,构建一个相对自由的公共讨论空间,能成为社会稳定的制高点。网络对社会的渗透性越来越强,成为高度社会化的媒介。网络的自由性、开放性、匿名性使人们知情的愿望、表达的意愿、参与及监督的要求更加强烈。

③大众参与 网络时代是一个大众参与的时代。文献信息资源的借阅、传递等利用工作要走"群众路线",建立平民式大众化的阅读服务体系,允许并随时了解大众读者发表的意见、评价,以此修正、改善自己的服务运作。网络时代图书馆界的信息咨询服务正面临着来自行业外的新兴信息服务机构的挑战与争夺。因此需要充分了解和掌握大众读者的需求和热点,善于挖掘读者感兴趣的信息,设置他们感兴趣的议题,以吸引读者,不至于造成读者群体分流的现象。也可利用微博、微信等媒体密切联系大众读者,随时接收他们选送的信息服务项目,并及时反馈他们的需求,提升图书馆界信息推送服务的品质、形象、作用。网络时代是"快餐阅读时代""读图时代"。网民读者一般利用闲暇碎片时间进行快速浏览,偏好图文并茂、短小精悍、生动有趣而且平民化大众化的信息。这类信息才能引起受众读者的关注与共鸣。馆员通过微博微信,融入并参与到网读中方便了解读者信息需求。借鉴商界推销模式,研究他们何以推送传销成功的方式方法。

网读时代人人都是麦克风,都可自由发表自己的见解。但网民的匿名性特点容易导致信息传播的无序性、不实性,致使一些不实信息、虚假信息、低俗信息在网络上流传,很容易混淆视听。这需要馆员具有较强的自我克制力、道德水准和责任感,要有针对性地对读者进行信息意识、素养的引导与培养,增强他们信息真伪的辨别力。

3. 网络阅读的普及对社会的影响

(1)微博微信对大学生读者的积极作用

大学生读者对海量信息充满兴趣,如果合理使用,无疑会拓宽他们的知识面,有利于正确价值观的形成。但青少年读者社会经验与判断力尚不健全,辩证意识薄弱,易成为不良信息的受害者,甚至成为传播有害信息的"同伴"。这不利于青少年身心健康地成长。

①满足好奇心、宣泄感情、排解压力。大学生读者正处于情绪不稳定的心理转型期,时常表现出易怒、冲动、率真的"孩子气行为",急需一个表达心情、宣泄情感的"避风港"。微博微信正好提供了这个平台,实际充当了"心理咨询师"的角色。微博微信的海量信息,五花八门、鱼龙混杂,成为大学生读者寻求心理刺激、发泄身心的最好场所。从社交层面来说,大学生读者处于社会认知的初级阶段,需要情感和归属需求,对任何未知的事情都有极其敏感的好奇心。有些大学生读者在微博微信中记录下自己的心情意趣,发泄压力,并等待"知音者"产生共鸣给

予支持或安慰。微博微信这种特有的"不见面"式传播模式,使交流双方在现实中即使不认识也能够相互关注或交流。这不仅满足了大学生读者的社交好奇心,而且有利于"自我认同阶段"的形成。国外一项调查数据表明:"能够顺利完成自我认同的孩子,在各个领域都能够表现得异常积极、充满活力。"他们能够完成好自己的学业,喜欢挑战困难项目,拥有较高创新能力。最重要的是他们能够调节好自身情绪,缓解压力,形成良性循环。

②融入社会、表达见解。现今90后大学生是新媒体环境熏陶下的新生代,又是微博微信时代的"弄潮儿"。微博微信给他们一个展示自我的广阔平台。他们可以自由地在微博微信上发表观点,关注社会热点,提高语言表达能力和激活辩证思维。大学生读者求知欲较高,不只局限于书本知识。22%的读者关注社会热点信息,乐于了解社会动态。这有利于他们认知社会、更好地与社会融合。微博微信的普及化与信息数量内容的"碎片化",使大学生读者可在短时间内通过转发、收藏、评论等功能大量获取信息知识,大胆表达自身观点,成为信息的参与者和评论者。有助于他们形成"积极的自我认同"感,尽早地接触了解社会。这种通过微博微信进行"参与表达"的方式,在一定程度上打破了传统"一言堂"的学习方式,锻炼了主动学习的优良品质。

③寓教于乐、汲取知识与学习。大学生读者感性思维强,想象力丰富。微博微信以文字加图片的主流呈现形式已被教育界所借鉴。若此时借助微博微信建立教育应用,开展寓教于乐的新兴课程体系,例如"每日英语""看电影学阅读""用图片叙述故事"等教育应用,图文并茂的阅读形式,增加了大学生读者学习兴趣,提升阅读效率。在了解更多有用信息知识的同时,构建良好的知识体系。

④沟通交流、建立人际。青少年时期正处在摆脱父母亲情的心理"断奶期",在群体中缺乏自我认同的安全感,急需同龄伙伴聚集在一起,通过交流沟通,获取广阔的知识,建立稳定的情感,从而增加内心的安全感。微博微信正好解决了远距离情感沟通问题。通过发布文字和图片信息,加之评论、转发、私信等趣味性功能的运用,能够随心所欲地与自己伙伴保持联系。

(2)微博微信对大学生读者的消极作用

传播学者李普曼认为:"人们的行为是对环境做出反应。如果见诸行为,行为后果就不是出现在刺激行为的拟态环境中,而是在行为发生的真实环境中。"微博微信创造的拟态环境正悄悄影响青少年对客观环境的认知。

①情绪过度外泄与严重心理逆反。维基百科对"屌丝"的定义为:"懦弱、善良,但又缺乏自我反思、毅力、及改变生活的能力。他们被看作是这个物欲横流、金钱至上时代的悲剧"。实际上"屌丝"一词广泛流传于微博中代表颓废、污浊、叛

逆性情绪的综合体．然而青少年阶段本身处于生理快速发育和心理发展相对滞后的特殊时期．错误理解、过度使用"屌丝""高富帅""白富美"一类消极的时尚网络用语,会导致青少年追求现代感、过度自我张扬,过度自信,解构伦理道德,甚至盲目挑战权威．这一切容易引起青少年过分沉醉于自我思维中并抽象构建的理想完美状态。另外,微博微信使信息传播变得碎片化,也存在大量的垃圾信息、谣言和难以控制的自由言论。青少年滥用微博微信则容易出现"主观现实印象"与实际存在的客观现实之间较大偏离,且这种影响不是短期的,在不知不觉中左右着青少年的现实观,易使青少年受错误价值观的熏陶,导致青少年人生观、价值观的浅表化、混乱化,最终形成青少年反社会型人格的缺陷与障碍。

②催熟心理年龄与逃避现实责任。大量影视剧中有不少成人化演绎,加上微博微信的宣传和推波助澜,这无疑是在"催熟"青少年心理成长。因为青少年模仿能力强,在强大视听张力的耳濡目染中,他们会被虚拟的故事情节所误导,从而形成想尝试各种角色而又不必为任何一个角色负责的欲望。这种长期的脱离现实化得影视剧情的视听冲击,容易引起青少年角色混淆、内心焦虑、自我怀疑、内心极端、过分关注他人意见,丢失自我判断力,甚至学会把片中的"钩心斗角、尔虞我诈"的虚拟情节,将这些"完美心机"应用于现实生活中,而做出不理智的冲动行为。其次、微博微信复杂的信息源可直达青少年的内心世界,并逐步成为青少年汲取信息的主要来源,其中充斥着不少利益互换、炫耀物质的信息资源．这些信息易使青少年受到功利化的熏陶,出现责任感缺失、以自我为中心的价值取向。

③逻辑思维缺失与交际能力弱化。微博微信图文并茂式的阅读结构,有着"一图顶千言"的视觉优势,铺天盖地的图片、眼花缭乱的流媒体大行其道,正逐渐取代着青少年深度思考的狭小空间,形成青少年对浅显读物的依赖。久而久之,青少年的感性思维建构大于理性思维构建,导致青少年爱看热闹,不喜欢思考,没头脑的悲剧。再则,微博微信独特的"背对脸"传播模式,容易让青少年忽略现实生活的交际能力:过度使用微博微信,沉溺于微博微信虚拟平台,形成恶性循环,从而影响正常学习与生活,沦为网络中的"天才",现实生活中的"笨人"。[89]

④从众攀比、模仿参与。同龄人之间相互影响潜移默化,使用微博微信是从众心态和攀比心理的外在表现。

(3)网络阅读的普及对信息社会产生的影响

首先,网络阅读突破了传统纸质阅读传递信息的时空限制。读者获取信息的渠道更加便捷、快速。发生在世界各个角落的新闻事件都可在第一时间传遍世界各个角落。这样,读者对信息的选择由传统的被动接收转为主动选择。面对网络上唾手可得的海量信息,读者不再如传统阅读时代那样被动收听、收看或阅读由媒体发布的相关信息,而是读者有了根据自己所需主动选择的权利和自由。读者所获信息渠道多样而打破了传统阅读时代由"把关人"一手控制的局面而更加丰富多彩。这样网读信息所传播的价值观念更加多元。

其次,网络阅读的普及增强了读者主体地位意识,读者思想观念更加活跃多样。读者群体不仅是传统阅读方式中的专业群体、行业群体,而且是各行各业的社会公众。其社会主流意识、意见乃至思想舆论的主宰权是传统阅读的宣传教育功能所不可比拟的。阅读已经成为社会生活的一部分,而且成为社会公众沟通平台的一种方式。阅读的这种沟通方式有助于改善读者关系,推进网读现代化运营,提高为广大读者服务的效能。而且随着博客、微博、微信等信息交互平台的搭建,读者在信息社会的角色由传统接受者变成发布者。读者不再是单纯信息接受者,而是身兼信息的制造者、发布者的多种角色。网络把原始信息、传播媒介、社会大众统一起来,实现读者、信息、媒体三者之间的即时互动和共享。

这样,网络阅读使社会舆论导向变得不可控制,给读者服务工作增加了难度。大多数读者主要是浏览新闻、收发邮件、搜索信息等,而利用网络媒体了解舆情、沟通互动的较少,有些仅仅停留在"浏览网页"的低层次上。而当前一些官员仍旧以传统方式方法应对网络媒体等数字化信息,不会从海量信息中发现、获取有价值的信息。信息捕捉能力和敏锐性不够。传统的信息控制者、发布者的自我角色意识仍支配着他们的信息处理方式,还没有形成主导、引领信息的角色意识。

所以,网络数字阅读不仅改变着经济形态,而且改变着人们的生活方式、消费方式、交往方式,重塑了或者正重塑着人们的人生观、世界观、价值观。比如政府部门将网络作为反腐工具,说明广大读者对网络信息的关注和运用。网络把文献资源的传播成本降到了最低,最大化降低了用户的表达和技术门槛。通过网络人们能够自由地表达自己的利益诉求,申诉不公正待遇,极大增强了读者参与意识。有利于群众畅所欲言,宣泄情绪,排解怨气,及时反映现实社会中存在的突出矛盾和问题,缓解社会压力,发挥"排气阀"和"预警器"作用。

(三)阅读 4.0 时代的阅读

文字、纸张、印刷术的发明,代表人类文明史的不同阶段。随着每一个变革的发生,书籍和阅读也在发生着变化,包括写作、复制、传播乃至思维方式等也相应的变化。我们以电子书的出现为元年,以此为纪元的起点,把当前我们正经历着的数字化变革及阅读的未来,作为阅读 4.0 的时代。那么这个时代的阅读特点是——

（1）阅读需求的个性化

阅读内容的碎片化和阅读时间的零碎化是个趋势。即在零碎时间里进行的碎片内容阅读。阅读方式可以简单分为精读、泛读和浏览；层次可以分为基础阅读、检视阅读、分析阅读、主题阅读等。每次阅读纪元的变革，都是阅读范围的扩展和层次的提升。碎片化在浏览、泛读以及较低的阅读层次中占据主导地位，但在结构化阅读中，只能是次要地位。对已有自己知识结构的主题阅读而言，碎片化阅读可以起到补充作用，但碎片化本身并不能为知识结构的搭建助力。对尚未掌握阅读方法的初级读者而言，碎片阅读的泛滥反而是一种困扰，可能造成陷于细节的迷失中。对熟练读者而言，各方式和层次的阅读都会是其阅读的有机组成部分，成为阅读的整体。

（2）阅读渠道多样化

只运用碎片阅读的人，难以从阅读中有效吸取知识。对有成熟知识结构的读者，碎片化是一种高级需求和技巧，在数字阅读中可以有效地给读者带来收获。碎片化之后更需要有完备的知识体系，让知识系统化和结构化，才能对读者产生更多价值。数字阅读需要从碎片化向整体性回归，向已经成熟运行数千年的纸书模式学习。因此未来阅读不论如何变化，图书馆都不会消失。因为图书馆存在的意义不只是提供公共借阅和资源复用的平台，更在于提供一个完备系统的知识结构，最大化利用出版物的系统性。没有哪本书是一座孤岛，基本上图书都是彼此相关的，图书馆便是最能容纳这些关联的地方。也许纸书在数字时代可能显得有些笨重，难以将知识盘活，未来数字图书馆将愈发凸显上述第二个意义，成为真正的知识森林。

（3）数字时代的文盲

传统文盲是目不识丁的人、只读智障者低俗读物的人及不能享受和利用阅读的人。这三种人对应于阅读的不同层次和要求。随着阅读水平的提高，文盲的标准也在提升。在阅读4.0时代，对阅读的要求提升到什么水平？在印刷术发明和应用之前，精读是主要阅读方式，印刷术出现后泛读得到了普及。阅读4.0时代泛读进一步扩大化为浏览，新时期对读者提出更高要求是如何利用好碎片化阅读手段。从阅读塑造的思维方式看，精读时期对应冥想，产生思维的深度；泛读时期产生思维广度；数字阅读时代不但以浏览为主要获取知识信息的方式，更易实现知识节点之间的有机联系。因此可看作创造了思维的第三个维度，使立体化的思维和知识结构成为主流。从纸书到数字读物，阅读内容也在经历立体化（富媒体、超链接）的变革。当阅读内容和思维方式都需要变成多维才能适应新阅读纪元时，类似于现实生活中的路痴。这种在多维空间里不能理解、不能利用立体化思维能力而容易迷路的读者,被称为第四种文盲。这类文盲可以进行较低、较浅层次的阅读,但可能难以胜任数字阅读。他们无法在头脑中形成自己的知识体系,不能用自己立体化思维去容纳阅读到的素材;或者在阅读中无法把握立体化文本走向,在思维中无法得出一个清晰自洽的框架结构,对读到的内容始终是窥一斑而未得全豹,入宝山而空回。

(4)文本可编辑化 数字时代的文本还有更多不同于纸本时代的特征。数字时代的文本一直处于可编辑的未定稿状态,可以随时进行编辑和修改。这与印刷术之前的手抄本时代类似。文本的确定性对文本也是束缚。比如莎翁剧本的抄写中掺入了多少抄写员的字句,也是一个迷人的研究主题。说明数字时代的文本在传播中具有不确定性,让阅读有了更多可随时编辑修改的文本。"人不能两次踏入同一条河流",对于阅读也是如此。⑩

(四)声像阅读时代

1. "耳读"时代是当今网络阅读的雏形

1895 年意大利电气工程师马可尼发明了无线电报。1906 年第一次实现用无线电传输人类声音。广播诞生了。1920 年 8 月 31 日底特律一家广播台播放了密歇根州州长选举结果的消息。这是最早的新闻广播。到 1928 年,收音机已在美普及。这一年大选,两党党内初选时,广播电台对初选辩论进行了首次广播直播。无线电波第一次穿越时空将每位候选人声音带进千万选民的耳畔。1933 年草根出身的希特勒敏锐意识到广播在舆论动员中的独特优势。纳粹利用广播电台进行大规模煽动性宣传,使法西斯主义迅速蔓延。1932 年罗斯福在大选中战胜胡佛后了解到广播电台在德国创造的政治奇迹。为争取民心支持他推行"新政",罗斯福通过广播电台"炉边谈话"节目方式向千百万民众娓娓讲述自己的施政意图和措施,迅速赢得公众广泛支持。这两件事标志着无线电广播在大众传播领域掀起了一次革命。

2. "电视机时代"——电视阅读的魅力初露端倪

当廉价收音机的普及使广播在大众传媒中地位日渐显赫时,电视时代第一缕曙光已显现。1925 年英国工程师贝尔德发明了第一台现代意义的电视机。1936 年英国广播公司第一次开始转播较为实用清晰的电视信号。同时电视作为新传媒在美国出现。1939 年 4 月 30 日富兰克林. 罗斯福总统第一次通过电视向全国发表演说。当时电视机还是富人的玩具,全美只有一千余名观众"阅读"了罗斯福总统的演说风采。

　　二战后,电视机从战前少数富人专享的奢侈品迅速涌进千家万户的起居室。1951 年全美已拥有 150 万台电视机,第二年猛增一倍。到 20 世纪 50 年代末,美国普及了电视,80% 家庭拥有至少一台电视机。新兴电视迅速取代刚刚如日中天的广播,成为大众传媒的王者。电视新闻逐渐成为大众资讯的主要来源和重要阅读内容。这预示着电视将给美国政治格局带来极大的冲击。总统大选作为美国政治生活中最重要的一项盛事,也将迎来巨大变化。电视诞生前竞选活动至多约 30 万到 40 万人有机会亲眼见到候选本人,更多的人只能通过报纸、广播了解候选人。但电视机将候选人直接呈现在选民们眼前。1952 年电视与美国大选初次结缘,艾森豪威尔第一次使用电视广告来竞选。1960 年总统候选人约翰·肯尼迪和理查德·尼克松通过电视竞选辩论——"世纪辩论"让小小电视阅读的影响力以四两拨千斤的威力引起轰动。两位候选人进行数次直接辩论,新闻界和少数幸运选民有机会阅读了这次直播。他们对候选人观点、辩才和人品作直观比较,候选人也趁机向人们展示自己的才智和能力。

　　人们看到了电视作为大众传媒新宠的威力,电视能够大范围传播,比先前只阅读文字报道和只闻其声的广播更直观,受众更广泛,有助于提升候选人的人格魅力,是塑造形象和拉拢千百万选民读者的一种廉价而快捷的方式。电视传媒早已跃跃欲试的想借总统大选机会,向世人证明自己比报纸和广播更有能力报道重大、突发新闻事件,更有资格占据阅读顶端。1960 年 9 月 26 日在哥伦比亚广播公司 CBS 直属的芝加哥 WBBM 电视台,肯尼迪和尼克松举行了美国历史上首次总统电视竞选辩论。让全美 6600 万选民读者"阅读"了两位总统的风采。

　　相对于抽象、启发人思考的报纸,电视传递的是直观、形象的信息,荧屏直接将总统候选人由一堆抽象的理论、政治纲领转化为活生生的人,呈现在观众面前。由电视观众去评头论足。这使候选人的媒体形象成了部分选民选择候选人的重要判断依据。电视将选民大部分注意力从候选人的政治主张转移到个人外在形象和风度上。1960 年第一次总统竞选电视辩论举行时,有 6600 万观众收看了节目,到 1980 年观众人数创纪录达到 8000 万。2008 年,网络时代的第一个宠儿奥巴马依靠网络社交媒体成功问鼎白宫。⑨这标志着以新宠媒体电视为阅读对象的视听阅读时代的来临。

　　视听阅读时代的来临,让广大青少年读者不再安于平平静静、默默思维的纸质阅读,而倾向于热衷那些图文并茂的有声有色的视听阅读。这种以满足他们活泼好动、追求新鲜刺激心理的阅读新体验迅速受到全球读者的青睐与热衷。仅仅几年就发展成图、声、文并茂的三维一体的阅读热潮。读图时代的来临,让传统的纸质文献阅读倍感生存压力。

3. 新媒体时代的声像阅读

以电视电脑为主体的新媒体时代,传统单一的视觉阅读方式已暗淡无光,传统知识来源于印刷媒介(纸质媒体)的阅读会逐渐失去吸引力。取而代之的是立体刺激读者感官,瞬间就能吸引读者群体并让受众(读者)在屏幕世界里目不暇接的声像阅读。随着电子信息技术的发展,以网络传输为主的电视电脑的视屏越来越薄、影像清晰度越来越清晰,读屏成为越来越多青少年"常规动作""生动表情"和热衷的"玩伴"。

如今,电视上有制作精良的大事件直播;网络里有打着擦边球的各类直播间。移动互联网能产生今天这样井喷式的发展景观,说是野蛮生长亦不为过。一部手机、一个麦克风,人人都能当主播。有人当直播是生活的一剂调味品;有人把直播当作盈利的手段;有人视直播为一次玩票,玩过就过了,回来还是日常。有人因为直播迎来了一次人生的彻底反转,金钱和名声如浪潮般涌来,不由分说地被裹挟着向前奔流……

(1)网络直播成为当今视听阅读的主要内容。

时代在发展,社会在进步。人人都需要一个存在的幻觉来消解生存的压力,都需要通过别人的反馈来证明自己确实存在。用今天的话讲,就是"怒刷存在感"。这种需求为今天的娱乐直播提供了市场,让阅读直播成为当今声像阅读的主要内容,并且培养了大批热衷于图声文并茂阅读的青少年读者。

视觉阅读量:统计显示,2015 年中国在线直播平台数量接近 200 家,其中网络直播市场规模约为 90 亿,网络直播平台用户数量达到 2 亿,大型直播平台每日高峰时段同时在线人数接近 400 万,同时进行直播的房间数量超过 3000 个。接近50% 的网民表示收看过在线直播。巨额资本涌入直播行业,YY、斗鱼、花椒直播、熊猫 TV、百度、阿里巴巴、小米纷纷入局,跑马圈地,抢占市场,砸钱,签约,满世界寻找美女主播的新闻充斥网页。客户手机下载 APP,就可以看直播。YY 以24.4% 的手机下载占比在直播平台中排名第一,2005 年成立,2012 年在纳斯达克上市,2015 年向虎牙直播注资 7 亿。斗鱼以 14.9% 的下载占比排行第二。2016年 3 月,腾讯等向其注资 1 亿美元,由游戏直播向体育、综艺、娱乐、户外直播内容扩张。央视财经、体育等频道纷纷推出 APP,多媒体互动直播参与者众。腾讯、搜狐等大型网也加力互动直播,以内容优势吸引高端人群。

直播不断挑战着公众的道德底线,游走在道德与法律边缘的直播市场不具有投资和发展价值,整顿迫在眉睫。77.1% 的网民认为在线直播平台存在低俗内容,90.2% 的网民认为在线直播平台整体价值观导向为一般或偏低。

直播技术改变了业界竞争格局。直播的本质是文化内容的生产,既然是文化产品,普遍性的生产便会没有出路。全民写诗,写出来的就多是打油诗句;没有门槛的直播,低俗和失去市场便不可避免。体育直播平台抽奖送球星签名球衣,新闻直播平台让用户参与新闻选题,总之就是让广大网友多些投入,舍不得离开。

如今直播已成为大众展现自我和生活的新方式。网络直播已迅速让吃饭、睡觉、聊天这些日常生活中最平凡的举动,开始拉动受众需求、带动产业经济运转。直播演唱流行歌曲、酒吧驻唱现场表演、能引起粉丝共鸣。每天四五千粉丝,一天收到的礼物在人民币几百元至几千元之间。参加音乐节,和网友聊天、谈心、换一些发型和服装吸引观众。例如,"局座"张召忠在弹幕网站 Bilibili 上做了首场直播,攒足了人气,成为新一代:"超级网红"。在长达两个小时的直播中,局座对当下的若干热点话题发表了自己的看法,并积极与网友互动,回答了大家所关心的南海局势问题、无人机使用前景、机器人的军事作用及中美、中日关系为代表的国际关系问题。

总之,无论是娱乐直播,或是新闻直播,都说明了一个问题———以电视电脑为主体的视听阅读以其直观性、丰富性、现实情景性和娱乐性吸引广大群体的眼睛。广大的受众群体就是读者群体。这种阅读形式产生的影响力,涉及的读者层次、波及的范围是史无前例的。

(2)视听阅读对广大青少年读者的影响

新媒体视听阅读不同于读书看报。读书看报不仅需要发挥视觉作用,更多是需要理解字里行间隐藏的深层次信息内容。而电视电脑的声像阅读多为被动接受信息内容的视觉观察,在转瞬即逝的信息流中来不及深入思考,且也不需要经过阅读文字的特殊训练就能掌握,它完全是通过呈现连续贯通的图片画面,向观众传递一种前后有内在逻辑关系的流动信息内容,受众通过视觉听觉被动感受领悟这些信息流的内容。受众思维只能随呈现的内容而思想。在学习知识、瞬时记忆内容时,来不及深思考。所以新媒体视听阅读侧重于表层的浮浅阅读。更为重要的是,电视电脑的声像阅读不仅使青少年一览无余地观察到各年龄段的社会信息,足不出户便接触到丰富多彩的世界景观。特别是成人世界丰富多彩的后台景象,很容易被其形象性、瞬时性、娱乐性所吸引。这种阅读形式一方面扩大了他们接触信息世界的触及面。改变了读者获取信息的顺序和数量。其独特的时空优势,让过去需要相当长时间才能知道的事能及时得到传播,过去发生的事重新完整展示在青少年面前,成为日常生活中学习与社交的中介。另一方面电视电脑的声像阅读也使青少年提早社会化,让他们的社会化进程不再完全契合于生理生长进程和年级序列,甚至将原本处于"后台"成人世界的内容提前在屏幕中展露无遗。这样促进了青少年心理早熟,使他们潜移默化地提早受到成人化人际交往标准和异性交往价值观的熏染和影响。这种为青少年呈现了许多社会角色的行为模式及相应价值观念、行为方式的阅读体验，对其社会性发展有着不可忽视的影响。

其次，新媒体视听阅读不仅改变了受众读者获取信息的顺序和数量，而且改变了青少年交往方式。电视节目为青少年提供了谈话素材。同时花费大量时间自主收看喜欢的电视节目，挤占了与同伴交往时间，户外活动减少，特别是那些不能从现实交往中获得令同伴满意关系的青少年，更容易花大量时间待在屏幕前成为"信息容器"，而从节目中求得精神慰藉。这样与同伴现实交往就进一步减少，久而久之人际交往技能愈加难以发展，越来越游离于同伴群体。[②]

对此，如何引导广大青少年读者充分利用新媒体阅读信息量大、更新快，能够提高学习效率、扩大广大受众视野、提升其思想品德修养的优势，最大可能地减少或克服他们过度沉迷于视听阅读造成的负面影响，是一个迫切而又值得我们需要研究的课题。

（五）信息泛滥时代，阅读何去何从？

在当今信息泛滥成灾的社会环境中阅读还能坚持吗？传统媒体的特点已不能满足受众需求。进入信息时代，日新月异的信息技术以超乎想象的容量，使信息的杂陈成为常态。官方民间、主流支流、真实虚假、善良丑恶、高雅低俗几乎同时陈列于受众面前。而传统媒体在信息选择上的单一、传播路径上的单向和呈现形式上的单调，已经不能满足受众的需求和引导的需要。于是传统媒体与新兴媒体的融合成为党和国家的重要战略和媒体的紧迫任务。在融合过程中，从思想方法角度，认识和把握"从信息到知识，从知识到智慧"的规律，对于媒体尽到社会责任，坚持正确导向，是不容忽视的一件事。

如今我国有报刊广电等传统媒体14362家、网站400万个、微博用户2.75亿、微信用户超过8亿（其中月活跃用户接近4.38亿），每天发布的信息是过去的几十上百倍。互联网不仅能迅速地把各类信息塞满货架，而且搜索引擎能把信息分类。多媒体则能综合报纸、电视、广播的不同形式，空前地吸引人的注意力。海量和杂陈成为信息传播的突出特点，人们受到形形色色的诱惑甚至强制，显得无所适从。怎么看待不断增多的杂乱信息，信息过滥是否会导致人类思维能力的下降，成了新时朗图书馆业界研究阅读活动的关注点。

信息过多过滥会导致"信息焦虑"。德国哲学家伽达玛曾说"信息不是知识。如果人类得到过多信息，那么他们将不需要知识。"人们津津乐道于正在到来的信息时代,却不知道"信息泛滥只会愚化人类,阻止人类思考。"

每天一睁眼就接收信息,先是读报纸,现在的报纸越办越厚。读完报纸上网,网络把全世界的信息"数码"到一起,呈现给你。当不了伟人、得不了天下,但能得天下信息也是一件乐事。鼠标在手犹如权柄在握,想浏览哪里就刺向哪里。网以外有书、有杂志,还有广播、广告、电话、图片、商标、路标、文件、简报、灯箱、报表、电影、标语、布告、信函、手机短信、通缉令、中奖名单、小道消息、口头文学、印有文字的 T 恤衫、治疑难杂症的小帖子小册子等等信息。特别是电视太迷人太缠人,每天至少耗费一两个小时,手拿遥控器不停地搜台,转换不同的频道,接受不同的信息。

阅读这些乱七八糟的信息塞满了脑袋,很容易让我们丧失辨别正常事物的能力,回答不了常识性的问题。这形象地说明,信息过多过滥会对人产生不良作用。这种不良作用源于人的心理因素。好奇和求知欲是人的正常本能。加拿大传播学者麦克卢汉把媒体说成是让你的器官延伸,如同报纸扩展了人的嘴巴,可以同时向很多人说话;电视扩展了人的眼睛,把观众带到事发现场;广播扩展了人的耳朵,能使听众听到各个地方的声音。思可相反,得须相成。信息当然越广越好,越多越好,多了有利于比较,有利于鉴别,有利于决策。法国社会心理学家 H. M. 托利得提出,测验一个人的智力是否属于上乘,只看脑子里能否同时容纳两种相反的思想而无碍于其处世行事。这个"无碍"是以正确的判断为前提的。如果不加梳理,经过一番"去粗取精、去伪存真、由表及里、由此及彼"的工夫,任由信息充塞杂陈,就会丧失比较的参照,就不会有明确的概念、严谨的推理和正确的结论。英国心理学家 P. 萨盖提出,戴一块手表的人知道准确的时间,戴两块手表的人就不敢确定几点了。可见信息是好东西,但若失去了控制,就会把思维引向混乱,形成焦虑,变成坏东西。

如今媒体功能不断在增加,受众读者接受的效能逐渐弱化。以多介质、多源头、多样化、多形式发布的信息越来越多,形成和影响舆论。这种信息多样与杂陈的态势会造成什么结果呢? 由于各种信息目不暇接,社会公众不读不看不接受又担心错过自己所需的重要信息而"害怕落伍";来者不拒地读看接受,一方面精力有限,不可能面面俱到。接受呢,各种说法都有道理,让读者又无所适从。媒体受众"该信谁的"成为许多人的疑惑;新闻媒体"选择什么"成为普遍命题。而这些心态、疑惑和命题都源于信息的过多和过滥。

那么阅读呢? 阅读信息的目的是为了增进人的智慧,以利于人做出正确的选择。而从信息到智慧,中间还有一个环节,即知识(包括认知或观点)。知识是智慧的基础,智慧是知识的升华。卓有成效的阅读总是沿着"信息—知识—智慧"这条路子进行的,即阅读信息→获取知识→得到智慧。"知识"指认识、判断或技能,有真实、有益、完整等含义。如读者接收的信息是真实的、系统的,由此产生新的观念、新的态度或新的能力。例如媒体处理信息,选择真实的和受众希望知晓的事实作为报道对象,整合一件事的前因后果以反映全貌,连续跟踪报道发展变化以监测社会等。"智慧"指更高层次的综合思辨能力。主要有价值观、综合分析、明辨是非等含义。如读者能够分析辨别一件事为什么是真的,为什么是假的;为什么是对的、为什么是错的。再如媒体能够在大量信息中判断什么是真善美、什么是假丑恶,选择和传播对社会、对受众有益的事实,主动把舆论引导到有利于国家富强、民族复兴、社会公正方向等。

定义上,信息泛指人类社会传播的音讯、消息,包括通信系统传输和处理的对象、以及各种事物的状态和特征。随着现代信息技术的发展,信息有"海量"特征,涉及范围广、门类多、内容杂。来源上,信息有来自大众传媒的,有源于自媒体的多源发布,也可以是书籍、电影等。效果上,媒体除了像图书馆一样有传承文化功能外,还有大众娱乐、引导舆论等功能,主要在人的认知层面和态度层面起作用,对人的行为有直接影响。信息传播的目的更加多样,大多在人的"知道"层面起作用,且种类繁多,真假杂陈。读者对信息的信任度远远低于媒体。信息对社会的影响特别是对改变人的行为效果有限。

对每天产生的"海量"信息,媒体只选择和报道自认为真实的符合自己价值观的,读者普遍关注新发生的、与自己有关的和自己想知道的信息。而绝大多数与媒体价值观不符、游离受众关注,以及滞后、重复、零碎的信息都被媒体过滤掉了。所以信息量大不大,不仅要看数量,还要看质量。不管长短,只有与"知识"相符、有利于增强公众理性的信息才能成为新闻内容。

1. 成也"阅读",败也"阅读"

杂陈浩繁的信息阅读很容易导致人脑的"麻木效应"。在"杂陈"的信息中,媒体要让受众关注自己,就得不断改进呈现的内容和方式。媒体当然深谙此道。比如报纸,近十几年二十年,瘦报、厚报、导读、标题、照片、专栏、版面等,一阵一阵地变。内容上增加了生活报道、气象报道、深度报道、解读报道、文体报道、娱乐报道、数据报道、图解报道等,都是为了吸引读者。现在网络传播流行的"用户体验",也是这个意思。人知道得越多对于思考的高度、广度和深度越有益处。但是在"读网""读图"以及"搜索"普遍为人使用时,成也"阅读",败也"阅读"。如果媒体仅仅停留在浅层阅读的"知道"层面,并不会让受众形成正确的知识和有用的智慧。美国思想家尼古拉斯·卡尔在《浅薄——互联网如何毒化我们的大脑》一书中,援引大量实验结果,提出工具的"麻木效应":"当网上五花八门的刺激导致大脑过载时,我们的学习能力会受到严重影响。信息越多,知识越少。"软件越聪明,用户越愚蠢。"近年来媒体为了吸引受众开发了许多新的认知技能,使人越来越省事、越来越"聪明"的情况。他援引麦克卢汉的话说"我们的工具增强了人体的哪个部分,哪个部分最终就会'麻木'"。像电脑手机,下载储存的文件越多,系统运行越慢一样,甚至还会出现卡机、死机的现象。人脑也是如此。著名发展心理学家帕特里夏·格林菲尔德警告说"开发某些认知技能,都是以其他方面的损失为代价。与之相伴的是'深入处理'能力的弱化,而我们获取永远不忘的知识,进行归纳性分析,开展批判性思考,展开丰富的想象和做出深思熟虑的决定,都是以这种能力为基础的。"

人为电脑编制程序,程序也为人"编制"思维。互联网正深刻影响和改变着人的思维和技能。人们有这样的体验:习惯了用电脑写作,用笔写稿时会感到不知所措。读者也会有体验,长期"强制浏览"网页和沉溺于快餐式、碎片化阅读,对思想厚重的经典书籍会感到"读不下去"。许多媒体花了大力气宣传阅读,倡导深度阅读,全世界还规定了"阅读日",但广西师范大学出版社于2013年6月对近3000名大学生"死活读不下去"的书进行统计,前10名中,《红楼梦》等中国四大名著赫然在目。

阅读的目的还在于影响人的思想,从而影响舆论。哲理的"影响"就是导向。检验阅读成效,除了内容上的"用户体验"、形式上的"多媒体可视"、机制上的"一体化平台"外,根本的是对舆论的正确有效的引导。实现这种引导,媒体就要在融合中继承和发扬传播知识、增强智慧的"核",改进和创新吸引关注、多样呈现的"形",处理好"核"与"形"的关系。一是在众声喧哗中明辨是非,二是在新闻报道中融入知识,三是在内容结构上加重文化。⑬

2. 高科技的深入发展对人类阅读的冲击

社会愈进步、高科技愈深入发展、信息就愈浩繁,阅读愈不易。这对人类的冲击愈强烈。北京朴道草堂书店阻挡不了城市现代化步伐被拆迁封条,推土机的隆隆声很快就盖过了阅读人的喧嚣声,机器的冰冷与人心温度的对比,就如同追求现代性的科技进步与思想落后的精神交战,它终将把人类推向决斗的前沿。以色列历史学家尤瓦尔·赫拉利在《未来简史》中已为人类预测了这幅悲伤的图景。人类在追求科技进步与不断突破自身的过程中,人类价值终将被科技主义取代,这难道就是进步的代价?

尤瓦尔在其上一部畅销书《人类简史》中回顾了人类生物进化过程,"智人"如何战胜其他生物,最后在情感与社会意义的重塑中,"智人"完成"人神"的飞跃从而获得认知上的大发展。由于人类不能停息对"永生神的渴望",所以人类的一切动力都来源于对成为神的模仿,直至代替神。在《未来简史》中人类已经不能满足于成为"人神",而是要成为"神人",直接取代神甚至把科技当作新的神明。生命工程、仿生技术、基因技术在不断发展,在不久的将来,"大数据"将主宰生活的各个方面,甚至能决定人的意志、情感,科技甚至将掌握生死。如果是这样,人类的精英也将被科技技术取代,在未来,人类的所有工作都将被人工智能代替,这样人类也就没有存在的意义。如果按照生物进化论的观点,"智人"战胜了"半智人",智人后来进化成"神人",他们不断地创造、推动科技的进步,到后来科技成为创造物,它可以在数据的推演与情感、意志的模仿上超过人类,让人类变成低等生物,那么人类被取代的命运也就不远了。

这是尤瓦尔根据生物进化论与科技进步主义推导出的人类最终命运,让人悲观。也被书评人认为是反人类乌托邦,"人类逐渐把工作和决策交给机器和算法来完成。由此一来,被技术发展抛开的无用的大众将会用毒品和虚拟现实来追求所谓的幸福,而这一切不过是幻影。事实上只有超级富豪才能真正享受到这些新技术的成果,用智能的设计完成进化、编辑自己的基因,最终与机器融为一体。"与机器融为一体的"新新人类"将形成新的垄断,使人类再次回到被奴役的命运,这样人类也就离毁灭不远了。

不过,我们从查尔斯.泰勒的《世俗时代》却得出不同的世界观与结论。世俗化、多元化是目前西方的潮流。在全球化的浪潮中它从西方漫延到东方,中国也概莫能外,我们不能回避这个现实。但如果我们没有选择性地拥抱"世俗生活"与科技进步主义会不会真如《未来简史》所预言的人类最终将被"科技神人"取代呢?

泰勒回顾了西方社会在改教运动与启蒙运动后,如何一步步抛弃了他们的"基督教传统",让神从公共领域退到"个人生活中"。这可以与尤瓦尔《人类简史》中人如何自我突破,变成"人神"对照阅读。中国人的"世俗化生活"由来已久,虽不像西方人受"基督教文化"影响深远,但是儒家文化一直从伦理和仪礼层面在建构我们的社会生活,而中国的现代性也是与儒家传统文化做了切割,我们呼吁一种新型文化,无疑却导致进一步的世俗化与庸俗化。

泰勒从讲述西方"世俗化"故事中,指出一个世俗的人在世俗社会中生活意味着什么,他给出了人类历史整体的画卷,让我们得以看清个人的位置以及个体生命的局限性,唯有谦卑地仰望我们的造物主,才能真正找到人生的意义与抗衡这个时代的力量。[9]

历史愈前进,人类的精神遗产愈丰富,书籍愈浩繁,而阅读也就愈不易。书籍固然可贵,却也是一种累,很容易变成研究学问的障碍。因此处理好专与精、通识与专业的关系尤为重要。

3. 处理好专与精、通识与专业的关系

信息泛滥还表现在每年都有许多粗制乱造的书籍充斥市场,让读者目不暇接、无所适从。这很容易造成——书多易使阅读不专精的现象。我国古代学者因书籍难得,皓首穷年才能治一经,书虽读得少,读一部是一部。口诵心惟,嘴嚼得烂熟,透入身心,变成一种精神的原动力,一生受用不尽。现在书籍易得,一个青年学者就夸口曾过目万卷,"过目"的虽多,"留心"的却少。譬如饮食,不消化的东西积得愈多,愈易酿成肠胃病。许多浮浅虚骄的习气都由耳食肤受所养成。可见书不在多而在精。

更重要的是,书多易使读者迷失方向。任何一种学问的书籍现在都可装满一个图书馆,其中真正绝对不可不读的基本著作往往不过数千部。许多初学者贪多而不务得,在无足轻重的书籍上浪费了时间和精力,就不免把基本要籍给耽搁了。做学问如作战,须攻坚挫锐,占住要塞。目标太多了,掩埋了坚锐所在,只东打一拳,西踢一脚,就成了"消耗战"。

阅读并不在多,最重要的是选得精,读得彻底,与其读 10 部无关轻重的书,不如以读 10 部书的时间和精力去读一部真正值得读的书;与其 10 部书都只能泛览一遍,不如取一部书精读 10 遍。"旧书不厌百回读,熟读深思子自知",这两句诗值得每个阅读人悬为座右铭。阅读原为自己受用,多读不能算是荣誉,少读也不能算是差耻。少读如果彻底,必能养成深思熟虑的习惯,涵泳优游,以至于变化气质;多读而不求甚解,譬如驰骋十里洋场,随珍奇满目,徒惹得心花意乱,空手而归。世间许多人阅读只为装点门面,如暴发户炫耀家私,以多为贵。这在治学方面是自欺欺人,在做人方面是趣味低劣。

其次,阅读当分种类,一种是为获得现世界公民所必需的常识,一种是为做专门学问。为获常识起见,目前一般中学和大学初年级的课程,如果认真学习,也就很够用。所谓认真学习,熟读讲义课本并不济事,每科必须精选要籍三五种来仔细玩索一番。常识课程总共不过十数种,每种选读要籍三五种,总计应读的书也不过 50 部左右。这不能算是过奢的要求。一般阅读人所读过的书大半不止此数,他们不能得实益,是因为他们没有选择,而静读时又只潦草滑过。

常识不但是普通公民所必需,就是专家学者也不能缺少它。近代科学分野严密,治一学问者多固步自封,以专业为借口,对其他相关学问毫不过问。这对于分工研究或许是必要,而对于通识深造却是损失。宇宙本为有机体,其中事理彼此息息相关,牵其一即动其余,所以研究事理的种种学问在表面上虽可分别,在实际上却不能割开。

世上没有绝对孤立绝缘的学问。不能通就不能专,不能博就不能约。先博学而后守约,这是任何治学所必守的程序。我们只看学术史,凡在某一学问有大成就者,必定于许多它科学问有深广的基础。目前我国一般青年学子动辄喜言专业,以至于许多专家学者对于极基本的学科毫无常识。这种风气也许是在国外大学做博士论文的先生们所酿成的。它影响到我们的大学课程,许多学系所设的科目"专"到不近情理,在外国大学研究院里也不一定有。⑮

4. 网络阅读的肤浅化

这里的"肤浅化"就是"表面化"。像你在咖啡厅里面点了一杯拿铁,每次都只把上面的奶沫给吃了,下面的咖啡没动。订一个蛋糕,只把上层的蛋奶脂吃了,剩下面糕扔了!有些父母帮子女物色相亲对象,数字比活生生的人重要,房子要有多大,工资要有多高;有些人喜欢把自拍放到网上,不展示给大家、不让大家知道你在干啥,心里就不安定。衡量一篇文章好不好,要看它的 KPI,看它的阅读人数有多少、转发收藏有多少;还有人会长篇大论,教你怎样写一个抓人眼球的标题,却没人教你怎样写一篇深度长文;记忆最深刻的是春节时送保健品的礼盒装,偌大的一个盒子拆出来只有一点点东西。

这些现象都说明当今时代肤浅化速度越来越快,唯独我们缺失了一样东西——深度。像阅读,近两年有两个新变化:一是知乎答案里,各种"装饰性图片"变得很常见。

什么是装饰性图片呢?就是文章中的插图并没有传达什么实质性的信息,也可能与文章内容没有多大关系。比如文章中插一张萌宠动物的表情、插一张暴走漫画的表情,或者插一张有着离奇台词的影视截图。以前知乎的答案是很干净的,有一说一,就是论事。后来这种浮夸的东西慢慢变得很常见,一篇文章中这种插图有五六张,文字部分反而没有多少。这是受整个社会浮躁心态的影响。因为他们明白文字的内容太薄弱,心有点虚,就用这些图片来遮掩、来充门面。这种很虚弱的图片成了这个肤浅时代的一个症状。

另一个例子是,有些微信公众号的文章,喜好用文字居中排版。甚至很多阅读量很高的文章也用这种排版。以前文章排版都是左对齐,人们的注视点从左至右的移动。如果居中对齐导致眼睛的注视点都在中间位置,两边文字只会用余光大致扫一下,很少有耐心仔细看。所以以前我们的阅读是看书,现在我们的阅读是刷屏,而且是嗖嗖嗖地刷。那浮躁的肤浅化神态溢于言表。

十二、阅读是教育的灵魂

（一）中美两国教育在阅读方式上的对比

中美两国在教育过程中不同的阅读理念、天差地别的阅读方式，导致最后不同的教育阅读效果。

首先，中美教育阅读理念存在差异。

长期以来，我国教育坚持以马克思主义的观点和方法为指导，重视系统知识的学习，强调课堂教学和教师的主导作用。形成了以教师为中心、书本为中心、课堂为中心的教育阅读模式。对学习的主体学生的情趣发展及其解决实际问题的能力开发重视不够。对学生来说，不是所有的知识都是靠记忆能够掌握的，没有用于实践的知识，是很容易被遗忘的。笔者从自身阅读求学过程中看阅读与实践的关系，过去6年小学、3年初中、3年高中，一路考试过来。再经过4年大学、2年或3年硕士，走上社会工作岗位这么多年来，过去那么多年中背诵记忆的学科知识现在还记得多少是属于自己的？从中小学成长过程看，学习这些学科基础知识只是磨炼性情、开发大脑、提升智力的一种手段，并非终极目的。终极目的是借助这种手段培养爱阅读的良好习惯、勤于思考的探索能力，培养助人为乐的精神和克服困难的毅力。

美国基础教育坚持以杜威为代表的实用主义教育思想，遵循以"儿童为中心"的教育理念。各项教学活动围绕儿童的自然本性的发展而组织开展的教育阅读模式。遵循"教育即生活""教育即生长""从做中学""玩中学"的教育思想。从幼儿到中学的培养重点是让学生按照自己的本能自由发展创新能力。反而把知识的传授放在次要地位。在知识的传授上，他们更注重对学生的激发和引导，引导学生去自己寻找答案，发现答案。在此过程中，培养学生探索和解决问题的能力，激发学生学习的主观能动性。

其次，中美教育阅读方式不同。

我国教育阅读内容以学科课程为主体。根据学校培养目标和科学发展，分门别类地从各门科学中选择适合学生年龄特征与发展水平的知识所组成的教学科目。学科课程符合学生认知特点,便于他们在较短时间内掌握人类长期积累起来的科学文化基础知识和基本技能。但是在教学阅读过程中过于重视"学生考分"的功利思维,教师在课堂上采用填鸭式阅读模式,进行大量的知识灌输,让学生死记硬背前人的结论。其结果是使学生处于被动、消极的知识灌输状态,学生没有机会独立思考问题、更没有机会灵活、自主地解决问题。实际阅读效果激发学生的自觉能动性不够。重要的是忽视了学生的实际兴趣和需求,导致学生生活与实际经验、个体能力脱节,课堂阅读缺乏自主、轻松、快乐的学习氛围。孩子们每天被"拴"在课桌前十几个小时,被一堂堂沉重的课堂任务压抑得喘不过气来,原本天真烂漫的童年陷入过度沉重的学习苦役之中。这钟阅读模式,久而久之只会抑制学生的主观能动性和创造性潜力。

美国基础教育阅读内容以活动课程为主体。以学生的兴趣、需要、经验和能力为基础,通过引导学生自己组织的活动系列而编制的课程。这种以"儿童为中心"的课程,正是美国实用主义教育家杜威的教育理论的具体实践。其特点就是重视儿童的兴趣、需要、能力和阅历,以及儿童在学习中的自我指导作用和内在动力,引导孩子从做中学,通过探究、交往、合作等活动使学生的经验得到改造,智能与品德得到养成与提高。这种阅读模式强调解决实际问题的灵活性,把课程资源作为解决问题的工具,调动他们的积极性、自主性,激发他们的个人潜力和创造力。美国课堂上自由讨论,启发性设问,引导孩子思考问题。孩子带着问题课外翻阅大量的资料、查阅大量的书,寻求自己的答案,最后老师给予鼓励引导。这种教育阅读模式,久而久之唤醒了孩子们的创作欲望,培养了学生的创新能力。

1. 中国学生的视野、思维被禁锢在狭小的教科书、课堂和校园中

美国的小学没有在课堂上对孩子们进行大量的知识灌输,而是想方设法把孩子的眼光引向校园外无边无际的知识海洋;他们没有让孩子们死记硬背大量的公式和定理,而是煞费苦心地告诉孩子们怎样去思考问题,教给孩子们面对陌生领域寻找答案的方法;他们不是用考试把学生分成三六九等,而是竭尽全力去肯定孩子们的一切努力,去赞扬孩子们自己思考的一切结论,去保护和激励孩子们所有的创造欲望和尝试。[66]

而中国学生的课业太沉重了,没有时间做自己喜欢做或者想做的事。孩子们没曾想到,美国学生不用"死记硬背大量公式和定理",美国学校还能鼓励孩子们给总统决策提意见。一个孩子比身边的同学高出几分都会受到奖励,以至于他们可以沾沾自喜、洋洋得意!

教育的主旨是让学生健康、快乐地成长,拥有五彩缤纷的生活。反思我们现在,虽然我们的教育目的和课堂模式难以言说好坏,但是教育效果却出现了大量学生厌学的现象,产生了所谓的"差生"和"坏生"的明显分类。我们没有向学生展示生活的多姿多彩。课堂上,老师讲,学生听;老师布置作业,学生完成作业。在有限的时间里将各种各样的知识挤压教给学生。北大教授郑也夫把中国 12 年中等教育的现状比作压缩饼干。"学生的天赋和能力参差不齐,传统教育做法往往是上压下提。即成绩好的学生会被限制,而成绩较差的学生会被逼迫去学习,出现了伺候分数的现象",而分数变成了划分"优秀学生"同"差学生"之间的唯一衡量标尺。更重要的是在教学的过程中,只是单纯地教给学生解题的方法和问题的答案,并没有传授其思想。只是单纯地为了解题而解题,为了考试而考试。这些用于考试的内容真能解决学生们在生活中遇到的一些问题吗?而实际生活中涉及如何解决冲突、如何面对压力、挫折等复杂人性、伦理等方面的问题学校开设的课程中却没有这方面的内容可学习,导致所学内容与实际生活脱节。走上社会后一旦不可避免地面临这些问题往往不知所措,不知道如何解决。

英国著名教育学家怀特海在其编著的《教育的目的》一书中提出:教育的目的是为了激发和引导学生进行自我发展,极力培养学生养成阅读和思考的习惯,把学习当成一种需求。并把所学知识应用在实际生活和工作中。让所学知识源源不断地成为解决现实问题的力量源泉,而不是死板的僵化的储存器。教育工作者的核心是让学生更大程度地变得不同和具有差异性,让每个学生都能按照他们自身的发展而发展。也许我们的教育宗旨是这样,可是我们的教育效果却南辕北辙,背离初宗,适得其反。

2. 中美两国教育不同的阅读模式

(1)美国基础教育重视培养创造能力,而中国注重基础知识的掌握

中国孩子从小学一年级开始,书包就满满的、沉沉的,从一年级到四年级换的书包一个比一个大,让人感到"知识"的重量在增加。同时孩子上学,家长比孩子还累。张先生的孩子在省会重点小学上三年级重点班。张先生费了很大劲才把孩子弄进去。可是上这样的学校不是孩子压力大,而是家长压力大。孩子每天放学总是带回很多的作业,每天晚上要陪孩子做作业做到十点、十一点钟。讲课时没有让学生听明白,光靠课余这种强化式训练能够提高孩子的学习能力?念小学时整天埋头写作业,到了初中、高中那还不整天淹在作业堆里!像英语,他们学校就开了三套教材的课。学校里只教一种,其他两种要求家长回家教,一课也不能落下。语文、数学都要家长给孩子出题,做完了还要挨个检查,确保正确无误后签上家长的名字。这哪是小孩在上学,分别是家长在上学嘛!"平时如果家长同时出差,孩子基本上就无法完成作业。因为老师给孩子布置作业的同时,也给家长布

置了作业。家长不在家,自然就完不成。比如出题、收集一些信息。就是家长在家,如果家里没有电脑或有电脑不能上网,有时也无法完成老师布置的作业。对此我曾虚心请教过老师。老师答曰:"这是互动式的大教育体系,联合一切可以联合的力量来共同抓孩子的学习。"

这种所谓互动式教育看似负责,其实并没有真正起到负责的作用。给孩子出题,督促、检查孩子作业,这本来是教师工作分内的责任,却转嫁给孩子家长去完成。家长在完成这些责任的过程中难免出现一些不确定因素,影响责任的落实情况。比如如果孩子的家长是文盲或者文化水平太低,辅导不了孩子的作业,就完不成老师交给的任务。如果家里没有电脑或有电脑而没有网络,也无法完成老师要求收集信息的任务。如果家长出差不在,就无法给孩子出题,无法检查孩子的作业,无法给孩子的作业签字。这样,"联合"教育的效果只会大打折扣,结果老师减轻了负担、逃避了责任,家长却受了累,孩子却遭了殃。⑤

在美国,小学教育便设置了如何解决冲突、如何解决压力、如何同知心朋友交流、学会制定计划并行动、学会享受自然之美、如何相信自己的判断、如何将想法明确地告诉对方等等,除了这些基本的生活技能,还开设关于品格教育的课程。如同情心、尊重、勇气、幽默、责任感、毅力、忠诚、诚实、合作、宽容、公民意识和原谅等等,以上这些课程在我们的教材中是看不到的,甚至连我们的大学生和研究生都还需修炼。生活中的种种行为规范是从很小就开始潜移默化了,并不像我们只是喊喊口号,或者只是关注一些现实生活中并不多用的"琴棋书画"。只有培养孩子好的习惯、自信和健康的体魄,以及兴趣、独立思维和健全的人格,才算真正的不输在起跑线上。而当今中国教育却歪曲其本意,拔苗助长。做了很多完全违背孩子兴趣与意愿的东西,他们从小就让孩子参加各种各样的补习班,也不管孩子是否喜欢。只要他们认为是对的,就不惜一切人力物力财力去努力实现他们自身的愿望,而不是孩子的愿望。

美国小学生在课堂上可以放声大笑,每天至少玩两个小时,下午不到三点就放学回家了。上课没有教科书,孩子们背着空空的书包兴高采烈地去上学。一年之后朋友儿子的英语长进不少。儿子放学后不直接回家,而是常去图书馆,不时背一大包书回来。问他借这么多书干嘛?他一边看书一边打电脑,头也不抬地说"作业"。一看孩子在电脑银屏上打的标题《中国的昨天和今天》,我哭笑不得,这么大的题目,即使是博士,敢做吗?老师何以出这样的题目?儿子回答:老师说美国是移民国家,让每个同学写一篇介绍自己祖先生活国度的文章。要求概括这个国家的历史、地理、文化,分析它与美国的不同!!说明自己的看法。我真不知道让一个10岁的孩子去做这样一个连成年人也未必能做的工程,会是一种什么结果？过了几天，儿子完成了这篇作业。没想到打印出来的是一本20多页的小册子。从九曲黄河到象形文字，从丝绸之路到五星红旗……我没赞成，也没批评，我自己有点发愣：我看见儿子把这篇文章分出了章与节，并在文章最后列出了参考书目。我想，这是我读研究生之后才运用的写作方式，那时我30岁。

不久，儿子的另一篇作文又出来了。这次是《我怎么看人类文化》。如果说上次的作业还有范围可循，这次真可谓不着边际了。儿子真诚地问我："饺子是文化吗？"为了不耽误后代，我只好和儿子一起查阅权威的工具书。费了一番气力，我们完成了从抽象到具体又从具体到抽象的反反复复，儿子又是几个晚上坐在电脑前煞有介事地做文章。我看他那专心致志的样子，不禁心中苦笑，一个小学生，怎么去理解"文化"这个内涵无限丰富而外延又无法确定的概念呢？但愿对"吃"兴趣无穷的儿子别在饺子、包子上大做文章。儿子把文章做出来了，这次打印出来的是十页，做了自己的封面，文章后面罗列着一本本参考书。他洋洋得意地对我说："你说什么是文化？其实超简单——就是人创造出来让人享受的一切。"那自信的样子似乎发现了别人没能发现的真理。

六年级快结束时，老师留给的作业是一串关于"二次世界大战"问题。"你认为谁对这场战争负有责任？""你认为纳粹德国失败的原因是什么？""如果你是杜鲁门总统的高级顾问，你将对美国投原子弹持什么态度？""你是否认为当时只有投放原子弹一个办法去结束战争？""你认为今天避免战争的最好办法是什么？"如果是两年前，见到这种问题，我肯定会抱怨！而此时，我已经能平心静气地循思其中的道理了。学校和老师正是在这一个个设问之中，向孩子们传输一种人道主义的价值观，引导孩子们去关注人类的命运，让孩子们学习思考重大问题的方法。这些问题在课堂上都没有标准答案，它的答案，有些可能需要孩子们用一生去寻索。看着12岁儿子为完成这些作业兴致勃勃地看书、查资料的样子，我不禁想起当年我学二战史时按照年代、事件死记硬背，书中结论明知迂腐也当成《圣经》去记，不然怎么通过考试去奔光明前程呢？我国中小学教育阅读在追求知识过程中，重复前人的结论往往大大多于自己的思考。而没有自己的思考就难有新的创造。

儿子小学毕业时，已经能够熟练地在图书馆利用电脑和微缩胶片系统查找他所需要的各种文字和图像资料了。有一天我们俩为狮子和豹子觅食习性争论起来。第二天他就从图书馆借来了美国国家地理学会拍摄的介绍这种动物的录影带，拉着我一边看，一边讨论。孩子面对他不懂的东西已经知道到哪里去寻找答案了。儿子的变化促使我重新去看美国的小学教育。有次，我问儿子的老师："你们怎么不让孩子背记一些重要的东西呢？"老师笑着说："对人的创造能力来说，有两个东西比死记硬背更重要:一个是他要知道到哪里去寻找所需要的比它能够记忆的多得多的知识;一个是他综合使用这些知识进行新的创造的能力。死记硬背,就不会让一个人知识丰富,也不会让一个人变得聪明,这就是我的观点。"有个朋友曾说:"我觉得很奇怪,要是凭课堂上的学习成绩拿奖学金,美国人常常不是中国人的对手,可是一到实践领域,搞点研究性题目,中国学生往往没有美国学生那么机灵,那么富有创造性。"他的感受可能正是两种不同的基础教育阅读方式所造成的人之间的素质差异。中国人习惯于在一个划定的框子里施展拳脚,一旦失去了常规的参照,不少中国人就感到惶恐和茫然。看看中国小学课堂上双手背后坐得笔直的孩子们、沉重的课程、繁多的作业、严格的考试……它让人感到一种神圣与威严,同时也让人感到巨大的压抑和束缚。但是多少代人都顺从着它的意志,把它视为一种改变命运的出路。这是一种文化的延续,它或许有着自身的辉煌,但面对需要每个人发挥创造力的信息社会,我们该怎样审视这种孕育了我们自身文明的阅读方式呢?®那么我国的高校教育情况如何呢?

(2)中国高校颓废的放任自流式管理方式

中国高校普遍缺乏努力学习的动力,大学生游戏成风,老师们忙着项目。与以前宁静的大学校园不同,现在的大学校园里,原来幽静的林中小道,供师生学习、思考问题时散步的小径,因为与时俱进几乎都被开发成了宽阔如街道的柏油马路,供大小轿车进进出出。基本上开着轿车从恢宏的大门进去,沿着宽阔的柏油马路通向校园里的各个角落。宁静的池塘水面、假山、石雕、草坪等校园景观都被纷纷扰扰的人群、遛狗的大妈和悠然自得玩耍的小孩们、情侣们占据着。顺丰、申通、圆通、韵达、宅急、百事通、天天等快递店、淘宝店、打印店、各色小吃店,琳琅满目,遍布校园。随处可见各式各样的商业海报和广告昭示着如今商业化气息浓郁的学府氛围。

那种常在中小学熟悉的琅琅书声在如今大学校园里寥寥无几,只有早晚上课、下课时间从教室里走出或匆匆进入课堂的一批批背着书包或手拿书本的听课学生的热闹场面表明这是高等学府。早晨上课铃响了之后,有些人穿着拖鞋边吃早点慢悠悠地晃进教室,吃完早点看看上面的老师,讲得没意思,于是爬着再补一觉。有时候"一觉醒来10点了,继续睡到11点半,起来连早点、中饭一起吃。"晚上11点后,应该是夜深人静、正值休息的时候,可男生寝室夜生活才"刚刚开始",玩游戏、打麻将、看武侠小说,还有些成双成对地去网吧包夜、谈情说爱、拥抱亲吻,或在寝室里联机打游戏。游戏已成了大学男生寝室里主要的"学习内容",有不少同学四年学习时间,很少见到一起阅读、共同讨论人生智慧的场景,却经常交流内容、切磋游戏技能水平。当我第一次在高一级学长寝室楼里看到散发着异味的凌乱的宿舍,一抬头看到一个蓬松的脑袋和迷离的眼神,我的灵魂被震撼了!
我不敢相信,这就是某大学的学生?空洞的眼神昭示着灵魂的无知和内心的空
虚,在终日游戏的日子里打发着青春岁月!有同学从大一到大四,除了考试在教
室里见个面,其他时间全部在寝室打游戏或看武侠,反正没人管。后来因为挂科
太多被学院劝退,在家里吃剩菜叶供他阅读的母亲,跪在学院领导面前求领导给
他一次机会!而女生呢?有不少女生一部接一部地看日韩港台青春偶像感情剧、
有些女生频繁地恋爱,朝三暮四,整天心猿意马,陷入情感纠葛中。

　　这些人考上大学是家里的骄傲,是人们眼羡的对象,可进了大学却如此颓废!
那些没有"游戏人生"的学生虽然在刻苦学习,却生活在沉重的压抑心理状态下,
思维呆滞。在每年自杀的大学生中,往往就是这种心理严重压抑、用功学习的"好
学生"。从进入大学开始他们同样碰到很多无法解决的困惑,被灌输着一些所谓
"正确的发展方向",服从这些"权威结论",以自我的压抑而不是以心灵的呼唤来
"学习",这难道就真的比"玩游戏""看影碟"更好吗?大学的学习目的到底是什
么?大学生们为何都迷失了自己的理想?大学的专业学习鲜有启迪心灵的声音,
学校缺乏指导大学生人生发展与定位的课程,大学生们对自己所选专业了解甚
少,不明白自己为什么学?对专业学习,他们内心十分彷徨,不知道这个专业是否
适合自己?这个专业的社会发展方向和主流是什么?这个专业培养目的是什么?
该怎样进行大学的学习?该怎样一步步实现自己的理想?很多学生为了好找工
作而选择一个热门专业,却忽视了自己的兴趣、爱好和综合能力,结果读得味同嚼
蜡、了无生趣、身心疲惫。大学应该是一个社会的良知和思想发动器,应该为社会
培养具有正义、勇气和智慧的人才。为什么这么多的学生却缺乏精神追求而没有
老师的指引?[99]

　　为什么义务教育普及了那么多年,大学教育开放了那么多年,却连最基本的
行为规则都没有掌握好?而越来越多的国人踏出国门之后,发现国外的人们是那
么谦让、有礼、包容,对比国内,反而只有几百年历史的西方国家看上去比上下
5000年历史的中国更像是有文化底蕴?在英国,可以微笑地接受陌生人和你拥
抱、和你击掌;坐公车不要排队,因为大家都谦让地让彼此先上;你可以对英国人
说:你们的食物是垃圾(English food is rubbish),英国人却很有风度地笑笑回复到:
我喜欢中国食物(I love Chinese food)。想想中国高校目前这种颓废的放任自流式
教育管理方式,有没有原因呢?

3. 中美两国学生阅读总量的对比

　　中国当前的高等教育过程是由课程体系管制,教学方式是以教科书为核心主
线,考试为终极目标。学生在学习时,基本是阅读一本教材,完全是中学时期的学

习模式。学生相关阅读范围有限,讨论机会很少。更不用说这些课程设置有没有前沿性、实用性、启迪性、合理性。从课程数量上,我国大学生需要完成的课程总数量比美国大学生多,但实际阅读范围比美国大学生窄、掌握的知识总量比美国大学生少。据统计,同一学期同一门课程,国内学生阅读数量要比美国学生少五倍以上。如果一个学生大学 4 年学习 50 ~ 60 门课程,国内学生要少阅读多少东西?

美国大学主张教师保持个人的教学个性。他们掌控教学质量的标准:一是保证学生在专业领域的阅读范围和数量,二是作业环节严格要求。美国学生带着教师布置的问题,在专业领域里大量阅读、广泛涉猎、探索答案。在完成作业的过程中获得一定数量和质量的阅读体验。这种通过自己的独立思考,自己探索、主动寻求答案的阅读方式远比中国学生基本阅读一本教材,然后等待教师给出标准答案的方法要收获的多,学习效果更好。既开阔了视野,又训练了发散型思维,又锻炼了处理问题的学习能力。

可是长期处于灌输教育体制下的国内学生当得到自由、轻松的自主学习机会时,就像突然从禁闭的监狱里跑到开阔的野外一样,一下子不知道怎么呼吸了!当真有老师布置大量的阅读任务时,学生们会抱怨;当老师试图组织讨论学习内容时,学生们会沉默。如果老师要求严格,就可能造成教学矛盾突出,导致师生关系紧张,在教务部门组织的学生对教师授课的评价调查中就会得分较低。无奈之下,老师为了息事宁人,只好与学生渐渐达成一种相互"宽容"的默契。其次我国在教育过程中缺乏让学生对自己的人生进行前瞻、思考和设计的教育环节。就是有,学生也未必能够激起向更高目标前进的身心能量。

笔者曾经在开学初首堂"大学核心英语"阅读课上向学生们介绍国内同类课程的多种阅读教材,让学生们阅读之后再选择购买。笔者目的在于开拓学生的视野,适当增加阅读量,不让他们有任何经济负担。然而半年过后,笔者落实同学们完成任务情况时发现,全班 35 个学生,只有笔者课代表阅读了两部课外阅读教材,其余能把正在使用的教科书上的篇章、句法、词汇读熟记熟的也只有 1/3 的学生。其余只是做完了练习题。后来笔者从事高教管理工作之后,发现大学生们普遍缺乏孜孜不倦、持之以恒的进取精神。"挂科"现象很普遍,对老师布置的有难度的作业公开表示不满,对老师要求阅读的文献敷衍了事,多数学生没有完整的课程之外的阅读计划。整天糊里糊涂,上完课就无所事事。如果不是老师上课点名考勤,部分学生很有可能连课都不愿上。课堂上无论是上午课还是下午课,总有一些学生无精打采,甚至埋头睡觉。学生在课堂上的怠惰,肯定是多方面的原因导致。但大学生赢得自由、轻松、自主地学习机会时,却普遍呈现出精神萎靡,行动怠惰,无所事事的状态。这些原本在中学比较优秀的学生,他们在中学(甚至在小学就开始)近乎残酷的学习竞争、在同类拼杀中脱颖而出,进入所谓的好大学。此时他们会觉得人生中最难达及的目标已经实现了,突然之间没有了进取的动力和目标。再加上在经历初中和高中至少六年强大的心理和生理的重压之后,他们普遍疲惫不堪,甚至身心损伤。当然问题的产生永远是复杂原因的集成。但是整个教育体制的设计缺陷、管理缺陷、运行缺陷,难道不值得我们正视和反思吗?[100]

4. 高等教育太功利化让中国高校变成了利欲熏心的官场

(1)两种经济时代的阅读目的不同

在计划经济时期,阅读是为人民服务、为社会需求服务。学习有一种社会责任感,选择专业是从时代发展的需要出发。现在学生阅读考虑的不是社会需求,而是从个人功利出发。学习是为了挣钱多,有个铁饭碗。个人发展是为了当官发财。哪个专业挣钱多就选择哪个专业;哪个行业能当官发财,就选择哪个行业。这导致他们学习知识就像采茶、摘花一样,一上来就直接掐掉茶树中心的嫩叶、直接摘取花蕊,而把嫩叶、花蕊周围的次生嫩叶都丢掉了。这样直奔主题的采茶、摘花方式,不仅浪费了大量次生嫩叶而甚感可惜,而且是在糟蹋茶树、糟蹋花苗。这种忽视过程只追求结果的阅读方式,不仅机械、死板,而且造成知识面特别窄的后果。常言说"厚积勃发",你不厚积、不注重知识的积累,哪有"勃发"的资本和能量呢? 就是拿到了毕业证书、走上工作岗位,怎么能够适应不断变化发展的社会复杂环境?

现在市场经济社会,教育阅读环境恶劣,学校里的腐败程度已经远超80年代。学校教育目的特别急功近利,让教育功能背离了教育初宗,甚至发生扭曲。表现在:读小学是为了考上一个好中学;读中学是为了考上一个好大学;读大学为了考研,为了能找一个挣钱多的工作,或为找一个铁饭碗。这种学习目标,把学习变成了一种追求功利的手段。本来青少年天生有阅读世界的好奇心和求知欲,只要善于引导,学习本身就不会是一个负担,而是一种乐趣。每天学到新东西,以前不懂的弄懂了,这本身就有很大的成就感。有时上课学的东西不解渴,自然还会到图书馆,或者到网上搜寻进一步的答案。比如上生物课,就在家里养几只蚕,放学后掐几片桑叶喂蚕,观察蚕争抢吃桑叶的沙沙声和后期吐丝结茧的辛勤过程。或者观察院子里的蚂蚁忙忙碌碌搬运东西的繁忙景象;上物理课,学凸透镜的原理,就拿一个放大镜,在太阳底下聚焦,把纸点着了;学习唯物辩证法后,经常独立思考生活中哪些想法是唯心的、哪些事情是唯物的等等。要通过阅读、辩论和独立思考,自己最后想透了才能得出结论。这些都是我们经历过的最有价值的教育经历。可是当前教育,课业负担把学生搞得疲惫不堪,天然的求知欲和学习乐趣被摧毁。培养学生全面发展、追求真理、有社会担当的教育核心变了。实际上教育终极目标并不是为了让每一个孩子将来都成名成家,就是将来做一个清洁工也行。但是要让他成为一个快乐的、有责任心、有担当的好人,而不是成为一个利欲熏心、不择手段谋取个人私利的追逐者。今天社会的腐败、学术的腐败和大学的腐败,之所以令人触目惊心,就在于这样的金钱财富的追逐者太多了!!

在计划经济时代,师生关系情同父子。老师盼着学生成才,教授会拿自己的薪水补贴资助特困生,精心培育。现在是赤裸裸的金钱利益关系。体制内的学生给教授打工,称教授是"老板"。教授赚够了钱才给你毕业。体制外的学生花钱买学历,高官用公款买硕士、博士学历,上课、考试、写论文都花钱"外包"出去。现在已经有了专门的论文代写代发产业链。论文代写价格不贵,几百元一篇,或者几千元一篇,还有信誉保证,不通过不收钱。价格多少取决于你需要什么级别的文章。目前代写代发论文市场普遍涨价,核心刊物论文代写代发已经涨价到3~5.5万左右了。这说明市场需求旺盛,求大于供嘛!如果你自己写有文章,即使你的文章有水平,中介机构也不情愿采用你自己写的文章。他们多半鼓励你直接买他们的文章。现在高校刊登论文、出版专著、申报科研项目混乱到正规渠道通不过,只有出钱贿赂编辑,或者高价通过中介才能成功。有些干脆直接用钱买文章、挂编专著、买项目。甚至有些领导为了脸上贴金,用公款买文章、买专著、买项目、买职称。评职称需要什么级别的就买什么级别的,需要多少文章、项目就买多少文章、项目。结果一路撒钱,都能顺理成章地硕士、博士"毕业",都能顺利地"评"到副教授、教授。因为手中有"权"就能来"钱",想买什么买不到?而那些辛辛苦苦靠自己真才实学潜心研究、写文章、申报科研项目的清贫学者却因出不起钱而发不了论文、申报不了项目、一年年"评"不上"职称"!美国一年才出三万多博士,中国现在一年就出五六万博士,世界第一。这不是活见鬼嘛?十个有九个是假的!合法的腐败和灰色的腐败,做的全都是卖文凭的生意,这就是中国。整个大学教育,乃至研究生的硕士、博士教育就是这个样子。中国高校这些泛滥的假文凭、假学历、假职称、人格卑劣的冒牌领导等等现象,是对传统的正直的知识分子人格的侮辱与蔑视,是对真实的学历、文凭、职称的极大侮辱与嘲笑。它让货真价实的学历、文凭、职称贬值,让一百多年来饱受尊崇的学术研究和学术评议的严肃性、权威性、公正性荡然无存,让那些勤勤恳恳从事学术研究的专家学者丧失生存的阵地。取而代之的是权钱交易、弄虚作假、不劳而获。如果任其泛滥成灾,只会形成劣币驱逐良币、劣马驱赶良马、假货蒙蔽真货的恶性循环的局面!

在这所谓市场经济环境中,中国大学不只是官场,更是变成了一个赚钱的商场。学校领导都是官,分什么副部级的、局级的、处级的、科级的。这样的发展趋势,中国的大学就是权、钱角逐的官场。靠这样的大学能培养什么大师? 传承什么中国文化? 简直是掩耳盗铃、自取其辱! 这不正是钱学森的"世纪之问""为什么中国的大学培养不出大师?"的真实写照吗? 我们的大学已经变成了"养猪场"、"养鸡场""养鸭场",靠"养猪"、"养鸡""养鸭"赚钱,完全失去了大学的精神。中国学生的出路在什么地方? 以前主张在国内读完小学、中学和大学,应该先在国内工作几年,对社会状况有所了解,然后再出国读研究生。这样带着中国的问题到国外去学习,学完回来能够有用武之地。但是今天中国学校里的腐败程度,让教育已经很难培养子女的基本道德了。小小的年纪都已经学会说假话、拍马屁。很多大学生为了入党、拿奖学金、当学生官、求职……不惜牺牲学习时间和精力充当学校里某些当权势力的耳目、探子、爪牙、甚至打手,在工作场合巡逻、蹲点,以获取被打击对象的信息,去满足某些领导打击异己的私欲,以此邀宠、攀附领导。有些大学生见风使舵、两面讨好,唯利是图已经是耳闻目睹的常见现象。在这样的环境里教育孩子讲真话很难生存,更不要说快乐,连保持一个正常的心理状态都很困难,很容易把小孩训练成口是心非的两面派。[⑩]

(2)追求金钱财富让"做学问"的生态畸形化

当今高校商业逐利的浮躁气息、交易意识充斥着校园,行政与金钱挂钩、学术与商业挂钩让教师的教学、科研项目申请、职称评定等工作背离初宗,发生扭曲。在高校,老师其实是"弱势群体",被一群不懂教育的行政官员们"管理"着。行政管理的各级官员忙着捞钱升官,在每个环节设卡要钱。老师们迫于生存压力,为了职称,为了提级,为了饭碗等等,不得不屈服于这种畸形的评定机制。很多有责任心的资深老师忙于自己的研究项目、忙于发表论文。因为有了项目、有了论文,才会有职称、才能晋级,才会有房子、车子和荣誉。这样的老师怎么可能一门心思专注于传道授业解惑呢? 如果一门心思专注于传道授业解惑,而不致力于科研项目的研究、不致力于论文的写作,就完不成每年科研任务的硬性要求,有可能连基本工资都拿不全。另一方面,有些真正有敬业精神,具有独立思考、独立人格的"理想型"老师,很可能在日常生活方面不拘小节或不随波逐流而往往不被这个教育官僚体制所容纳,甚至会被现实环境"挤走"。全国著名的易中天教授,在武大时因为个性独特,不愿流俗而被排挤,出走厦门大学。学生们敬仰的武大四大名嘴之一的哲学教授赵林也要离开武大。又听说专注学问的知名哲学教授邓晓芒要去华工。一个文科教授,却要离开以文科著名的历史悠久的名牌大学,宁愿去一所工科大学任职。这些著名的重量级别的专家教授尚且遭遇如此窘境,想想那些普普通通的学者和科研人员,他们又是挣扎在何等尴尬而艰难的境况中?! 大学到底怎么了？还是个做学问的地方吗？

有些高校不关心教师的职业发展，也不关心学术学问的建设问题。整天坐井观天、夜郎自大，坐收渔利。至于毕业生受不受社会的欢迎、学科的设计是否符合社会市场的发展需求，他们似乎并不在心。他们在心的是"如何获取最大利益"如何与社会官员们"交易"。武汉大学常把"特聘教授""博士"等一些头衔、荣誉赠授给许多有实权的"官员们"。学校愿意"证明"他们"很有学问"，让他们捞一笔"学问资本"。学校拉拢这些有实权的官员以便争取到更多的拨款和发展机会。高校本来是专心致志于研究学问的清静之地，管理官员们却把它管理成"权""钱"交易的场所。于是乎上行下效，跟风使舵，人们都开始热衷于追逐金钱财富。结果大学校园里追逐金钱的风气愈演愈浓。导致很多的社会问题是：越来越多的高校毕业生找不到工作；买论文、买项目、买专著等学术腐败现象愈演愈烈，却习以为常；职称评定从最基层单位到省"高评委"会场，一路走来，层层盘削，使钱才能通过。这种充满"交易"色彩的评审却被视为合理化；大学生空虚无聊，借以网络游戏、酒吧、街头、地摊聚餐、打架斗殴、同居淫乱等消磨时间；青年学生悲观、失望、甚至自杀的事件时有发生；流行文化越来越庸俗化、恶俗化。这些问题关乎学生乃至整个社会的人生幸福，高校追逐金钱财富的导向与风气能解决这些问题吗？如果金钱能买来每个人的人生幸福、能买来我们生理的、心理的健康，能买来我们家庭的和谐安康，能买来我们悠久的历史文化，我们何须熬更守夜地从小学读书学习一直到大学？何须呕心沥血地进行科学研究几十年？大家都想千方设百计地去挣钱好了。可惜这一切是用金钱买不来的。解决这些问题要靠文化、靠智慧、靠真正的教育。而文化、教育、智慧只有靠阅读，才能从根本上提升国民素质，解决民生问题。

可是小学、中学、大学都在教育学生不断地月考、期中考、期末考，初考、中考、高考。每次考试都详细地比较人平分、及格率、优生率，把考分推到决定每个孩子生死成败的程度。一代一代学生都是这么一路走来，做了那么多的试卷，考了那么多的试，最后取得了学士、硕士、博士等文凭，这种阅读模式能解决他们的人生幸福吗？看看现在的大学生面貌，很多人不过是在混一张能糊口的文凭而已。他们经过高考、走进大学，为什么就失去了青年人本应有的朝气和活力？为什么他们沉迷网络游戏、在无聊中打发着自己最宝贵的年华？当他们混毕业后，很多人找不到工作待在家里成了"啃老一族"！有些找份工作之后很快又成了"月光一族"！我们的教育缺乏对诸如怎样保持强健的体魄、怎样规划人生方向、怎样处理爱情婚姻、怎样处理人际关系等这些生命成长过程中所面临的现实问题的指导和思考。现行教育体制只会在学校里培训出一群群会考试的"机器"，走上社会后变成一个个打工的"机器"。真正的教育是什么？德国二百年前的教育宣言说："教育的目的，不是培养人们适应传统的世界，不是着眼于实用性的知识和技能，而要去唤醒学生的力量，培养他们自我学习的主动性，抽象的归纳力和理解力，以便使他们在目前无法预料的种种未来局势中，自我做出有意义的选择。教育是以人为最高的目的，接受教育是人的最高价值的体现"。我们的教育恰恰是在"复制"适应传统世界的人，我们的教育只是在灌输给他们着眼于实用性的知识和技能，却没能"唤醒学生的力量"，没能"培养他们自我学习的主动性"。当他们走入社会，在种种无法预料的未来局势中，他们很少能够做出有意义的有创造性的能动选择。

宋代大儒张载的"为天地立心，为生民立命，为往圣继绝学，为万世开太平！"这句话曾经是一代代传统知识分子的人生理念和奋斗目标。可是现在大学里还有多少以此为理念的专家教授？不缺少的是代理各种利益集团的所谓"专家"，看到的都是为了金钱奔波在官场和商场的教授、学者。许许多多的人把追求金钱作为人生最高目标，以至于无视自己的本职工作和职业道德，成了拜金男拜金女。这些缺乏文化和责任感的拜金男女给我们的社会带来了越来越高的交易成本和越来越多的危害。例如，美国清洁工人的工资可以达到年薪五六万美金，可他们的房子只需要三十万左右的美金。而我国老百姓却需要耗费一代甚至二代人一生的积蓄去买一套房子。就因为一些人昧着良心攫取高额利润，提高房价，让多少大学生一毕业就要面临这个严峻的人生大事。房子真的值那么多钱么？孟子曰："上下交征利，国危矣。"三鹿奶粉、各地不断的儿童血铅案例，层出不穷的转基因食品、转基因油等事实不断地印证着这句话：如果仅仅为了钱而忘记道德、昧着良知，我们的社会将走向何方？在这么一个逐利的社会里，究竟还有多少中国人会静下心来阅读和学习我们博大精神的传统文化？《四书》《五经》《老子》《史记》《资治通鉴》等等，这些经典的遗产我们继承了多少？我们该怎样把这些东西传承给下一代，如果中国传统文化的传承在全民都在追逐金钱财富的市场经济大潮中断裂，我们不仅没有颜面自称为中国人，更愧对老祖宗，而且说明我们的高等教育出现了问题。

众所周知，一个国家破亡而文化尚存的民族，一定可以复国，比如以色列；但一个文化破亡了的民族，无一例外地彻底从历史舞台上消失了，比如古巴比伦等。目前正是由于我们博大精深的传统文化精髓在不断地淡化、远去、丢失、甚至迷失，让我们的80后、90后、甚至2000后们对传统的文化风俗、道德观念、思想意识等一代不如一代地不认可、不接纳，我们的社会才变得千奇百怪，学校教育才会扭曲到背离教育初宗的状态。从教育上入手，若要培养优秀的、有良知的公民，改良我们社会中丑恶的一面,只有重拾我们因迷失而丢弃的优良传统,阅读并传承我们优秀的传统文化,让子孙后代健康、幸福地成长。阅读文化方能立国,阅读教育才能树人! 阅读智慧方能让一代代人拥有真正的幸福。[102]

(二)中美两国教育阅读效果的差异

中美两国这两种截然不同的教育阅读模式、天壤之别的大学教育管理体制,导致了受教育者在阅读数量和阅读质量上的巨大差异,造成学生知识掌握能力和应用能力的差别。面对未来需要每个人发挥创造能力的社会,哪种阅读方式更适合社会发展趋势、更顺应时代潮流呢?

1. 在综合素质、创新能力方面的差异

(1)美国大学毕业生综合素质较强

众所周知,读大学不仅仅是学好专业那么简单。美国大学要求每个毕业生,必须修满定量的自然科学、社会科学和艺术方面的课程。这三个领域是构成一个人知识系统的基本保证。如果一个人没有在这些领域里接收系统的良好教育,他很难称为一个成功的领导者。所以不管你学什么专业,都应该涉猎、阅读政治、历史、经济、法律、哲学、地理、天文、生物、数学、美术、音乐这些学科。为什么犹太商人是世界上最成功的商人? 因为它们对待各种学科知识都贪得无厌地学习! 犹太商人聚会时很少谈生意,话题通常很广泛。一个人的视野决定了他的高度,决定了他能不能成为一个好领导。其实,你永远都不知道哪一天某一门知识会在哪一个重要的时刻派上用场! 乔布斯不就是从他感兴趣的大学书法课中获得苹果独创字体的灵感的吗?

从一个懵懂的高中生,到进入职场,我们需要在大学里阅读的东西很多,比如自然科学、社会科学、艺术等方面的课程;需要阅读加强个人素养方面的书籍,诸如领导能力、批判性思维能力、写作能力、社会责任意识、职业素养等等。其中演讲能力、写作能力和沟通能力是未来成为领导必备素质,来自国内学校的学生们特别缺乏挑战权威的批判性思维能力。这其中的每一项都非常重要,很多大学生在毕业时还严重欠缺。大学还有很多事情可以做,要有效利用大学四年时间,给自己拟定一个阅读和锻炼计划:逼自己跳出舒适圈,积极参与几个有意义的社团,或者和优秀的志同道合的同学组建一个自己的社团;勇敢地在陌生人面前开口、交谈,接触各种各样的人,了解他们的故事;去打工、实习、省下零花钱,去旅游和探险! 去旁听各类入门的课程,打开自己的知识面;巧妙利用身边资源进行学习。

在美国大学四年,收获最大的是"包容"理念。我花了很多时间,去感受基督教、天主教、摩门教徒们的信仰，去理解国际学生们背后的文化。利用交流访问、会议、采访、背包旅行等各种机会，去 20 多个国家感受他们的生活方式和价值观念……我认为包容可以避免"文明的冲突"，可以增加对整个社会和世界格局的认识。去很多国家旅行靠 coachsurfing 和打零工环游世界。多接触人、多关心时事、多认识世界——有容乃大，包容才能使你成为出色的领导者。

前不久，执教于美国各地不同类型大学的 35 位大学教授们针对"在你的课堂上中国学生经常遇到哪些困难？你会建议中国学生提高自己的哪些技能，从而让他们在学术上获得成功？"这两个问题给出了比较全面的代表了美国教授们的普遍看法。在这些教授们的答案中，有三种技能是所有教授都提到的：第一、良好的写作能力。第二、提出问题并批判性思考问题的能力。第三、良好的表达和沟通能力，特别是与教授和同学的沟通能力。[00]

①良好的写作能力

"写作对每个学生都是一件很不容易的事情，不光中国学生觉得难，每个学生都觉得难。"加州大学洛杉矶分校的 Siegal 教授回答说。为什么中国学生觉得写学术文章尤其难呢？西北大学经济系的 Voli 教授的回答很给我们启发，"大多数中国学生学习都很勤奋刻苦，他们也很听话。我布置的任何作业他们都会尽全力完成。然而他们只是把我告诉他们的或者书上说的写下来，他们习惯于复述别人的观点，却不能说出自己的故事、形成自己的观点。这是最大的问题——没有自己的观点（就没有创新）"。

而许多中国学生回答"我们在本科时没怎么写过这样的东西，老师也没教过该如何写学术文章。"从学生们交上来的论文来看，他们确实需要提高写学术性论文的能力，好多学生不能明确地提出自己的观点，要么不知道如何佐证自己的看法。我们有必要反思如何在大学阶段继续提高学生的写作能力、特别是写学术性论文的能力。是不是英语的能力限制了他们的写作水平？很多教授都说，英文水平确实有影响，但还有更重要的两个因素：大量阅读和批判性思考的能力。在美国阅读的中国学生常常抱怨教授们布置的阅读材料太多了。确实，在美国读大学或者研究生，每周的阅读量动辄就上百页。历史系的一个教授告诉我，每两周读一本厚厚的大部头著作对她的学生来说是家常便饭。范德比尔特大学工程学院的 Jonnason 教授说，"要想写得好，首先要多读。一个读过 50 本书的人肯定比只读过 2 本的人写得好"。读是写的源泉，不广泛阅读，哪有东西可写？除写作技能外，脑中存储大量阅读材料，才是写好学术性论文的基础和前提。此外，不少美国教授指出，工作经验和社会经历的不足也导致了中国学生在写文章的时候很难把理论和实践结合起来。其实，必要的社会实践和经历不仅是文学创作者不可或缺的条件,对学术写作同样也有很大的帮助。

②提出问题并批判性思考问题的能力

多位教授在问卷回答中指出,中国学生在课上需要更主动更积极地参与,而不是被动地坐在那里听。他们需要有质疑能力,需要问问自己哪些证据可以证明或者证伪前人或者其他人提出的观点。对于中国学生习惯以考试成绩高低论优劣的思维模式,这些教授们颇有微词也颇为担心。他们认为考试分数绝不是唯一尺度,学生思考能力的提高是评判学习效果重要指标。斯坦福大学心理系的Johnson教授说,"如果你的目标是创新,你的美国教授肯定愿意跟你一起合作或者协助你。但是,这需要你有尖锐地看问题的眼光去质疑已有的知识,而不是重复那些别人已经发现的理论"。纽约大学的一位教授说,"中国学生善于总结,但不善于批评、分析和提出自己的观点"。

为什么提出问题分析问题的能力对我们如此重要?这是因为提问让我们可以把阅读从静态的、单向的看变为动态的、双向的交流,是一个深度理解的过程。提出问题的过程,让我们可以思考所读内容的表达是否清楚明白,是否符合逻辑,是否还有其他更为恰当的传递信息的方法。这就是为什么简单的记录和抄写只能是肤浅的理解,而提问或者批评指摘才能带来深入的思考。

提问除了对理解学术文章大有裨益,对于有效的社会性交流也起着很重要的作用。首先,提问可以帮助交谈双方发现共识所在,这在协作或者团队性合作中尤其重要。其次,提问有利于控制话题的走向。提问可以帮助你把话题转移到自己擅长的方向上来,还担心自己无话可说吗?许多中国学生觉得参与课堂讨论难也跟他们不会问问题有关。再次,提问可以让交流的目标更加明确,让交流的过程更加有效,可以避免鸡同鸭讲的状况。

③良好的表达和沟通能力

亚利桑那大学的Levin教授在答卷中抱怨,"不论我怎么鼓励我的中国学生,他们就是不说话!在我的课堂上,最安静的一群人是中国学生。他们不说话,我无法确定他们是否听懂了我讲的内容。"克利大学教育学院的教授Gomez反馈说,"中国学生只有在得了低分后才找我沟通。其实,他们应该早点来跟我讨论一下怎样才能得高分。我真的不太理解,他们似乎很少在课外与教授们接触,他们完全可以利用这些机会更好地进行沟通"。我问过许多中国学生为什么他们在课堂上这么安静。他们的观点不外乎就是:"从小我的父母和老师就告诫我:找到了正确的答案再讲出来。""在没想清楚就说出自己的看法是非常浅薄的表现。""当我发现我的答案跟别人不一样,我不好意思说出来。"这就是在中国"坐等老师灌输知识"的文化环境里培养出的学生的惯性思维定势。他们已经很难突破自身的思维束缚主动表达自己的观点,更难于克服自身的心理障碍主动与师生交谈。

（2）中国学生需加强创新思维能力培养

事实上,当你发现自己想法跟别人不同时,恰恰应该说出来。说出自己的看法,可以帮助你理清自己的思路、加深自己的理解、并帮助你迸发出新的想法。我曾经这样鼓励班里的学生表达他们的想法:发言时,没人指望你说出一个尽善尽美、毫无瑕疵的观点和看法,何必担心呢? 每个人都说出自己的想法,不就是最好的头脑风暴吗? 不同背景的人说出自己的看法,会极大地丰富每个人的视野和头脑,这不是最好的多元文化交流的机会吗?

那些不善于参与课堂讨论的中国学生先尝试跟自己的教授多交流,告诉他们自己有什么困惑,把在课堂上没有机会说的话都说出来。这样的一对一交流会大大增加你的自信,并转化成参与课堂讨论的动力。例如,小洪以前从来不跟教授们交流,在我的建议下,他跟自己的一位曾经获得过诺贝尔奖的教授进行了 30 分钟的谈话后说,这位教授非常耐心地听他谈了自己的研究计划,并给予了深入的指导。教授甚至拿出自己尚未发表的一篇相关文章给小洪,请他阅读并指出文章里存在哪些问题。小洪第一次尝到跟教授个别交流的甜头。逐渐地他有了信心,开始在课堂上勇敢地发表自己的看法和观点。

上述三种能力对于培养有创造性、有适应性的学生尤其重要。中国的教育界需要进一步思考现行教育阅读模式限制了学生哪些能力? 抑制了他们的发展和成功? 应该如何提高学生所需要的这些阅读能力?[102]

那些以课堂讨论、口头报告、小组辩论为主的课程简直要把我逼疯了。我一到星期二晚上就失眠,饭也吃不下,因为周三有两门讨论课。讨论课上她为什么这么痛苦? 她说,"我的那些美国同学都很擅长表达自己的想法,整堂课都听他们不停地提问题、讨论。我根本插不上嘴,光忙着听他们在说什么,好不容易我自己想出一些答案,下课铃却响了。我感觉自己特别笨,连别人的话都不知道怎么回答"。我的好多中国同学都有类似的"讨论课程恐惧症"。

为什么美国的课堂喜欢讨论式教学? 越来越多的中国留学生已经深刻地体会到这点。美国的课堂充满讨论、辩论和自由提问。教授们鼓励学生根据提前布置的阅读材料自由提问、深入分析、批判性地思考和吸收前人的观点。这种教育方式背后蕴含的丰富理念至少可以归纳为两点:第一、学生不仅向老师学习,并在尽可能多地与同学交流中互相学习,教授绝不是学生们汲取知识的唯一途径。第二、同学拥有与老师同等提问和质疑的权利。

然而很多中国的留学生不习惯这样的理念和做法。他们以为学习就是获取正确答案或者标准答案,而课堂讨论和互相提问没有直接给出他们想要的答案,这怎么能行？曾经有个中国学生在开学几周后向我抱怨："林老师，我没有从您的课里面学到任何东西，您的课跟我想的完全不一样。"当我问其缘由时，她说："您从不告诉我们任何答案，却一直让我们这些学生利用大好的课堂时间去讨论。您也看到了，学生们对您指定的阅读文章理解很不一样，大家的看法似乎都有道理的地方，讨论来讨论去，我不知道该听谁的，更不清楚什么才是正确的答案。您觉得这种讨论有意义吗？难道不是浪费时间吗？我父母花了这么多钱让我来阅读，是让我从顶尖教授那里学习知识的，不是听一帮同学谈他们的个人看法的。"

面对这位同学的问题和困惑，我首先表扬了她。因为她敢于和我交流、并直接提出她所遇到的问题。如果她不告诉我她的困境，我可能永远无法帮助她解决眼前的问题和挑战。我告诉她，勇于交流绝对比默默放弃要好得多，跟某些从不跟老师交流就直接退课的学生来说，她的做法已经说明她具备了起码的沟通能力。接下来，如果她能调整自己的定式思维和心态、尽力去适应美国课堂的授课方式，她的求学之路很可能会平坦许多。但是这位中国学生后来的几句话却让我非常惊讶："林老师，我之所以来找您，说出我的困难，因为您也是中国人，我猜想您一定会理解我的苦衷和困难。如果您是一位美国教授，我会直接把课退掉，再去选一门我更习惯的课。"她的话让我陷入了沉思。

像这样的中国留学生并非少数，他们在课堂上遇到的问题具有共性，不善于参与课堂讨论就是典型的问题之一。而且他们会错误地默认美国教授不会理解或帮助国际学生解决遇到的困难。面临困难时，中国学生往往只知道寻找来自同一文化背景的、熟悉的对象倾诉，寻求帮助。他们忽略了非常重要的一点：不论是同文化背景还是跨文化背景，只要通过充分有效的沟通，很多问题都可得到合理的解决。

2. 美国学生自主能力、适应能力很强

（1）读研、深造的方式

大多数美国学生不会在本科毕业后立即读研究生（少数数学、物理等理论科学除外），而是进入社会体验几年或者十几年，有人甚至在没进入本科或刚读了一两年后中断好多年去做自己感兴趣的事情。他们认为带着经验阅历读研才能学到更多知识。在职业生涯里，遇到瓶颈了，再去读研更有目的性、针对性。这样他们可以尝试很多领域，真正知道自己的兴趣所在，再带着自己工作中的实战经验去听课，把读研的时间和钱花在了刀刃上。而中国学生一窝蜂地读研大军非常的盲目。大多数人都不知道自己想学什么！学到这样的学位如果今后工作跟专业不对口，将会是怎样一番感受？不知道自己想做什么？可以接触各个领域的成功人士（比如参加各种论坛和聚会），听听他们的成长轨迹，可以禅修、去休学、去打工、去旅游,让自己的内心走出喧嚣的环境,听清楚内心的呼声到底是什么。知道自己想要什么了,再去阅读,再去花时间培养自己那一方面所需要的所有素养,而不是相反盲目地随波逐流。

(2)美国人为探索自己的兴趣而多次转行

在美国,成功的人都在做自己感兴趣的事情。他们一生转行很多次,这是他们反复探索自己兴趣的过程。但中国人认为转行是特别难以接受的事情,除非万不得已。高中时我读理科,有种从政报国的理想。因为阅读了很多领导人的简历,觉得应该去学理科。于是大学继续学习电子工程,并主修了很多的数理化课程。可是现在的领导人都变成了文科出身,我发现我学的那些课程,离我从政报国的理念越来越远。我花了那么多的时间,支付了那么多的高昂学费,到底要来美国学什么? 我越来越迷茫了。我不想就这么稀里糊涂地念完四年大学,最后像大多数华盛顿大学工程系的学生一样去微软、英特尔找个舒适的工作。这些公司里的部分工科男,社交圈子非常窄,每天和程序打交道,以至于英文都说不流利了。我休学,去了中国的西部各省、穷游欧洲,后来决定学社会科学——经济学和国际研究学。可在国内可不行! 读一年后发现不喜欢了再转专业是很困难的!英语里,undergraduate 和 graduate 是有区别的,西方人觉得研究生才算是真正的大功告成,本科只是打个基础。美国上层家庭的子女爱去文理学院,因为那里的人文基础打得好!

美国富人总觉得金融、计算机、工程、医学这种技术性很强的学科是中低阶层孩子和很多亚洲人爱学的。他们孩子以后要去政府做高管,,就必须学英文文学、历史、哲学、经济、政治、法律等专业。本科毕业不用急着养家糊口,还可再体验几年社会,再继续深造,接着进入商界和政坛。这是我与很多美国人交流之后得出的一个不具权威性的结论。不管是数学、医学、工程... 还是文科专业,你必须学习你热爱的专业,阅读你喜欢的课程,你才能激发你的潜能,才能进步更快。中国富人们也开始慢慢转变思维,开始避免让孩子选择会计、工程等类似技校也可以学到的专业,而让孩子接受更好的人文教育。

3. 中西方教育阅读观念的差异

西方人巴望孩子成名成家的观念比较淡薄,他们不是煞费苦心地设计孩子的未来,而是注重孩子的自由发展,努力把孩子培养成为能够适应各种环境,具备独立生存能力的社会人。他们的家庭教育是以培养孩子富有开拓精神、能够成为一个自食其力的人为出发点的。基于这种观念,很多西方家庭十分重视孩子的自身锻炼。他们普遍认为,孩子的成长必须靠自身的力量,因此从小就培养和锻炼孩子的自立意识和独立生活能力,例如孩子从小就让他们认识劳动的价值,让孩子自己动手修理、装配摩托车,分担家里的割草、粉刷房屋、简单木工修理等活计。还要外出当杂工,如夏天替人推割草机、冬天铲雪、秋天扫落叶,从事送报等劳动。这本身就是一种吃苦精神的磨炼。在寒冷的冬天,当中国的同龄孩子还在热被窝里熟睡时,西方孩子早已起来挨家挨户去送报了。这在娇惯子女的中国家长看来可能有些"残忍",而正是这看似"残忍"的教育,造就了西方孩子独立自强的生活本领。在这种潜移默化过程中,孩子逐渐成长为具有独立生存能力和社会责任感的公民。

中国的许多家长望子成龙心切,在孩子的成长过程中,除生活上加倍关心外,家长最关心的是孩子的学习。为使孩子学习成绩好,将来"光宗耀祖",学习之外的事情家长都不让孩子干,似乎学习好就是万能的,而对孩子的独立生活能力、社会适应能力、心理健康程度、道德情操以及公民意识等则关心甚少,有的甚至完全不顾。从孩子出生到成年,家长几乎包办孩子的一切。做饭、洗衣服、打扫、攒钱供孩子读大学、出国、结婚、养儿育女等。尽管我们的家长都希望孩子成才、幸福,而这样的家庭教育既不可能令孩子成才,也难以让孩子得到幸福,因为社会的竞争,决不仅仅是知识和智能的较量,更多的是意志、心理状态和做人的比拼。由于历史传统、社会文化背景的不同,中西方家庭教育观念存在着巨大的差异。

其一,西方家长普遍认为孩子是一个独立的个体,有自己独立的意愿和个性。无论是家长、老师还是亲友,都没有特权去支配和限制他的行为,都不能替孩子做选择,要让孩子感到他是自己的主人,甚至在什么情况下说什么话,家长都要仔细考虑、尊重、理解孩子的心理。而中国家长则要求孩子顺从、听话。

其二,西方家长都相信孩子具有自我反省和教育的能力,孩子要自己劳作,自己生活。从劳作中得到快乐,从动手中获得各种知识,学习各种技能。孩子能做到的,就让他自己做,这是对孩子的尊重。经常在西方看到这样的情形:父亲或母亲在前面走,刚刚学会走路的孩子跟在后面走。他们认为这是对孩子独立性的培养。中国家长生怕孩子磕着碰着,往往要抱着或拉着孩子走。

其三,西方的家长更加重视孩子健康心理的培养,因而很注意与孩子的情感交流,关心孩子的心理需要。家长把快乐教育作为一项重要的教育内容来实施。他们经常和孩子一起讨论问题,孩子遇到不顺心的事也愿意跟家长商量。心理学的研究表明,健康的心理对于孩子的成才和健康人格的塑造至关重要。我国不少家长的做法正好相反,他们对子女的关心基本集中在物质需要方面,很少关心甚至无视孩子的心理需求,忽视孩子心理健康的培养和性格、意志的磨炼。

其四,西方家长重视对孩子日常行为和情感的"做人的教育",注重从内心情感去尊重别人,看重的是日常生活的行为与习惯的培养。而我国家长和幼儿教师往往脱离孩子心理发展的实际,忽视基础的行为习惯、良好的人际交往等与孩子发展阶段相适应的"做人的教育"。教育要循序渐进,不仅适用于智力教育、知识教育,同样适合于做人做事的道德教育。现在孩子道德观念淡漠,社会性发展差,这与家长忽视对孩子最基础的"做人教育"不无关系。

其五,西方家长"鼓励创新",而中国家长往往"满足于克隆",前者鼓励孩子去超越前人,后者教导孩子在前人面前止步。西方家长相信孩子具有同成人一样的独立研究、独立动手的能力,能以宽容的心态去营造一个利于培养孩子创造力的环境和氛围。他们对孩子所做的种种探索行为往往持积极、肯定的态度,鼓励孩子在生活中提出不同的见解,并对其中的疑问进行积极的探索。即使家长认为孩子的某一行为并不具有积极的效果,他们也不会过多地干涉,而是让孩子在自己进行的探索中逐渐认识到自己的问题,并予以纠正。[105]

4. 西方大学生热衷于公益慈善事业,而中国高校却培养出一批批精致的利己主义者

从小到大灌输给学生的是"唯分数论",盲目狭隘的没有意义的分数攀比导致学生身心严重扭曲。生理上学生体质严重下降,近视眼大规模发生;心理上学生为了一点点利益不择手段,甚至杀害自己的同窗好友,更多人为了一些情感问题自杀!什么样的问题值得我们牺牲生命的代价呢!

北京大学钱理群教授说:我们的大学正在培养一大批"精致的利己主义者",他们高智商、世俗、老道、善于表演、懂得配合、更善于利用体制达到自己的目的。这种人一旦掌握权力,比一般的贪官污吏危害更大。我们的教育体制培养了大批这样"有毒的罂粟花"。他们很聪明,有手腕,为了自己的保研、留学、奖学金、入党、竞选等利益不择手段。而美国大学,国际研究课上有不少同学,在朝鲜进行过食品援助,积极地为无家可归者筹集物资善款,去非洲帮助难民解决用水问题……这些伟大的国际主义精神真的让我倍受感动,尽管很多人是出于自己的信仰去实现他们的善举,但不管信仰如何,这样的力量指引着人们做真、善、美的事情,我们的社会就还有希望。我在云南看到干海子村的小孩儿们一年只能洗一次澡,几乎完全过着原始人生活时,深深地不明白为什么同一个国家的教育可以差得那么远...我们这边有很多人为自己没考上一本苦恼,那边的孩子上不上得了高中都是个大问题。

人活着的意义就是为了快乐,我们的任何举动归根结底都是为了让自己快乐。那么获得快乐的途径——要么直接取悦自己(比如游戏、吃喝),要么避免让自己陷于不快乐(比如赔偿、减肥)。但是人的终极幸福来自哪里?人的终极幸福感来自感觉到被爱和感觉到自己的重要性。人类所追求的终极幸福是乐善好施、帮助别人就是快乐自己。如果不去亲自参与公益,不去亲自帮助那些需要帮助的人,你就没法体会到这种给予所带来的幸福感。正是这种对于最伟大的幸福感的追求,才会有屈原、鲁迅、南丁格尔、甘地这样的人像灯塔一样照亮人类文明的前进方向。这样的幸福可不是豪华的汽车别墅和万贯财富可以比拟的。

我一直很厌恶各种在网络上炫富的行为,一方面这样的人没有思想,他们只是继承的一些财富并挥霍这些财富的暴发户习气。另一方面我们的国家这么的积贫积弱,人均收入在非洲都只能算中等!你们知不知道,我们今天所拥有的生活,没有饥饿、战争,拥有住所、洁净的饮用水、充足的粮食,是多少人做梦都在渴望的生活!如果你知道这个世界上,某个角落,也许就在印度或者非洲,每四秒钟就有一个不到五岁的孩子因为贫困而死,你还会忍心浪费粮食吗?你还好意思去炫耀自己的包包和汽车吗?收入分配还这么的不公平,这样的人有什么资格炫耀自己很可能是不法所得的财富?施比受更有福。[100]

5. 培养批判性思维能力方面的差异

质疑能力是创新能力的源泉。只有通过质疑和提出问题,学生的创新意识才能够得到不断强化,创新思维能力才能够得到不断提高。教师给予学生真诚的鼓励,学生就敢于质疑;教师给予学生科学的指导,学生就善于质疑;教师努力创设民主、宽松和自由的教学氛围,学生就能自由地质疑。现代教育强调多元、崇尚差异、主张开放、重视平等、推崇创新、否定等级的教育思想,已经成为现代教育的主导思想;人性化、信息化和终身化的教育价值取向,已经成为教育的主要特征。

(1)中国学生缺乏批判性思维能力方面的阅读训练

当今的中国大学课堂,教学最头痛问题是学生不提问题。学生不提问题,除了所学知识过于简单外,很可能是教师引导的问题。要么知识的讲授不引人入胜,学生感到无趣而缺乏思考,以至于提不出问题;要么教师态度不够平易近人,抑制了学生提问题的勇气。另一方面,学生提问题,重要的不是学生提问的正确性、逻辑性,而是学生提问的独特性和创造性。因此在课堂教学中,教师不要急于发表自己的导向性意见,要首先倾听学生的各种看法;不要强求学生接受教师的立场,要鼓励学生提出自己的观点;不要对学生予以"一锤定音"式的裁决,要进行富于启发价值的评价;不要对学生鲜明的个性或完全否决或过度赞赏,而要引导学生鲜明的个性往正确的方向发展。

衡量教育是否成功的标志是,只要看看学生通过学习后是更加热爱学习还是厌恶学习。成功的教学应该是学生带着不同的问题走进教室,学习后在更高层面上产生不同的新问题。过去的课堂教学,教师是主角,学生是配角;现在的课堂教学,学生应该是主角,教师是配角。教师在课堂上要控制自己的表现欲,给学生更多的表现机会及思考的时间。如今学生在课堂上缺少的就是"表现机会"和"思考时间"。教师向学生讲授"为什么",远不如学生向教师提出"为什么"。如果说"教是为了'不教'",那么"学就是为了'会学'"。难怪有人说,中国衡量教育成功的标准是将有问题的学生教得没有了问题,所以中国学生年级越高,问题就越少;美国衡量教育成功的标准是将没有问题的学生教得会不断发现问题。学生的问题连老师也回答不了,就算很成功了。所以美国学生年级越高,越会突发奇想,富有创意。

我国学生缺乏批判性思维能力的培养,没有质疑传统权威观点的勇气以及创新能力弱,这些问题,是现代技术无法代替的。这就是我们的教育迫切需要改革的主要原因。教育的目的不仅仅是为了传授知识,更重要的是为了思想、精神和文化的传递,即思想的力量、思想的美、思想的条理。在一个课堂纪律良好的班级,学生们聚精会神地在学习二次方程的解法,也顺利掌握了方法。但是教师教会他们解法的意义是什么?这是否就是教育的结果?掌握解二次方程式的方法,只是磨炼大脑的过程,不是我们学习的最终目标。所以我们不能把学生变成为了学习知识而学习知识,为了考试而考试。这个观点,北大教授郑也夫已强烈地呼吁过,不要把孩子变成"考试的机器"。

（2）耶鲁教育学生成为审慎的批判性思考者

质疑权威观点才能产生新观点新发现。过去宇宙天体学的重要理论多建立在"地球是宇宙中独一无二的星球"这一假设之上。天文学教授 Debra Fischer 却发现银河系中有很多类似于太阳系的、行星围绕恒星转的结构。当我还在读心理学研究生时,当时主流说法是人类所学到的一切几乎都来源于经历。但心理学教授 Karen Wynn 却发现,婴儿有令人惊讶的天赋,五个月大的婴儿能做初步的运算。西利曼学院的心理学教授 Laurie Santos,则向我们展示了猴子先天具有憎恨、嫉妒、认知失调等复杂状态。

当人们面临压力时,"失实表述"会控制人们的理智,失实信息会在瞬间传播,成倍放大,操控舆论,煽动消极情绪,激化矛盾;当我们处于愤怒、恐惧或者憎恶状态时,我们会无视局势的复杂性,放弃寻求对于重大议题的更深入的理解。因此耶鲁教育的重要内容是,让你成为一个更加审慎的批判性思考者——学习怎样正确地评估证据,考虑得更广更全面,得出你自己的结论。耶鲁会教会你怎样以及为何要去了解那些与你持不同意见的人,它们将挑战你曾经深信不疑的想法。它会让你们明白,我们为什么需要超乎寻常的训练、勇气和终生的坚持,去构筑一个全新的基石,解决我们这个时代最棘手的问题。你已经来到了一个高度重视不同观点和深度反思的地方,这里鼓励观点的多样性和最大限度的言论自由。耶鲁最宝贵之处是：师长同学会激励你、启发你，帮助你做好最充足的准备，去成为这个世界极度需要的调查者、有远见之人，以及领导者。你们在耶鲁所受的教育不仅会释放你的想象力，增进你的学识，推动你的职业生涯，更会提高你的领导力，让你在这个两极分化加剧的浮躁时代发挥更加积极的作用。

我可以提供一份长长的耶鲁教师名单，这些耶鲁人数十年如一日地在实验室、档案馆、图书馆和田野调查现场，寻找证据，挑战已经被广为接受的观点、失实的表述，以及高度可疑的所谓常识。这些老师和导师都非常出色。他们的生活经历和职业生涯有力地见证了训练有素地、理性审慎地追寻光明和真理是多么有价值。无论是工程专业、经济学专业，还是英语专业、环境学专业的老师，都秉承着同一价值观——任何简单粗暴、煽风点火、歪曲误导的表述都值得怀疑。当然没有人能完全摆脱偏见，但作为学者，我们力求审慎，对于所调查和最看重之事能有理有据地表达意见。如果学术界丧失这一理想准则，我们就会迷失；如果高等学府失去这一准则，整个世界都将迷失。[107]

俗话说，成功者总是奋力去找方法，失败者总是奋力去找借口；成功者将想法立即付诸行动，失败者总是在犹豫不决。所有的成功来自勤奋。在哈佛的夜晚，最耀眼的不是舞会的欢声笑语，也不是 LV 的名包和豪华的跑车，而是 100 座图书馆的温暖灯光。座无虚席的图书馆，四处可以看到奋笔疾书的学生，半夜两点的哈佛校园，才是夜晚的开始；哈佛早晨的草坪上、走廊里、长椅上躺着疲惫的学生，可以看出昨晚整夜奋战的痕迹，路人们都轻轻走过，从不会有人去打扰他们的休息。对教育者而言，努力回归教育本源，反思教育真正目的是什么是我们的责任。从阅读学角度讲，牢记阅读最终目的是为了激发和引导学生进行自我发展，让阅读和思考成为一种习惯，让学习成为一种需求，并且把所读知识在生活和劳动中得以应用，让所学知识成为解决现实问题的力量，而不是让知识僵化，成了只会阅读不会实践的孔乙己式的人物。

几年前，美国一支研究小组特意派队来中国，调查中国的教育现状。回去之后，交出了一篇 30000 字的论文——中国还不足为惧，因为中国式的教育都是填鸭式的。所有的教育都是围绕高考指挥棒在转，彻头彻尾违背了教育的本质，完全偏离了育人的目标。那种超前教育和额外教育把天真烂漫，充满活力的孩子培养成呆若木鸡的考试机器。而最终被认为判断"教育"成功与否的高考，考得却是他们一辈子很少用到的知识，而这些一辈子都很少用的知识却可能决定了他们一辈子的发展前程和命运。但最基本的与人沟通能力，演讲能力，基础兴趣爱好，这些影响人一生的东西却在教育过程中严重缺失。最后美国研究小组得出结论：中国目前的教育体制严重抑制了其发展，所以现阶段无须畏惧中国。[108]

（三）网络环境下的新教育阅读模式——慕课教育阅读

"慕课"（MOOC）是 Massive Open Online Course 的首字母的缩写，意思是指一种大规模的开放的在线的网络课程，是在网络环境下借助新媒体应运而生的一种新的教学方式。它是综合利用镜头语言、技术手段和教学理论，将传统的课程内容重新分解、整合、再造，编排成一个个内容丰富、有机结合的学习板块，通过互联网技术手段展示给学生，让其进行学习体验、互动等，进而吸取知识的教学模式。"慕课"与传统方式上通过大众传媒、互联网等渠道进行的远程教育不同，也与一般意义上的视频课、网络公开课有所区别。作为一种新的教学模式，"慕课"给中国的高等教育带来了新的机遇和挑战。新的教学模式必将引起新阅读模式的变化。笔者正是意识到这场教育变革引起的新阅读动向，研究慕课环境下的阅读，推动阅读推广方式的多维化，提升图书馆在市场竞争环境下求生存求发展的附加值。

传统教育阅读有小班教学和大班授课两种教学模式。小班阅读在一定程度上能够保证教学阅读的质量，但对师资力量要求较高。大班多媒体授课虽然能够满足学校教学的规模需求，但难以保证教学阅读效果。"慕课"既扩大了课程受众范围，满足了学校教学的规模需求，又促进了教学质量的提高。教学范围的广泛性是"慕课"最基本的特征之一。"慕课"将优质教学资源在网上共享，对学习者特别是广大在校学生基本没有任何门槛设置。同时"慕课"以其网络方式进行授课，打破了地域限制，节省了大量的教学空间，加之"慕课"系统本身的操作非常简单、"慕课"终端可在电脑和手机上同时使用，满足了学生嵌入式学习的需要，使学生在阅读内容（课程）上更为自助和灵活。此外，与传统课程主要面向几百人甚至几十人，在线视频课程主要面向本校学生不同，"慕课"听课人数往往动辄上万人，实现了阅读教学广泛性的要求。教学质量不仅取决于教学主体的阅读内容，也很大程度上与受教育客体的知识获取实量、课程参与度等因素有关。慕课环境下的阅读效果与阅读方式、阅读量、受众读者的阅读兴趣、阅读动机、阅读环境等密切相关。

"慕课"在一定程度上改变传统教学模式，不仅增强了学生阅读的自主性、提高了阅读效果，而且提高了阅读质量，拓展了阅读空间，增加了阅读规模和读者数量。

其次、慕课环境下的嵌入式阅读提高了学生的学习兴趣和学习质量。因为连续阅读不仅难以保持高度注意力，也不利于知识的吸收和消化，从而降低了阅读实际效果。"慕课"强调用微视频的方式将传统一节课 45 分钟的教学切割成不超过 15 分钟的"微课程",使读者对学习内容进行碎片化嵌入学习,便于集中读者注意力和分解知识难点,力求保证阅读的有效性。

其三、"慕课"阅读方式实现了以"教师为中心"向以"学生为中心"的翻转。传统阅读以教师课堂讲授为主,教师既是教学的主体,也是教学的中心。"慕课"将学生从填鸭式的阅读形式中解脱,突出学生的主体地位。读者在线上通过看视频和阶段测试的方式自己掌握所阅读的知识,并根据提出的问题进行自主阅读和思考,强调学生对阅读内容的独立认知、感受和感悟,是一种静态阅读方法。另一方面学生通过线下课题讨论,在教师引导下提出问题、交流讨论,开展各种形式的团队学习和交流分享,形成一种深度互动的机制,是一种动态阅读方法。这种动静结合的阅读方法从根本上挑战现行以"授"为主的课堂教学模式,其核心在于坚持以"学"为本的教学价值取向。

其四、"慕课"催生了学习社区的形成。学习强调交互性,尤其注重读者之间的交互。在线上阅读过程中,读者通过讨论平台,参与到对有关话题的讨论中,不但自己可以提出问题供其他同学思考回答,还可以进入其他同学的学习空间去回答问题,交流学习体会。同时还可将自己使用的课程资料上传到资料共享平台,提供给他人学习和借鉴。在线下学习过程中,读者可通过自由组成团队,就某一问题搜集资料讨论学习,并利用线下讨论课程进行交流分享。因此在同伴线上线下互助阅读、互相学习过程中,自然形成了阅读社区。

其五、"慕课"阅读实现了教育资源的共享和优化。传统教育模式,阅读质量有赖于师生面对面接触,这样师资配备需求量大,出现供不应求的情况。而"慕课"集结了全国该领域最为优秀的教师、技术人才、管理人才,线上课程由全国具有领先地位的教育团队负责课程设计与安排,教学上更为专业化,运营上更为高效化,技术上实现卓越化,从而大大提高了普及性课堂阅读内容的质量,缓解了当前高校优质课程资源分布和发展不均衡的局面,有利于实现教育的公平与社会的正义。创造了线上线下这两种阅读模式,推动了教学资源的共享与优化。

其六、"慕课"阅读翻转的不仅仅是阅读的时间和地点,更翻转了传统教育理念,即从"以教师为中心"的填鸭式、灌输式阅读翻转成"以学生为中心"的自主、分享、探讨式阅读。学生读者在线上阅读视频后,在教师指导下走进课堂,师生之间、学生之间可以开展深度分享探讨,开展各种形式的团队阅读和案例学习,形成一种深度互动的机制。授课老师可以通过与学生的交流探讨判断阅读质量和效果,起到评价督促的作用。[①]

（四）阅读的终极目的

现在我们都知道,教育的终极目的是培养思维能力、塑造健全的人格。在中小学成长过程中,通过传授知识磨炼学生性情、开发学生智力,训练学生养成爱思考、爱读书的习惯,以此培养他们乐于助人、胸怀大众的精神和坚韧不拔克服困难的毅力。不是为了学习知识而学习知识,也不是为了考试而考试。知识只是训练的工具和手段,考试只是检验掌握知识的熟练程度、只是考察大脑是否理解了这些方法。所学的知识和考试只是实现教育终极目的的"材料",而非教育目的。如果把教育的"材料"当成教育的目的,让学生熬更守夜地牢记这些"材料"以便考出高分,升入重点中学、大学。即便成批成批的学生牢记住这些"材料"顺利地考入重点中学、顺利地考入大学,一路上又顺利地考上硕士、博士,这种模式训练下的学生都被训练成什么样的人了? 而阅读的终极目的,对个人而言,是养成自觉阅读的习惯。对民族而言,是传递思想文化、提高国民精神。

1. 阅读的终极是使读者养成自觉阅读的习惯

养成教育是归根教育,就像养鱼要养水,养树要养根,养人要养心一样。这是对教育的真实讲述。教育者常去教育别人,却忘记应该首先教育自己,感悟教育再去施教于人。教师和学生一样,也需要接受教育,而且寓教育于学习一体,培养自己良好的习惯,有一个良好的阅读状态。

教师要养心,平静地对待工作中发生的种种事情,头脑清醒,主次分明。在施教的过程中能给学生更多的空间和时间去体会、去感悟自己应做什么,如何看待正在学习的内容。受教育者对问题的感悟需要时间,我们是否给他们创造了这样的空间,给他们留出了这些时间,我们是否有这样的心境去观察去关注他们的变化,我们是否给他们了这些机会。

教育过程好比是煮开水,水开的时候热气腾腾,过后慢慢冷却,而后再一次煮开水重复上一次的现象。如果能像温泉水那样,泡在水里慢慢地感受泉水对周身的抚慰,体会水温对身体的浸润,因水温的压力和变化使体内血液循环加快,让身体变得健康、红润而有益无害。教育就是要使受教育者在学校的几年中享受"泡温泉"的终生教益,从根本上促进身心的变化。

教育他人的同时也要教育自己。在自己养心过程中感悟教育的内容,每个孩子都有要求学习、渴望成功的愿望。人内在的主动性及蕴涵的无限可能性是实施教育的关键点。在整个教育的过程中,教师所起的作用实际上是引导、协助、激扬、突破。就像是一根火柴,点燃学生本体的生命潜能;更像是一位牧者,引领学生找到"绿草地"——帮助孩子不断肯定自己,选择自己,完善自己,而不是束缚、控制学生发展的自由。因此真正的教育是一种无意识教育,其最高境界是教育者全面唤醒学生主动学习、发展的愿望,帮助养成主动发展的终身习惯。教育的重要策略是教师彻底放下"自我",不要执着于"教",而是引导学生积极主动进行自我教育。

当我们与孩子沟通时,如果态度诚恳、表情温暖,无须很多言语,也能实现较好的教育效果。因为教育本质上是一种文化、一种状态,等我们修炼到一定的境界时,你的存在与任何自然流露就是最好的教育。在孩子成长的过程中,有一条"自我意识的不断完善和拓展"的暗线。而自我意识的建立和完善取决于一面镜子,当孩子从镜子中看到自我时,自我意识才开始萌芽。教育者所起的作用,不是去做一个判决他的法官,也不是去做运动场上裁定他的裁判,而是做"一面镜子",你不需要说话,只要你自己很干净、清明,孩子就能从你的言传身教中发现自我,真正的教育就是学生对老师言传身教的"阅读",并在这耳濡目染的近身"阅读"过程中领悟、成长。

一朵玫瑰是不需要刻意布道的,它自身散发着的芳香就是布道。而教师在教育教学中要学会闭着嘴说话——尝试用自己的情绪和状态去感染孩子,让孩子感觉到自己的温暖。学会少一只手管理学生,让学生去做。亦舒曾说:做女人要做得像一幅画,不要像一件衣裳,被男人试了又试,最后却没人买。待残了旧了,五折抛售还有困难。我情愿做一幅画。教师就是一幅画,时刻展示给学生"阅读",不同学生有不同的眼光,却读出不同的内涵、不同的深度,给予学生不同的启示和教诲。

2. 教育阅读的最终目的是培养高贵气质和精神

西方所崇尚的贵族精神是一种以荣誉、责任、勇气、自律等一系列价值为核心的先锋精神,而不是大多数中国人意识里的暴发户精神。事实上富是物质的,贵是精神的。富与贵不是一回事。世界著名的贵族学校要实行如此严格的艰苦的军事化训练,目的是要培养学生的合作意识和自律精神。真正的贵族富有自制力,一定有强大的精神力量,而这种精神力量需要从小加以培养。伊顿公学用这种方式培养出了很多优秀的人物。比如打败拿破仑的威灵顿将军,就是伊顿公学的高才生。威灵顿是世界军事史上非常有名的人物,他在和拿破仑进行决战时,曾经留下过一句非常有名的话。当时他冒着炮火在前线观察敌情,他的参谋多次劝他早点撤下去,因为前线太危险,可是威灵顿就是不动,参谋只好问他,您万一阵亡了有什么遗言?威灵顿头也不回地说,"告诉他们,我的遗言就是像我一样站在这里"。

其次是有社会责任感、具有担当精神。面对社会捐赠，慷慨解囊。贵族精神有很多还不为我们所理解，比如处事低调。洛克菲勒帝国，那个小洛克菲勒在上大学时，过的是贫穷的生活，自己烫裤子，自己缝纽扣，不抽烟，不喝酒，不随便到剧院去看电影。和他爸爸一样，把每一笔开支都记在小本子上。这些人看起来很节约但并不小气。在面向社会进行捐赠时，都非常慷慨。比如比尔·盖茨，后来把他名下所有的财产全都捐给了社会。既节约又慷慨，这也是非常可取的贵族精神。这种精神，从社会角度看，慷慨是一种担当精神、一种社会责任感。今天在西方社会主流意识当中，最让我们感动的就是这种无处不在的担当精神。

当面临危难时，最后离开，或与危难共存亡。在西方航海业，有个不成文的规定，当一艘船遇到危险要沉没时，船长肯定是最后一个离开的，或有的船长干脆选择和船一起沉没。这就是从贵族精神延续下来的一种承担精神。在电影《泰坦尼克号》中，船即将沉没时，船长走进了船长室，选择了和船共存亡，这就是一种担当精神。在大船开始沉没时，船长请船上的小乐队到甲板上演奏，以安抚大家的情绪。在演奏完毕之后，首席乐手向大家鞠了一躬，乐手们开始离去，船上非常混乱，大船马上就要沉没了，首席乐手看见大家都走远了，自己又回到了原来位置，架起小提琴，拉起一支新的曲子。已经走远的乐手，听到音乐声，不约而同地又回到了首席乐手身边，大家重新开始演奏。船要沉没了，大家相互握手，互道珍重。首席乐手说："今天晚上，能和大家一起合作，是我终身的荣幸。"这是对贵族精神最好的诠释，它告诉我们，有一种死比平凡的生更伟大。

再次，真正贵族看不起金钱，这是贵族精神最难能可贵的实质。储安平在其《英国采风录》中记述了他对英国贵族和贵族社会的观察，他说"凡是真正的贵族绅士，他们都看不起金钱……英国人认为真正的贵族绅士是一些真正高贵的人。他们正直、不偏私、不畏难、甚至能为了他人而牺牲自己。他不仅仅是一个有荣誉的人，而且是一个有良知的人"。用当年法国政治学家托克维尔的话说"贵族精神的实质是荣誉"。贵族精神跟物质条件没有什么关系。就像当年张爱玲所说，旧上海公寓里的那个电梯工，一定要衣冠楚楚，领带打得整整齐齐，才肯出来给顾客开电梯，这体现了一种贵族风度。又如许纪霖教授所说，有一个下岗的三轮车夫，靠自己蹬三轮车的微薄收入，养活了几十个孤儿，一个一个送他们去上学。可以说这个人具有一定的贵族精神。实际上贵族精神就在我们身边，我们每个人都可以成为一个精神贵族。

英文里的 noble，除了有"贵族"含义外，还有"出身高贵的""高尚的""伟大的""崇高的""卓越的""辉煌的"等含义，"贵族精神"则包括高贵的气质、宽厚的爱心、悲悯的情怀、清洁的精神、承担的勇气；以及坚韧的生命力、人格的尊严、人性的良知、不媚、不娇、不乞、不怜;始终恪守"美德和荣誉高于一切"的原则。"贵族精神"并不必然为"贵族"所垄断,我等平民只要不断努力学习坚持塑造自己的人格状态,同样是具有"贵族精神"的贵族,我们所要强调的是"精神的贵族化"。

真正的贵族精神有三根重要的支柱,一是文化的教养,抵御物欲主义的诱惑,不以享乐为人生目的,培育高贵的道德情操与文化精神。二是社会的担当,作为社会精英,严于自律,珍惜荣誉,扶助弱势群体,担当起社区与国家的责任。三是自由的灵魂,有独立的意志,在权力与金钱面前敢于说不。而且具有知性与道德的自主性,能够超越时尚与潮流,不为政治强权与多数人的意见所奴役。因此有权有钱并一定是贵族,而是从其品德、学识、行为体现出是否具有真正的贵族精神。权力和钱财买不来贵族精神和贵族素质。

贵族的称谓和实质性的确认都必须是与其品德、学识、行为相符合。否则即使其权倾天下,富可敌国,亦不能进入贵族的行列。贵族的真正意义是指其在精神和高尚行为上的拥有。贵族精神的高贵之处是干净地、优雅地、有尊严地活着。他不会为了一些眼前的现实利益,背信弃义而不择手段。因此精神的贵族和所谓富有之人应该是没有关系的。精神的贵族不一定富有,富有之人不一定是贵族。因为这种贵族精神不是用钱可以买来的。⑩

3. 传递思想文化、提高国民精神

教育阅读的目的不仅仅是传授知识,更重要的是传播思想、文化和精神。即传播思想的力量、思想的美、思想的条理性。更在于传播有抵御物欲诱惑的文化教养、有担当社会责任的意识、有独立的意志和灵魂。通过阅读,书润心灵、文以化人。并用优秀作品滋润心灵、指引思想、传承观念,推动社会主义核心价值观内化于心、外化于行。"倡导全民阅读,建设书香社会"对时下培育和践行社会主义核心价值观有整体促进作用。

"腹有诗书气自华",人只要阅读,坏也坏不到哪里去。这个说法有些片面,但也有一定道理。阅读过程是人掌握知识的过程,也是提升一个人精神的过程。建设书香社会,有利于提升社会主义核心价值观的文化底蕴,使核心价值观更好地融入人们的内心。物质产品只要受市场欢迎就是好的,但精神产品不一样,市场上最受欢迎的不一定是引导人们积极进取、健康向上的优秀文化。对此,大家一定要有鉴别力。

任何社会都倡导主流文化和观念。阅读和观念的关系,犹如一个硬币的两面,密不可分、相辅相成。优秀作品往往从不同侧面反映了一个民族精神文化生活的理想与追求,以"家国天下"为己任,渗透出浓浓的爱国情怀与崇德向善的道德之美,包含着中华民族强大的精神基因。世界各国的优秀经典都传递着推动国

家、民族、社会及个体进取向上的观念和力量。因此,阅读是涵养和践行社会主义核心价值观的最有效途径,"倡导全民阅读,建设书香社会",就是为了提升全民族的文化修养和道德修为,推动核心价值观深入人心。

倡导全民阅读可以促进国家稳步发展,提高一国的凝聚力。以古为镜,可以知兴替。多阅读,读好书,可以让我们在历史文化中找到发展规律,学习成功经验,避免前车之鉴。人们在拥有了大量精神财富的同时,才能更投入、更集中精力创造物质财富,物质财富和精神财富的共同富足才能一起支撑起我们的中国梦,使中国屹立于世界强国之林。

纵览古今,那些有着强大创造力和百折不挠精神的国家和民族,都是热爱阅读的。中华文明之所以历久不衰、日益壮大,与中华民族对学习和阅读的推崇有关。几千年来,中华民族传承下来的书籍典藏汗牛充栋,勤学善学更是一脉相承。从孔子的"学而不思则罔,思而不学则殆"到杜甫的"阅读破万卷,下笔如有神";从汪洙的"万般皆下品,唯有阅读高"到赵恒的"书中自有黄金屋,书中自有颜如玉";从苏轼的"发奋识遍天下字,立志读尽人间书"到于谦的"书卷多情似故人,晨昏忧乐每相亲";对书本的热情、对阅读的推崇以及阅读之刻苦,从中可见一斑。中华民族的这些优秀阅读观都是值得我们传承和发扬的,也与核心价值观所倡导的精神高度契合。

苏轼说"旧书不厌百回读,熟读精思子自知",我一直比较欣赏这句话。一个人能够在书香围绕之下,不停地去追寻优秀的文化作品,对个人的素养提升会有很大帮助,也必将提升核心价值观的涵养水平。阅读人,中国过去叫君子、士大夫,地位是很高的。一个人肚子里有了书,这个人就有了华光。我们必须让自己成为发光体,才能与世界的灿亮接壤。现在提倡让阅读成为风气,每个人都要读圣贤书经典书,对于中国的社会,未来的成长、未来的发展,作用不可估量。

在建设书香社会的过程中,图书馆应尽到传承文明和服务社会的责任。传承文明,就是解决海量信息资源如何采集、储存,以及怎么做选择的问题;服务社会,就是保障到馆读者和网上用户可以通过各种方式阅读文献资料。除此之外,还要创新服务内容和手段。国图公开课就要上线了,这是我们借鉴国外经验,利用国图资源新推出的一项服务,让人们可以线上线下自由互动。

现在随着电子阅读的广泛兴起,纸质图书不管从封面设计到插图和文字排版发展变化还比较缓慢,缺少能激发读者阅读兴趣的设计。图书出版跟风现象也比较严重,多倾向于出版快餐文学、影视选秀活动的图文版、财经类图书,以及各类考试书籍。今后,出版界应摆脱一味迎合大众消费需要的倾向,多出版积极向上、能给人带来正能量的好书。

　　读好书,好阅读,个人应从向这么几个方向努力:一是修身齐家治国平天下的阅读志向,二是知行合一、学以致用的阅读观点,三是循序渐进融会贯通的阅读方法,四是刻苦攻读、持之以恒的阅读精神,五是不耻下问、虚怀若谷的阅读情怀,六是善用时间、不拘一格的阅读技巧。家庭要注意营造好的阅读氛围,父母为孩子做出带头阅读榜样,这是最重要最基础的阅读环境。同时,老师的指导也必不可少。许多专家院士,在阅读方面小时候都得到了不少老师的建议,从小就养成了良好的阅读习惯。

　　阅读的最高境界,是把阅读下意识地融入生活,成为日常生活的一部分。即便是功利性阅读,像读理工类的书,也是让人掌握知识,提高工作水平,这样的阅读也是在工作生活中帮助人们提高科学文化素养,也很有必要。所以孩子应该多读一些富含正能量的书籍,从小树立正确的人生观、价值观;成年人多读一些哲学、思想类的书籍。但阅读不能过于功利,应该追求一些更真、更善、更美的东西,这是阅读的真正要义所在。⑪

　　总之,阅读不仅是教育功能的实施者、体现者和催化剂,阅读还能弥补教育的缺陷。教育做不到的事,阅读可以做到。例如,人际关系、友谊、爱情、挫折⋯⋯这些课本和课堂上没有教、家庭很少谈论的观念、品质,通过阅读可以潜移默化地教化读者。所以阅读是教育的灵魂。

十三、阅读是实践的引领

说到底,阅读就像听别人讲他们的人生故事,虽然能感受到酸甜苦辣等丰富的人生滋味,但毕竟是坐而论道,缺乏实践。时间久了,与其成了马谡、赵括式的人物,尽信书,还不如无书。清代学者涨潮在《幽梦影》中所言,"少年读书,如隙中窥月。中年读书,如庭中望月。老年读书如台上玩月。皆是阅历之潜深为所得之潜深耳"。这里的"窥月""望月"或是"玩月"论述的是阅读的层次与人生阅历的深浅有重要关系。少年没有多少生活实践,人生阅历潜,阅读同样的东西,获得的感受、领悟的内涵有限。从中年到老年,生活经验越来越丰富,认识事物的深度越来越深。同样是"月",读来如掌上玩物,游刃有余,驾轻就熟。其次、阅读的目的不是为了阅读而阅读,而是为了推陈出新地发展、创新。阅读只有在实践中才能发展、创新。阅读如果不与实际结合,知识不过是天空中的浮云,很快就会烟消云散。众所周知,那些与实际生活紧密结合的学科,因在实践中不断应用,因而理解深透且不易忘记。例如,人文地理知识,因经常外出,实地游览名山大川,与书本所学相互印证,而往往刻骨铭心。历史知识因为经常观看历史题材的影视剧,加上实地游览名胜古迹,而让书本上所学的历史事件、人物轶事记忆犹新,历历在目。语文知识因写作实践,反过来加深了语文知识的理解和掌握。外语的书面阅读和听说能力的日常应用,在实践中进一步强化。物理化学有些因与生活常识密切联系的部分,因经常实践而得以普及。正如书到用时方恨少,事非经过不知难。生活中很多事例都说明,实践是阅读的深化,是培养创造力、创新力的必经阶段。

(一)纸上得来终觉浅——实践的重要作用

南宋诗人陆游晚年写了一首七言绝句《冬夜阅读示子聿》。诗句是"古人学问无遗力,少壮工夫老始成。纸上得来终觉浅,绝知此事要躬行。"诗句大意是说,古人做学问总是全身心投入,即使这样,也需要从年轻开始下苦功夫经过不断努力,往往到中老年才取得成就。从书本上得到的知识终归是间接经验,给人的感觉总是肤浅的。如果要想深入认识事物的本质或内在规律,必须要亲自感受、探索、发现。这首诗原本是诗人殷切告诫子女，读书做学问的诀窍在于积累、在亲身实践中认识、理解事物的本质，而不仅仅满足书中字面之意。只有把书本上的知识变成自己的实际本领，方为真才实学。读书无论阅读量有多大，总归学习、吸收的是别人的间接经验，读者本人没有经过切身的真实体验，有可能体会不到其中的深意。很多东西都是自己碰过壁、吃过苦头、走过弯路，经受过刻骨铭心的教训之后，才明白个中道理。

　　国学大师钱穆说："做人第一要讲生活，这是物质文明。第二要讲行为与事业，修身治国平天下，这是人文精神。第三最高的人生哲学要讲德性性命。"冯友兰说："人生有四个境界，从低到高依次为：自然境界、功利境界、道德境界、天地境界。"钱大师的"物质文明"——"讲生活"就是冯友兰说的"自然境界"。他说的"修身治国平天下的人文精神"就是冯友兰的"功利境界"。他的"讲德性性命"就是冯友兰的"道德境界"和更高层的"天地境界"。前两者是人生的阅读基础，后两者是实践的结果——精神创造。要从自然境界把人生提升到道德境界，除了阅读古今中外的经典，积累理论知识、丰富自身修养外，最重要途径就是理论联系实际，实践出真知——提升到"天地境界"。

　　看看古今中外圣贤志士们的成长经历，很多都是在艰苦磨难中化悲惨遭遇为前进的动力，努力阅读，砥砺前行。在自然境界中阅尽艰难坎坷之后，集聚"阅读"之力，跨越功利境界，修炼到道德境界的。有些优秀者最后成功登上天地境界的人生顶峰。一览众山小，俯视苍生，普度众生，为国为民谋福利。他们的过程就是实践出真知、学以致用的成功典范。

　　北宋状元宰相吕蒙正，幼小被父亲遗弃，无奈与母同住寒窑、以乞讨为生，风餐露宿，贫寒交加，受尽人间冷眼，凄凉悲惨至极。悲惨的遭遇促使他少立大志，发奋苦读，最终状元及第，官至极品。从遭人鄙视到被人高眼看待，这些复杂而坎坷的人生经历，促使他多角度接触社会、多领域涉猎。他饱读天下"无字之书"，磨炼成视野辽阔、心胸豁达、思想宽泛、富贵不忘本的品性。他小时候因在寺院读经，深刻懂得因果轮回，相信人生命运如同天时变化一样难以预料，随时左右人生祸福、生死，因此要顺应天命乐其所得。虽说天道无常、人情冷暖，但主因还在于自己发愤图强的决心、持之以恒的毅力和学贯古今的实力。还在于幼小坎坷生活对其心志的磨炼，使其思想境界一步步从追求物质生活的自然境界，进步到追求"治国平天下"的"功利境界"。很多人到此境界就春风得意，忘记了初心，开始放松对自己的德行要求，开始敲诈勒索地大肆敛财，甚至贪污腐化、胡作非为起来。而吕蒙正在此阶段却"为人质厚宽简、为官清廉，尤以正道自持，素有重望"，而且勇于担当"遇事敢言"。最后"官至两朝丞相，同时兼任皇帝太子的老师"，德行天下，达到"天地境界"的人生顶峰，恩泽天下众生。一生功德圆满而名垂青史。这不正是《大学》中"格物、致知、诚意，然后正心、修身、齐家，然后治国、平天下"奋斗过程的真实楷模吗？更是阅读成就人生辉煌、为国为民、造福天下众生的成功典范。特别是吕蒙正所著的《寒窑赋》传颂至今，广为效仿，激励了一代代无数在贫困中努力奋斗的阅读人。⑫

人无论受过多高深的教育、无论读过多少古今典籍，无论从中得到过多少启示和教益，都必然要从事自己平凡的工作，都不可能摆脱社会日常琐事。要从具体事务中抽出时间阅读、养成良好的阅读习惯并非不困难。除了要有阅读的思想觉悟外，更需要有坚持阅读的意志力和毅力。因为良好的阅读习惯不仅是最大快乐之源和自我完善之途，而且是培养高尚思想的重要方式。它能够潜移默化地影响着一个人的性格与行为。虽然自我修养未必能给人带来物质财富，但能让人与高尚思想相伴，至少言行操守不违人伦、道义。更重要的是，人都有功利心，功利心是人生前行的动力。有功利心并不是坏事，但人不可私心太重。私心太重的人，即使学富五车，一旦身居高位攫取了权力时，他所思所想都只是一己私利。如果再没有为人处事的良好修养和坚贞的个人操守，他手中的权力只会成为祸患之源，其欲望之舟只会驱使他成为乱臣贼子。历史上饱读诗书、满腹才华的人很多，但因为私心太重，又没有高尚的道德、缺乏坚贞的操守，又没有坦荡的人格，结果他们的满腹经纶和才华不仅没有像吕蒙正那样为国为民造福，反而成了祸国殃民、贻害无穷的祸患之源。

例如北宋权相之一、书法家蔡京。熙宁三年进士及第，先后4次任相，共达17年之久。蔡京不仅散文写得好，他著有散文集《保和殿曲宴记》一卷、《太清楼侍宴记》一卷、《延福宫曲宴记》一卷，均被南宋的王明清收入《挥尘集余话·卷一》中，同时著有《宣和书谱》20卷。而且其书法"冠绝一时""无人出其右者"。其书笔法姿媚，字势豪健，痛快沉着，独具风格，能体现宋代"尚意"的书法美学情趣。在当时已享有盛誉，朝野上庶学其书者甚多，为海内所崇尚。如此才华卓越的宰相，无疑饱读诗书、遍览典籍，只可惜蔡京天资凶狠狡诈，心藏奸巧，舞弄权术，以智慧控制别人。并善于窥伺皇帝心意以求固位专宠，纵容皇帝穷奢极欲腐化堕落。每当要被免职时，就去向皇帝哀求，跪地磕头，毫无廉耻。见利忘义，以至于兄弟不和睦，如参、商二星；父子不相关，如秦、越二国。晚年以家为官府，谋求升官的人，聚集在他的门下，只要输钱纳货，就是仆隶也可当上美官，丢弃国家纲纪法度，使它们如同虚设。处处患得患失，培植个人势力，盘根错节，牢不可破。最终导致国家祸乱，成为臭名昭著的权奸佞相。虽贬死在道路上，天下人仍以没处死他为恨。他的治世之才和奸佞权臣两重形象在他身上怪异的重合起来。这让我们不禁要问，是什么让一个人才变成了祸国殃民的权奸？

又如北宋宰相秦桧是宋徽宗政和五年科举考试状元出身，补密州教授，曾任太学学正。北宋末年任御史中丞，后来与宋徽宗、宋钦宗一起被金人俘获，卖身投靠金太宗之弟挞懒。女真贵族将他放纵南归后，被任命为礼部尚书，被宋高宗赵构宠信。他文能写得一手好文章，话虽不多，却能一语击中要害，甚至恶毒地一句话能够害人。《宋史》说他阴险如悬崖陷阱，深危莫测。他为相19年，对外卑躬屈膝，献媚金国人主；对内窃弄国柄，拨弄是非、造谣离间、迫害异己，出卖共事大臣，残害忠良。如此祸国害民、败坏伦理、独揽南宋军国大事之徒，自然饱读诗书，满腹经纶，却成为南宋劣迹昭著的投降派代表，数千年之后的人们都还记得他。

再如清乾隆年间的和珅年少时成功考上咸安官官学，他不仅精通四书五经，而且精通满、汉、蒙古、西藏、英语五种语言。乾隆年间的班禅与清朝建交，主要的交流兼翻译是他。马戛尔尼访华，亦是他用英语对答如流。和珅不仅长相极为俊美，仪表俊雅，更是武艺高超，是当时少有的文武全才。最巅峰的是身为《四库全书》总裁官，纪晓岚只是和珅手底下的众多编纂官之一。乾隆一生喜爱作诗、书法，和珅为了迎合乾隆，投其所好，在诗词、书画方面下了不少功夫，并达到了较高的水平。这样一位文物全才的国家重臣，早年好学，唯其为官后日渐贪婪，后手握权柄，挟百官于朝廷。却结党营私，贪污腐化，成为一个弄权敛财、"家业富比皇室"的巨贪。临死悲叹自己"怀才误此身"！

这些祸国殃民、臭名昭彰的权臣奸相不都是从"格物、致知、诚意"读起，却在"正心、修身、齐家"这一"实践"环节把所"读"之书"读"歪了，形成了反人民的"世界观、人生观、价值观"，公然站到"公平""正义"的对立面。在"治国、平天下"实现人生道德境界的阶段，他们饱读诗书、典籍所获得的智慧、才华不仅没有为国为民造福，反而成为祸国殃民、残害无数忠臣良将的利器；他们的惊世才华、一身的绝学不仅没有成为万世师表，反而堕落为历史上乱帮乱国乱天下苍生的典型。可见阅读与高尚的人格、坦荡的灵魂无关。阅读更不能防止人性的自私和贪婪，也不能消除人性中卑劣的兽性。虽然高尚的思想、坚贞的操守、坦荡的灵魂是源于长年累月的阅读培养，但长年累月的阅读不一定就能教化出高尚的思想、坚贞的操守，也不一定就能塑造出高尚的灵魂和伟大的人格。高尚的思想、坚定的操守、纯洁的灵魂和伟大的人格虽然说源于饱读诗书、遍览典籍，但是更与个人生长环境的熏陶、个人的主观努力与孜孜以求地实现理想信念的实践活动有关。虽说阅读可以引导人们避免走上邪道，但不能防止自私自利。只有强制性的规章制度和行为准则的约束，加上个人良好的生活习惯，才能抑制人性中自私自利的恶性膨胀。否则，饱读诗书所获得的知识智慧只会让充满邪恶欲望的恶人如虎添翼，变得更加危险、更加邪恶。

秦桧、蔡京、和珅等这些贪官污吏就是靠饱读经书典籍起家,经过多年呕心沥血地奋斗,攫取了显赫的、至高无上的、令人垂涎的权力之后,在辉煌成就的光环里、在缺乏约束的权力中,肆无忌惮地贪图享受,把人性中的自私、贪婪恶性膨胀到极致,把人性中卑劣的兽性发挥到了极致。这些原本勤恳忠孝的封建社会的饱学之士——科举及第的状元们,一旦混迹官场,整天被钩心斗角、尔虞我诈的官场生态所熏染,逐渐蒙蔽了理智的双眼,丧失了提升自己的思想境界和道德人格的读书需求,而变得更加自私、贪婪、残忍,甚至不择手段,把动物的弱肉强食、贪得无厌、欲壑难填的动物本性发挥到极致,最后走向了残害忠良、祸国殃民的不归路。古希腊哲学家苏格拉底说"知识就是美德"。但获取知识需要动力和毅力。贪官占据高位,有了权力后,就丧失了阅读的动力。缺乏获取知识的动力,美德从何而来? 相反笔者认为,无知更容易滋生狂妄和自大,更容易产生贪婪和堕落。这些贪官混迹官场,整天在金钱与权力的交易中挥霍、享受、攫取人民财富,除了权、钱,哪里还容得下读书和阅读呢?

今天我们以平民的心态审视历史,得到的启示是,多读书、多阅读,在实践环节不断地让读者自省,及时调整不当言行,修正自身不足。才能不断地涵养自身,生发更多善心,做出更多善举。

实践的智慧开始于自尊,行动于自律自制。自尊建立在自己对自己的自律自制上,表现在对自己思想、言行的自我检点与约束,根植于为人处事要洁身自好的信念。很多优秀的高级干部在荣登大位之前,非常自律自制,非常看重自己的尊严、威信。登上大位后,手握大权,地位显赫,威威乎尊崇无比。人们对其前呼后拥、趋之若鹜、奉若上宾。然而在权势欲望的无限膨胀下,因抵御不了金钱、美色的诱惑而忘记了自尊自重自律的约束,逐渐欲所欲为到忘乎所以的地步。天长日久,放肆敛财,坏事做绝,最终滑向贪官污吏的行列。这种因贪欲而不顾自尊、丧失自律自制的情况在贪腐行业比比皆是。可见尊重自身、发展自身,是生活真义所在。懂得自尊和尊重别人,别人才会尊重你。倘若自己都不在乎自己的尊严、体面,做出一些薄情寡义、让人背后戳脊梁的龌龊事,你丢失的不仅是自尊,更有无辜受害者的谴责与声讨。无论官民,作为社会体系中不可或缺的一分子,堕落都从丧失自尊起步,始于缺乏自律自制。从这个意义上说,自尊就像一件高贵的外衣,对内可升华人之思想,对外把自己包装得伟岸魁梧、器宇轩昂。维护自尊,必须自律自制,就不会因淫欲而堕落肉体,也不会为奴性而玷污灵魂。虔诚而公正地尊重自我是一切有价值的美德之开始。思想和行为上丧失自尊不仅贬低了自己,也会让别人蔑视你。对普通人而言,适度的自尊是逆境中的人增强信心、克服困难、追求工作成功事业辉煌的应有心态，即使贫困也会因此而不显卑微。

2012年诺贝尔文学奖获得者莫言，幼小时小学未毕业就辍学在家放牛羊。牛羊在荒滩上吃草，他经常孤独、寂寞地躺在草地上，望着蔚蓝如海、漂浮着白云的天空，脑海里浮现出许多莫名其妙的幻象。当地过去流传着许多狐狸变成美女的动人故事，他常常憧憬着有个狐狸变成的美女来到身边做伴的情境出现。当真有一只火红的狐狸突然从他面前的草丛中穿出来时，他惊吓得一屁股蹲在地上。狐狸跑没了影，他还在地上颤抖。有时他模仿鸟叫，试着与鸟儿对话。有时候对一棵树诉说心声。但鸟儿也不理他，树也不理他。在无意识的活动中，他用"身体的感官"感受蓝天、白云、大地，感受大自然的风霜雪雨。这种亲身"阅读"天地大自然的感性认识，让故乡的亲情融进了他的血液里，丰富了他的文学想象力，成为他日后创作小说的不竭素材。

老子说"祸兮福之所倚"，童年辍学、饱受饥饿、孤独、无书可读之苦，却让他及早地开始阅读社会人生这本大书。放牛羊的闲暇时间，他混迹于成人之中，在集体劳动的田间地头、在生产队的牛棚马厩、在爷爷奶奶的热炕头上、在摇摇晃晃着的牛车上，聆听了许许多多神鬼故事、历史传奇、逸闻趣事，这些故事都与当地自然环境、家庭历史紧密联系在一起，使他产生强烈现实感。他还偷偷跑去听说书人说书讲故事，晚上回来忍不住复述听来的故事给母亲听。后来他不满足于复述故事，而是在复述中增加情节，改变结局。听众由妈妈扩大到其他亲人。母亲提醒他少说话，希望他做一个沉默寡言、安稳大方的孩子。他却不由自主地显露出极强的说话欲望。这种用"耳朵阅读"用"嘴复述"故事内容的经历锻炼了他的记忆能力、思维条理化能力和复述能力。后来当兵到了军营尝试着用笔写故事。尽管也发表了几篇作品，但只是起步。1984年考入解放军艺术学院文学系。在文学殿堂里广泛阅读，吸收营养，消化成自己的东西。早期的作品像是站在一个广场上，面对听众目无读者地、自言自语地、绘声绘色地讲述，进步到学习西方现代派小说经验，采用形形色色的叙事花样。后来发展到从美术、音乐、甚至杂技中汲取营养，结合本国文学传统与外国小说技巧，以及混合民间戏曲的方式，形成自己的特色。直至攀上诺贝尔文学奖的顶峰。这生动地说明生活实践是人生创造创新的源泉，生活阅读是跨越苦难的桥梁，是人生成功的发酵剂。⑬

水的清澈，并非因为它不含杂质，而是在于懂得沉淀、过滤；心的通透，不是因为没有杂念，而是在于明白取舍、优化。阅读的过程就是对知识信息的取舍和优化，更是对所获思想的过滤和沉淀。当无数零零碎碎的知识信息摄入眼帘，大脑在瞬间进行识别、判断，然后对照大脑已有的知识经验，对属于自己专业的领域、对合乎自己需要的内容进行取舍、优化。这个加工过程就是大脑思想对知识信息进行整合、过滤的过程。被选择、采用的知识信息存储下来,再经过岁月、实践的发酵、沉淀,溶化、分解成人自身所需要的营养品。滋润自己的身体、丰富自己的精神、提升自己的灵魂。有人说,人生是一本日记,记录着生命的轨迹,即使是只言片语,也能反映出真实的自己;岁月是一支铅笔,书写着悲伤和快乐,即使没人读懂,自己也要继续下去;时间是一块橡皮,即使不能彻底改变生活,只要你愿意,也可以擦掉悲伤,留下快乐。无论是时间、岁月,或是人生都是在阅读实践中积累与感悟的僻静小溪,在缓缓流淌中滋养着青睐阅读的读者心灵。

所以阅读就是一支可在人生岁月里留下痕迹的笔,是一块可以加加减减、涂涂抹抹书写人生的橡皮,是一本承载着人生悲喜忧戚的日记。阅读更是我们在天真烂漫中能够直面黑暗、在千辛万苦的磨难中挣扎、斗争,而后看透黑暗,领略蓝天、白云、阳光的武器。无论你觉得它像日记也好,或是记录人生轨迹的武器也好,关键在于理论与实践的互动和熔合过程。二者结合运用得法,就终身受益。

(二)真正的智慧源于生活的实践

诚然,阅读对人生在学习、工作、生活上的重要性不言而喻。阅读和享受高等教育确实提高了人生价值,然而万事万物都有一个度、都有一个界限,过犹而不及。阅读书本获得的经验尽管宝贵,实质仍只是知识的积累,终归是间接经验。而真正的智慧之源来自生活的实践,实践的价值要比书本经验值钱得多。无论何种形式的阅读,都无法直接地使我们发生改变。它最多是一种宏观层面的抽象的心理感受。如同精彩绝伦的海市蜃楼,唤醒我们无尽的幻想、希望和憧憬,等你真正走近时却无影无踪。良好的阅读只是培育心智的众多方法之一,与个人的实际经历或对塑造个人性情的具体实践相比,其作用要逊色得多。阅读的首要目的是掌握知识,掌握知识的目的应该是丰富智慧,改善修养,使自己更完善、更幸福、更有用,更加精力充沛地、效率更高地追求人生的崇高目标。阅读的现实作用就是为了拓展个人才智,使我们能在任何生活环境中应付自如。而不是向人们灌输他人思想,使我们成为别人思想的奴隶和接收器。古往今来,也有一些精力充沛、成就卓越的人一生阅读很少,却也取得了辉煌成就,就在于其丰富的人生阅历和实践经验。因此,我们不能仅仅停留在满足于阅读别人的东西,而应该更多地亲自去实践。生活中蕴藏着最好的启迪,行动中包含着最好的思想。每个人都有义务有责任在实践中磨炼自己。

阅读十几年,常常是以消磨人的活力、牺牲个人意志为代价换来的。仅仅有书本阅读会使人实际的其他技能得不到发展,最终这些其他方面的潜能会被抑制或被扼杀。那些所谓的书呆子,各种各样的理论充斥着他们的脑袋,里面浸透的全是书本中的思想。一个人在刚刚离开农村时,他的心灵可能还充满活力,然而3年初中、3年高中、4年大学、还有的继续读2年或3年硕士、再读3年博士等等,虽然饱读诗书、满腹经纶,但是人的心气、活力被大量消磨了。等到他离开大学进入社会时,他会发现他与周围的人和事有了距离和隔膜,好像无法融入其中。与一个没有机会上大学却在残酷生存竞争中熟知人情世故的半文盲相比,满腹理论知识的学生显然与环境格格不入。更重要的是,大学毕业生在一个没有人情世故的校园里生活十几年,学校课程中也学不到现实生活中人情世故的内容,因而他们常常高估自己,低估别人,以至于经常做出眼高手低的事情。而现实世界往往并不在意你拥有多少高深的理论和渊博的学识,而在乎实际的干事能力和办事效能——即完成一件事的效力。时代的弄潮儿并不是那些满腹经纶却不通世故的人,而是那些能适应现实的人。

社会上受过高等教育、肩负光荣使命的人很多,可因为缺乏实际生活的磨炼,缺乏社会工作经验,很多这样的人在社会上并不走运,有些甚至在社会上立足谋生都很困难。不久前在澳大利亚的一个牧场中,人们看到有三个大学生在那里打工。这三个人中一个来自剑桥、一个来自牛津,还有一个是德国某名牌大学的毕业生。人们非常惊异:大学生居然来看管家畜。要做领导众人的领袖是他们在学校所接受的教育,而现在却在这里"领导"羊群。牧场主人是大老粗,没有文化,没有知识,对什么书本、理论一窍不通,却知道怎么饲养牛羊。他雇佣的这些学生,虽然能说好几门外语,满腹知识,可以讨论深奥的政治经济和哲学理论,可是他们却不如大老粗会挣钱。他整天谈论的只是他的牛羊、他的牧场,眼界十分狭隘,但他却能够赚大钱,而对于那些大学生来说连谋生都很困难。尽管大学的名字很好听,其实什么实用的东西也学不到。这是一场"有文化和没有文化、大学和牧场的较量,而后者总是能够占上风。"⑭

培根曾说"阅读的目的不在它本身,而在于一种超乎书本之外的、只有通过细心观察才能获得的处世智慧"。所谓"纸上得来终觉浅"就是这个道理。接受的教育太多,对实践经验却一无所知,实际是让一个人适应现实生活的能力降低了,让他变得弱不禁风。一个人往往因为书本教育而发展出过分的批判能力和自我意识,甚至使他变得缺乏自信和过于谨慎。而这对于实际生活中的种种艰苦劳作来说,就显得态度太文雅、外表太奢华、教育太精致了,适应不了日常工作、生活中的摸爬滚打。

（三）旅游是阅读理论与实践的巧妙验证

俗话说得好："读万卷书，行万里路。"阅读与旅游两者有很多相似之处。阅读如果有老师指导，亦如游客之有导游也。读一本新书正如游览了一处新地，游览的新环境、新景观必定增添新知识、新兴趣。同时阅读也是排遣抑郁，释放心结、慰藉心灵的灵丹良药。书中的描述如果与客观的实物实地相吻合，常常激起读者的兴趣而心向往之。青少年时期，我们曾学习过唐朝诗人柳宗元的《小石潭记》。几十年后的今天想起《小石潭记》所写场景仍然历历在目，亲切可见。现代读者虽然都没有亲身游览过他描写的"小石潭"，然而读者读来如同亲历现场，一情一景触之可及、摸之有感。全文不足二百字，却清晰地记述了作者出游、游览、返回的全过程。由小丘到篁竹，由篁竹到闻水声，循声而入发现小石潭，环顾小石潭的全貌和周围环境，俯视观察了小石潭里的游鱼，远望了小石潭的水源，最后写离开小石潭的情景。"闻水声，如鸣佩环，心乐之。"开笔就有声有感，未见其潭，先闻其声，游兴被激发了。来到"小石潭"边，作者以优美的语言描写了"小石潭"的景色："水尤清冽""青树翠蔓""日光下彻，影布石上""明灭可见"，景物的色彩、光线的明暗变化真切而清丽。再观察小石潭周围的情景"坐潭上，四面竹树环合，寂寥无人，凄神寒骨，悄怆幽邃。以其境过清，不可久居，乃记之而去。"

作者从听觉、视觉和感受等多角度描绘小石潭风景，在移动变换中带领我们领略各种不同的景致，具有极强的动态的画面感。却又突出地写出了"静"景，把环境中的寂寥清幽深入到心神中去，形似写景，实则写心。寓情于景，情景交融。寄情山水无不渗透着自己凄苦孤寂的感受和情怀，含蓄地抒发了作者被贬永州后忧伤凄苦而又无法排遣的心情。这远离尘世的小石潭充满了生机，却无人赏识。而其"凄神寒骨，悄怆幽邃"的清冷环境，幽清无闻与自己的遭遇是多么相同，这种少见的幽清美与作者心境的凄清美形成了强烈的比衬，反衬出作者那种无法摆脱的压抑心情，含蓄地表露了作者对冷酷现实的不满。当读者默读、诵读或朗读这充满了悬念和探奇情趣的游记时，小石潭逐渐在人们面前展开一幅美妙的画卷。读者不仅领受着这画卷的美，还对作者人品和境遇寄予深深的敬意和同情。这就是阅读艺术的感染力。写潭，处处透出了潭水的清冽，有很高的透明度；写环境气氛又处处透出这里的寂寥、幽邃。前后照应，诗情画意融为一体。阅读这样的游记精品，你不觉得阅读如同旅游是一种享受吗？

行万里路，读万卷书。旅游是亲身实践的阅读，是对实物、实地的考察和印证。是阅读后的理论实践和深化，是进一步学习。旅游有时也是作者通过观赏名胜古迹、湖光山色来排遣失意、消除内心抑郁的一种方式。旅游最好有导游陪同，导游引导你游哪些景点，一路解说景观的历史渊源，让你受益匪浅，不仅饱了眼福，增加了历史深度，而且赋予了思想内涵。就像外地人去北京，总会去游览故宫、登上长城。当你站在景山俯视错落有致、豪华辉煌的故宫建筑群时，你以今生今世的平民眼光，俯视这统御国人几百年乃至千年的权柄中枢，重温无数影视剧作品所展示的元明清时代帝王家族富贵奢华的宫闱生活，感受那个时代君臣治国理政时尔虞我诈、你死我活的血腥争斗场面。此情此景，你看到的何止是一幅规模宏伟的琉璃宫殿画面？而是一部我国元明清几个朝代几百年的历史缩影，是一部活生生充满血与泪的长篇历史书籍。当你走在紫禁城中轴线大道上，随便游览昔日帝王、大臣、宫妃们工作生活的任何一处院落，都能真切感受到那个时代帝王们一生丰功伟业的伟大和辉煌，更多的是背后隐藏着的千难万苦和血腥的杀戮。当你登上长城，远眺绵延千里山脊上巍峨蜿蜒的长城，昔日抗击外族入侵，金戈铁马的喊杀声、惊马嘶鸣声、烽烟烈火的爆炸声似乎又在历史的天空中回荡。亲历现场阅读这一文一武的两处历史遗迹，你感受到的远远不止走走看看那么简单，而几乎是一部关乎我国近代社会发展的历史教科书。随便仔细"翻阅"任何一个章节，都让人产生"江山代有英雄出，各领风骚数百年"的激越和感叹，更有"万里长城今犹在，不见当年秦始皇"的深思。

游览名胜古迹是现场实地考察、阅读中国传统文化的历史渊源。感悟中国传统文化的博大精深。如果说中国元明清时代的辉煌重心在北京的话，那么从周朝开始，历经秦汉隋唐，中国封建王朝的重心在陕西关中地区。今夏我去西安，游览了大雁塔、秦始皇兵马俑。那玄奘一生以无我、无人、无众生、无寿者相，不畏生死西行取佛经的精神，和体现大乘佛法菩萨渡化众生的真实事迹，感动并被传颂了1000多年至今。他的足迹遍布印度，影响远至日本、韩国以至全世界。如今国家正在大力实施"一带一路"战略决策，玄奘不远万里跋涉西域求佛、与西域各国进行文化交流的思想与精神如今已是中国、亚洲乃至世界人民的共同财富，而且正好契合中央"一带一路"战略决策的推动和宣传。玄奘被世界人民誉为中外文化交流的杰出使者，其爱国及护持佛法的精神和巨大贡献，被鲁迅誉为"中华民族的脊梁""世界和平使者"。

玄奘俗名陈祎，河南偃师人。贞观元年（627 年）他结伴上表奏请朝廷，申请赴印取经。唐王因建国之初，社稷未稳，下诏不许。其他人纷纷退缩，而他不为所动，矢志不改，于唐贞观三年（629 年）从长安出发，游学西域。他单人独骑沿着"丝绸之路"，克服重重艰难险阻，经过整整三年的艰难跋涉和五万余里孤征，终于达到佛教圣地天竺，如愿以偿地就学于著名的那南陀寺，并拜戒贤长老为师。后又用了五年时间在天竺佛国寻道，遍游全印众国。当返回那南陀寺时，已位居这座佛教最高学府的主讲，仅次于恩师戒贤。大慈恩寺是唐长安城内最著名、最宏丽的佛寺，为李唐皇室敕令修建。唐太宗贞观二十二年(648年)，太子李治为了追念其生母文德皇后长孙氏，祈求冥福，报答慈母恩德，下令建寺，故取名慈恩寺。此后1000多年来，慈恩寺成为中外佛教界人士敬仰朝拜之地。玄奘在这里主持寺务，领管佛经译场，创立了汉传佛教八大宗派之一的唯识宗，成为唯识宗祖庭。所以大慈恩寺在中国佛教史上具有十分突出的地位，一直受到国内外佛教界的重视。

在大慈恩寺正前方宽阔的广场上，每天游人如织，争相在高大肃穆的玄奘雕塑旁留影。当我们赶到雕塑广场时，恰逢下午四五点钟左右。只见一轮橘红的夕阳照彻大雁塔上方西边的天空，把铅灰色的玄奘雕像映衬得更加巍然、肃穆、俊美。那玄奘耗尽一生、历尽千难万险去西天取经的悲壮故事，每天随着晨钟暮鼓的悠扬钟声不断地在游客们心中荡漾而飘远，但那矗立在大慈恩寺中心地带、他亲自督造的大雁塔，见证了那段流传千古、可歌可泣的感人历史。游客可曾想到这不就是在亲身"阅读"一部以玄奘为主人翁记述他从小遭受磨难、奋斗终生的励志书籍吗？他少年出家、受戒，为实现理想而发心前往印度求法，随后在印度各地寺庙参学、博采众长，最后集大成、成为后世众生敬仰的一代宗师。

当我们进入秦始皇兵马俑大厅，呈现在眼前的是一排排披甲执锐的武士俑昂眉张目，肃然伫立，神态坚定而勇敢，他们好似整装待发，又好似处于临战状态。那一件件驾车的御手俑，双臂前伸，紧握辔绳，目视前方，待命而发；那一匹匹曳车的陶马，膘肥体壮，张鼻嘶鸣，双目圆睁，两耳竖立；那一件件骑士俑，右手牵马，左手提弓，机警的立于马前，一旦令下，就将驰骋疆场。这些神态各异、形神兼备、栩栩如生的陶俑雕塑组成的秦军兵团阵地，如果不是现场周围推肩接踵的游客嘈杂声、手机相机拍照声的提醒，我们还以为穿越到了2000年前"奋击百万"气势磅礴的秦军兵团队伍中呢？游客不仅被这些巍然伫立、神态非凡、惟妙惟肖的秦兵士卒形象所吸引，更被其规模浩大的场面和沧桑巨变的历史遗迹所震撼。昔日威权天下、统御四方、生杀予夺、享尽世间奢华的秦始皇哪去了？物是人非，留下这些历史尘埃给后人无尽的追思和感想。这种亲临名胜古迹现场游览的方式，比一个人静静地阅读名胜古迹书籍，也许没有阅读的详尽，但多了一层不到现场无法体会到的震撼和感受。有种睹物思故人的悠悠伤感，还有直面当今浮躁奢华、人心不古、弱肉强食的现实生活，芸芸众生的我辈该从这些昔日统一六国的无比辉煌到如今只剩一些残破遗迹留存后世的废墟中得到些什么启示？我的思绪深处一直有一丝为统治阶级争权夺利流露出的那种弱肉强食般的动物性杀戮而产生的淡淡的哀怨情绪萦绕着我们的旅程,但内心也有一丝情绪在慢慢抚慰我的这种忧伤——毕竟社会在进步,今天我这个平民百姓也能有机会目睹古代帝王的陵寝,若在两千年以前是想都不敢想的事情。今天的时代让我大开眼界、增长了见识,让我长久以来一直郁闷的心胸豁亮了许多。然而大多数老百姓没有机会去北京、去西安,也没有钱财去游览其它众多名胜故地。只有阅读能让他们坐在家里如愿以偿地重温那些故去的人文历史、文化渊源。当前图书馆界正在兴起"真人图书馆"的"阅读真人"活动,这些千年古都古迹不正是一座座活生生的真人真事"图书馆"吗?

　　走出兵马俑,直奔骊山风景区。骊山是我国古今驰名的风景游览胜地,因系西周时骊戎国国地,因此称为骊山。骊山位于西安临潼区城南,属秦岭山脉的一个支脉。东西绵亘25公里,南北宽约13.7公里。最高峰九龙顶海拔1302米,由东西秀岭组成,山势逶迤,山上松柏常青,壮丽翠秀,似一匹青苍的骊驹而得名。周秦汉唐以来,这里一直是皇家园林地,离宫别墅众多。清时的《古迹志》云骊山"崇峻不如太华,绵亘不如终南,幽异不如太白,奇险不如龙门,然而三皇传为旧居,娲圣既其出冶,周、秦、汉、唐以来,多游幸离宫别馆,绣岭温汤皆成佳境"。骊山也因景色翠秀,美如锦绣,故又名"绣岭"。著名的景点有华清池、"骊山晚照"、烽火台等。帝王们青睐骊山的原因,除了苍翠秀雅的自然景色和居于关中腹地的优势,多是钟爱那一汪温泉水。虽然不少人因唐时"贵妃出浴"的华清池而对骊山温泉有所耳闻,但事实上,从周朝开始,这里已经成为"御用洗浴场所":幽王在此建有离宫,建立露天汤池,名为"星辰汤";秦始皇当上中国的第一个皇帝的时候,又在骊山重修离宫,引泉入室,更名"骊山汤",据说,是为了治疗他自己的疮伤;到了汉武帝时再度依泉扩建了离宫。唐时,这里的汤浴格局趋于完善,各汤池被曲廊小径相连,古树浓荫相掩,奇花异石点缀,湖水溪流相间,初名"汤泉宫",后为"温泉宫"。唐玄宗时"治汤井为池,环山列宫殿,"正式改名"华清宫",宫内的汤池也就是被后人熟知的"华清池"。虽华清宫在此后毁于战乱,但唐华清池之名盛传天下。

　　备受帝王们青睐的骊山,地理位置今天看来仍然独特:西望长安古城,大国古都,周秦汉唐往事悠悠数千年;东观新丰,鸿门宴上刀光剑影、楚汉相争,仍似历历在目;北眺渭水,秦皇扫六合,身后陵墓的兵勇之阵虽然是清代"长安八景"的传诵让骊山晚照声名远扬,但实际上,早在元代,诗人刁白就在诗文《渭水》中以"渭水秋日白,骊山晚照红"提到了"骊山晚照"这一胜景,后来的明代诗人刘储秀也在《骊山晚照》一诗中写道:"复此斜阳相映处,红云朵朵照芙蓉。"观文而思,必是满山红遍,霞色遮天。而清代诗人杨鼎明看到骊山晚照后,兴诗赞美道:"丹枫掩映夕阳残,千壑万崖画亦难。此时骊山真面目,人生能得几回看!"则让那抹余晖显得宁静而悠远。

仰望骊山,三峰如三个梯节,步步蹭高。站在东南山顶再向西北俯视,三峰又形成了由高到低,峰峰怀抱之势,特别是一个直下急起的大陡坡到晚照亭附近一下减缓到 10 至 30 度左右,形成地势低凹,三面来风都吹不到的犹如圈椅形状的平缓斜面。大雨过后饱含浓浓水珠的云雾沐浴着茂密的古柏雪松,每当夕阳西下,若遇夕阳照射,云雾中的三棱镜晶体水珠通过相互折射,就形成了这一千古奇观。落日的余晖给骊山重重地涂上一抹红霞,漫山皆红,层林尽染,回光返照,复经折射,楼殿亭台,崖壁幽谷,苍松翠柏,仿佛金光笼罩,各呈异彩,其妖娆动人的绮丽景色,使人流连忘返,形成"骊山晚照"之美誉。尤其在深秋时节,满山红叶,更令人沉浸于"渭水秋天白,骊山晚照红"的诗情画意之中,"骊山晚照"因而名列"关中八景"之一。它给世世代代流下了许许多多神奇古怪的传说以及无边无际的遐想、激动人心的企盼。

据当地村民讲,观赏"骊山晚照"的最佳季节在夏秋之交。此时在田间劳动的农民,抬头即可欣赏骊山美景,真是"夏至日落骊山红,田野耘禾歌声鸣!"陕西省气象局有位同志分析为何骊山晚照这一自然景观通常在夏季阵雨后"现身",西安及周边地区平日阴霾天气较多,通常在夏季阵雨后,空气清新,能见度较高。这时,不仅空气中的浮尘被雨水冲尽,整个骊山山体也如同被通体洗刷过,光彩鲜亮,再加上是夏季,植被本身茂盛,便更加翠坡盎然,这个时候夕阳洒下,骊山自然会比平日显得更加妩媚动人。

此情此景,正如清人朱集义诗句所说"幽王遗没旧荒台,翠柏苍松绣作堆。入暮晴霞红一片,疑是烽火自西来"。让烽火从历史中燃烧到自然之景的天边,为壮美的山巅夕照平添了一分厚重与苍凉。因此这首诗也成了民间公认的写骊山晚照最好的佳作:历史上周幽王烽火戏诸侯的历史事件,和骊山晚照联系到了一起,让读诗者联想到当年美人一笑,犬戎东侵,骊山被烽火映红的情景,既写实,又写虚,怀古之幽思自然流露。又往往勾起人们对周幽王"烽火戏诸侯"的回忆。但在登山时,导游说"骊山晚照,是有缘人才得一见的"。这又陡然增加了骊山晚照的神奇色彩,游客还以为骊山晚照是每天傍晚时分骊山的景色。但事实上却像海市蜃楼一样难得一见。晚照亭位于骊山西绣岭老君殿北面,这座重檐攒尖顶方亭取"骊山晚照"之意,建于 1981 年,旁边还立有于右任先生题写有"骊山晚照"字样的碑石。骊山出现这一独特景观的原因是因为骊山曾经是一个火山。组成它的岩体多为砾石,成分主要是石英岩、片麻岩和片岩,形态多呈现圆状,而尤其特殊的是颜色——它的色泽在适当的光照条件下,会折射出一种特别的橘红色。想必这也是为什么夕阳会让骊山通体金红的原因之一吧。

登骊山的过程,如同穿越时光,从远古的传说、历史到现代风云人物的名人轶事,在一瞬间滚滚而来。耳畔听到的是这样的故事:女娲在这里补过天;周幽王烽火戏诸侯而失天下;唐明皇与杨贵妃的缠绵悱恻的动人爱情;八国联军进攻北京时,慈禧西逃西安落脚骊山,在天寒地冻白雪皑皑时节,人困马乏的慈禧一行突然看到了夕阳日落的情景!她们为能看到这神秘莫测的"骊山晚照"而顿时精神抖擞、兴奋异常,题字留念;其实,游客们到了骊山,最感兴趣的还是捉蒋亭、烽火台这一类的实景。特别是西安事变时一声枪响西北军在捉蒋亭捉住蒋介石……因此捉蒋亭景点游人络绎不绝,争相游览蒋介石在骊山的行辕驻地、落难场景。

行万里路读万卷书,仅仅游览一座骊山,看到的、听到的、传说的,几乎就是一部简易中国历史书。沿路的所感、所思、所想、所悟,不仅触及人性的伦理、生活、工作、事业、追求,几乎碰触到人生、世态的方方面面。实地旅游所触及、所震撼到的心灵、精神层面感触不亲身体验还真是无法言说!正如俗语所说"世事洞明皆学问,人情练达即文章"。旅途中的世事、人情随机性、偶然性很强,除了满足视觉、听觉、触觉等感官刺激外,更在于身心的愉悦和精神气质的提升。阅读人的可爱之处还在于:茶余酒后,至少可资谈助,可以解困消乏,平添一些乐趣。我游西安兵马俑、华清池,始得秦唐历史文化,稍有悟解,较之从阅读中得来者,远为亲切。所憾没能遍游西安、咸阳秦唐古迹,以至于我不能够都从这些遗址古迹中亲睹、触摸秦唐盛世风采。

读新书比游新地复杂得多。识途老马,游历易得,阅读难求,难在要获得新观点新主张。阅读一定要思考出一些深刻理性的东西,获得内在的情感性、情境性、时间性问题。随着时间的推移,在不同现实情景中,阅读所获得的心境和感悟会逐渐弱化。而游览新地,身临其境,真情实感,眼耳手脚身整个感官全方位"阅读"实地景观,很容易获得内在的情感性、情境性、时间性。这些深刻理性的思想融入身心、刻入骨髓,永远难忘。古代很多文人骚客游览名川大山之后,留下丰富的游记铭文,就是这种实地考察、游览的思想成果。不过外出游览地方多了、时间久了,也只记得某时去过某地的大概情况。因此为了不留遗憾,游过之后最好随时写下心得、记下感悟,经常翻翻读读,就会琢磨出很多新东西。有些感悟是不断阅读"融入"后发酵出来的,如果能够在实地考察印证,感悟而升华的思想就会更加丰盈起来。阅读如同流水过指,总会留下印象或痕迹。到了某个契机,会有"顿悟"的感觉突然闪现。

旅游事先要做好规划,如同阅读先考虑读哪些书一样。中国人骨子缝里都有一种"媚外"情节,总觉得外地好。因为外地陌生而心生好奇,总想探究一番。而家乡因为太熟悉而感觉乏味,甚至觉得一无是处。譬如在北京、西安繁华热闹的背后亦有贫民街,何劳你耗费钱财老远跑去游览一番?其实贫民街亦有不寻常处。余曾游北京颐和园后山,有一明清贫民街,美其名曰苏州街,数百年来各地游客前往游走,签名留念。我亦曾去走过一回。那感觉如果不是颐和园山顶建筑群衬托,只看近处与我在十堰老街走一趟无异。但无论家乡如何贫庸、无趣,一到外地,除了欣赏新异、感受新奇之外,总抹不去心中那一番恋旧思乡之情绪。恰如陶渊明的"羁鸟恋旧林,池鱼思故渊"诗句所写。又如民间俗语所说"金窝窝、银窝窝,不如自己的穷窝窝!"因为家乡的山山水水、一草一木,点点滴滴都赋予了生于斯、长于斯、乐于斯、死于斯的难解情缘。爱家乡、思故乡是一种深沉的无须言语的挚爱;而爱旅游、爱游览祖国名山胜水,犹如好奇心驱使人们阅读探寻新知识新观点一样,不仅是一种追求新奇、酷爱新鲜的博爱之情,而且也如同"羁鸟恋旧林,池鱼思故渊"一样爱自己的祖国。异乡正如故乡,故乡广大为祖国。往代正如现代,阅读如同旅游,旅游如同阅读,使我在内心情绪上,平增无限快乐,增添了很多知识。

游山如阅读,阅读如游山。我曾去过北岳恒山,游览了大同的云冈石窟;无数次登顶家乡的道教名山武当山,所憾那年走到黄山脚下却因台风骤至而未成行。中国名山很多,很多名山盛景都与历史人物有联系。中国 5000 年文化,几乎三里五里,有古迹的地方就有历史人物故事。时代已过而影像犹存。中国各地博大如一部巨著,旅游如同阅读,身历其境。风景如旧,江山犹昔,游者感受却有不同。而那些鲜活的历史人物却永远永远只能在书籍中追忆成行……

古代没有导游也没有相机,只有靠所闻强记。中国古代诗人喜爱歌咏其所游历之地。有些诗人每至一地,必随地浏览其方志小说,了解风土人情之历史,以此作为导游。或游览之前采访当地老人、或翻阅当地堆藏的一些琐杂丛碎县志,了解山川概况人文历史。等登临实地风景绝佳处,情景交融,寓情于景油然勃发,出口皆成诗情画意之诗句。如果漫游一地,事先对所游之地一无所知,又无导游解说,何来游兴和联想?中国的名山大川多与中国历史有牵连。不事先查阅、了解,何能游?若不亲身游览,徒睹历史记载,亦终为一憾事。"非诚勿扰"栏目上有很多外国青年,因在我国留学和游学,深慕中国悠久历史文化,久而久之竟然渴望娶中国女子为妻。这些外国青年显然读中国书尚浅,然而他们在中国各地之游历,则影响其心灵者实深。

中国欲实现复兴文化的中国梦,就应该大力倡导国人读中国书,大力倡导国人先游中国地。身履其地,不啻为读了中国一部活历史。这部活历史不仅是从天地大自然中孕育酝酿而成,而且是中国几千年来"天人合一"的人文理想在中国大地上的具体化、实践化,更是几千年来中华民族躬身实践之大智大慧而凝结的成果。这个成果有目而共睹。[⑪]

（四）人情练达即文章

——阅读社会也能成才

英国有句谚语"有学问无阅历,不如有阅历无学问",中国古语说得好"世事洞明皆学问,人情练达即文章""行万里路如同读万卷书"。孔子还说过"行有余而学文"。这些名言警句都说明实践的重要作用不可低估,都强调人生阅历的巨大价值。不要小看世事洞明、人情练达的人。这样的人在现实生活中一般都很神通广大,非常值得尊重。但是那些对世事经历很少却很有"学问"的书呆子很可能生活得举步维艰。很多著名的文学大师学历很低、很早就步入社会进行人生实践,结果却出人意料地做出了辉煌成就,成为众人仰望的名师、大家。

著名文学家鲁迅仅仅是中专学历。1899 年 4 月入南京江南陆师学堂附设矿务铁路学堂,学开矿。1903 年公费赴日本留学。入弘文学院日语速成班。1904 年 8 月入仙台医学专门学校肄业。1906 年 6 月被骗回国与朱安结婚。复赴日本,7 月中止学医,从仙台回到东京不再入学阅读,专门从事文艺译著工作。此后几年通过不同方式学习了德语、俄语。

国学大师陈寅恪曾留学美、日、德、法、瑞等国,精通梵文、西藏文、巴利文、英文、法文、德文等语言文字,主治魏晋南北朝隋唐史、佛经之比较研究。陈寅恪先生的正规学历是上海吴淞复旦中学毕业,该校相当于高中程度。1925 年陈寅恪留学归国后就任于清华大学国学研究院,成为清华国学院四大导师之一,被誉为"教授的教授"。

著名作家刘半农因其过人的才情和勤奋被世人称为"江阴才子""文坛魁首"。他和钱穆一样,中学时在常州府学堂学习,但出于对保守教育体制的失望,刘半农在快要毕业前一年选择了退学,拿了一张肄业证,只身闯荡上海滩。这可是一个惊世骇俗的举动,可在穷困潦倒之际,他突然接到北京大学的聘书,被正式聘请为北京大学预科国文教授。

国学大师梁漱溟一生充满传奇色彩,但最令人津津乐道的是,他到北京大学教授印度哲学的时候,还只是一个中学毕业生的身份。而国学大师钱穆被称为中国当代最后的大儒。他连中学都没有毕业。父亲去世时他才 12 岁,父亲死后,钱家立时陷入了困顿。因此在他和长兄双双考入常州府中学堂不久,钱穆就辍学在家,后又到一个小学任教,开始了长达十年的乡村教育生涯。其间钱穆以面壁之功专治儒学和史学,终于因学术著作《论语文解》获得了上海圣约翰大学教授钱基博的赏识,将他推荐到无锡省立第三师范任教。之后,他接连接到了北京大学、清华大学、北京师范大学的聘书。这个连中学都没有毕业你的无锡小子同时在三所最负盛名的大学执教,一时名动京师。

近代文学巨匠沈从文先生学历只是小学,可他创作发表了《边城》《长河》《湘西散记》等五十多部文学著作和《唐宋铜镜》《战国漆器》的女六部文物论著。他先后在武汉大学、青岛大学、西南联大、北京大学任教讲学,并进入诺贝尔文学奖的终审名单。

著名文学家、翻译家金克木先生一生只拿过小学文凭,少年时在安徽寿县第一小学毕业后,读了一年中学,便因家道败落而不得不辍学。为了支撑家庭,他16岁至18岁,靠人介绍在家乡教小学养活自己和母亲。1935年经友人介绍终于在北京大学图书馆谋得了一个职员的位置。他利用一切机会博览群书,广为拜师,勤奋自学,终成一代大师。画坛巨擘齐白石没有上过一天学,自然没有学历。早年曾为木工,后以卖画为生,57岁后定居北京。擅画花鸟、虫鱼、山水、人物,笔墨雄浑滋润,色彩浓艳明快,造型简练生动,意境淳厚朴实。所作鱼虾虫蟹,天趣横生。他书工篆隶,取法于秦汉碑版,行书饶有古拙之趣,篆刻自成一家,善写诗文。曾任中央美术学院名誉教授、中国美术家协会主席等职。代表作有《蛙声十里出山泉》《墨虾》等,著有《白石诗草》《白石老人自述》等。

这些大师们的共同点是一生都业绩卓著、成就非凡,但他们的学历却都很低。学历低说明他们都不是靠在正规学校阅读起家的,都不是靠在正规学校里阅读书本知识成就工作事业的,而是早早进入社会。在社会工作、生活的实践中,他们一边积累实践经验,一边通过不同方式在自己所从事的领域里阅读大量的理论知识,充实自己的研究,自学成才,最后成为理论与实践相结合取得非凡成就的成功典范。[116]

然而,当今世界,科学技术日新月异,网络通信技术的全面普及,社会已经进入知识经济的信息时代,更是"知识爆炸"的时代。阅读、知识、学问愈来愈显示出强大的生命活力。阅读量少,学历低,理论知识不深厚,已经远远跟不上时代要求。甚至找不到合适的工作。尽管实践出真知,尽管亲身经历是深刻的、直接的、全方位感受的,但人的生命有限、时间和空间有限,人的实践范围、认识的层次有限,人只能亲历一段时间。阅读虽然不是直接的、亲身的,但阅读可以了解其他时空中发生的事情,阅读让你了解上下5000年的人文历史和事件。让你从阅读中吸取经验教训,借鉴古今成败的道理。如果你善于阅读,阅读很多,又善于实践,你所学所读的理论能与你切身的实际工作生活结合,那么在你有限的时空里,你就可以做出成绩,输出贡献,造福亲朋好友。你的丰富阅历因为有历史文化的积累而变得格外的智慧,就会给人一种特殊的不一样的感觉。

(五)阅读的最终目的是学以致用

阅读是成功的基础,若要成功还需学以致用。学以致用的表现是把长年累月通过阅读而积累在脑子里的知识结合实际情景会说、会读、会用。写作可促使你梳理思想,使之条理化、系统化,进而促进个人学习。人与人的起始差距并不大,但是三年、五年、十年过后,差距逐渐就显现出来。可能在这十年中,大家做了同样事情,由于前者每做完一件事情后善于反思、提炼、总结,吸取经验教训,能够做到举一反三地应用,最后化为自己的东西而有所长进。这就是"学而思""思而用"的功效。而后者往往一件事情结束就完了,人固有的惰性让他们疏于反思、提炼、总结,以至于错过了一次一次"学以致用"——提升自己的机会。结果与前者的差距越来越大。这就是所谓的"学而不思则罔",理论与实践脱节,"学而不用"的后果。

这非常类似于我们学术研究和日常生活的关系。多数学者割裂了他的学术研究和自己的日常生活,而大家、名家不是这样的。经常看到有些平庸的学者写出的东西人们不爱看,是因为他在讲述自己观点时,内心没有激情,写作没有冲动。尽管理论探讨都是一些理性的东西,需要理智的情绪。但是两个作者,一个写作时因研究充分,材料翔实,内心体验厚实,写作时就有一股强烈的情绪支撑着他,写出的东西必定引人入胜。而另一个作者也许学识有限、又缺乏深入研究,内心没有真实的学术体验,写作时东拼西凑,没有真情实感支撑,那写出来的东西必然索然寡味,判然有别。这里的生活体验就是把学术研究融于实际生活中,没有割裂二者关系。对于学者来说,学术研究应该成为他的生活方式,而不仅仅是做给别人看的工作,治学应该成为他生活的核心,整个治学过程应该极大地改变他的性格,使他将生活和工作融于一体,学会并且习惯于将生活经验融于学术。这样他就会利用一切机会去思考问题、发现问题、获得启示。

要善于利用边缘信息,有些街谈巷议的信息、耳闻目睹的小事件,如果不注意,就会稍纵即逝。细心的学者都会从这些不经意的信息中琢磨出与自己研究有关的东西来。现代的社会结构,现代的分工,使得现代人的生活经验比前人要少,因此我们要格外珍惜自己已经获得的经验。我们当然要借助媒体来获得大量的信息,但同时如果不拓宽自己生活的触角,那我们在领会问题和解答问题时,都会有较大的隔膜和局限。例如我们研究图书馆读者阅读行为,我们专注于图书馆学专业领域,阅读了很多有关阅读推广的开展、活动方式、图书借阅率、阅读方式变化等。但是做研究如果仅仅把视野专注在这些方面远远不够,就有些画地为牢,卖身给图书馆学了。因为我们一方面要做研究,另一方面要服务读者,做好服务工作有利于促进研究工作。面对各种层次的读者,面对他们提出了形形色色的问题,仅仅具备图书馆学专业的知识储备是无法满足读者需求的。有次有位大四同学在电子阅览室做毕业论文,下班时间到了,他正在网上下载论文还没有结束。我家住校外要急着赶校车。可是读者是我的服务对象,读者没有完成下载工作,我就不可能关门走人。我眼睁睁看着校车拉着下班职工开走,我耐心地默默无语地留下来等他,并辅导他如何下载他需要的文章,教他从哪儿寻找他所需要的专业文章。在没有 U 盘的情况下下载后如何保存,怎样安全保存到哪儿,下次才能方便取得,不至于丢失。学生很感激,通过与他的交流,我意外获得了读者对哪些服务感兴趣,目前还有哪些领域需要改进等这些对我研究读者阅读行为有用的信息。

又如有读者问你一些哲学问题、历史问题,你怎么办?可能这些问题与你现在的工作、你的兴趣及研究课题,都没有直接的关系。但是思考这些问题可以安顿一个读者或者一批读者,甚至包括我们自己的内心。而你又是一个敏感的人、全面的人,不是现代分工造就的狭隘的匠人,你会有解答这些问题从而安顿自己的需要。如果这些哲学问题、历史问题进入你的头脑,你就要尽力思考,要找相关的书籍阅读。这不仅拓宽了你的视野,开阔了你的心胸,更磨砺了你的思想能力。促使你把图书馆学的知识与现实问题结合起来,生出一个课题生长点。通俗讲就是用图书馆学的专业知识和能力解决读者的现实问题。读者的现实问题很多,不只是借书还书问题,凡是读者在利用图书馆过程中发生的内心体验、思想行为、情感诉求等都是我们可能碰到的潜在问题,也是我们应该研究的问题。

有位思想家曾说,哲学家、历史学家、社会学家、科学家等各门学科的研究者们,都在攀一个金字塔。每个人从金字塔的一个侧面向其顶峰攀登。攀登得越高的人相互距离越近,层次越低离得越远。一个优秀的学者,提高思想能力是关键。提高思想能力比阅读还要关键。有些人读了一肚子知识,却"茶壶里煮饺子——倒不出来"。因为他们缺少梳理零散知识的能力,他们找不到把散落的很多知识串起来的线索。这个线索就是思想能力。对一个学者是否优秀的判定,是看他的见地,他的分析能力,而不是看他阅读了多少本书。阅读就是要提高自己的思想能力,如果读了很多书,自己的思想能力却没有提高,那些书就算是白读了。学术研究就是要读很多书,看别人怎么思想,怎么提出问题,怎么解题。别人的问题与你的问题可能相关,也可能不太相关,主要是帮助你提高思考能力。从这个意义上说,思想能力就是学术研究的实践能力,广泛阅读只是"理论"前提。"茶壶里煮饺子——倒不出来"就是理论与实践断裂、"学"不能"致用"所致。⑰

如果一件事情不能用通俗的语言说出来或写出来,证明你没有完全读懂。如果读懂了让你转述给别人,或者写出来,你会觉得有难度,才发现还有些坎儿并没有"你认为的那样清楚"。转述或写出来可有效促进你深入学习。可以发现自己不清楚的地方,才能有的放失地再去阅读、实践、与别人讨论,使之更加清晰明了。这是"学以致用"的深度实践。从个人学习和成长的角度,就应该多说、多写。若没有机会给别人演讲,就写出来。通过写文章,你可发现你的学习速度明显加快,而且日有所进!也许你的文笔不好,但只要能把一个道理讲明白就行,不要求你写的多么有技巧。

曾国藩就是中国历史上"学以致用"非常成功的例子。他是湘军的创立者和统帅。他和他率领的湘军是平定"太平天国"的重要功臣。他是晚清重臣,官至两江总督、直隶总督、武英殿大学士,封一等毅勇侯,位极人臣。在他的倡导下,中国建造了历史上第一艘轮船,建立了第一所兵工学堂,印刷翻译了第一批西方书籍。甚至可以说正是在曾国藩的倡导下中国才开始近代化进程。从这些辉煌成就可以看出曾国藩是千百年来把一生所"学"成功运用于官场、战场的真正阅读人。他6岁入私塾阅读,8岁能读八股文诵五经,14岁能读周礼,28岁考中进士,留京师后10年7迁,连升10级,37岁任礼部侍郎,官至二品。从这些功绩看出他从小天资聪明,勤奋好学。

从文才上看,他仕途畅通无阻与他好学有关。他学习孜孜不倦,苦读日夜不息,在京参加朝考进入庶常馆学习后,"日以阅读为业"。勤于求教,不耻下问,博览历史,重视理学。还读了大量的诗词古文。以至于才华横溢,满腹经纶。官吏中如此勤奋好学者实属少见。他一生喜欢阅读,赴任途中,在颠簸的马车里阅读;行军时在逼仄的船舱中阅读;等到他双目失明不能阅读时,他便默诵诗文。由于他博览群书,涉猎文献,所以在政治上有自己独特观点,如要统治者"内圣外王",要自如地运用儒家思想治理天下。他推崇程朱理学,认为程朱理学正统于孔孟之道,后君臣应以习之。他所处时代正是清王朝由"乾嘉盛世"转为没落、衰败,内忧外患接踵而来的动荡年代,由于曾国藩等人的力挽狂澜,一度出现"同治中兴"的局面。曾国藩正是这一过渡时期的重心人物,在政治、军事、文化、经济等各方面产生了令人瞩目的影响。时至今日他仍然是近代中国最显赫最有争议的历史人物。

现在社会,人与人竞争激烈,关系趋于复查多样化。传统社会为人们所依托维系的道德习惯、行为标准都受到了极大冲击。法治的不完备,又增长了市场的欺诈和权力的寻租,人的安全需求得不到妥帖的保证。一时间人们感慨人情冷暖、世态炎凉,甚至一般人根本就不相信道德的存在。因而研究曾国藩也都偏向于其为官为政为人,特别是偏向于用权奸诈。事实上曾国藩被后人推崇,不是他的深沉,而正是他"学以致用"的道德修为和在"理论与实践"紧密联系过程中所达到的道德修为前提下所做的辉煌事迹成就了他的俗世功名。在历史上一般+修为以及经世致用哲学才开始被后辈群起仿效。

今天,从他学以致用的成功经验启示我们,一个人既要适应现实社会,更要信守自己的原则,既能在时务上纵横捭阖,也能在道德上站得住脚。社会风气不好,总抱怨体制层面的责任,好像坏的都是别人,自己往往是受害者,很少反省自己是不是也"随其流而扬其波,哺其糟而啜其醴"。要改变这种社会风气应从自我做起,把自己道德修为做好,最起码不应该有害人之心或主动参与其间。也许我们不主张用道德去衡量一切,但道德对社会很重要。道德和社会风气的维系需要某些制度与个人努力的双向合一,而且个人道德追求在任何时候都有时代积极意义。

参考文献

1. 中国历史(七年级上)[M]. 上海:华东师范大学出版社. 2007 年(7)3 版

3. 张高评. 素材储备、问题意识与大纲拟定. 古典文学知识[J]. 2016(5):7

4. 贾贵荣. 古籍影印百年回眸. 博览群书[J]. 2015(10):17 - 20

5. 中国历史(七年级下)[M]:上海. 华东师范大学出版社. 2007(12)3 版:108 - 115

6. 老道.《水浒传》为何写王进这个谜一样的人物. 阅读时代[J]. 2017(9):22 - 23

7. 王涛. 把阅读作为信仰. 阅读时代[J]. 2017(9):24 - 245

8. 蒋勋:失去价值的养成,学习会变成豢养的工具. 生活十讲[OL].

http://mp.weixin.qq.com/s?__biz=MzIzOTE5Njk4Nw==&mid=2649877644&idx=1&sn=8a67f7c9ce06d1fa2b9e3f6d29a91e78&chksm=f12882d8c65f0bce83a33e55399bd0dd6f4a3d635a22369c04cda5bafbcfee298f355aea bf5f&mpshare=1&scene=23&srcid=0719cliPSZzHaDJM7w600k5p#rd

9. 塞缪尔. 斯迈尔斯. 自己拯救自己[M]. 广州:广东旅游出版社出版发行. 2013(10)1 版:248

10. 赵丽宏. 阅读改变人生. 腾讯文化[OL].[2016 - 12 - 08]. http://cul.qq.com/a/20161208/029764.htm

11. 奥里森. 马登. 最伟大的励志书[M]. 广州:广东旅游出版社出版发行. 2013 年(10)1 版:77 - 79

12. 杨国辉. 大学生需要什么样的阅读推广. 河南图书馆学刊[J]. 2015:(3):75 - 76

13/19. 几十年来阅读无用造就一个不阅读的民族[OL]. http://www.artkaoshi.com/ztnews/tpzvp200tvys2z34u34ws2up.html

14. 郑也夫:我们该怎样读书、怎样思考[OL].[2016 - 02 - 25].

http://www.360doc.com/content/16/0225/01/29655650_537181054.shtml

15. 蒋杏国. 全球国民素质排行[OL].[2016 - 03 - 14]. http://blog.sina.com.cn/s/blog_5f30a2850102wh0r.html

16.《评读书无用论:视读书为"投资"系误判》

17. 阅读改变人生. http://www.qstheory.cn/subject/sxsbds/2015 – 07/c_1116005753.htm

18.《马云说"读书无用"究竟是对还是错》

20. 全民阅读. 书香社会:阅读如何涵养价值观. 2015 – 04 – 23. 人民日报

21. 钱穆. 阅读与做人. 水木智见微信号 shuimuzj. 2015 – 11 – 22

22. 白云先生. 阅读的最高意义在于养成精神贵族[OL]. [2016 – 04 – 14]

23. 傅佩荣在复旦大学的演讲 –《人生的意义》[OL]. [2013 – 08 – 09]. https://wenku.baidu.com/view/061177e89e3143323968937a.html

24/49. 王强. 人生最大的捷径是用时间和生命阅读一流的书[OL]. [2017 – 05 – 09]

25. 读书的意义与价值. https://wenku.baidu.com/view/2238b3d726fff705cc170a25.html 26. http://blog.sina.com.cn/s/blog_4a0657d5010008pb.html

27. "天籁"解——生命的自然本质与庄子的生存焦虑[OL]. [2007 – 03 – 28]. http://blog.sina.com/s/blog_4a0657d5010008pc.html

28. 金玮. 阅读改变人生[]. [2015 – 07 – 22]. http://www.qstheory.cn/subject/sxsbds/2015 – 07/22/c_1116005753.htm

29. 唐述. 阅读健脑说. 开卷有益——求医问药[J]. 2016 年(8):卷首语

30. 仲念念. 当你爱上阅读世界就爱上了你. 浙江建设职业技术学院图书馆[OL]. [2018 – 04 – 12]

31. 决定孩子未来成就的就是两个字教养[OL].

http://new.item.btime.com/05saug3511rbfpthsvjkia4kvgv? from = mini

32. 天天见钱. 富养孩子上半生毁掉孩子下半生[OL]. [2012 – 06 – 19]

http://www.360doc.com/content/12/0619/10/3628131_219143936.shtml.

33. 李瑞华."书香家庭"与"书香社会"[OL]. http://mp.weixin.qq.com/s? __biz = MzAxMjExMzkwMQ = = &mid = 2653667342&idx = 1&sn = 497b0069d 7ff4612 b0f81c12979a114c&chksm = 8069a28cb71e2b9a2e5e03c8a8822d39df17c03e144c87 89198d23fbd7a9ea5028ed26f56f9e&mpshare = 1&scene = 23&srcid = 0319nvIiIUHYH mCTUKFoU9vY#rd

34. 鲍鹏山. 不与经典结缘,很难成为高雅的人. 读者文摘[J]. 2016(10). 48 – 49

35. http://www.duanmeiwen.com/duhougan/zhuanti/27403.html

36. http://www.360doc.com/content/16/1101/08/36664359_603046770.shtml

37. 王京生. 书香城市"与全民阅读推广[OL]. http://mp.weixin.qq.com/s? __

biz = MzAxMjExMzkwMQ = = &mid = 2653667342&idx = 1&sn = 497b0069d7ff4 612b0f81c12979a114c&chksm = 8069a28cb71e2b9a2e5e03c8a8822d3 9df17c03e144c 8789198d23fbd7a9ea5028ed26f56f9e&mpshare = 1&scene = 23&srcid = 0319nvIiIUHY HmCTUKFoU9vY#rd

38. 德国优才计划. 在德国阅读是最浪漫的教养,爱书的孩子永远不会寂寞. 遇见美好[OL]. [2016 – 12 –22].

http://mp. weixin. qq. com/s? _ _ biz = MjM5MDAxNzA2NA = = &mid = 2654864804&idx = 3&sn = b8df352976e655bd5859bf60a0af5fec&chksm = bd8196e3 8af61ff58e681e66e3a4f0ea09f9b8a62ae5631d26f27f2e72df08d972a89ec7f253&mpshar e = 1&scene = 23&srcid = 1222IyMXfGJSpPPXAR4o6Q57#rd

39. 阅读的重要性[OL]. [2017 – 07 – 28]. http://www. chinawriter. com. cn/ 2008/2008 – 03 – 25/65729. html

40. 王涛. 阅读的意义. 河北日报[N]. 2008 年 03 月 25 日. http:// www. ruiwen. com/zuowen/dushu/722808. html

41/55/62/82/95. 朱光潜:阅读是一种训练[OL]. [2015 – 07 –31].

http://view. inews. qq. com/a/RUS2015073102388204? refer = share _ related- news

42. 杨淼主编. 成就一生好习惯[M]. 天津:天津社会科学院出版社. 2005 (7)2 版:96 – 97

43/2. 徐雁. 特别策划/数字时代的"新阅读主义"[OL]. [2017 – 03 – 18]. http://mp. weixin. qq. com/s? _ _ biz = MzAxMjExMzkwMQ = = &mid = 2653667342&idx = 1&sn = 497b0069d7ff4612b0f81c12979a114c&chksm = 8069a28cb 71e2b9a2e5e03c8a8822d39df17c03e144c8789198d23fbd7a9ea5028ed26f56f9e&mpsha re = 1&scene = 23&srcid = 0319nvIiIUHYHmCTUKFoU9vY#rd

44. 隋岩曹飞. 论群体传播时代的莅临[J]. 北京大学学报:哲学社会科学 版. 2012(5):139 – 147

45. 费无伤. 阅读的意义和作用. 2016 – 05 – 13

46. 陈文嘉. 国学那么热,读书从哪里下手. 2015 – 07 – 05. 红网 – 潇湘晨 报.

47/48. 王余光. 经典阅读与图书馆经典阅览室的建设. 来自阳光阅读[OL]. http://mp. weixin. qq. com/s? __biz = MzI5MTA2MjMxMw = = &mid = 2652007076 &idx = 2&sn = da3146e03b2a05a263e5339d50ba901c&chksm = f7f09de2c08714f4a289 459900c6b7a2d768d340d237415f75fe8dc8099f18d6b62646f0106b&mpshare = 1&scen e = 23&srcid = 0320Or4eHJqnwHGdcVRCM69R#rd

50. 冯娜．灵魂拍手作歌——鲍勃．迪伦的漫长旅途．南风窗．2016（25）：38－41）

51. 北大新任校长王恩哥的 10 句话［OL］．

http：//mp．weixin．qq．com/s? ＿＿biz＝MjM5NjE1MTY5NA＝＝&mid＝2035 78947&idx＝1&sn＝560544d914d1196068095c8d183e3dba&mpshare＝1&scene＝23&srcid＝0416qfvKNEK3xlSwD8Vw5EsZ#rd

52. 给青少年推荐经典名著,看看国外怎么做．读报参考［J］．2016（11 中）：26－27

53. 曹宗国．曹宗国文史随笔集［自跋］．站着读经典［OL］．http：//blog．sina．cn/dpool/blog/s/blog＿5788bb980102x1md．html? utm＿source＝bshare&utm_campaign＝bshare&utm_medium＝weixin&bsh_bid＝1594044043

54. 胡适．良好习惯的养成．2016－07－13．http：//nc．xdf．cn/chuzhong/zk/yw/201607/138280023．html

56. http：//www．360doc．com/content/15/1105/19/27563861_511005097．shtml

57. http：//www．yuwen123．com/Article/201010/45347．html

58. 张五常．会阅读方能发觉阅读之乐［OL］．

http：//www．360doc．com/content/11/1217/17/1117434_172961884．shtml

59. 学习利器:费曼技巧［OL］．http：//www．qinghetao．com/2861．html

60/63. 采铜．碎片化时代如何做到深度阅读［OL］．［2016－01－15］．

http：//www．360doc．com/content/16/0115/10/476103_528134756．shtml

61/80. 郑也夫:我们该怎样阅读、怎样思考［OL］．［2016－02－25］．

http：//www．360doc．com/content/16/0225/01/29655650_537181054．shtml

64. 国馆．曾国藩的阅读三法．阅读时代［J］．2017（9）:29－30

65. 曹鹏程．杨绛把阅读比作"隐身"地串门,思考阅读的"有用"与"无用"［N］．人民日报,2015－04－24（5 版）［OL］．

http：//culture．people．com．cn/n/2015/0424/c87423－26896690．html

66. 如何让你读过的书真的变成你的财富［OL］．http：//mp．weixin．qq．com/s? __biz＝MjM5MDMyMzg2MA＝＝&mid＝2655483812&idx＝2&sn＝493f4f408ba 53f16a2467463ee208b25&chksm＝bdf5525f8a82db49e1d72cacbdeca5e246d43e4 2e14400219889905b77b42923fe3cbe5a8302&mpshare＝1&scene＝23&srcid＝0326N WZP9UgtjJdycf99Cg5Q#rd

67. 郑也夫:给在读研究生的一封信［OL］．［2014－06－05］．

http：//www．360doc．com/content/14/0605/16/3275449_384012769．shtml

68. 秀水拖蓝．学习的三种境界、三种习惯、三个要点［OL］．［2011－09－

06].http://www.360doc.com/content/11/0906/01/5079158_146092855.shtml

69.http://blog.sina.com.cn/s/blog_b6b76aef0101blb7.htmlPA3

70.读完一本书之后一定要思考出一些很深刻的东西,才算是真正读了书吗[OL].[2014-11-18].

http://www.360doc.com/content/14/1118/16/14106735_426171746.shtml

71.小学生阅读能力决定一生的高度.育儿快讯[OL].[2015-06-08].http://www.shanxiop.com/edu/2015-06/0867622.html)

72.小学阶段这件事做不好,成绩再高也没用,早看早受益[OL].[2018-05-14].http://www.sohu.com/a/231571952_467950

73.唐山.今天我们为什么要读文学.中外文摘[J].2016(23).20-21

74.高考新套路:要让学生做不完试卷?赶紧重视孩子的阅读能力!2018-05-10 12:06

75.怎样培养孩子的阅读能力 小雨曳曳?2012-05-28

76.如何提高大学生的阅读能力.https://zhidao.baidu.com/question/588743967865903045.html

77.如何提高学生的阅读分析能力.

https://zhidao.baidu.com/question/403708184.html?qbl=relate_question_4&word=%B4%F3%D1%A7%C9%FA%D4%C4%B6%C1%C4%DC%C1%A6%B5%C4%C5%E0%D1%F8

78.雾满拦江.思考质量决定人生成败.慈怀阅读会(ID:cihuai_duhsuhui).2016-03-05

79.夫莽.冯友兰:我八十年的阅读经验.我的阅读经验[OL].[2017-06-17].http://mp.weixin.qq.com/s?__biz=MzA5NjYxNDQwNA==&mid=2686762460&idx=1&sn=bfb32307e6fbc70063a17d2bc6cc7221&chksm=b57d7cb7820af5a1e46e3947d88ddc139fe7dc694a6d5e3879ee1ab58f26bf09aa24bc60ed87&mpshare=1&scene=23&srcid=0618QmX0Kk9aF7CH6DTaL1lj#rd

81.何洋.品味阅读[OL].[2017-08-16].http://www.dlzfy.gov.cn/fgwy/fgwx/2017-08-16/1627.html

82.http://www.ruiwen.com/xindetihui/1551945.html

83.穆积.大众阅读与图书馆.全国新书目.2007(13):Library ScienceResearch91-92

84.图书馆3.0来了,这些功能你知道吗.出版大资讯[OL].[2017-03-29].http://mp.weixin.qq.com/s?__biz=MzA4NDA0ODk3Nw==&mid=2650346020&idx=4&sn=0675a7834de6aaa59e4e0dbb56396713&chksm=87e09f1

ab097160c9c7e65a172ce176e37093777a5170365872f32f177aee71614c89604bd44&m
pshare = 1&scene = 23&srcid = 0329xx6ZKFrW9jpQd0gkn4it#rd

85/91. 阎滨. 电视辩论:"驴象之争"迎来"看脸"时代. 人文历史[J]. 2016 (11 下):67 - 73

86. 鄢姿、郑炎山. 多维度沟通对思想政治教育的启示. 湖北科技学院学报 [J]. 2016(1):83 - 86

87. 韦敏革. 高校图书馆开展移动阅读服务研究 广西机电职业技术学院图 书馆

88. 李宏. 新阅读手段对传统图书出版的影响. 学海[J]. 2014(4). 209 - 212 页

89. 李天语. 建构青少年的绿色微博. 学海[J]. 2014(5):63 - 67

90. 刘明星. 阅读4.0时代:探寻阅读的未来. 出版广角[J]. 2012 年(7)

92. 陈钢."人机交往"还是"人际交往"——读屏时代青少年的同伴互动. 当代 青年研究[J]. 2012(1):46 - 51

93. 徐华西. 别让脑袋成为垃圾箱. 博览群书[J]. 2015(10):39 - 45

94. 吴小曼. 十大好书揭晓世俗时代与无处安放的书桌[OL]. [2017 - 05 - 04]. http://mp. weixin. qq. com/s? __biz = MzI0OTAwMTM2Mg = = &mid = 2650019452&idx = 1&sn = b8ed317ceac2f3a92932f800181048a9&chksm = f1989281 c6ef1b97d4a92be1f48fd397ce0c327d0b2bb51cdacb197a2d831876b22053fce692&mp share = 1&scene = 23&srcid = 05041aEITT0f6pXONVhctS5E#rd

96/100. 高钢:今天的孩子们为什么会如此厌学. 中国教育报[OL]. [2015 - 10 - 16]. http://mp. weixin. qq. com/s? __biz = MjM5OTU5MzcyMg = = &mid = 400014066&idx = 2&sn = 8278b75cec8d003d267030df00bde39f&mpshare = 1&scene = 23&srcid = 1018VFHgZSPoo9HL2IWqC9ab#rd

97. 孩子上学为何家长比他们还要累[OL]. 2007 - 10 - 01.

98. 中国人民大学院长送9岁儿子去美国读小学却感觉像挨了一记闷棍 [OL]. [2015 - 11 - 05]. http://mp. weixin. qq. com/s? __biz = MjM5OT E- 5MjAwMA = = &mid = 403277938&idx = 1&sn = 058fed139fa52b3d3e8dc5035a8 6b837&mpshare = 1&scene = 23&srcid = 11053cWg5fwShapgNCk9AK5k#rd

99/102. 一名大学毕业生的反思:最露骨的大学生活[OL]. [2012 - 03 - 31]. http:/blog. ifeng. com/article/17075751. html

101. 阚凯力. 我主张上完初中就把孩子送出去[OL]. 2014 - 12 - 25. ht- tp://mp. weixin. qq. com/s? __biz = MzA4MTA4ODMwMQ = = &mid = 20392 7731&idx = 1&sn = e52c772c90c28ab84da6d03f4f70b7d9&mpshare = 1&scene =

23&srcid=0720ztXU5lvsQ1bXev6T83PK#rd

103/106. 忠告:千万不要让你的孩子辛勤一生却无法成功[OL].[2016 -
06 -12].http://mp.weixin.qq.com/s?__biz=MzA4Nzc0NjgyNw==&mid=265
0889089&idx=1&sn=69b059cc013a034539c2381fa87c3a8a&mpshare=1&scene=2

104. 林晓东.美国大学教授:不论我怎么鼓励中国学生,他们就是不说话.
翻译教学与研究[OL].[2016 - 08 - 29].http://mp.weixin.qq.com/s?__biz=
MzA3MTg1NjMwNg==&mid=2650820937&idx=1&sn=d3d4284b16158d99d
da78b28e754693d&mpshare=1&scene=23&srcid=0829tY6ZKoHmIL9irXRffzdG#rd

105. 中国家长应该向西方学什么.http://hb.QQ.com.2009 - 06 - 02

107. 耶鲁校长迎新演讲:如何成为一个批判性的思考者[OL].[.2016 - 09 -
11].http://mp.weixin.qq.com/s?__biz=MzA5MzI1ODEzNA==&mid=2650
378400&idx=1&sn=f8ac4c610d9ab6360a5821e63b05604a&mpshare=1&scene=
23&srcid=0911adYD6zQeCAtyJSDkzMua#rd

108. 祁祁如云.学而思之.《教育的目的》读后感[OL].[.2016 - 05 - 23].
http://www.360doc.com/content/16/0523/11/15897146_561546338.shtml

109. 杨凯等."慕课"视域下军事理论课教学研究.湖北科技学院学报[J].
2016(1):87 - 89

110. 贵族精神的三大支柱:文化教养、社会担当、自由灵魂[OL].[.2017 -
03 - 06].http://mp.weixin.qq.com/s?__biz=MjM5OTA5MjAwNQ==&mid=
2650013785&idx=5&sn=bd2f4f05a77ee3685d1c16d0945fe8ca&chksm=bec06a138
9b7e30502174a45b6e75411d37af634a841fefeefa89f725645a86562c2a11a5fac&mpshar
e=1&scene=23&srcid=0308LqvvxOsNCknWyvEgB3AW#rd

111. 全民阅读·书香社会:阅读如何涵养价值观.人民日报.2015 - 04 - 23

112. 千古奇文《寒窑赋》百读不厌[OL].http://blog.sina.com.cn/s/blog_
711b36d80102vvx6.html

113. 莫言.若贝尔文学奖现场演讲全文:当哭成为表演应该允许有人不哭
[OL].http://www.qinghetao.com/635.html

114. 奥里森.马登.最伟大的励志书[M].广州:广东旅游出版社出版发行.
2013(10)1 版:260

115. 钱穆.阅读与游历,都要有"导游"[OL].[2015 - 06 - 26].http://
view.inews.qq.com/a/RUS2015062603701604?refer=share_relatednews

116. 汉听君.学历低得吓死你的大师.阅读时代[J].2017(9):32 - 34

117. 郑也夫:给在读研究生的一封信[OL].[2014 - 06 - 05].
http://www.360doc.com/content/14/0605/16/3275449_384012769.shtml